Le bonheur d'Anna

Tome 2

Vient le beau temps

William Alcyon

ISBN :
978-2-9507103-3-8

Le bonheur d'Anna – tome 1 : Après la pluie (KDP, 2018)

À ma femme et ma fille.

Avertissement

Ce livre est une œuvre de fiction. En conséquence, toute homonymie, toute ressemblance ou similitude avec des personnes ou des faits existants ou ayant existé, ne saurait être que pure coïncidence et ne pourrait, en aucun cas, engager la responsabilité de l'auteur.

Certains lieux décrits dans ce livre, même s'ils sont évoqués dans des villes existantes, sont purement fictifs.

« Vous ne pouvez pas trouver la paix en évitant la vie »

Virginia Woolf

« Les crises, les bouleversements et la maladie ne surgissent pas par hasard. Ils nous servent d'indicateurs pour rectifier une trajectoire, expérimenter un autre chemin de vie. »

Carl Gustave Jung

« La chute n'est pas un échec. L'échec c'est de rester là où l'on est tombé. »

Socrate

PROLOGUE

Pourquoi ?

Une question qui avait hanté Anna pendant de longs mois.

Que faire de cela ?

La seule question qui avait du sens aujourd'hui, et à laquelle Anna se devait de répondre.

1

Au loin, un impressionnant dénivelé s'étendait à perte de vue.

La pente vertigineuse descendait sur près de trois cents mètres en contrebas.

La petite troupe grimpait péniblement. Aurélie Martin, leur guide, attendait sa tribu en encourageant les plus faibles de la voix. Devant les difficultés rencontrées par certains, elle se félicitait d'avoir fait le bon choix, celui de la raison. Elle avait préféré éviter l'accès le plus dangereux, même si le préfet de Haute-Corse venait, quelques semaines auparavant, de lever son arrêté interdisant l'accès au cirque de la solitude. La meneuse du groupe avait choisi la variante alpine et maintenant officielle qui passe par le Cinto, le plus haut sommet corse, mais aussi le point culminant du GR 20, sentier de grande randonnée, traversant l'île de Beauté du Nord au Sud.

Soudain, le randonneur qui suivait de près la guide de montagne glissa sur une pierre. L'homme, qui devait avoir une soixantaine d'années, parvint en moulinant des bras à se maintenir en équilibre.

Le morceau de roche roula sur lui-même, puis, à cause de l'inclinaison de la pente, prit de la vitesse à mesure qu'il descendait.

— Attention ! Une pierre ! cria Aurélie Martin. Écartez-vous ! Vite !

Comme un seul homme, les cinq randonneurs qui composaient le reste du groupe bondirent hors du sentier, certains se hissèrent sur la paroi de roche lisse qui jouxtait le passage caillouteux. En s'agrippant avec les mains, on pouvait prendre appui et regarder disparaître la pierre qui n'en finissait plus de tournoyer, glisser et rebondir dangereusement sur le tapis de cailloux et de terre grasse. Ludovic, le plus jeune de la troupe, avait choisi l'autre option : il avait sauté de l'autre côté du chemin, se réceptionnant sur un monticule de larges pierres plates et adoptant d'instinct une position qui le faisait ressembler à un surfeur glissant sur une grosse vague.

De sa position, Aurélie suivit la cavalcade de la roche qui ne heurta personne sur son chemin. Elle fut soulagée de ne voir personne plus bas sur le sentier. En cette heure matinale, son groupe était esseulé. Le GR 20 était parfois le lieu d'accidents provoqués par les inévitables chutes de pierres. C'est d'ailleurs pour cette raison que la guide avait choisi de contourner le cirque de la solitude, même si ce contour s'avérait en définitive être plus ardu et beaucoup plus physique. Sa réouverture, décidée en haut lieu, avait contenté certains habitués du parcours, mais dorénavant son nom serait à jamais associé à la tragédie de l'été 2015, un glissement de terrain qui avait coûté la vie à sept randonneurs.

— Tout le monde va bien ? demanda Aurélie.

Alors que la guide prenait des nouvelles de sa tribu, la pierre récalcitrante termina enfin sa course folle et vint se fracasser dans un interstice rocheux, à flanc de montagne, près de deux cents mètres en aval.

— OK pour moi ! répondit le jeune Ludovic, le premier exposé, avançant immédiatement dans les pas de l'homme qui avait provoqué le glissement de pierres.

— Désolé ! s'excusa Paul, le plus âgé de la troupe, à l'origine de l'incident.

La guide s'adressa ensuite aux deux femmes qui se trouvaient à une trentaine de mètres du jeune homme qui les précédait.

— Et vous, les filles ?

Marie-Hélène ne put répondre avant de reprendre son souffle, elle avait dû s'employer pour parvenir à relever sa fille qui était tombée à la renverse.

— On n'a rien ! cria-t-elle à l'intention d'Aurélie. Toi, ça va aussi Jenny ? demanda-t-elle, un ton plus bas.

Jennifer fit la moue.

— Ouais, ça va ! Sauf que mon pantalon est fichu ! maugréa l'adolescente. J'avais bien dit que c'était de la folie ton truc, maman !

Marie-Hélène examina les dégâts. Le tissu renforcé du pantalon de montagne revêtu par sa progéniture était souillé de terre humide, mais il avait tenu bon.

— *Queshua*… c'est du solide ! plaisanta-t-elle en époussetant les fesses de Jennifer.

— Maman arrête ! pesta la jeune fille, en repoussant la main de sa mère. Je peux me débrouiller toute seule, je ne suis plus une gamine !

Marie-Hélène ne releva pas la remarque, elle avait l'habitude. Ce n'était pas par hasard si elle avait choisi ce trek. Elle caressait l'espoir d'améliorer la relation mère-fille qui ne cessait de se dégrader ces derniers mois. La crise d'adolescence ? Marie-Hélène en était persuadée. L'idée de passer deux semaines à crapahuter dans la montagne corse ne s'était pas imposée à elle par hasard. Elle avait lu un article évoquant la « marche thérapeutique ». Elle s'était sentie immédiatement attirée par ce concept. Après avoir consulté le site Internet de l'intervenante : Aurélie Martin, elle n'avait pas mis longtemps à se décider. Il y avait de la place pour l'été, une marche thérapeutique sur le GR 20 corse était programmée. Marie-Hélène avait envoyé une demande de renseignement, puis avait procédé à l'inscription pour elle… et sa fille, omettant volontairement de lui demander son avis au préalable. Après tout, elle avait à peine quatorze ans et à cet âge, on doit suivre les directives de ses parents, ou plutôt de sa mère, puisque le père avait fichu le camp avec une pétasse.

La guide força la voix pour être entendue par l'ultime randonneuse qui se trouvait être la plus éloignée.

— Et vous, ça va ? cria Aurélie en s'adressant à la jeune femme qui fermait la marche.

— Tout va bien ! répondit cette dernière alors qu'elle s'épongeait le front, remerciant le sort de ne s'être pas trouvée sur le chemin de la plus grosse pierre qui venait de dévaler la pente à toute allure.

— Maintenant, vous savez pourquoi ce passage se nomme la pointe des éboulis ! déclara Aurélie, la guide. Bon, on est presque arrivés ! Encore un petit effort et nous pourrons nous reposer un moment. On en profitera pour boire un peu d'eau et prendre une collation. Faites attention avec les éboulis de pierres. Regardez bien où vous mettez les pieds. N'oubliez pas de vous aider de vos bâtons de marche pour ceux qui en ont besoin. C'est compris tout le monde ?

Le petit groupe acquiesça et se remit en route. Paul, le responsable de l'incident de parcours, décida qu'il fermerait la marche. Ainsi, si jamais il provoquait encore un éboulement, il n'y aurait personne derrière lui. On ne lui avait rien demandé, mais Paul pouvait presque sentir le soulagement des autres. Il laissa la troupe prendre une certaine distance avant de piquer son bâton de marche dans le sol cailouteux. Cela lui permit de reprendre son souffle. Malgré ses 68 ans, Paul ne s'était pas laissé engourdir par la retraite. Sportif accompli, l'effort physique n'avait pas l'air de lui poser plus de problèmes qu'aux autres randonneurs, pourtant plus jeunes.

— Allez c'est reparti, hurla la guide.

Le danger écarté, la marche se poursuivit à bonne allure. L'avantage de n'avoir qu'un groupe restreint était qu'il y avait peu de risque d'avoir à gérer d'éventuels traînards. Sur la douzaine de personnes composant l'ensemble du collectif - le gros de la troupe était resté avec le deuxième guide de montagne, près du vallon de *Trimbulacciu*, au refuge de *Tighjettu* -, quatre seulement s'étaient portés volontaires pour tenter l'ascension du mont *Cinto*. Il fallait bien admettre que ce n'était pas une partie de plaisir puisque même le chemin pour s'y rendre était déjà d'un niveau élevé. Seule l'adolescente semblait contrariée. Aurélie Martin ne s'en formalisa pas. Elle avait l'habitude, depuis cinq ans qu'elle encadrait les marches thérapeutiques en Corse, mais aussi sur les reliefs alpins et pyrénéens. Et puis, il fallait bien admettre que les jeunes d'aujourd'hui avaient souvent un mode d'expression à part. De ce que la guide avait pu entendre pendant qu'ils grimpaient tous, la jeune Jennifer utilisait sans parcimonie diverses onomatopées, mais aussi quelques borborygmes que l'accompagnatrice de montagne n'avait pu traduire. Sans compter les mimiques qui déformaient régulièrement son visage et qui voulaient sans doute exprimer quelque chose. Cela n'avait au fond que peu d'importance, tant que tout le monde progressait au bon rythme, Aurélie Martin paraissait satisfaite. Et puis, son rôle de coach en *Gestalt thérapie* englobait l'effort physique et la libération de la parole, même si parfois avec certains le décryptage était nécessaire. De toute façon, c'était à elle de favoriser le dialogue constant entre pensées, émotions et sensations corporelles pour chacun des membres de sa petite troupe. De ce point de vue là, les choses allaient bon train. Il y avait bien quelques réticences, c'était inévitable, mais elle était globalement satisfaite de la tournure des événements. Tout le monde avait fait du chemin pendant ce trek, même les plus réticents. Il y avait juste une légère ombre au tableau : la présence d'une journaliste. Aurélie n'était pas encore parvenue à déterminer si la jeune femme était là pour pouvoir écrire un article sur les treks thérapeutiques, comme elle le prétendait, ou bien si elle s'était inscrite pour une raison plus… personnelle.

Après une demi-heure de progression soutenue, Aurélie Martin parvint la première à clôturer l'étape singulière par le pic des éboulis, une voie très belle qu'elle avait déjà parcourue à de nombreuses reprises, mais qu'elle ne se lassait pas de contempler. Bien sûr, contourner le cirque de la solitude se faisait au prix d'un effort supplémentaire, mais, à la fin, on était toujours récompensé parce que le détour permettait de gravir en sécurité le toit de la Corse.

Depuis le départ, tôt le matin, partis du refuge de *Tighiettu*, les six randonneurs avaient suivi le ruisseau de *Cructta*, direction nord, puis nord-est. Après vingt minutes de marche longeant la rive droite, ils avaient traversé le torrent pour atteindre l'autre côté, celui de la rive gauche. De là, la pente commençait à s'accentuer dans le vallon et, arrivé à une altitude respectable de 2250 mètres, le groupe d'Aurélie prit la direction de l'Est vers le col *Crucetta*. Il fallut encore grimper plus de 200 mètres pour atteindre l'embouchure qui surplombait fièrement le lac du *Cinto*. Encore une cinquantaine de mètres au-dessus et ils avaient rejoint la pointe des éboulis, lieu qu'ils ne manqueraient pas d'oublier depuis que Paul avait provoqué l'incident rocheux.

*

Aurélie Martin attendait les mains sur les hanches que ses protégés arrivent sur la crête. Il y avait peu d'écart entre les uns et les autres, le niveau étant globalement équivalent pour tous. Ludovic la rejoignit le premier, suivi par Marie-Hélène et sa fille, puis la journaliste et enfin Paul, qui retardait sa progression par d'innombrables coups d'œil en aval pour s'assurer que personne ne les suivait, des fois qu'il aurait encore provoqué un décrochage de pierres.

— Bon, tout le monde est là ! dit Aurélie. On souffle un moment, d'accord ?

Les six randonneurs acquiescèrent, la trace de l'effort soutenu qu'ils venaient de produire pouvait se lire sur leurs visages fatigués, mais heureux. Ils décidèrent de s'assoir un moment pour s'hydrater et apprécier le panorama majestueux qui s'offrait à leur vue.

— Quel spectacle magnifique ! dit Marie-Hélène alors qu'elle tentait d'extraire sa gourde d'une des poches de son sac à dos qu'elle venait de déposer au sol.

— Laisse, maman, je vais le faire ! dit Jennifer en

s'accroupissant.

— Si tu y tiens !

Aurélie pointa de l'index le sommet qui découpait le ciel azuréen.

— Reprenez des forces ! Ne vous contentez pas de boire ! Prenez une barre énergétique parce que voilà ce qui nous attend ! déclara-t-elle.

— Waouh ! fit Ludovic.

Paul s'empressa d'avaler sa pâte d'amande pour pouvoir articuler correctement.

— Alors c'est ça, le mont *Cinto* ?

— Oui, répondit la guide. Qu'en pensez-vous ?

Paul sortit un mouchoir de son blouson et essuya ses lèvres maculées par d'infimes résidus d'amandes modifiées.

— C'est majestueux ! répondit le retraité. Aurélie, vous croyez que ce n'est pas trop… difficile, je veux dire par rapport à notre niveau ?

La guide de montagne s'attendait à cette question. Le groupe s'était porté volontaire pour tenter l'ascension, mais la décision ne devait être prise qu'une fois sur place. Elle se plaça volontairement au centre du cercle formé par sa « tribu ».

— C'est le moment de vérité ! déclara-t-elle, fixant la montagne qui les défiait avec sa pointe nappée de neiges éternelles. Nous nous étions mis d'accord pour nous décider au tout dernier instant, après le franchissement du chemin des éboulis. Et voilà… nous y sommes ! Alors, que fait-on ? On peut contourner le mont ou bien… tenter l'ascension. Que décidez-vous ?

Les autres membres de la troupe avancèrent

prudemment vers Paul et Aurélie. Ludovic inspira l'air froid à grosses goulées, Marie-Hélène et Jennifer s'approchèrent aussi. Anna, la journaliste, fut la dernière à rejoindre l'équipe. En effet, ils ressemblaient vraiment à des joueurs de football, bras dessus, bras dessous, comme pour la photo d'avant match.

— On n'a pas fait tout ce chemin pour en rester là ! Non ? fit Ludovic, dont le sourire *Colgate Blancheur* contrastait avec sa peau bronzée.

— Moi, je suis d'accord avec toi ! déclara Paul. Ce mont *Cinto*, c'est comme le petit morceau de chocolat craquant au fond d'un cône glacé ! Vous comprenez ? Sans cela, il manque quelque chose, nous serions frustrés si nous ne le faisions pas.

Tous les regards convergèrent en direction du chemin à entreprendre. Vu d'ici, cela ressemblait à une ascension ardue, aucun doute là-dessus. Chacun tentait de jauger la difficulté du parcours de la base jusqu'au sommet. La plus jeune du groupe, remisant un instant sa rébellion au fond de sa poche, adopta l'avis général :

— Bien sûr qu'on va y aller ! On n'a pas fait tout ça pour se dégonfler au dernier moment, quand même ! Et puis je dois tirer ma fusée du sommet, pas question qu'on n'y aille pas !

Ils affichèrent tous un air étonné, sauf Marie-Hélène, la mère de l'adolescente qui était au courant du projet de sa fille. Aurélie, la guide de montagne, était aussi dans la confidence.

— C'est quoi cette histoire de fusée ? demanda Ludovic.

— Rien du tout, répondit Marie-Hélène.

Jennifer la foudroya du regard.

— Ce n'est pas *rien du tout*. C'est une promesse que je dois tenir, rétorqua l'adolescente. Et puis, ça ne vous regarde pas !

Ludovic haussa les sourcils et chercha une réponse auprès de Paul, le doyen, sans succès. Aurélie comprit qu'il fallait donner quelques explications afin de détendre l'atmosphère qui s'épaississait maintenant.

— Je vous rappelle que nous sommes le 14 juillet ! C'est la fête nationale ! Jennifer m'a demandé l'autorisation d'emporter dans son sac à dos une fusée qu'elle prévoit de tirer depuis le sommet du *Cinto*. Voilà. Cela pose-t-il un problème ?

Aurélie scruta les visages des uns et des autres, pas de réticences apparentes. Il n'y avait que la journaliste qui avait le visage fermé.

— Anna ? Tout va bien ? demanda Aurélie.

Anna ne répondit pas. Elle paraissait totalement hermétique à la conversation.

— Anna ! Vous m'entendez ? insista la guide.

La journaliste releva brusquement la tête, l'air aussi décontenancé qu'un dormeur réveillé par une fanfare tonitruante.

— Euh… Quoi ?

Aurélie plissa les yeux, comme pour s'aider à mieux sonder la journaliste.

— Je vous demande si vous allez bien, répéta la chef de groupe.

— Oh ! Désolée. Oui, ça va. Merci.

— On ne dirait pas.

— Euh… c'est juste à cause de ce que vous avez dit.

— Ce que j'ai dit ?

— Oui.

— Je ne comprends pas !

Anna fit entrer lentement l'air frais dans ses poumons, cela pouvait aider à revenir *ici et maintenant*.

— Vous avez dit : *je vous rappelle que nous sommes le 14 juillet.*

En dépit de ses efforts, Aurélie ne comprenait toujours pas où la jeune journaliste parisienne voulait en venir.

— C'est ce que j'ai dit, en effet. Qu'y a-t-il de perturbant dans cette phrase ?

— Rien. Enfin si… c'est à cause de cette date.

— Le 14 juillet ?

Les randonneurs étaient pendus aux lèvres d'Anna et d'Aurélie. Eux non plus ne comprenaient pas la réaction de la Parisienne.

— Oui.

— Vous n'aimez pas cette date ? C'est la commémoration de la prise de la Bastille qui vous pose problème ?

Anna secoua la tête.

— Non. C'est juste ce jour-là : le 14 juillet. C'est la date anniversaire de… de la disparition d'un être cher. Rien à voir avec vous.

En réaction, les randonneurs baissèrent les yeux et plusieurs fixèrent alors leurs chaussures, y compris la guide. Il n'y avait que Jennifer pour fixer Anna sans sourciller.

— Est-ce que ça veut dire que vous m'en voudrez si je

tire ma fusée ?

Anna s'approcha de l'adolescente et se planta à quelques centimètres de son visage.

— Bien sûr que non !

Jennifer, d'ordinaire si farouche et ne supportant pas qu'on la touche, ne protesta pourtant pas quand Anna posa ses deux mains sur ses épaules.

— Jenny, tu as fait une promesse à quelqu'un et tu vas la tenir, d'accord ?

La jeune fille répondit par un sourire sincère. Le premier pour elle depuis le début de cette expédition singulière. Depuis le départ, deux jours auparavant, elle n'avait pas vraiment prêté attention aux autres. Tout à coup, elle découvrait cette fille, comment s'appelait-elle déjà ? Ah oui, Anna. Bref, elle la voyait à présent comme une alliée. Cela eut pour effet de troubler l'adolescente qui n'accordait d'ordinaire jamais son attention, et encore moins sa confiance, à qui que ce soit. Une première depuis le… drame qui avait cassé sa vie.

— D'accord, répondit-elle avec une douceur nouvelle dans la voix.

La mère de Jennifer remarqua immédiatement le regard neuf qui s'était allumé sur le visage de sa fille. Une pointe de jalousie envers cette journaliste parisienne l'envahit aussitôt. C'était aussi stupide qu'inopportun, mais que pouvait-elle y faire ? Rien. Toutes les mères pourraient comprendre ça, elle en était certaine. C'était à elle de sauver sa fille, et à personne d'autre. Non ? Non… elle devait lutter contre cet égo mal placé. Toute l'aide possible, qu'elle vienne de qui que ce soit était salutaire pour Jenny. Marie-Hélène se prit la tête à deux mains et chassa cette pensée égoïste et malsaine. Même si son cœur de mère était en train de se fendre en deux, même si Jenny avait choisi une autre qu'elle, sa propre mère, pour la sauver, alors il fallait s'effacer. En cet instant, elle eut l'intuition que sa fille allait guérir par la faute de quelqu'un d'autre. Elle eut soudain envie de pleurer, mais elle aimait tant sa fille qu'elle enferma ses sentiments qui devaient rester tapis, loin, très loin, tout au fond. Elle éprouva alors joie et tristesse entremêlées. Quoi faire d'autre sinon… s'oublier pour le salut de sa Jenny. Quand elle reprit ses esprits, elle croisa le regard de son bébé meurtri, sa fille chérie qui la jugeait responsable. Peut-être était-ce vrai, après tout. Elle n'eut pas le courage de dire quoi que ce soit. Elle lisait dans les pensées de Jenny. Alors, pour toute réponse, elle lui envoya le plus maternel des sourires.

— Je pense qu'il serait dommage de ne pas aller jusqu'au sommet du *Cinto*, en effet ! dit la guide. En plus, le chemin est facile et balisé. Il n'y a aucun problème ni danger. Et puis, c'est l'affaire d'une heure grand maximum jusqu'au pic, en partant d'ici.

Les randonneurs échangèrent brièvement. En moins d'une minute, la décision fut prise à l'unanimité. Le *Cinto* n'aurait pas raison d'eux. Ils allaient grimper au sommet et inscrire leur nom sur le livre d'or qui les attendait sur le pic rocheux le plus élevé de Corse.

— Excellente décision, conclut Aurélie. Je suis certaine que vous auriez tous regretté de ne pas faire l'ascension. Vous verrez quand on sera là-haut, vous m'en direz des nouvelles, la vue est majestueuse !

Jennifer n'avait pas perdu son nouveau sourire et elle emboîta le pas d'Anna qui plantait son bâton dans le sol rocailleux à intervalle régulier, essayant de ne pas se faire trop distancer par la guide. Le regard éteint, Marie-Hélène se mit en marche, juste derrière, avec une boule à l'estomac, à moins que ce ne fût un pincement au cœur. Elle ne pouvait s'empêcher de trouver que décidément, parfois, la vie vous assénait des coups plus puissants qu'un boxeur professionnel.

Dernier wagon, Ludovic et Paul marchèrent de concert non sans échanger quelques banalités, s'accordant sur le fait que la chance leur souriait étant donné le soleil radieux qui accompagnait la tribu. Paul, le doyen du groupe, trouva étrange que, malgré le beau temps, il n'y ait pas d'autres groupes de randonneurs pour profiter de la beauté de l'endroit et s'offrir le mont *Cinto*. Ludovic eut l'air d'apprécier cette relative solitude :

— On ne va pas s'en plaindre. Moi, je préfère qu'il n'y ait que nous. On se croirait en exploration, comme si on était un peu les « explorateurs du Nouveau Monde » ! Pas vrai ?

La mine réjouie, Paul ne put qu'apprécier la remarque du jeune homme :

— Pourquoi pas ? En tout cas, vous avez raison, c'est toujours mieux que la promiscuité d'une file d'attente à *La Poste* un samedi matin !

— La quoi ? demanda Ludovic.

— La promiscuité, répondit le doyen.

Ludovic fixa son voisin de marche. Paul expliqua :

— C'est quand vous êtes obligé d'être côte à côte avec des gens, malgré vous. Quand vous faites la queue, quand vous êtes serré dans une rame de métro. Vous voyez ?

— Ah oui, d'accord.

Le plus vieux des randonneurs tapa affectueusement sur l'épaule du plus jeune.

— Bon, assez parlé, je crois qu'on ferait mieux de

garder notre souffle pour ce qui arrive, dit Paul en pointant la pente qui leur faisait face et dont l'inclinaison s'élevait progressivement.

2

Les pneus du SUV projetaient d'innombrables petits cailloux sur le chemin qui descendait vers le fleuve apparaissant en contrebas. Carl Pessoa caressait l'accélérateur avec prudence, le pied gauche déjà posé sur la pédale de frein, les muscles de sa jambe prêts à se tendre… en cas d'urgence. La route qui devait l'emmener sur la rive du *Côa* lui paraissait impraticable. Il aurait dû s'inscrire à une formation spéciale « conduite d'un Tout-Terrain ». Il en avait eu l'occasion par le passé, mais il n'y avait pas prêté attention. Il avait eu tort.

Alors que son corps était animé de soubresauts spasmodiques chaque fois que le 4x4 passait dans un trou ou une ornière, son esprit restait immobile, comme scindé en deux parties distinctes. La première gérait la descente périlleuse vers le serpent d'eau qui se dessinait plus bas. La seconde restait accrochée à une seule et unique pensée indélébile : elle, Anna.

Déjà un mois. Trente jours sans elle. Une éternité.

Le train avant du véhicule s'affaissa sur le passage d'une ornière aussi large qu'un ballon de basket. La tête de Carl s'affaissa et son cou disparut entre ses épaules, puis, malgré un débattement de suspension important, le crâne du conducteur remonta brusquement pour se rapprocher du toit vitré. Heureusement, la ceinture de sécurité retint suffisamment le pauvre conducteur inexpérimenté avant que ne se produise le choc de sa tête contre le toit panoramique. Carl joua à merveille le rôle d'un pantin désarticulé. Cela lui coupa le souffle, l'obligeant par la même occasion à se concentrer sur l'instant présent. Il s'agrippa de toutes ses forces au volant, ses doigts crispés étaient blanchis par la contraction des muscles, ses veines étaient gonflées à bloc. Sans le vouloir, son pied gauche appuya à fond sur la pédale de frein. Le SUV s'immobilisa alors que les pneus crissèrent sur les graviers roulants sur le tapis de terre sèche. Carl tira le frein à main avant de lâcher son volant pour se prendre la tête à deux mains.

Carl, concentre-toi, nom de Dieu ! pensa-t-il. Tu veux vraiment te foutre en l'air, c'est ça ?

Il appuya sur le bouton rouge de la boucle de sa ceinture de sécurité. Une fois libéré de son entrave, il sortit du 4x4 et s'approcha prudemment du ravin de l'autre côté. Le dévers en contrebas lui donna soudain le vertige. Il fallait vraiment être fou pour penser à autre chose que sa conduite sur un chemin aussi dangereux. Le jeune homme posa ses mains sur ses hanches et s'offrit une bouffée d'air pour se remettre les idées en place.

Il réajusta ses lunettes de soleil sur l'arête de son nez, essuya son front luisant de transpiration d'un revers de main, tourna les talons en direction de son véhicule et fit claquer la portière comme si ce geste devait évacuer toute la frustration qu'il avait accumulée depuis ces dernières semaines.

— Allez, concentre-toi Carl ! lâcha-t-il à haute voix.

Il remit le contact et le moteur Diesel démarra au quart de tour. Il prit une grande inspiration tout en fermant les yeux et, dans le même temps, engagea le premier rapport de la boîte de vitesse. Il déverrouilla ensuite le frein à main et reprit sa route, en ayant soin, cette fois-ci, de bien se concentrer sur le revêtement piégeux de la chaussée défoncée. Plus facile à dire qu'à faire parce qu'en cet instant précis, il n'avait qu'elle, Anna, dans la tête. Son cœur semblait serré par son absence.

Depuis un mois qu'il avait atterri au Portugal, il avait bien tenté mille et une choses pour prendre du recul. C'était l'expression qu'Anna avait employée. Une expression que dorénavant Carl ne pourrait que détester. Alors, par obligation plus que par envie, il avait compensé l'absence de l'être aimé par le travail. Fort heureusement, il y avait du pain sur la planche.

Il avait fini, enfin, par quitter son poste d'agent de voyage à Paris, pour vivre son rêve plutôt que de rêver sa vie. Se mettre à son propre compte, ouvrir une agence immobilière originale, d'un nouveau genre, pour faire face à une déferlante sans précédent de Français qui venaient s'établir au Portugal. Son entreprise s'occuperait de toutes les formalités de A à Z. Un package pour que les clients puissent faire la transition France-Portugal en ne vivant que les avantages et en laissant tous les inconvénients à la charge de Carl Pessoa, ou plus exactement de son entreprise. L'idée était d'accompagner les clients français dans toutes les démarches, depuis la vente d'un bien en France, les formalités administratives diverses et variées, la prospection pour un achat ou une location d'un bien immobilier au Portugal, ou plutôt dans le sud du Portugal dans un premier temps. Une chose à la fois, comme aimait à le répéter Carl.

D'abord la région Algarve. Ensuite, il aurait bien le temps de voir…

Il avait tant de choses à faire, à mettre en place, à planifier, alors qu'est-ce qu'il fichait là ? Il avait quitté Faro la veille, avait pris un avion Ryanair pour atterrir une heure et dix minutes plus tard à Porto. Là, il avait loué un SUV et avait roulé sur une distance d'un peu moins de deux cents kilomètres. Pourquoi ? Une irrésistible envie d'un retour aux sources. Revenir là où il avait passé ses vacances d'enfant, chez sa grand-mère, dans un minuscule village près de la commune de Vila Nova de Foz Côa, on aurait pu traduire le nom par Ville Neuve du fleuve Côa, ce dernier étant un affluent du Douro, célèbre pour accueillir sur ses rives une multitude de vignes, dont les fruits servaient à fabriquer le célèbre Porto, apéritif national.

Carl avait souhaité revoir d'abord l'endroit où, enfant, il venait pêcher avec son grand-père. Peut-être parviendrait-il à remplir le vide qui s'était insinué jusqu'au plus profond de son être, en revoyant des endroits familiers, des lieux chargés de souvenirs heureux. Un moyen hypothétique de contrecarrer les effets du recul imposé par Anna. En y pensant, Carl éprouvait un sentiment partagé entre colère, tristesse et compréhension.

Alors qu'il arrivait bientôt au bout du chemin de pierres et de terre, voyant apparaître le fleuve, il constata que son cœur était à la fois lourd de l'absence de la femme qu'il aimait et plein d'une souffrance presque palpable. Il ressentait pleinement le chagrin qui prenait parfois possession de son corps. Une pression interne au niveau de l'estomac, un resserrement de sa trachée qui l'empêchait de respirer normalement, allant même jusqu'à lui faire mal quand il voulait s'alimenter, ce qu'il ne faisait d'ailleurs pratiquement plus. Il avait aussi les mains qui tremblaient et cette sensation horrible d'avoir les jambes en coton, dès lors qu'il songeait à Anna.

Pourquoi cette fracture soudaine dans leur relation alors que tout allait pour le mieux ? Qu'avait-il fait de mal ? Tout semblait pourtant se dérouler sans anicroche. Bien sûr, il arrivait parfois qu'Anna soit, en de rares occasions, un peu « absente », comme si un brouillard soudain venait l'envelopper de son opacité tenace, des scories de sa dépression passée. Carl savait très bien gérer ces instants. Il n'avait pas son pareil pour sortir Anna de sa torpeur en dynamisant l'instant ombrageux par sa présence lumineuse. Il proposait alors une sortie improvisée au musée, au restaurant, au cinéma… et le nuage se dissipait aussitôt. Anna lui tombait dans les bras et le tour était joué.

Quel avait été l'élément déclencheur alors ? Qu'est-ce qui avait poussé Anna à vouloir prendre du recul ?

Carl immobilisa son véhicule. Il était arrivé à destination. Son « coin de pêche » était là, un peu plus bas, ou plutôt celui de son grand-père. Il tira le frein à main avant de couper le moteur. Quand il sortit de l'habitacle, il huma l'air et reconnut les senteurs qui avaient imprégné son enfance. Il claqua la portière et traversa le sentier parsemé de pierres jusqu'à la rive. Là il s'arrêta et contempla le fleuve. La brillance éclatante du soleil l'obligea à chausser ses verres teintés. Il leva la tête et admira la clarté de l'astre solaire, une lumière jaune vif qui reposait là-haut, sur les collines lointaines. Après tant d'années à vivre dans la grisaille et la pollution parisiennes, il voyait à nouveau le ciel à découvert. Il ne se lassait pas d'observer le soleil illuminant le Côa par ses rayons de lumière blanche, cela faisait miroiter l'affluent du Douro en une multitude de paillettes éclatantes.

Le matin avançait. Avec l'ascension du soleil, apparaissaient les collines désherbées par la chaleur de l'été, les amandiers dont les fruits encore jeunes se languissaient de mûrir, quelques bouquets de bois sec éparpillés par le vent, et plus haut, tenant par miracle debout malgré les années passées et l'abandon des hommes, une vieille station de gare, en réalité à peine une petite bâtisse en ruine qui avait dû autrefois servir d'abri en attendant l'arrivée d'un train qui, depuis lors, avait définitivement cessé de passer par là. Carl n'avait pas connu l'activité du rail sur la colline, mais son grand-père, lui, avait autrefois emprunté cette ligne pour se rendre jusqu'à la ville : Vila Nova de Foz Côa.

Quand Carl vit son reflet ondulant parmi les scintillements de l'eau, il s'abaissa jusqu'à atteindre la position accroupie. L'eau était tellement claire qu'il avait presque l'impression de se voir dans un miroir. Il n'y avait que le léger mouvement du vent pour briser le calme de la surface. Carl ôta ses lunettes de soleil et observa son visage plus attentivement, mon Dieu qu'il avait l'air triste, un intrus dans cet environnement qui incarnait la sérénité. Insupportable ! Le reflet explosa soudain en une gerbe d'eau éparse quand Carl frappa la surface de l'eau du plat de sa main. Envolé le clown triste ! En surface tout au moins.

Le jeune homme quitta la rive pour se diriger d'un pas lent vers la vieille gare, une centaine de mètres plus haut. Il observa les ruines de la station. Les murs étaient toujours là, mais le toit n'avait pas résisté au temps. Il y avait des brèches de ciel bleu au-dessus de sa tête. Il pénétra à l'intérieur de la plus grande salle de l'édifice désaffecté. De ce qui avait été autrefois le guichet, il ne restait plus grand-chose. Des murs craquelés couverts de graffitis et de tags écrits dans un portugais familier, voire grossier pour certains. Carl se souvint qu'il avait lui aussi laissé sa trace en ce lieu. Il ne lui fallut qu'un court instant pour trouver la gravure qui avait été faite dans la pierre. Carl se souvint que c'était lui qui avait voulu quelque chose de plus durable qu'un simple marquage au feutre comme la plupart des graffitis qui recouvraient les murs peints. Lui s'était démarqué en choisissant une empreinte qui ne s'effacerait pas en quelques mois, voire quelques années dans le meilleur des cas. Il devait avoir quatorze ou quinze ans à l'époque, l'âge où on délaisse les copains pour s'intéresser soudain bien plus aux filles. Les souvenirs affluèrent dans son esprit à l'instant même où Carl s'immobilisa devant la gravure dont il était l'auteur. Là, face à lui, l'inscription lui proposa un voyage dans le passé : *Livia + Carl = Amor eterno 13/08/2001*. Carl et Livia = Amour éternel. En effleurant la pierre gravée, Carl ne put s'empêcher de sourire. Il y avait pourtant cru, à l'époque. Il avait treize ans et il avait cru aimer Livia. Aujourd'hui, il en avait trente et il aimait Anna.

*

Carl ferma les yeux et fit un retour éclair plus de quinze ans en arrière. C'était l'été, le Portugal, les vacances chez les grands-parents, la période des bals populaires dans tous les villages environnants, pendant le mois d'août. C'était le temps où Carl s'imprégnait totalement de son deuxième pays, le Portugal. Il était français par son père et portugais par sa mère. Pendant ce repos estival, il basculait entièrement dans la vie lusitanienne, au point de ne plus parler qu'en Portugais pendant tout l'été. C'était aussi le temps où on se laissait emporter par la magie des premiers flirts, parfois des premiers amours aussi. Ce fut le cas pour Carl dès l'instant où il la vit. C'était la fête au village et la scène était déjà montée sur la place. Les techniciens du son étaient en train d'installer le système de sonorisation du futur concert. Le positionnement, la couverture et l'accroche des enceintes étaient déjà terminés. Le régisseur du son était en train de manipuler la console et les périphériques pour obtenir les effets désirés. Carl, assis sur un muret, observait le travail passionnant des techniciens. C'est alors qu'elle passa devant lui, traversant la place avec ses copines, et tout à coup elle se tourna vers lui et, tout en continuant à marcher, leurs regards se croisèrent pour la première fois. Ce fut à cet instant précis que Carl eut la sensation de prendre un coup de masse sur le crâne. La scène du concert, les techniciens, les musiciens, tout disparut et il ne vit plus qu'elle, Livia. Elle avait une façon majestueuse d'agiter sa longue chevelure blonde, ou bien était-ce la brise légère qui adoucissait la chaleur estivale ? Il n'aurait pu le dire. Ce dont il était sûr, c'est que son cœur s'était alors mis à battre beaucoup plus vite, ses tempes battaient au rythme des réglages de la batterie sur la scène. Il s'était retrouvé paralysé. Que lui arrivait-il ? Il n'aurait pu le dire puisque c'était la première fois qu'il tombait amoureux. Aucun point de comparaison.

— Eh, tu te sens bien, Carl ? demanda Pedro, son meilleur ami.

Carl n'écoutait pas son ami. Il n'entendait plus rien, ne voyait plus rien… à l'exception de la jeune fille. Il était paralysé. Seule sa tête parvint à se mouvoir lentement, lui permettant de suivre des yeux la jolie blonde qui poursuivait son chemin en continuant la discussion avec son groupe d'amies.

Pedro, visiblement irrité par le mutisme de son ami, insista :

— Oh ! Tu m'entends ?

Carl recouvra ses esprits dès lors que la jeune fille disparut derrière l'embrasure d'une maison aux murs blancs.

— Hein ? Qu'est-ce que t'as dit ? demanda-t-il.

Pedro soupira.

— C'est quoi ton problème, Carl ? On dirait que tu as vu un fantôme.

Non, ce n'était pas un spectre qu'il avait vu, c'était un ange, une déesse, une magicienne qui détenait un pouvoir mystérieux. Il n'avait jamais ressenti ça. Il avait l'impression de bouillir de l'intérieur. Il avait trop chaud à présent.

— J'ai soif ! déclara-t-il en guise de réponse.

Pedro observa son vieux pote comme s'il venait soudain d'être changé en clone complètement abruti.

— Tu veux que je nous dégotte une bière ?

— Oui.

— Pas de problème ! Je vais voir le cousin Chico pour qu'il aille en acheter pour nous et c'est dans la poche. T'as du fric ?

Carl fouilla dans la poche de son Jean et en extirpa deux pièces de 200 et 100 escudos.

— Tiens !

Pedro récupéra les escudos, monnaie qui n'en avait plus que pour quatre mois d'existence puisqu'elle allait devoir céder la place à l'Euro dès le 1er janvier 2002. Dans le village des grands-parents de Carl, *Castelo Melhor*, les vieux râlaient et, tout en jouant aux cartes dans l'un des deux bars du village, n'en finissaient plus de dire à qui voulait l'entendre que jamais, eux, ils n'accepteraient d'utiliser cet argent venu d'ailleurs.

Carl adorait écouter les vieux parler. C'était comme un

spectacle. Ils étaient des conteurs de première catégorie, mais personne n'arrivait à la cheville de son grand-père Marcelo. Lui, il avait un don. C'était un orateur hors pair. Quand il prenait la parole, la plupart du temps accoudé au zinc du café du village, celui du haut comme celui du bas. Il faut dire qu'à l'origine, il n'y avait qu'un seul bar à *Castelo Melhor*. Puis, à la fin des années quatre-vingt-dix, un second s'était établi à l'entrée du village. Le vieux Lino, retraité du bâtiment, avait décidé de continuer à travailler, à son compte cette fois, en ouvrant un bar sur les hauteurs du village, juste à l'entrée du nouveau parking qui venait d'être construit. Au début, Jorge, le propriétaire du bar d'en bas, avait fait un peu la tête. Puis, voyant qu'une nouvelle clientèle venue des villages alentour constituait le gros des visites du « bar d'en haut », dès lors sans trop porter atteinte à son propre business, il n'en voulait finalement pas à son nouveau concurrent. Et puis, cela donnait un prétexte aux anciens pour aller boire deux coups au lieu d'un ! Bah oui, il fallait bien saluer chacun des tenanciers, non ? Pas question de faire des jaloux. Dans un si petit village d'à peine 200 âmes permanentes, tout se savait très vite ! Marcelo, le grand-père de Carl, avait donc deux fois plus de raisons d'aller boire un verre de rouge. Et puis, le Marcelo, il avait le vin joyeux. Un canon et hop, c'était une histoire sur l'ancien temps, celui de la dictature de Salazar, celui où malgré tout on sentait une nostalgie d'une jeunesse révolue. Carl pensait que le don de son grand-père pour la rhétorique avait sûrement à voir avec le fait qu'il était analphabète. C'était LE regret du vieil homme : ne pas savoir lire ni écrire. Marcelo n'avait quasiment pas fréquenté l'école. Il n'y avait pas d'obligation à l'époque. Il avait travaillé très tôt avec ses parents. Le travail des champs, au grand air, pouvait être quelque chose de gratifiant quand on est un môme de la campagne. Bref, le talent d'orateur était un moyen de contrebalancer l'analphabétisme du grand-père, Carl en était persuadé. En tout cas, lui, il adorait écouter *avo* Marcelo, et il éprouvait une grande fierté à chaque fois que tout le monde s'arrêtait de parler pour écouter son grand-père raconter le passé.

Alors que Pedro tardait à revenir avec les *Super Bock*, Carl reprenait peu à peu le contrôle de son corps et de son esprit. L'effet de la jeune fille blonde n'était pas permanent, Dieu merci ! Qui était-elle ? D'où venait-elle ? En tout cas, elle n'était pas du village ni d'*Orgal*, distant d'à peine six kilomètres, dont il connaissait le moindre habitant. La seule possibilité était qu'elle venait de la ville. Oui, elle devait être de *Vila Nova de Foz Côa*. Sauf si… elle venait d'encore plus loin ? Il n'avait pas pensé à *Figueira de Castelo Rodrigo*. C'était tout à fait possible puisque chaque été, pendant le mois d'août, celui des bals et des concerts dans les villages, les gens faisaient la tournée et venaient danser, rire, boire, s'amuser pendant cette période festive et joyeuse. Soudain, Carl se figea. La jolie blonde était peut-être une fille d'immigrés ? Il n'avait pas pensé à ça. Quel idiot ! Bien sûr, c'était l'explication la plus probable : elle était là pour les vacances ! Ses parents devaient résider en France… ou en Suisse… voire en Allemagne ? Bref, il tenait l'explication sur le fait qu'il ne l'avait jamais vue avant ce soir-là.

— Tiens ! dit Pedro en lui tendant la canette de bière fraîche.

Carl sursauta légèrement devant l'apparition soudaine de la main de Pedro chargée de la *Super Bock*.

— Euh… merci.

— Tiens, ta monnaie.

Carl ouvrit sa main gauche pour récolter les pièces. Il eut du mal à les ranger dans sa poche tout en tenant sa canette de bière.

Pedro approcha sa bouteille de celle de son ami pour trinquer. Le tintement des verres qui s'entrechoquèrent fut couvert par les essais acoustiques des musiciens qui, maintenant, testaient la basse.

— À la tienne, Carlitinho !

— Santé !

Les deux adolescents burent quelques gorgées de bière fraîche avec la satisfaction de braver un interdit. Dans ce petit village du Portugal, à l'âge de treize ans, boire de l'alcool ou fumer une cigarette rapprochait de la quête ultime : devenir adulte. Et puis c'était beaucoup plus facile à faire que de sortir avec une fille. Cette pensée fit frissonner Carl qui tenta de chasser son stress en finissant sa canette d'un trait.

— Ben mon vieux ! On peut dire qu'en effet tu avais soif ! remarqua Pedro.

— Tu la connais ? demanda Carl.

Pedro fronça les sourcils. Il ingurgita une gorgée de *Super Bock* pour se donner un temps de réflexion.

— Qui ça ?

Carl s'imagina frapper son ami sur le crâne à l'aide de sa canette vide. Il ne mit pas son projet à exécution. C'était disproportionné, même si Pedro se fichait assurément de lui. En plus, il était son meilleur ami. Peut-être même le seul qu'il n'ait jamais eu.

— Ne te fiche pas de moi, imbécile ! Tu sais très bien de qui je parle.

Pedro gratifia son ami d'un sourire carnassier. La

parfaite illustration d'une période de la vie où tout n'est qu'un jeu, ou du moins devrait l'être.

— Tu parles de la fille qui t'a fait décrocher la mâchoire tout à l'heure. D'ailleurs, à ce sujet, peux-tu me dire quel goût a le sol, là, sous nos pieds ?

Carl se demanda si l'effet de l'alcool avait déjà modifié le comportement de son ami. Non, ce n'était pas possible, il n'avait bu qu'à peine un tiers de sa bière. Donc, pas de doute, Pedro se payait sa tête.

— Quoi ? Qu'est-ce que tu veux dire ? Je n'y comprends rien à tes délires !

Pedro prit une nouvelle rasade avant de répondre.

— Bah oui… Tu avais tellement la bouche grande ouverte et la langue pendante qu'elle traînait par terre, dit-il en ajoutant à son explication un rire gras et moqueur.

Carl testa la résistance des côtes de son futur ex-ami à l'aide de son coude.

— Ouch !!! La vache, Carl, merde ! Tu m'as fait mal !

À son tour, Carl imita le sourire narquois de son camarade avant de répondre.

— Tant mieux ! Peut-être que ça t'évitera de dire des conneries.

Pedro se frotta le côté en grimaçant. Il déposa sa bière au sommet du muret sur lequel ils étaient juchés.

— Elle s'appelle Livia, révéla Pedro.

Carl était accroché aux lèvres de son meilleur ami, mais ce dernier n'ajouta rien.

— Et quoi d'autre ? maugréa Carl. Vas-y dis-moi !

Pedro tenta d'attraper sa canette, mais Carl l'en empêcha en attrapant son bras d'une poigne ferme et déterminée.

— Eh, mais… tu me lâches, là ! Tu ne tournes pas rond mon pote ! Qu'est-ce qui t'arrive, nom de Dieu ?

Carl libéra sa prise et Pedro s'empara aussitôt de la *Super Bock* à moitié entamée.

— Désolé ! dit Carl en le pensant vraiment. Je ne sais pas ce qui m'arrive. Excuse-moi.

Pedro termina sa bière et balança la bouteille en verre vide derrière lui. Elle se fracassa en une multitude de débris après sa rencontre avec une pierre de schiste.

— Bordel, Pedro, pourquoi t'as fait ça ?

— Quoi ça ?

— Balancer ta canette comme ça, c'est nul !

— Oh là… ce que tu peux être rabat-joie quand tu t'y mets !

— C'est juste qu'il y a des poubelles partout dans le village ! Si tout le monde faisait comme toi, ce serait une déchetterie ici !

Pedro leva les yeux au ciel.

— Y'a vraiment que des expatriés comme toi pour se soucier de ce genre de choses ! La France t'a bien changé mon petit Carlitinho ! C'est vrai que môssieur vit maintenant en France… à Paris ! Là-bas, on ne balance pas ses canettes par terre !

Carl fixa son ami avec compassion.

— Parfois, Pedro, tu me fais de la peine tellement tu es con !

Pedro prit un air outragé. Il soutint le regard de Carl sans sourciller l'espace de quelques secondes, puis éclata de rire.

— Je suis peut-être con, mais moi je sais qui est Livia, jubila-t-il tout en sautant du muret pour se retrouver sur ses deux pieds.

Carl sauta à son tour et courut après Pedro. Ils remontèrent au pas de course l'unique allée centrale jusqu'en haut du village, près du cimetière. Arrivé à hauteur de la route nationale, Pedro stoppa net. Carl, surpris, ne put éviter de lui rentrer dedans. Ils chutèrent ensemble, mais aucun ne se blessa. Pedro se releva le premier en riant.

— Tu cours vite pour un citadin ! Tu m'as presque rattrapé.

— Pas presque… je t'ai rattrapé ! corrigea Carl.

Le villageois tendit la main au citadin qui accepta l'aide pour se remettre debout.

— Viens par ici, je vais te montrer quelque chose ! dit Pedro.

Carl lui emboîta le pas et ils longèrent la nationale pendant près de cinq cents mètres avant d'arriver à un virage. De là, on distinguait la plaine et les collines qui s'exposaient au regard des deux jeunes garçons. On pouvait deviner les différents villages qui s'extirpaient de la toile nocturne, brillant de mille feux maintenant que la nuit tombait.

Pedro pointa l'agglomérat de lumières qui lui faisait face.

— Elle vient de là ! dit-il.

— Elle est de *Figueira* ? demanda Carl.

— Bah oui, crétin, puisque c'est le village que je te montre !

Carl n'avait que peu l'occasion de se rendre à *Figueira de Castelo Rodrigo*. La ville était distante d'une quinzaine de kilomètres en direction de la frontière espagnole, côté est. Son grand-père n'y allait que très rarement, pour ainsi dire quasiment jamais. Il y avait une navette, une sorte de minibus, qui passait chaque jour dans le village pour se rendre à *Vila Nova de Foz Côa,* côté ouest cette fois-ci. Là, point n'était besoin de demander à quiconque. Il fallait juste demander l'autorisation aux grands-parents et Carl pouvait passer l'après-midi avec les copains, il y avait une salle de jeux pour les jeunes à cette époque-là. Les adolescents adoraient s'y retrouver. Juste à côté, ils pouvaient aussi aller boire un *Sumol,* le soda local et manger un Burger avec des frites. Le paradis des ados en somme. Par contre, l'autre grand village, *Figueira de Castelo Rodrigo,* était moins facile d'accès. En de rares occasions, le jeune homme profitait des parents de ses copains qui, pour un concert ou un bal, acceptaient de l'emmener avec eux.

— Elle est de *Figueira* ! murmura Carl.

— Seulement pendant l'été, corrigea Pedro. C'est une expatriée… comme toi !

— Ses parents vivent en France ? demanda Carl avec l'espoir que, peut-être, ses parents vivaient en région parisienne.

— Non. Désolé vieux ! répondit Pedro, réduisant à néant les projets fantasmés de son ami.

— Ah… d'accord.

— En fait, ses parents vivent en Suisse… à moins que ce soit en Allemagne ? Zut, je ne me rappelle plus ! Si tu veux, je demanderai à Lucinda, c'est une de ses bonnes copines.

Carl semblait déçu. Si Livia résidait en France, c'était un atout pour lui. Un point commun. Un motif de…

rapprochement. Il n'eut pas le temps de pousser ses réflexions plus loin, Pedro enchaîna :

— Dis donc Carlitinho, tu es tombé amoureux, ma parole !

Carl tenta de se ressaisir. Même si son meilleur ami avait vu juste, il n'était pas question d'avouer. Quand on a treize ans, c'est la honte d'aimer une fille. L'important, ce sont les copains. Les filles ? Cela n'apporte que des ennuis et des disputes entre les garçons.

— Arrête de dire des conneries ! Qu'est-ce que tu vas imaginer ? Je me renseigne c'est tout. Cette fille ne m'intéresse pas !

— Ah ouais ? On a l'impression que tu fais une enquête de police, se moqua Pedro.

— N'importe quoi ! Je me renseigne, c'est la première fois que je la voie cette fille, ça m'intrigue, rien de plus. Arrête un peu de te faire des films !

— Mais ouais ! Si tu crois que je vais gober tes mensonges. Enfin… bref, je demanderai à Lucinda pour savoir d'où vient la fille qui ne t'intéresse pas. OK ?

Carl se garda bien de répondre. Il tentait bien de donner le change, mais avec Pedro qui le connaissait depuis la petite enfance, c'était peine perdue.

— Ouais… tu fais comme tu veux. C'est juste par curiosité, c'est tout.

— J'en suis sûr !

Les deux copains firent volte-face et remontèrent la nationale pour entrer à nouveau dans le village. La nuit était maintenant bien installée et on entendait en contrebas les derniers réglages musicaux, signe que le concert n'allait pas tarder à commencer. Tout en suivant son ami d'enfance qui marchait à grandes enjambées, Carl se demanda s'il aurait le courage d'inviter Livia à danser…

*

Carl Pessoa ouvrit les yeux. Le coin de pêche du grand-père l'avait amené à faire un bond dans le passé. En réalité, un passé qui frappait à sa porte. Livia avait appris qu'il était de retour au Portugal. Comment l'avait-elle su ? C'était vraiment un mystère. Toujours est-il qu'elle avait laissé un message à son agence installée à Faro. Elle avait laissé son numéro de portable et souhaitait que Carl la rappelle. Carl extirpa son smartphone de sa poche et constata qu'il n'y avait toujours aucun appel ni SMS de la part d'Anna. Il éprouva un pincement au niveau du plexus. Il chercha un coin d'ombre pour mieux voir son écran. Un bosquet providentiel masqua la clarté solaire. Carl se posa sur une grosse pierre plate et lut le message de sa collaboratrice : « *Monsieur Pessoa, une personne nommée Livia Dacosta a laissé un message pour vous à l'agence. Elle a dit qu'elle était une très bonne amie d'enfance. Elle vous a reconnu par l'intermédiaire d'une publicité sur Internet. Elle a ajouté qu'elle aimerait beaucoup que vous la contactiez. Son numéro est le… »*.

Carl resta un moment les yeux rivés sur son écran. Pourquoi Livia désirait-elle qu'il l'appelle ? Après tout ce temps, quelle pouvait bien être sa motivation ? À moins que ce ne soit à titre professionnel ? Mais pour qui ? Pas pour elle, ça il en était certain. Quoique… Carl récupéra sur le texto le numéro de Livia et le transféra dans ses contacts. Il écrivit son prénom : L...I...V...I...A. Quand ce fut fait, il confirma l'enregistrement dans sa liste. Après la gravure dans l'antique station de gare, il avait à nouveau ce prénom sous les yeux. Le numéro de téléphone portable en plus. L'icône « *Appeler* » s'affichait en bas à droite de l'écran. Il promena son pouce, le faisant tournoyer lentement autour. Il prit finalement une grande inspiration et pressa la touche d'appel.

3

Catherine Wells n'avait pas la tête au travail. En y réfléchissant bien, cela faisait un petit moment déjà qu'elle ressentait cela. Pianotant sur le clavier de son ordinateur pour valider une commande et indiquer une date de livraison au fournisseur, elle observait une de ses vendeuses affairée avec une cliente qui hésitait entre deux parfums. Elle regarda sa montre et constata que la matinée n'était qu'à moitié entamée. Dommage ! Encore au moins deux heures avant de profiter de la pause déjeuner. Elle regrettait de ne pas avoir pris de vacances. Elle éprouvait une certaine lassitude. Elle n'avait plus envie. Cela faisait déjà un petit moment que cela lui trottait dans la tête. Il n'y avait plus qu'à franchir le pas. Et si elle prenait sa retraite ? Il n'y avait qu'à vendre la boutique. Ce serait facile. On lui avait déjà fait quelques propositions de rachat. Jusqu'à présent, elle avait systématiquement refusé. Si la proposition tombait aujourd'hui… elle aurait accepté et vendu sans aucun état d'âme. Pourquoi ce jour précis ? Peut-être parce que ce 14 juillet était un anniversaire. Un triste anniversaire. Cela faisait déjà deux ans que Stéphane était… parti, juste après le feu d'artifice. Ce qui était autrefois une belle journée de fête et de commémoration était devenu un jour de deuil familial. L'attentat sur la promenade des Anglais du 14 juillet 2016 ne s'effacerait jamais. La cicatrice serait toujours là, comme un rappel. Le fait qu'Anna, sa fille, ait eu la vie sauve était, évidemment, un petit miracle. Stéphane l'avait poussée, lui évitant le pire. Il l'avait payé de sa vie. Une mort en héros. Anna avait été grièvement blessée. Après trois semaines de coma, elle était revenue parmi les vivants, mais le plus difficile restait à venir, la perte de son compagnon l'avait plongée dans une profonde dépression qui avait duré près d'un an. Et puis, un second miracle s'était produit. Elle avait décidé de remonter la pente, de partir à la découverte de personnes qui, elles aussi, avaient vécu la perte, le deuil, et… l'avaient surmonté. Anna avait tiré le gros lot, dès sa première rencontre. L'homme providentiel s'appelait Jacques Vaillant, un vieux Normand qui accordait toujours sa confiance envers la vie, malgré ce qu'elle lui avait pris. Une rencontre providentielle. Un ami, aujourd'hui.

Catherine Wells finalisa ses commandes sur son ordinateur. Elle programma la semaine à venir sans enthousiasme. Ses deux vendeuses s'occupaient des clientes et du réassort des flacons de parfum. Elle, elle souhaitait sortir et profiter du soleil de juillet. Entravée par son activité routinière, elle fut contrainte de se concentrer pour éviter toute erreur de saisie. La matinée se déplia avec une lenteur pesante. Catherine accueillit l'heure du déjeuner avec un plaisir non dissimulé, ce qui laissa les deux employées de la boutique dans un état de perplexité avancé. C'était tellement nouveau. D'habitude, la patronne prenait à peine le temps d'avaler un sandwich sur le pouce. Il lui arrivait de sortir quelquefois, mais en de très rares occasions, la plupart du temps c'était parce que sa fille, Anna, venait déjeuner avec elle. Dans le cas présent, il ne pouvait s'agir de cela puisque la fille de Catherine Wells était en Corse. Quelle mouche pouvait bien la piquer ? Caroline, la plus ancienne des deux vendeuses, mais aussi la plus proche de Catherine Wells, expliqua à sa collègue que la célébration du 14 juillet était une date « spéciale » pour la patronne. Qu'elle avait perdu un proche ce jour-là, il y avait deux ans, mais elle n'entra pas dans les détails et n'évoqua pas l'attentat de la promenade des Anglais !

Catherine Wells s'extirpa de sa boutique comme s'il s'agissait d'un bosquet d'orties. Elle pressa le pas jusqu'à atteindre le parc du Ranelagh. Les bancs étaient souvent pris d'assaut par les employés du quartier qui venaient avaler une collation en prenant une bonne dose de vitamine D. Elle s'était abstenue de s'acheter un repas sandwich+boisson à la boulangerie de Passy, une de ses cantines du quartier. De toute façon, elle n'avait pas faim. Elle s'inquiétait pour Anna qui n'avait pas donné de nouvelles depuis deux jours. Elle parvint à trouver un espace vital acceptable sur un banc qui se trouvait à l'ombre d'un érable. Elle se fichait pas mal de la promiscuité d'un couple de probables jeunes cadres, un homme et une femme, qui discutaient chiffres et placements tout en avalant un jambon-gruyère et buvant un *Coca Zéro*.

Catherine consulta son smartphone, lisant le dernier texto d'Anna pour la vingtième fois au moins. Peut-être que quelque chose lui avait échappé. Une indication subtile qu'elle n'aurait pas remarquée lors de ses dix-neuf précédentes lectures. Pour être sûre, elle scruta à nouveau le message :

« Salut maman. Je profite d'avoir un minimum de réseau pour t'envoyer ce sms. Nous sommes au début du parcours et je trouve déjà le paysage magnifique. Les deux guides (Aurélie et Marc) nous ont proposé de participer à l'ascension du mont Cinto, c'est le plus haut sommet de Corse. Sur la douzaine de personnes qui constituent l'ensemble du groupe de randonneurs, nous ne sommes que cinq à nous être inscrits pour ce programme optionnel. Tu me connais, je ne peux pas ne pas y aller. Le plus haut sommet de Corse… c'est pour moi ! Sinon, tout va bien. Nous n'avons pas encore vraiment discuté avec les guides. Cela se fera au fur et à mesure… à moins que non. Ce n'est pas une obligation à vrai dire. Pour que tu ne t'inquiètes pas (je te connais, maman), il n'y a pas de réseau sur le GR20. Sauf ici, à la station d'Asco, c'est l'étape 3. D'après Aurélie, il faudra attendre l'étape 10 pour récupérer une connexion. Donc, je t'interdis de t'inquiéter, OK ?

Je t'embrasse et je te contacte dès que possible. Bisous. Anna »

Catherine n'était pas plus avancée que les fois précédentes. Il faudrait un décodeur spécial pour décrypter le langage des jeunes. Pas de contact avant l'étape 10. Très bien. Sauf que… quand aurait-elle lieu l'étape 10 ? Elle en avait de bonnes, Anna. Quel jour le prochain texto ? Et puis, pourquoi n'avait-elle pas appelé si elle avait du réseau ? C'était invraisemblable ça ! Un coup de fil à sa mère, ce n'était pas trop demander tout de même ! Si ?

Catherine Wells rangea son téléphone dans son sac à main. Les deux jeunes gens d'à côté avec leur sandwich avaient réveillé sa faim. Elle décida de passer par la galerie Passy Plazza à la recherche d'un petit quelque chose à grignoter. En chemin, elle éprouva l'envie de parler à quelqu'un, de confier son inquiétude à un tiers. Elle sut immédiatement quelle personne contacter. Elle lui téléphonerait ce soir. Elle sut alors que l'après-midi aussi allait être longue...

4

Quelle idée saugrenue vraiment ! Cela faisait déjà six mois que Jacques Vaillant avait envisagé ce projet génial qui, à présent, était en train de se transformer en chemin de croix. Une envie soudaine d'ajouter quelque chose de nouveau dans son jardin normand. Il avait élaboré ce projet l'hiver dernier alors qu'il était cloué au lit par la grippe, un peu avant Noël. Il devait avoir eu l'esprit tellement embué par la maladie pour monter un projet aussi ardu, mais il avait gardé le cap. Une fois remis sur pied, il avait décidé qu'il le mettrait à exécution au printemps ou à l'été suivant. Impossible de se mettre à l'ouvrage pendant la rudesse de l'hiver. Quel était ce projet ? Construire un bassin au milieu de son jardin. Jacques Vaillant et ses envies excentriques. Pourquoi fallait-il qu'à 70 ans, le vieux Normand soit toujours obnubilé par d'innombrables aménagements dans sa propriété ? Il était pourtant bien assez pris par son association *La main tendue* , qui apportait une aide providentielle aux personnes et familles endeuillées. Il ne regrettait pas sa décision de continuer à s'en occuper alors qu'il avait bien failli tout laisser tomber après le décès de sa femme. Et puis, il y avait eu Anna. La jeune femme était entrée dans sa vie et il l'avait aidée à se remettre de la mort de son compagnon. Dans le même temps, la jeune femme lui avait apporté bien plus qu'elle ne pourrait jamais l'imaginer en retour. Une force nouvelle chez un vieux bonhomme. L'envie de ne pas laisser péricliter ce que Monique, sa défunte épouse, avait bâti de son vivant. Alors, il s'était investi davantage, et *La main tendue* poursuivait son chemin... sans elle. Au cours de cette dernière année, Jacques avait soutenu quatre familles. C'était peu et beaucoup en même temps. Et puis, à son âge, il ne pouvait en faire plus. Heureusement, la plupart des contacts avec les familles se faisait par l'intermédiaire du site Internet de l'association et éventuellement par téléphone. Jacques ne se déplaçait pas, il y avait un âge pour tout.

Bref, l'association occupait une bonne partie de son temps, mais il s'était limité volontairement à quatre demi-journées par semaine. D'une part parce qu'il ne fallait jamais se concentrer sur quelque chose d'unique, mais aussi parce qu'il voulait faire quelque chose de ses dix doigts. Il adorait bâtir, construire, rénover, transformer, innover. Le bricolage était SA façon de méditer. Mais aujourd'hui, il ne parvenait ni à cogiter ni à travailler correctement de ses mains. Pourquoi ? Parce que nous étions le 14 juillet et que, depuis son réveil, il n'avait cessé de penser à Anna. Comment allait-elle vivre cette journée ? La dernière fois qu'il l'avait eue au téléphone, cela faisait déjà plus d'un mois, il lui avait proposé de venir passer quelques jours à Honfleur, avec lui, si elle était disponible. Il avait été déçu, mais en même temps heureux, d'apprendre qu'Anna se voyait forcée de décliner l'invitation puisqu'elle serait en Corse à cette date, elle allait participer à un trek sur le GR 20, plus exactement une « marche thérapeutique ». Jacques était ravi de constater que la jeune Parisienne continuait sa quête initiée avec lui. Anna expliqua qu'elle poursuivait ses recherches pour elle, bien entendu, mais aussi dans une démarche professionnelle. En effet, son employeur, le magazine Psychomag, plus que satisfait de l'article qu'elle avait fait sur Jacques Vaillant, lui avait proposé de continuer ses recherches de personnes ayant subi un drame et l'ayant surmonté, mais au travers d'un livre, cette fois-ci. Un vaste projet, mais pour Jacques cela constituait aussi assurément la poursuite de la phase de reconstruction, de la résilience d'Anna.

Jacques Vaillant pesta quand l'assemblage de pierres taillées ne résista pas à son inspection méthodique. Il y avait un espace trop important entre certaines d'entre elles. Zut ! Il allait falloir tout refaire, encore une fois. Tout ça pour des poissons !

Pour l'heure, l'abri à poisson prenait l'eau ! Jacques préféra en rire plutôt qu'en pleurer. Deux jours de travail pour rien. Pas grave ! Il imagina Monique, qui, si elle était encore de ce monde, n'aurait pas manqué de se payer sa tête. Dire que, la veille, il s'était dit qu'on devait presque lui décerner une médaille pour cet exploit : construire tout seul un énorme bassin dans son jardin. Bon, après tout, il n'avait pas de délai à respecter, il n'avait de compte à rendre qu'à lui-même. Il se répéta la fameuse maxime de Boileau : « vingt fois sur le métier, remettez votre ouvrage ! ». Il conclut que deux fois seraient amplement suffisantes dans ce cas précis. Il inspecta le pourtour complet et, finalement, fut rassuré de constater qu'un seul pan de muret était à refaire. Ce n'était pas la mer à boire, après tout. De toute façon, il verrait ça plus tard dans la journée, ou demain. Il ne ferait rien de bon pour l'heure puisqu'il ne cessait de penser à Anna et à cette foutue date commémorative. Bon sang, il lui fallait un café pour se remettre un tantinet les idées en place.

Une fois arrivé dans la cuisine, Jacques ouvrit la boîte de fer blanc où s'entassait une ribambelle de capsules colorées. Il en prit une et la plaça dans le réceptacle de sa cafetière dernier cri, un cadeau d'Anna. Et vlan, voilà, comment voulez-vous qu'il parvienne à cesser de penser à elle ? Il sourit en actionnant le bouton de chauffe de la machine dernier cri. C'est Anna qui l'avait persuadé de troquer sa vieille machine à café traditionnelle datant de Mathusalem pour un appareil du siècle en cours. Au début, comme tout vieux bonhomme qui se respecte, il avait bien tenté de résister, arguant que c'est dans les vieux pots qu'on fait les meilleures confitures, que le modernisme c'est que de la camelote… Sauf que, quand Anna lui a expliqué qu'il était scientifiquement prouvé que le taux de caféine était nettement plus élevé dans les cafetières traditionnelles que dans la moderne, parce que le temps de contact de l'eau avec le café est plus important. Bref, comme son médecin lui avait dit qu'il serait prudent pour son cœur de réduire le café… il s'était laissé convaincre. Et puis Anna avait poursuivi son entreprise de persuasion en indiquant que, de plus, les capsules qu'elle avait choisies ne contenaient pas d'aluminium. Pour terminer, il ne restait plus qu'à goûter le breuvage. Il râla un peu, mais finit par admettre qu'effectivement, c'était du bon café.

Le vieux Normand récupéra sa tasse sous le percolateur et souffla sur sa boisson. Il eut à peine le temps de boire une gorgée que son téléphone sonna. Il posa son café, et se dépêcha jusqu'au salon où trônait un modèle fixe qui devait encore se trouver dans les brocantes ou les Vide-greniers.

— Allo ?

— Bonjour Jacques !

Le Normand reconnut la voix de la mère d'Anna.

— Oh, bonjour Catherine, dit-il en tentant de masquer son étonnement.

— Comment allez-vous ? demanda-t-elle par pure politesse, car prendre des nouvelles n'était pas le but de son appel.

— Ma foi, comme les vieux ! ironisa-t-il. Tout va bien Catherine ? Comment dire… je sens une pointe de stress dans votre voix. Et puis… vous ne m'appelez que très rarement, donc j'en conclus qu'il se passe quelque chose, non ?

Catherine Wells avait rencontré celui qui avait « sauvé » sa fille l'hiver dernier. Le vieux Normand avait eu la grippe un peu avant les vacances de Noël et Anna ne voulait pas qu'il passe le réveillon seul. Ni une ni deux, elle avait décidé de débarquer avec Catherine pour passer un Noël inoubliable. En réalité, Jacques aurait préféré rester couché, mais il était si heureux à l'idée de revoir Anna, qu'il s'était gavé de comprimés pour faire descendre sa fièvre dans les meilleurs délais. Ce fut une réussite, il fut sur pieds en quelques jours et put recevoir Anna, sa mère et… une surprise ! Jacques avait gravé les paroles d'Anna dans sa mémoire. Même si la conversation s'était déroulée par téléphone, le vieux Normand voyait le visage d'Anna aussi bien que si elle s'était trouvée, là, face à lui. Il se rappela en un éclair le coup de fil d'Anna, c'était un peu avant Noël...

*

— Euh… Jacques, j'ai une faveur à vous demander, murmura Anna dans le combiné.

— Vos désirs sont des ordres, très chère ! répondit Jacques.

Un joli rictus se dessina sur le visage d'Anna.

— Tout d'abord, je suis si heureuse que vous soyez remis et... que vous ayez accepté ma proposition de venir fêter Noël avec vous. Depuis le temps que ma mère voulait vous rencontrer en chair et en os…

— On s'est déjà parlé longuement au téléphone avec votre mère, Anna.

— Oui, je sais bien… mais elle tenait tant à vous voir en face et à vous embrasser pour vous remercier pour tout ce que vous avez fait pour moi…

— … Ce que NOUS avons fait ENSEMBLE, vous avez oublié ? Je n'étais pas tout seul, me semble-t-il.

Anna reconnaissait bien là Jacques. Sans lui, elle aurait pu passer encore des mois prisonnière de sa douleur. C'est comme si Jacques Vaillant l'avait aidée à voir les choses avec plus de recul, à apprécier la vie avec tout ce que cela implique de bonheur, mais aussi – et c'était peut-être le plus important – avec ses aléas parfois tristes et douloureux.

— Mouais… enfin, sans vous… je serais peut-être encore en train de pleurer sous ma couette !

Jacques rectifia immédiatement :

— Ah oui ? Ma chère Anna, n'est-ce pas vous qui m'avez contacté la première ? Il me semble que ce n'est pas moi qui suis venu vous sortir de votre lit pour vous emmener à Honfleur... sauf si je suis déjà touché par les sournoiseries d'Alzheimer, qu'en dites-vous ?

Anna sourit derrière son iPhone.

— Que vous avez toujours réponse à tout, gros malin !

— Ma foi, c'est plutôt bon signe alors ! J'ai encore l'esprit alerte, ce n'est déjà pas si mal à mon âge ! ironisa-t-il.

— Vous êtes encore jeune, Jacques !

— Quelle charmante menteuse vous faites, Anna ! Mais je le prends volontiers comme un compliment et je vous en remercie. Mais trêve de plaisanterie. Que voulez-vous me demander en définitive ?

Anna prit son courage à deux mains et se lança :

— Eh bien voilà… vous vous souvenez que vous m'aviez dit qu'un beau jour… je… je…

— Vous ?

— Euh… ce n'est pas facile !

— Bien sûr que si !

— Quoi ?

— Si, c'est facile. Il n'y a qu'à me dire ce que vous voulez, c'est tout ! affirma Jacques avec toute la gentillesse qui le caractérisait.

Anna fut comme touchée par l'énergie qui émanait de son ami normand. Encore une fois, alors qu'ils étaient éloignés par près de deux cents kilomètres, elle pouvait presque sentir cette sorte d'aura empathique qu'irradiait Jacques presque en permanence. La jeune Parisienne se sentait toujours bien en sa présence, même si ce n'était qu'au travers du téléphone.

— Oui. Vous avez raison. Alors, je me lance. Vous m'avez dit un jour que viendrait un temps où je me sentirai mieux et même un jour où… je tomberai à nouveau amoureuse.

— C'est exact. Je m'en souviens très bien. Et donc ?

Anna avait l'étrange sensation que Jacques savait déjà tout de ce qu'elle s'apprêtait à lui dire. C'était perturbant, mais pas étonnant puisqu'il en avait toujours été ainsi depuis leur première rencontre.

— Vous aviez raison ! dit Anna.

— Vraiment ? J'en suis le premier étonné ! répondit Jacques.

— Vous vous moquez ?

— Tout à fait, ma chère… mais gentiment, n'en doutez pas. Bon, alors… comment s'appelle l'heureux élu ? continua-t-il.

Anna s'aperçut que, son iPhone à la main, elle faisait les cent pas dans son salon. Elle ne parvenait pas à rester en place, on aurait dit un perroquet faisant des allées et venues le long de son perchoir.

— Carl. Il s'appelle Carl, répondit-elle.

— Carl... Bien, c'est facile à retenir !

— Euh… oui. Mais, ce n'est pas tout, je voulais vous demander si…

— … il pouvait venir avec vous et votre mère fêter Noël en notre compagnie ?

Anna stoppa sa marche de la fenêtre du salon jusqu'au mur opposé. Elle s'approcha du sofa et s'affaissa dessus.

— Mais comment faites-vous pour toujours tout savoir avant même que je vous le dise ? demanda Anna.

Jacques Vaillant s'amusait de la situation. Il aimait beaucoup asticoter gentiment Anna.

— Rien de plus normal, Anna. Je suis un vieux bonhomme, souvenez-vous, par conséquent j'ai assez d'expérience pour anticiper les choses de la vie. Rappelez-vous ce que je vous avais dit le jour de l'orage, quand nous nous étions barricadés à l'intérieur de ma maison.

Anna fit appel à ses souvenirs et projeta le film mental de cette journée particulière.

— Oui, je me souviens. Quand l'orage avait fait vibrer vos fenêtres.

— C'est ça. Et vous vous souvenez de ce que je vous avais dit ?

— Oui. Vous aviez dit : « vous voyez Anna, après la pluie... »

— ... vient le beau temps !

Anna avait gravé cette phrase jusqu'au plus profond d'elle-même. Même si, ce jour-là, elle avait eu du mal à accepter cette affirmation que Jacques Vaillant avait soutenue comme une évidence.

— Donc, vous êtes d'accord pour que Carl vienne aussi ? demanda Anna qui attendait une confirmation.

— Bien entendu ! Je serai très heureux de rencontrer... Carl.

Anna exprima sa gratitude :

— Merci, Jacques, c'est très gentil à vous.

— Il n'y a vraiment pas de quoi ! répondit le vieux Normand.

Anna fronça soudain les sourcils, une certaine inquiétude pouvait se lire sur ses traits qui se tendirent alors.

— Jacques, je peux vous demander encore une chose ?

— Anna. Vous êtes mon amie. J'aime à penser que je suis aussi devenu le vôtre...

— Bien sûr que oui ! le coupa-t-elle presque offusquée que Jacques puisse en douter une seule seconde.

— Bien. Alors puisque nous sommes amis. Pas de chichi, voulez-vous ?

— Oui, je sais. Mais, c'est peut-être le fait de se parler

au téléphone. Je ne sais pas. Je me sens plus à l'aise quand je suis en face de vous…

— … Dans ce cas, venez me voir plus souvent ! Il n'en tient qu'à vous. Vous êtes et serez toujours la bienvenue à la maison. Vous pouvez débarquer quand vous le voulez, j'espère que ceci est bien ancré sous votre joli crâne de Parisienne ? Et… c'est promis, je ne vous préparerai plus de terrine !

Anna se mit à rire. Lors de leur première rencontre, Jacques Vaillant avait confectionné une terrine maison qu'Anna avait goûtée par politesse bien que n'appréciant pas ce plat.

— C'est promis. Je grave ça dans ma tête, répondit-elle.

— Bien.

— Jacques ?

— Oui, Anna.

Quelques scories de l'ancienne Anna collaient parfois sous les pieds de la nouvelle. Elle avait besoin du réconfort de son ami normand. Elle osa LA question qui l'angoissait depuis qu'elle était sortie pour la première fois avec Carl Pessoa.

— Et si le beau temps… n'était qu'une éclaircie ? demanda-t-elle.

Jacques prit un instant de réflexion avant de répondre. Il savait parfaitement que la reconstruction d'Anna ne se ferait pas en un claquement de doigts. Qu'il y aurait encore des instants de doute, de désespoir aussi ! C'était dans l'ordre des choses.

— Anna, ma chère enfant, même si le beau temps venait parfois à s'éclipser derrière les nuages… Ce ne serait pas une raison pour vous promener en permanence avec un parapluie ! Dès que le soleil brille, chaussez vos lunettes teintées et profitez des rayons qui vous réchauffent le corps et l'âme. Vivez l'instant, Anna, et vivez-le pleinement. Ne vous préoccupez pas du temps qu'il durera. Vous comprenez ?

Anna sentit des gouttes salées glisser sur ses joues.

— Jacques ?

— Oui !

— Merci d'être là, dit-elle simplement.

*

— Jacques, vous êtes là ? demanda Catherine Wells.

Le vieux Normand balaya ses souvenirs qui n'avaient refait surface que l'espace de quelques secondes, mais suffisamment pour laisser Catherine dans l'expectative.

— Oui, je vous écoute. Que se passe-t-il ?

— Je voulais savoir si vous aviez eu des nouvelles d'Anna récemment.

Les traits de Jacques Vaillant se figèrent. Il connaissait suffisamment Catherine Wells pour savoir qu'elle s'inquiétait parfois outre mesure, mais il convenait cependant de ne pas traiter ses alertes par-dessus la jambe.

— Eh bien, j'ai eu un e-mail il y a… attendez que je me souvienne… trois ou quatre jours, je crois ! Pourquoi cette question ? Il s'est passé quelque chose ?

Catherine allait devoir en dire un peu plus, mais il fallait être prudente, car Anna avait fait promettre à sa mère de ne pas divulguer la « pause », la « suspension » qu'elle avait imposée à Carl, Catherine Wells se trouvait bien embarrassée à présent. D'autant que Jacques Vaillant était doté d'un sixième sens très aiguisé, alors… il fallait être prudente.

— Vous savez qu'Anna est partie en Corse ?

— Oui. Elle me l'a dit dans son e-mail, déclara Jacques.

— Cela fait trois jours que je n'ai plus de nouvelles ! Je sais très bien que parfois, je suis un peu envahissante, Anna me le reproche souvent. Mais, que voulez-vous, je suis comme ça. Il faut toujours que je m'inquiète ! Plus tard, quand ma fille aura un ou des enfants, elle comprendra… j'espère ! dit Catherine.

Jacques avait autrefois parcouru le GR 20. C'était il y a bien longtemps, quand il était plus jeune, une époque où il avait beaucoup crapahuté sur les sentiers de randonnée. Il était quasi impossible de contacter qui que ce soit avant d'arriver dans des refuges où parfois, mais pas toujours, il y avait un téléphone. Bien entendu, c'était une autre époque et maintenant qu'il y avait les appareils portables, les choses n'étaient plus les mêmes. Mais Anna était en montagne, en Corse, il lui semblait bien peu probable que des antennes de téléphonie mobile aient été installées sur le parcours.

— Catherine, je pense sincèrement qu'il n'y a pas de quoi vous inquiéter. Le GR 20 traverse toute la montagne corse, si je ne me trompe pas. Du coup, il serait très étonnant qu'il y ait le moindre réseau de téléphonie portable dans un tel endroit, expliqua le vieux Normand.

— Ah ! Vous croyez ?

— Je ne suis sûr de rien, mais… je peux faire une recherche sur Internet et peut-être trouverais-je des informations susceptibles de nous éclairer.

Catherine n'avoua pas à Jacques qu'elle avait déjà

cherché, elle-même, cette information. Il y avait environ trois points de réseau téléphonique sur les dix étapes du parcours.

— Ce serait très aimable à vous ! dit-elle.

— Parfait. Dans ce cas, je m'y mets immédiatement et je vous rappelle dans la foulée. Mais… si vous me permettez, Catherine, vous vous faites du mouron pour rien. Je suis sûr que tout va bien. Et puis… Anna a peut-être envie de passer un moment sans sa famille ni ses amis, pensez-y !

— Hmm… Merci Jacques ! On reste en contact, déclara Catherine avant de raccrocher.

Dans d'autres circonstances, Catherine Wells aurait bien sollicité Carl. Mais, dans le cas présent, c'était impossible. Au moins, Anna n'avait pas mis sa mère à l'écart. Jacques Vaillant non plus n'avait pas eu de nouvelles fraîches. Catherine pensa alors que l'imbécile qui avait inventé le proverbe : « *pas de nouvelles, bonnes nouvelles* » méritait une gifle.

*

Jacques Vaillant se posta devant son ordinateur et fit une recherche sur *Google*. Il sourit intérieurement en prenant conscience que le moteur de recherche avait un nom qui ressemblait à « gogole ». Il consulta plusieurs sites et au bout du troisième trouva ce qu'il cherchait. Il finit par découvrir que : « *Le GR20 ne traverse pas beaucoup de routes, cependant vous avez une chance de trouver du réseau à chaque approche de la civilisation, c'est-à-dire :*

- *à la fin de l'étape 3 (station d'Asco) ;*

- *au Col de Verde (étape 4, une ancienne station aussi avec une route) ;*

- *à Vizzavone (au milieu, c'est une petite ville dans laquelle il est possible de faire le plein en épicerie. Vizzavone signe la séparation entre GR20 Nord et GR20 Sud ;*

- *à Capannelle (étape 10) ;*
- *à Bavella.* »

Bon d'accord, il avait confirmation que le chemin de randonnée corse était très peu couvert par un réseau de téléphonie portable, néanmoins il y avait tout de même quelques points de chute où l'on pouvait accrocher quelques barres de réseau sur son smartphone. Le problème était qu'il ignorait où se trouvait Anna en cet instant précis. Bref : Il n'était pas vraiment plus avancé. Il envoya un SMS à Catherine Wells en indiquant qu'il ne fallait pas qu'elle s'inquiète parce que le GR20 était un chemin de randonnée sans réseau téléphonique mobile. Il y avait à peine une ou deux possibilités de trouver une antenne relais sur l'ensemble du parcours. Bon d'accord, c'était une demi-vérité, mais Jacques espérait que Catherine s'en contenterait, enfin… il n'y croyait pas vraiment.

Le texto envoyé, Jacques dut se refaire un café puisque l'appel de Catherine Wells l'avait coupé dans son élan. Ensuite, il souhaitait poursuivre ses travaux de construction. Le bassin n'allait pas se faire tout seul !

Son café du vingt-et-unième siècle avalé, il revint se planter devant son ouvrage qui était… à refaire. Le ciment avait séché pendant la nuit. Impossible de desceller les pierres sans employer les grands moyens. Un tour dans l'établi qui se trouvait dans une partie annexe de la maison : une ancienne étable que Jacques avait aménagée en un atelier de bricolage, il y avait déjà de nombreuses années, sa fille Louise était encore de ce monde à l'époque. En vérité, au grand damne de Monique, son épouse, un vrai fouillis où s'entassaient, pêle-mêle, tout un tas de choses indéfinies pour elle, mais dont Jacques assurait l'utilité future. En définitive, l'atelier n'était garni que de bric et de broc, et il aurait été bien incapable d'identifier la fonction de la moitié des objets qui résidaient là. Preuve qu'il avait raison et que Monique, autrefois, n'y entendait rien à son organisation typiquement masculine… il trouva en quelques secondes sa masse et sa pioche. Il ne savait pas encore laquelle allait lui servir, il valait mieux emporter les deux.

Jacques laissa choir ses précieux outils à ses pieds. Le soleil normand gênait son inspection minutieuse, il fit un aller-retour express dans son atelier épuré et en ressortit aussitôt avec une casquette poussiéreuse vissée sur le crâne. C'était beaucoup mieux ainsi, il put observer son bassin et fut peiné d'avoir à en détruire une partie. Il n'avait pas le choix, il fallait réparer l'erreur de construction et recommencer la section ratée.

Pourtant, il avait fait de la belle ouvrage avant ce « couac ». Pour assurer la stabilité du futur bassin, il avait dû assoir les pierres sur une base solide. Deux options s'étaient avérées possibles, à en croire les conseils du professionnel chez qui il s'était fourni : fondation en béton, ou bien tranchée garnie de morceaux de pierre, de tuiles ou de briquette. Il avait choisi la seconde option. Pour être honnête, il avait initialement prévu une toute autre réalisation : un rectangle d'environ huit mètres sur trois, pour une profondeur de cinquante centimètres. À son grand regret, les professionnels avec lesquels il avait parlé de son projet lui avaient déconseillé de poser un plancher en ciment. Dommage, il aurait bien aimé coller dessus des mosaïques, un style antique ou alors… portugais avec des azulejos. C'était sans compter avec le froid de l'hiver normand. Le ciment n'aurait pas résisté plus d'une voire deux saisons et aurait craquelé inévitablement. Finalement, Jacques avait profité de la présence opportune d'un excavateur qui œuvrait alentour, des travaux de terrassement chez un voisin, pour lui faire creuser un trou circulaire d'un diamètre de trois mètres pour un mètre de profondeur. Une fois fini, planté devant le trou béant au milieu de son jardin, Jacques réalisa l'ampleur de la cavité. Ensuite, il acheta une bâche renforcée spécialement conçue à cet effet, il y avait plusieurs couleurs disponibles. Il fit le choix de la plus claire. Une fois cette dernière posée, il convenait de procéder au remplissage. Quelle ne fut pas sa surprise quand il réalisa qu'il avait rempli le bassin de... trois mille litres d'eau ! Un sacré aquarium ! Mais, le plus dur restait à venir : construire le muret qui surplomberait le pourtour de la brèche. Il y avait mis tout son cœur et s'était abimé les yeux à force de consulter une ribambelle de tutoriels sur son ordinateur. Oui, mais voilà… entre la théorie et la pratique !

Maintenant, il n'avait plus qu'à détruire la partie ratée et puis… recommencer. *On apprend de ses erreurs*, pensa le vieil homme.

— Allez Jacques ! Oh! hisse ! Qui ne tente rien… n'a rien ! s'exclama-t-il à haute voix, et tant pis s'il était seul dans le jardin. On dit que ce sont les fous qui parlent tout seul. Depuis qu'il avait lu dans le magazine *Sciences &Vie* qu'apparemment se parler à voix haute serait un signe de génie et qu'Albert Einstein en personne se parlait à lui-même quand il était seul… Jacques avait décidé qu'il n'allait pas s'en priver, des fois que cela développerait son propre génie caché !

Toujours est-il qu'à bien regarder son muret à moitié raté, il concéda qu'il allait peut-être falloir parler plus fort... pour que son talent puisse éclore. Cette pensée le fit rire et il empoigna sa massette. Il allait devoir cogner sur les pierres pour les desceller et refaire l'arrondi du muret qui, en fait de cercle, ressemblait plus à un ovale. Heureusement qu'il avait prévu un stock de pierres plus que nécessaire. Preuve qu'il n'avait qu'une confiance limitée en ses talents de maçon.

Il éleva sa massette et frappa contre la pierre récalcitrante. Il s'étonna de la voir se désolidariser de sa jumelle en un seul coup. La destruction de la partie ovoïde du muretin lui demanda un effort soutenu, mais Jacques se dit que, pour son âge, il avait encore une bonne vitalité.

5

Claire Marchal, directrice du magazine populaire de psychologie *Psychomag*, mâchonnait depuis plusieurs minutes le bout de son crayon. Les yeux fixés sur l'écran de son ordinateur, elle cherchait l'angle d'attaque le plus approprié.

La réflexion intensive devait aboutir à trouver le meilleur moyen à disposition pour ramener sa journaliste favorite au bercail.

Anna Wells s'était mise en tête d'écrire un livre ! En voilà une idée… Ah zut, si elle se souvenait bien, c'était elle, sa patronne, qui lui avait soufflé l'idée. Il valait mieux parfois garder ses inspirations géniales pour soi. Bon d'accord, sur le moment, c'était un bon plan. Cela redonnait une sorte d'élan professionnel à sa journaliste qui, à cette époque, venait de vivre une tragédie : victime de l'attentat de la promenade des Anglais en ce jour du 14 juillet 2016, grièvement blessée, et survivante de son compagnon. Et puis… le temps avait passé : un an pratiquement ; et Anna Wells, qui était encore en pleine dépression, avait soudain souhaité partir à la rencontre de personnes exceptionnelles, des modèles de résilience, des gens insubmersibles quoi ! Claire s'était dit alors qu'à l'inverse du *Titanic*, il y avait des gens qui ne payaient pas de mine et qui, pourtant, ne coulaient pas à pic après une brèche monumentale déchirant leur coque. Anna était partie à la rencontre de personnes de cette trempe. Elle en avait rencontré un, en Normandie. Et puis, elle s'était… remise à vivre. Et avait suivi sur le magnifique conseil de Claire Marchal : écrire un livre sur tout ça !

Claire aurait dû être satisfaite. C'était pourtant son idée, et sa journaliste s'affairait avec une énergie rare. Son travail se poursuivait parallèlement à son chemin de résilience, elle rencontrait et interviewait d'autres personnes. Elle écoutait les histoires personnelles venant de divers horizons, de différents milieux, allant même jusqu'à traverser les frontières de la France pour recueillir des témoignages qui n'avaient qu'un seul but : redonner de l'espoir ! Garder le cap. Poursuivre la route. Continuer à vivre. Quoi qu'il arrive…

La directrice de *Psychomag* ne pouvait que se féliciter des progrès faits par sa protégée. Elle n'avait qu'un regret : pendant qu'Anna Wells poursuivait sa quête du bonheur retrouvé, elle n'écrivait plus aucun article pour le magazine. Le problème était plutôt épineux : comment concilier articles de presse et écriture d'un livre ? Claire aurait bien voulu faire d'une pierre deux coups : des articles pour le magazine qui ensuite auraient pu servir à la rédaction du livre qu'Anna souhaitait écrire. C'est d'ailleurs ce qui s'était passé l'année dernière avec le papier sur *Jacques Vaillant*. Oui, mais voilà, Anna avait fait un article si complet et détaillé sur l'histoire de résilience de cet homme qu'elle estimait n'avoir plus assez de cartes dans son jeu pour lui permettre d'écrire son livre. Comme s'il n'y avait pas plusieurs façons d'aborder un sujet ! Il fallait vraiment discuter de cela avec elle.

Cela faisait déjà plusieurs mois que Claire Marchal s'était promis d'aider Anna à s'extirper de sa dépression. Elle s'était dit qu'il fallait l'aider à trouver des personnes « spéciales » ayant vécu des moments malheureux et ayant trouvé, contre toute attente, la force de s'en sortir. Elle avait même noté, dans son petit carnet en cuir, une liste de personnes. Parmi elles, il y avait une femme qu'Anna devait aller voir. Claire était persuadée que cette rencontre allait contribuer à la guérison d'Anna. Mais, contre toute attente, la jeune journaliste avait décliné l'offre. Claire s'était demandé ce qui pouvait bien « clocher ». Ce à quoi Anna avait répondu que c'était une excellente proposition, mais qu'elle préférait, dans un premier temps, construire, elle-même, sa liste de rencontres, elle avait même titré cela : « *people to meet* ».

Pourquoi diable les jeunes devaient-ils toujours utiliser des expressions anglophones ? Cela avait le don de l'énerver au plus haut point. Pourquoi ne pas nommer sa liste : « *Les gens à rencontrer* » ? Encore un truc de *Djeuns* ! Bon, elle avait du pain sur la planche, et le bouclage du numéro estival était loin d'être achevé. Il y avait encore beaucoup de croix à cocher dans sa *to do list* . Oh là là ! Voilà qu'elle s'y mettait, elle aussi. Le jeunisme aurait sa peau. En ouvrant son tiroir pour récupérer le dossier « prochaine parution », elle pensa que ce n'était pas le moment de philosopher là-dessus. Une réunion de travail allait bientôt commencer. Elle devait se préparer. Un rapide coup d'œil sur son miroir de poche pour procéder à une retouche maquillage, elle ajusta son tailleur *Dsquared2*, un label de créateurs canadiens, des jumeaux, qui s'étaient installés à Milan. Ainsi parée, Claire Marchal se sentait à la fois flamboyante et extravertie, mais quelle classe ! Elle approchait peut-être de la cinquantaine, ce que bien entendu personne au bureau ne savait, mais elle en paraissait dix de moins.

Tout en s'éloignant de son bureau pour rejoindre la salle de réunion, elle se dit que tout était bon pour rester jeune le plus longtemps possible et que… finalement, il était peut-être temps d'apprendre l'anglais.

6

Ils étaient arrivés sur le toit de la Corse. Là où le mont *Cinto* culminait à 2706 mètres. Aurélie Martin avait dit vrai, la vue était magnifique.

La dépose des sacs à dos sur le sol fut une vraie bénédiction pour tout le monde. Le poids transporté par chacun était conséquent, la faute au manque d'eau. Au-dessus de 1500 mètres, plus d'eau potable ! Seule solution : se charger au maximum. Le plein du précieux liquide avait été fait avant la scission du groupe, dans la vallée. La tribu d'Aurélie Martin s'était répartie environ quinze litres d'eau potable, plus de deux litres par personne. Le transport de deux kilos supplémentaires avait été rude, mais, à présent, alors qu'ils étaient tous parvenus au sommet, le fait de pouvoir étancher leur soif sans compter n'avait pas de prix. Le passage par les sentiers, puis les couloirs, sans compter un point d'escalade, avait puisé dans les réserves de la petite troupe. Le soleil pointait ses rayons ardents sur les gourdes métalliques des randonneurs qui buvaient avec délice.

Aurélie rangea son récipient hermétique et isotherme dans la poche extérieure de son sac. Elle se releva et d'une main se massa doucement la nuque, puis brisa le silence :

— Alors, qu'en dites-vous ?

Les randonneurs échangèrent des regards interrogateurs. Qui allait répondre en premier ? Ils étaient venus à bout de la montagne corse et pouvaient à présent admirer sa beauté hostile et envoûtante. Atteindre la pointe du mont *Cinto* s'avérait un véritable exploit sportif, surtout pour des individus qui ne pratiquaient le sport qu'avec parcimonie. Pourtant, sans avoir l'air d'athlètes confirmés, ils possédaient indéniablement un corps solide et un mental d'acier. Ils étaient venus à bout des difficultés que recelait un tel parcours, et tout en s'octroyant quelques tapes dans le dos, ou encore de viriles poignées de mains qui reliaient alors les écarts de génération, les cinq volontaires savouraient pleinement leur réussite.

Comme personne ne prenait la parole, la guide poursuivit :

— Vous voyez, le mont *Cinto* se mérite !

Aurélie Martin disait vrai. Contrairement aux GR des Alpes, ou même des Pyrénées, la Corse n'avait rien de véritablement accueillant. Il faut parcourir le GR 20 au moins une fois dans sa vie pour mesurer ce que le marcheur peut alors considérer comme une véritable aventure, pour le moins un défi à relever. Retrouver le balisage quand on s'est égaré devient un plaisir délectable dans cette contrée naturellement hostile. S'agripper à une chaine ancrée dans la roche se transforme aussi en un petit instant de bonheur quand la pente devient trop abrupte.

— Je suis bien d'accord ! dit le doyen du groupe. Cela valait le coup… en fin de compte.

Paul n'avait pas apprécié certains passages pour arriver jusque là. Il avait trouvé un ou deux couloirs de franchissement particulièrement hostiles et même… lugubres. Heureusement qu'il ne s'était pas trouvé seul sur ce parcours. La présence de Ludovic à ses côtés l'avait presque… rassuré. Le jeune homme avait ralenti son rythme pour ne pas laisser Paul en retrait. Paul avait fait part de son étonnement devant l'absence quasi totale de toute faune. Ne restait que l'hospitalité criante du maquis acéré, où certains versants pouvaient rester dans l'ombre, comme si même le soleil refusait d'illuminer certaines faces austères et lugubres.

— Un bon moyen de se révéler à soi-même ! clama Aurélie.

Anna s'approcha et, tout en admirant la vue splendide qui s'étalait en contrebas, demanda :

— Que voulez-vous dire ?

— Eh bien, c'est une sorte de confrontation… avec soi-même. Vous êtes forcé de vous dépasser et c'est une excellente chose pour chacun d'entre vous. Le *Cinto* ne s'offre pas facilement. Le chemin pour y parvenir est loin d'être une partie de plaisir. Il n'y a rien pour vous émerveiller avant… d'arriver au sommet !

C'était partiellement vrai. Le doyen n'était pas complètement d'accord avec cette affirmation, mais il préféra ne rien dire pour ne pas gêner la guide. Après tout, c'était elle qui menait le groupe et il n'allait pas commencer à la contrarier avec ses idées à lui. Pourtant, il ne pouvait s'empêcher de s'attarder toujours sur le voyage, plutôt que sur la destination. Pour lui, et après de longues années à avoir pu observer et constater cette donnée : le chemin était tout aussi important que le but. Parfois, c'était même plus important. Alors d'accord, l'accès jusqu'au sommet corse n'avait pas été de la plus grande majesté, les parois sombres et l'absence de flore et de faune alentour provoquaient une sensation d'abandon, comme si l'on se promenait dans un monde dénué de vie. Cependant, c'était aussi ce contraste qui, à cet instant, donnait toute sa saveur à la vue qui s'imposait au groupe sur la pointe du *Cinto*. Pas de chaud sans froid, pas de haut sans bas, pas de beauté sans laideur. Paul se rendit compte que personne ne s'était opposé à Aurélie. Peut-être étaient-ils tous encore trop jeunes pour appréhender cette vérité universelle : chaque chose a sa raison d'être, Aurélie avait dit qu'il n'y avait rien pour s'émerveiller pendant l'ascension et cela n'était peut-être que le cadre sombre qui ne servait qu'à embellir la toile qui s'offrait à la fin : la vue magnifique au sommet du *Cinto*.

— Nous allons maintenant, si vous le voulez bien, nous installer sur le sol en nous écartant quelque peu les uns des autres. Asseyez-vous le plus confortablement possible et respirez lentement en fermant les yeux. Quand vous aurez atteint un apaisement intérieur, rouvrez les yeux, regardez le paysage qui s'offre à vous puis... tentez de ne plus penser à rien, abandonnez-vous à la simple contemplation, dit la guide.

Chacun se délesta de son sac, son bâton de marche ou de toute autre chose devenue superflue. Paul et Ludovic étaient déjà en place, le premier avait trouvé une grosse pierre et s'était installé dessus, le second, un peu plus bas, tenta, sans succès, de reproduire la position du lotus qu'il avait vue dans des émissions, à la télévision. Marie-Hélène s'était rabattue vers Aurélie, la meneuse du groupe, puisque Jenny s'était posée tout près d'Anna, la journaliste.

Le soleil de juillet tapait fort en altitude. Anna s'était assise dans un petit coin de roche plate et n'avait rien dit quand l'adolescente la rejoignit. Elle eut une pensée pour Marie-Hélène, qui devait ressentir une pointe de jalousie envers elle. Quoi de plus naturel ? Elle en toucherait un mot à Jenny, mais plus tard. La Parisienne avait fermé les yeux et réalisa que ça y était. On touchait à présent le cœur de la *Gestalt thérapie* : l'interaction constante de l'être humain avec son environnement. Avant de contempler cet environnement, il convenait d'abord de faire le vide dans son esprit. Les yeux fermés, Anna tenta d'oublier Jenny, Aurélie et tous les autres vainqueurs du *Cinto*. Comme elle n'était pas très sportive, et encore moins souple, elle laissa la position du lotus aux initiés. Elle étendit ses jambes devant elle, laissant les muscles de ses mollets se détendre après l'effort soutenu pour arriver au sommet.

— Combien de temps doit-on rester les yeux fermés ? demanda Ludovic, rompant du même coup le calme qui venait juste de s'installer.

— Le temps qu'il vous faudra pour retrouver le calme et la sérénité, répondit Aurélie Martin. Maintenant, taisez-vous s'il vous plaît. Faites le vide dans votre esprit et concentrez-vous sur votre respiration. Rien d'autre que votre souffle.

Ludovic n'ajouta rien et tenta de suivre le conseil de la guide.

Anna fit le vide dans son esprit. Il lui fallut plusieurs minutes pour calmer sa respiration et abaisser son rythme cardiaque. Elle inspira par le nez et expira par la bouche. Cela lui procura un apaisement plus rapide qu'elle avait imaginé. Les images des montagnes corses qu'elle venait de contempler quelques secondes auparavant s'estompèrent pour laisser la place à celles d'un… feu d'artifice. C'était celui du 14 juillet 2016. Elle se retrouva sur la promenade des Anglais, juste avant l'attentat. Elle aimerait tellement les chasser de sa tête. Devenir amnésique. Mais la date anniversaire ne pouvait lui laisser cette opportunité. Cela tapait à la porte depuis déjà plusieurs jours. L'an dernier, c'était déjà la même chose : dès que juillet arrivait, elle ne pouvait écarter le retour inexorable de la blessure qui s'ouvrait à nouveau. C'était revenu. Douloureux. Elle tenta bien de chasser cela de sa tête, mais en vain. Depuis le début, au départ du GR 20, c'était là, mais enfermé. Un coffre-fort inviolable. Pour les autres qui ne la connaissaient pas encore et qui ne savaient rien de son passé, elle passait pour une jeune femme taciturne, mélancolique, voire hautaine. Ce n'était évidemment qu'une façade. Elle ne décrochait pas un mot, sauf quand on l'interrogeait, comme lorsqu'Aurélie Martin l'avait questionnée avant de partir à l'assaut du sommet. Elle, cela ne la gênait pas. Au contraire, ça lui convenait finalement ; elle gardait le silence, écoutait, observait, ressentait. Là, elle tentait de donner le change, sans y parvenir. La faute à cette fichue date, c'est pour ça qu'elle restait hermétique aux autres et avait l'air d'être perdue. Elle avait peut-être eu tort de porter son choix sur cette période de l'année. Elle aurait dû suivre son instinct et choisir un autre moment.

Anna Wells ne se concentra pas sur sa respiration. Cette exigence de la guide était même totalement sortie de son esprit. Au lieu de cela, elle se souvint de ce que Jacques Vaillant, son ami normand, lui avait dit : « *Inutile de vouloir se protéger sous une armure, la protection est une illusion et, en plus, ça ralentit le processus de guérison* ». Parlons-en de sa guérison ! Cela faisait deux ans que Stéphane était mort, tué par la folie des hommes. Un an qu'elle avait tenté d'apprivoiser sa vie d'après, profitant de l'expérience d'autres blessés de l'existence, comme elle. Une année, déjà, qu'elle avait rencontré Jacques Vaillant et qu'il était devenu son plus précieux atout dans sa reconstruction personnelle. Oui, mais... La résilience d'Anna n'était pas complète, comme un fichier toujours en cours de téléchargement. La guérison n'était pas achevée. Pourvu qu'il ne s'agisse pas d'une simple rémission.

Une légère brise vint caresser son visage. Anna en profita pour laisser s'échapper les scories de son passé douloureux. Carl apparut soudain sur son écran mental. Carl Pessoa. L'homme qu'elle avait peut-être perdu à l'heure qu'il était. Un garçon amoureux comme on en rencontre que dans des romans. Il lui avait fait éprouver ce qu'elle croyait avoir définitivement perdu : le frisson amoureux. Elle avait longtemps culpabilisé à ce sujet. Comme si quelque chose en elle luttait contre la renaissance de ce sentiment. N'était-ce pas trop tôt ? Et surtout n'était-ce pas une trahison envers Stéphane ? Elle s'était laissée bercer par la douceur de Carl. Lui, au début, n'attendait rien de plus que ce qu'Anna pouvait offrir. Le seul fait de pouvoir la voir, lui parler, partager un dîner au restaurant ou une promenade sur les quais de Seine en sa compagnie, cela suffisait à son bonheur. Petit à petit, la relation avait évolué. Un soir, Carl avait fait le premier pas. Il avait pris le risque de la perdre. Il l'avait embrassée, timidement, comme un adolescent qui découvrirait le plaisir des sens. Il ne fallait surtout pas la brusquer. Anna s'était laissée faire, mais... n'avait pas répondu. Ou plutôt... pas comme Carl l'aurait souhaité. Elle l'avait défié du regard, un bref instant. Ensuite, elle avait baissé les yeux, observant ses chaussures comme si cela était de première importance. Carl s'était senti mal, craignant d'avoir dépassé une limite, celle qu'Anna avait posée. Il s'était excusé, articulant péniblement un « *je suis désolé* » à la tonalité aussi gênée que sincère. Il l'avait ensuite raccompagnée chez elle.

Elle n'avait pas pu dormir cette nuit-là. Elle n'était pas naïve, Carl attendait plus que de simples rapports amicaux. Il avait été clair sur ce point dès leur premier rendez-vous, le soir où elle avait accepté leur première sortie au restaurant, le jour où elle lui avait rapporté son mouchoir brodé, cadeau de sa grand-mère. Il n'avait pas traîné, lui avouant ses sentiments pour elle. Il était tombé amoureux d'Anna. Comment cela avait-il pu se produire alors qu'il ne la connaissait même pas ? Il l'avait croisée à plusieurs reprises et, chaque fois, elle avait pris la poudre d'escampette. Tu parles d'une séductrice ! Comment un homme censé peut-il avoir un coup de foudre pour un fantôme qui disparaît chaque fois qu'elle le voit ? Les hommes sont des créatures étranges, au comportement incompréhensible. En fait, à l'époque, elle fuyait la gent masculine comme la peste.

Anna chassa ce souvenir de son esprit. Elle se focalisa sur autre chose. Une phrase qui l'avait secouée à l'époque. Elle entendit à nouveau les paroles de son vieil ami normand : « *Et puis, viendra un temps où vous retomberez amoureuse. C'est inévitable.* ». Elle avait d'abord refusé cette déclaration de Jacques Vaillant. Et puis, avec le temps... elle avait réappris à vivre. Étrangement, elle avait appris beaucoup en peu de temps, Jacques Vaillant avait un certain talent pour aider les âmes endeuillées. Une chance d'être tombée sur lui. Elle avait compris tant de choses en quelques jours. Des choses qui avaient toujours été là, mais qu'elle n'avait pas su voir. Elle ne savait pas qu'il pouvait être si bon de contempler le ciel bleu, le soleil radieux, un vol d'oiseau, et même la pluie tomber. Elle ignorait que le bonheur souvent se trouve dans les petites choses du quotidien, tout ce qui peut sembler anodin : une conversation avec sa mère, voir ses amis et discuter autour d'un verre, partager un barbecue pour fêter le retour du printemps, donner à manger aux canards dans le parc, et même partager une terrine infecte avec un ami ! Avant, Anna Wells ne savait pas la valeur de ces instants précieux qui, pourtant, n'avaient l'air de rien. Avant, pendant longtemps, elle avait cru que sa vie était finie quand Stéphane était mort, qu'il ne resterait que de la douleur, de la tristesse et un vide impossible à combler. Sans ce désir de continuer coûte que coûte, de garder le cap même au plus fort de la tempête, elle n'aurait peut-être jamais vu tout ce qui était *encore* là : toutes ces choses qui *restent* malgré tout, et qui ne demandent qu'à être attrapées par ceux qui ne les voient plus, aveuglés qu'ils sont par leur propre douleur.

Anna ne pouvait nier la vérité : même sans Stéphane, elle se sentait toujours aimée. Il y avait sa mère, il y avait aussi Jacques, et puis il y avait Carl...

Carl Pessoa était la patience incarnée. Après le baiser volé, il avait attendu et n'avait rien dit. Pas un mot. Pas un SMS. Rien.

Plusieurs jours s'étaient écoulés avant qu'Anna ne parvienne à y voir clair. Elle avait réfléchi et avait fini par conclure que ce baiser signifiait bien plus qu'il en avait l'air. Cela symbolisait un passage. Elle n'avait pas pu partager cette étreinte avec Carl parce qu'elle avait été prise au dépourvu. Cela était arrivé sans qu'elle s'y attende. Jusqu'alors, Carl n'avait jamais eu le moindre geste équivoque à son égard. Le résultat ? Anna avait peut-être fini par croire qu'une relation amicale entre un homme et une femme pouvait être un fait, une réalité. Ce baiser faisait renaître de ses cendres la femme qu'elle avait cessé d'être depuis l'attentat, la mort de Stéphane, et son réveil après un coma de près d'un mois. Elle était devenue un être asexué. Difficile à expliquer, mais c'était pourtant bien ça : Anna, une femme… qui n'en était plus vraiment une. Et bang ! Carl Pessoa venait de lui rappeler qu'elle était dans l'erreur. Ce qu'elle ressentait n'était qu'une réalité de l'esprit, de SON esprit plus exactement. Dans celui de Carl, c'était une tout autre affaire. Le plus étrange dans tout ça ? Elle avait apprécié ce baiser léger, tendre et respectueux. Un tout petit *smack* comme quand elle avait treize ans et qu'elle flirtait avec un garçon pour la première fois. Bref, pas de quoi en faire toute une histoire. Alors, pourquoi n'y avait-elle pas répondu ? Elle n'en savait rien. Aucune certitude. Ce baiser était le symbole d'un nouveau chemin. L'amorçage d'une nouvelle vie. Le retour à une ébauche de sexualité, par la même occasion. Cela l'avait prise de court et l'avait figée, telle une statue. Il y avait eu la crainte de mettre fin à une relation amicale à laquelle Anna tenait. Le problème était que Carl, lui, n'avait jamais envisagé et encore moins validé cette appréciation de leur relation. Il était amoureux… et patient aussi, fort heureusement !

Les jours qui suivirent, Anna s'en voulait.

Elle cessa de ne penser qu'à elle pour tenter de faire preuve d'une certaine dose d'empathie. Jacques Vaillant lui avait suffisamment martelé les oreilles avec ça : « *Quand vous êtes dans une impasse relationnelle, essayez de voir le point de vue de l'autre, ça peut aider !* ». Ce souvenir d'une de leurs dernières conversations téléphoniques la fit sourire intérieurement. Encore une fois, le vieux Normand avait raison. Qu'est-ce que Carl avait bien pu ressentir à son absence de réaction ? Si Anna avait voulu mettre son amour à l'épreuve, elle ne s'y serait pas prise autrement. Pourtant, elle n'avait pas agi volontairement. C'était même tout le contraire, une sorte de réaction de survie. Pourquoi ? Sans doute par peur de s'attacher à nouveau. Refuser d'aimer pouvait sembler être la solution… en apparence. Prendre ses distances était une chose. Contrôler ses sentiments, ça, c'était une autre paire de manches.

7

Je ne sais pas ce qui m'a pris. J'ai sans doute fait une énorme connerie ! fut la première pensée qui surgit dans l'esprit de Carl Pessoa après avoir raccroché son téléphone portable. Pourquoi avait-il appelé Livia ? Et surtout, pourquoi si vite, sans prendre la peine de réfléchir ?

Il était toujours devant le fleuve Côa et son regard se perdait dans les reflets dorés du soleil qui scintillaient sur la surface liquide agitée par une légère brise. Une réaction puérile, voilà ce que c'était. Et maintenant, Livia désirait le revoir. Bravo, Carl, bien joué ! Livia semblait ravie par son appel téléphonique. Elle ne s'attendait pas à ce qu'il prenne contact… après tant d'années. Lui non plus d'ailleurs…

Il fixa son téléphone avec un air indigné, comme si le portable était coupable… à sa place. Il appuya sur l'application qui gérait ses SMS dans l'espoir d'y trouver un texto d'Anna. Rien. Là était peut-être la raison de son acte inconsidéré. Une façon de… de quoi ? Il ne savait pas vraiment. Un désir de vengeance ? Non, c'était ridicule autant que puéril. On ne se venge pas de la femme que l'on aime, même si elle a souhaité prendre du recul. Carl réalisa que plus jamais il ne pourrait entendre ou lire cette expression sans… se mettre à bouillir intérieurement. Rien que d'y penser, son sang affluait plus rapidement dans ses veines, sa pression artérielle devait toucher des sommets. Il alla s'asseoir sur un gros rocher à la surface lisse, respira lentement pour retrouver un peu de calme. Il concentra son attention sur le bruit de l'eau : rien de tel pour apaiser un esprit tourmenté. Cela fonctionna… moyennement. Il faudrait bien s'en contenter. Il songea à nouveau à son acte insensé. Il se dit qu'il avait sans doute appelé Livia, parce que… parce que… Anna lui avait interdit de la contacter. Elle avait dit que ce serait elle qui le ferait, le moment venu. Le moment venu : encore une expression qu'il allait probablement détester maintenant.

Carl figea son regard sur l'écran de son smartphone, encore et encore. Cet objet symbolisait la tentation et l'interdit. Cela aurait été si facile de l'appeler, il suffisait d'aller sur son nom dans les contacts et d'appuyer sur le nom qui apparaissait en lettres capitales : ANNA. Pourquoi diable avait-il accepté de se plier à un pacte aussi puéril ? Oui, c'était une requête complètement stupide. Une césure imposée pour se donner… un peu de recul. Et voilà que ça résonnait à nouveau dans sa tête. Pas moyen de s'en débarrasser. Chaque fois qu'il ressassait cette formule cinglante, Carl menait un combat intérieur entre amour et colère, deux sentiments qui n'auraient jamais dû s'associer, dès lors qu'Anna en était la source. Pourtant, en cet instant, près de l'eau vive, il ne parvenait pas à endiguer son désarroi toujours plus grand à mesure que les jours passaient.

Il se souvint de leur dernier échange. Celui qui avait mis le feu aux poudres. Celui qui avait tout amorcé :

— Anna, que t'arrive-t-il ? C'est la première fois que j'ai du mal à te reconnaître depuis qu'on est ensemble ! avait dit Carl.

— Parce qu'on est ensemble ? avait demandé Anna.

Une question qui avait laissé le jeune homme stupéfait puis… perdu. Il n'avait rien pu répondre avant de longues secondes. En une simple phrase, Anna avait fait éclater la fine couche d'espoir que Carl avait bâtie, avec un peu trop d'empressement, semblait-il à présent.

— Bien sûr que oui ! Comment peux-tu en douter un seul instant ? avait-il fini par répondre le cœur serré.

Et puis tout s'était enchaîné très vite, trop vite. Anna avait demandé à quitter le restaurant dans lequel ils étaient en train de dîner, sans attendre la fin du repas. Carl l'avait raccompagnée en voiture jusqu'à chez elle. C'est là que, alors qu'il s'apprêtait à monter avec elle, Anna lui avait dit qu'il fallait peut-être faire un break… une pause. BANG ! Elle avait besoin d'y voir plus clair. BANG ! Deux balles en plein cœur… du moins, c'était tout comme. Elle l'avait prié de la laisser rentrer seule dans son deux pièces, affirmant qu'elle l'appellerait le lendemain. Lui n'avait rien vu venir. Il n'avait rien tenté pour la retenir, trop secoué par l'effarement. Peut-être aurait-il dû dire ou faire quelque chose ? Il se le demandait encore alors qu'il admirait le fleuve, assis sur sa pierre. Quand Anna avait disparu derrière la porte d'entrée de son immeuble, il n'avait pas bougé, restant prostré pendant de longues minutes, accroché à son volant, aussi démuni qu'un oisillon tombé du nid.

Cela faisait près de six mois qu'ils se voyaient. Le terme était en l'occurrence bien choisi, car on ne pouvait pas dire qu'ils se fréquentaient. Ce n'était pas la volonté de Carl, évidemment. Il avait décidé d'attendre… tout le temps nécessaire. Ne pas brusquer les choses. La mère d'Anna, Catherine Wells, l'avait mis en garde. Anna était une jeune femme fragile qui avait vécu le traumatisme de la perte de son compagnon, une catastrophe, un choc violent lié à un attentat par surcroît. Alors Carl avait décidé qu'il ne précipiterait rien. Il estimait donc le début de leur relation comme ayant démarré précisément le jour où Anna l'avait appelé, la toute première fois. Il se souvenait de chacun des mots qu'elle avait prononcés derrière son téléphone portable : « Bonjour… Je m'appelle Anna Wells et je pense que j'ai quelque chose qui vous appartient. » L'idée du mouchoir brodé, cadeau de sa grand-mère, était vraiment nulle, mais… cela avait fonctionné en définitive, alors il ne regrettait pas d'avoir utilisé ce stratagème grossier, même s'il était persuadé que personne n'avait été dupe. Ce qui était effectivement le cas.

Et puis, leur relation avait évolué. En mieux, pour Carl tout au moins. Pour Anna, rien n'était moins sûr. De fil en aiguille, Anna s'était laissée apprivoiser. Mais était-ce vraiment le cas ? Carl était arrivé à un point tel qu'il remettait tout en question… même leurs étreintes passionnées. Se pouvait-il qu'il se soit trompé sur toute la ligne ? Quand ils faisaient l'amour, était-ce du désir partagé ? Et puis, la question primordiale : l'aimait-elle vraiment ? Et s'il s'était fourvoyé ? Et s'il s'était trompé sur toute la ligne ? Et si Anna n'avait fait que l'utiliser comme une simple… béquille ?

Un poisson s'extirpa du fleuve, s'éleva à quelques centimètres au-dessus de la surface et provoqua un « plouf » qui attira l'attention de Carl. Cet événement inattendu eut au moins le mérite de le ramener ici et maintenant, au lieu de ne penser qu'au couple Carl et Anna, ce « nous » qui n'avait peut-être jamais vraiment existé, si ce n'était dans ses rêves à lui. Et maintenant, où en était-il ? Une chose était sûre, il avait à présent perdu ce bonheur tout neuf qu'il pensait avoir construit patiemment avec Anna. Ne restaient plus que d'opaques projections vers l'avenir. Peut-être était-ce pour ça qu'il avait cédé à la facilité en répondant à l'appel de Livia. Sauf que… là aussi, il avait l'impression d'avoir fait une erreur. Il se sentait perdu comme jamais auparavant dans son existence. Tout en se relevant, il en vint à penser qu'être amoureux n'était pas chose simple. Avant Anna, il était sorti pendant une période avec une collègue de travail et, que Ludivine lui pardonne, il n'avait rien éprouvé d'autre que du désir pour elle. C'était limité comme relation, mais cela avait au moins le mérite d'éviter de souffrir. Parce qu'ici et maintenant, qu'est-ce qu'il se sentait mal ! C'était atroce. Un vrai supplice.

Il attrapa un gros galet qui reposait à ses pieds et l'envoya de toutes ses forces à l'endroit précis où le poisson venait de sauter hors de l'eau. Au moment où la pierre atteignit sa cible liquide, il s'étonna alors d'avoir crié pendant son lancer, un cri venu du ventre, comme on en entend parfois dans la pratique des arts martiaux : une libération d'énergie. Dans le cas présent, il s'agissait plutôt d'extérioriser toute sa frustration.

Il resta planté là, debout, inerte, à contempler les remous du fleuve. Il songea alors qu'il était vain de vouloir contrôler l'incontrôlable. Il devait bien admettre qu'à force d'être dans l'expectative, il n'arrivait plus à envisager de quoi demain serait fait. Peut-être fallait-il prendre exemple sur la rivière qui s'étirait devant lui ?

« Pourquoi ne pas se contenter de suivre le mouvement ? » se demanda Carl, tandis qu'il admirait l'eau cristalline qui coulait le long des rives du Côa. Après tout, quelques centaines de mètres plus loin, la rivière se jetait dans le fleuve Douro, puis deux cents kilomètres plus à l'ouest, le fleuve finissait sa course dans l'océan atlantique. Cette pensée eut au moins le mérite de le faire sourire, après tout son destin aussi aurait peut-être une progression exponentielle. Il tourna les talons en direction de son véhicule, remonta le sentier incliné sur quelques dizaines de mètres et, tout en économisant son souffle dans la montée, eut une pensée étrange : si lui était la rivière… Anna était-elle son océan ?

8

De retour à son domicile, Catherine Wells avait relu plusieurs fois le message de Jacques Vaillant. Le Normand affirmait qu'il n'y avait pas beaucoup de possibilités de trouver du réseau sur le parcours de randonnée qu'Anna était en train d'effectuer. Rien de plus que ce qu'elle avait trouvé par elle-même. Tout de même, nous étions le 14 juillet et son cœur de mère souffrait. Ce jour ne serait plus jamais comme les autres pour elle et Anna. Elle aurait tellement voulu pouvoir lui parler, la réconforter. Cette nouvelle fuite en avant ne pouvait qu'être liée à l'anniversaire de la disparition de Stéphane.

Et puis zut ! se dit Catherine. Elle empoigna son téléphone et tenta une nouvelle fois de contacter sa fille. Un long bip retentit dans le haut-parleur intégré de son Apple dernier cri. Bon sang, au moins ça sonnait. Deuxième bip et léger espoir. Catherine sentit son cœur cogner dans sa poitrine, elle allait peut-être réussir à la joindre cette fois.

« Bonjour, je ne suis pas disponible pour le moment, mais… vous pouvez me laisser un message et je vous rappellerai… peut-être… ou pas ! Bip sonore, message, blabla. Bye ! »

Catherine connaissait par cœur le message vocal de sa fille et ne le supportait toujours pas. Elle rappellerait peut-être… ou pas. Non, mais sans blague ! C'était vraiment d'une impolitesse. Ah ces jeunes ! Bref, Catherine n'eut pas le temps de pester plus longtemps, le bip venait de retentir.

— Euh… bonjour ma chérie ! C'est maman… Eh oui ! J'ai voulu à nouveau tenter ma chance. Bon. Je n'ai pas plus de succès cette fois-ci. Tant pis. Je voulais juste te dire que je pense bien fort à toi. Je sais qu'aujourd'hui… euh… qu'aujourd'hui, ce doit être très difficile pour toi, et… j'aurais tellement voulu être avec toi pour… pour juste être là et t'épauler. Et puis voilà… J'espère que tu arriveras à surmonter cette journée avec… euh… avec tes… tes collègues ou tes amis ! Prends soin de toi. Je t'aime. Ah oui, surtout appelle-moi dès que tu auras retrouvé du réseau. Bisou… Je… je pense très fort à toi.

Catherine appuya sur la touche de fin d'appel, le cœur serré et l'âme en peine. Elle pouvait presque ressentir la douleur que devait éprouver sa fille en ce jour funeste. Comment aurait-il pu en être autrement ? Il y a des dates anniversaires que l'on devrait tout bonnement rayer du calendrier. On passerait du 13 au 15 juillet directement. Au passage, on supprimerait ce traditionnel feu d'artifice qui n'était plus qu'une grande brûlure intérieure. Supprimer le 14 juillet et toutes les festivités qui s'y référaient, c'était aussi stupide qu'irréaliste, mais cela lui faisait du bien.

Et maintenant ? Qu'allait-elle pouvoir faire ? Avant, en cette période de l'année, il lui arrivait souvent de prendre des vacances salvatrices pendant le mois de juillet. Avant, il lui arrivait souvent aussi de partir chez son amie niçoise, Claire, qui habitait à deux pas de la promenade des Anglais. Tout avait bien changé depuis l'attentat et la mort de Stéphane. Catherine réalisa alors qu'elle n'avait plus revu Claire depuis deux ans. Impossible de retourner là-bas. Oh, bien sûr, elle lui avait téléphoné, à plusieurs reprises. Mais le charme était rompu et elle avait espacé les prises de contact, parce qu'invariablement le sujet revenait sur le tapis, et qu'elle préférait laisser la poussière bien cachée, en dessous.

Catherine se leva du sofa et regarda par la fenêtre de son appartement. Il faisait encore beau.

Les pensées se bousculèrent dans sa tête. Elle eut d'abord l'envie de se lover sous un plaid molletonné, de se faire une infusion et de se perdre dans la lecture d'un roman qui lui anesthésierait l'esprit, au moins pendant quelques heures.

Non ! Pas question de se morfondre seule, perdue à essayer d'échapper à ses souvenirs en entretenant sa mélancolie. Il fallait qu'elle bouge, qu'elle vive. Sortir, oui, voilà ce qui convenait de faire. Traiter le mal par le mal ? Et pourquoi pas ? Elle allait bien trouver un endroit animé dans le quartier. Et pourquoi ne pas descendre sur les quais et se mêler aux fêtards ? C'était farfelu comme idée, elle ferait mieux d'appeler une amie parisienne et se joindre à une soirée plus… mondaine. Pas question ! Elle allait suivre son instinct et se joindre à la fête populaire. Même si, pour Catherine Wells, la population avait plutôt tendance à se limiter aux bars chics du seizième arrondissement de Paris.

9

Livia Da Costa affichait un sourire léger. Bien qu'involontaire, le rictus discret n'en fût pas moins perceptible, pourtant rares étaient ceux qui auraient pu dire à quoi son visage ressemblait quand elle souriait… puisque cela ne lui arrivait quasiment jamais. Malgré tout, son regard triste et son visage fermé n'altéraient en rien sa beauté. Livia était blonde aux yeux foncés, aux traits fins et à la silhouette svelte et pleine d'élégance. Même sa façon de marcher était saupoudrée de charme, à la fois sexy et classe : un mariage des plus rares. C'était une jolie femme qui n'avait pas besoin d'artifice pour attirer le regard des gens qui croisaient son chemin… enfin, des hommes surtout !

Une chance qu'elle était en vacances… sinon ses collègues auraient remarqué immédiatement une lumière nouvelle dans son regard et, bien sûr, ce sourire tout neuf qu'elle tentait de masquer dès lors qu'elle sortait de chez elle et croisait une personne connue, voisine ou commerçant.

Livia Da Costa vivait à Lisbonne. Elle avait quitté son village natal du Portugal alors qu'elle n'avait pas encore atteint sa majorité. Une décision qu'elle avait prise un jour d'été alors que son oncle lui avait proposé un emploi dans la capitale portugaise. En accord avec sa mère, elle avait décidé de tenter l'expérience d'un job dans la capitale. Issue d'une famille d'agriculteurs qui cultivaient les olives, les amandes, mais aussi le raisin, Livia n'avait aucune envie de reprendre l'exploitation familiale. Sa sœur aînée s'en chargerait, Helena travaillait déjà avec sa mère. Livia, elle, rêvait de découvrir le monde, et tout paraissait gigantesque en comparaison de son village. Elle aurait aimé faire des études. Elle aurait été la première de la famille. Malheureusement, les choses ne s'étaient pas passées comme elle l'aurait souhaité. Alors qu'elle aurait dû quitter le collège et entrer au lycée dans la ville de Vila Nova de Foz Côa, son père tomba malade. Elle fut contrainte d'arrêter l'école pour aider sa mère et sa sœur qui ne parvenaient plus à subvenir aux besoins de la famille. Elle avait quinze ans quand elle quitta le collège pour travailler dans les champs. Une porte venait de se fermer.

Les mois qui suivirent, la maladie de son père, une sorte d'infection pulmonaire incurable à ce qu'on lui avait dit, s'aggrava et il fut transféré dans le grand hôpital de Guarda, à près de cent kilomètres du village. Il n'y resta qu'une semaine, ce fut sa dernière demeure. Le plus dur pour Livia était qu'elle n'avait pu aller le voir une dernière fois avant sa mort, seule sa mère s'était rendue à son chevet. Au moins, il fut enterré dans le cimetière du village.

Quelques mois plus tard, la mère de Livia reçut un courrier qui lui annonçait qu'elle allait toucher une pension, à la suite de la mort de son mari, ce dernier ayant eu la sagesse de souscrire une assurance vie. Bien entendu, cela n'atténua pas le chagrin de Livia, mais lui permit, au moins, de ne plus avoir à soutenir sa mère dans les travaux des champs. Il était trop tard pour reprendre ses études avortées, aussi Livia chercha un job en ville, à Vila Nova. Une opportunité arriva lorsqu'une des serveuses de la *Pastelaria* (une sorte de boulangerie, pâtisserie, salon de thé à la portugaise) démissionna pour suivre son mari qui avait trouvé un travail en Suisse. Livia postula et fut engagée le jour même. Elle n'avait que seize ans, mais cela n'avait pas d'importance à cette époque.

Pendant près de deux ans, elle s'évertua à remplir sa tâche avec sérieux, mais ne pouvait se résoudre à n'être que… Livia Da Costa, serveuse de la *Pastelaria* de Vila Nova de Foz Côa. C'était trop peu. Elle voulait plus. Elle avait des projets, ce job n'était qu'une étape : d'abord quitter Figueira de Castelo Rodrigo pour la ville. Puis quitter Vila Nova de Foz Côa pour… pour plus grand, plus loin. Quitter sa mère et sa sœur serait douloureux, mais moins que de laisser Carl. Carl Pessoa était son petit ami. Ils étaient ensemble depuis plusieurs années. Ils n'étaient pas du même village, mais s'étaient rencontrés lors d'un bal populaire, l'été de leur treize ans. Il l'avait aperçue en compagnie d'autres jeunes filles, et, à ce qu'il lui avait avoué, il était tombé amoureux dès le premier regard. De l'extérieur, cela ressemblait en tous points à une simple amourette d'adolescents. De l'intérieur, c'était beaucoup plus : une véritable histoire d'amour, comme dans les romans.

Livia songeait à son passé. Elle était assise sur son canapé et consultait un album photo qui appartenait à sa mère, mais que Livia avait emporté avec elle le jour où elle était partie pour tenter sa chance à Lisbonne. Son index se promenait sur quelques photographies témoignant du passé et dont l'observation détaillée provoquait ce que les Portugais appellent *Saudade*, une sorte de nostalgie intense et profonde, qui serre le cœur et provoque parfois des coulées de larmes. La jeune femme ne put réprimer un profond soupir qui se transforma bientôt en léger sanglot alors qu'elle fixait l'image de son père qui la tenait par la main. Elle devait avoir cinq ou six ans sur cette photo. Elle déposa un baiser sur son index et l'apposa sur le visage en deux dimensions de son père. Dieu qu'il avait l'air fier de poser avec sa fille. Il était endimanché, d'ailleurs elle aussi à y regarder de plus près. Elle portait une jolie robe blanche avec de la dentelle. Lui, un pantalon qu'il ne mettait qu'en de rares occasions. Ce devait être avant un évènement spécial. Peut-être un mariage, un baptême ou une communion. Il faudrait qu'elle demande à sa mère.

Livia continua à tourner les pages cartonnées de l'album et passa plusieurs années en revue en l'espace de quelques secondes. Elle s'arrêta soudain sur ce qu'elle cherchait : les photos où elle était en compagnie de Carl. Elle fixa celle où elle était assise sur le perron de chez lui, ou plutôt de chez sa grand-mère, dans le village de Castelo Melhor. Lui était à ses côtés et l'entourait de ses bras, comme s'il avait voulu la protéger de quelque chose. C'était l'année suivante, le deuxième été où ils allèrent danser au bal. Livia était devenue la petite amie de Carl, et elle était la bienvenue chez la grand-mère de ce dernier. Elle était blottie dans ses bras. C'était étrange, on avait l'impression qu'ils se forçaient à fixer l'objectif de l'appareil photo alors qu'ils auraient préféré ne pas se quitter des yeux. Malgré une intense concentration, Livia ne parvint pas à se rappeler qui était le ou la photographe. Ce n'était pas la grand-mère de Carl, ça, elle en était certaine. Alors qui ? Une de ses amies ? Ou alors l'affreux Pedro, le meilleur ami de Carl, un garçon vulgaire que Livia ne supportait pas, à l'époque. Qu'était-il devenu ce bon à rien ? Avait-il, lui aussi, quitté le village ? C'était presque certain, étant donné la pénurie d'emploi dans la région.

Livia referma l'album. Elle le posa sur la table basse qui se tenait en face d'elle, puis s'extirpa du sofa et se dirigea jusqu'à la fenêtre principale du salon. Elle tira sur les rideaux pour jeter un œil sur la rue et les passants qui affluaient sur la place du *Campo Pequeno*. La station de métro du même nom débouchait sur l'avenue, ce qui expliquait l'affluence à certaines heures de la journée. De sa fenêtre, elle avait aussi une vue sur les arènes, haut lieu touristique de la capitale portugaise. Livia n'aimait pas particulièrement la tauromachie, mais les arènes accueillaient aussi des spectacles, des concerts, avec une capacité de près de 10.000 places. D'autre part, il y avait aussi à cet endroit une galerie commerciale de 60 boutiques, une dizaine de bars et cafés, des restaurants, et même des salles de cinéma. Même si son deux-pièces se trouvait un peu éloigné du centre, c'était tout de même un lieu de vie tout à fait appréciable. Et puis, avec le métro, on pouvait arpenter toute la ville en moins de 30 minutes.

Soudain, son estomac qui s'était mis à gargouiller lui rappela qu'elle n'avait rien mangé depuis la veille. Elle n'avait pas envie de se préparer quelque chose, aussi elle décida de descendre dans l'avenue et d'aller s'offrir un petit déjeuner, voire un déjeuner, à la *Padaria Portuguesa*.

Livia attrapa son sac à main, son portable et ses clés, puis descendit les escaliers à un rythme rapide. Il ne lui fallut que deux petites minutes pour parcourir les trois cents mètres qui séparaient son appartement du salon de thé.

Arrivée à destination, elle salua la gérante qu'elle connaissait bien et s'installa tout au fond de la salle. Un saisonnier vint prendre sa commande dans la minute. Livia, qui mourait de faim, commanda un *pão do Deus*, une délicieuse spécialité briochée à la noix de coco. En plus, ici, la recette spécifique ajoutait une délicieuse crème pâtissière à l'intérieur. Une recette siglée du caractère « top secret » qui faisait la fierté de la franchise dans tout Lisbonne.

Livia sentit à nouveau son ventre qui criait famine.

Quand le serveur arriva avec sa commande, la jeune femme croqua dans la brioche avec bonheur. Un délice ! La crème à l'intérieur était une merveille. Pas de doute, il n'y avait pas d'autre endroit dans tout Lisbonne pour déguster cette spécialité. Livia avait déjà testé et avait été déçue chaque fois. Dans les autres *pastelaria*, le *pão do Deus* n'était qu'une simple brioche, un peu sèche, parsemée de noix de coco râpée. Ici, c'était une véritable « tuerie » ! Livia avait si faim qu'elle ne prit pas le temps de s'en délecter. Elle avait déjà englouti sa brioche et fit passer le tout en buvant son café allongé.

Elle se sentait mieux, mais n'était pas totalement rassasiée. Elle hésita à doubler sa commande. Non, ce n'était vraiment pas raisonnable, d'autant que la brioche améliorée devait bien contenir au moins cinq cents calories. Si elle voulait garder sa ligne, ce qui était plus que recommandé alors qu'elle allait sans doute revoir Carl, ce n'était vraiment pas une chose à faire.

Cette pensée la fit sourire, intérieurement. Pas question de laisser transparaître le moindre changement, à l'extérieur. Pour ceux qui la connaissaient depuis son arrivée à Lisbonne, Livia Da Costa n'était pas le genre de fille enjouée ou à l'allure sympathique. C'était même plutôt le contraire. On aurait pu dire qu'elle était fermée, inabordable, voire un tantinet hautaine. La réalité était toute autre. La jeune femme s'était construit une sorte de carapace de protection. Le premier avantage inhérent à cette attitude devenue sa normalité était que peu d'hommes osaient l'aborder. On pouvait même dire qu'on lui fichait une paix royale, et ce malgré le fait indéniable qu'elle était une jeune femme séduisante. Ensuite, elle s'était aperçue que ce masque lui procurait du respect, surtout dans le monde professionnel. Enfin… surtout de la part de la gent masculine. Pour ce qui était de ses collègues femmes, cela lui attirait plutôt du mépris, jusqu'à même certaines rumeurs malveillantes sur son évidente insatisfaction sexuelle. Ou alors cette femme était frigide, ce qui expliquait son comportement antipathique chronique. Une chose était certaine, Livia ne passait pas inaperçue et, en apparence du moins, ne cherchait pas à plaire à qui que ce soit.

Elle demanda au serveur un verre d'eau et l'addition. Une fois sortie de l'établissement, elle décida de ne pas rentrer chez elle tout de suite. Marcher lui ferait du bien et lui permettrait de réfléchir, de se poser les bonnes questions, si tant est que cela soit possible.

Elle se dirigea vers la place du Duc de Saldanha, de là elle quitta l'avenue de la République, toujours perdue dans ses pensées. Elle longea l'avenue Fontes Pereira de Melo sur une longue distance jusqu'à parvenir à la destination qu'elle avait choisie : le parc Edouardo VII. Elle prit l'allée de gauche jusqu'au jardin botanique. Le prix de trois euros pour pouvoir entrer à l'intérieur des serres était bien modique par rapport au dépaysement instantané qui résultait de ce lieu calme et paisible.

Livia déambula pendant de longues minutes jusqu'à s'enfoncer au cœur de l'arboretum où régnait une végétation luxuriante et abondante. Elle contempla la flore exotique, puis continua sa promenade jusqu'à un petit jardin nommé « la classe ». Il y avait un magnifique point d'eau où flottaient de superbes plantes aquatiques. Livia se posa un moment, s'asseyant à même le sol. Curieusement, alors qu'elle s'attendait à y trouver pléthore de touristes, il n'y avait personne autour de l'étendue d'eau. C'était une aubaine. Elle admira des plantes subtropicales dont elle ignorait le nom. Il y avait des bambous, ça, elle connaissait, et d'innombrables palmiers procurant des zones d'ombres rafraîchissantes, un bonheur ! Tout à coup, elle sentit une pression derrière elle, contre ses reins. Elle se tourna brusquement pour découvrir l'importun… un chat !

— Qu'est-ce que tu fais là, toi ?

Le chat miaula en guise de réponse, puis ronronna tout en se frottant contre sa cuisse. Livia caressa le félin de la paume de sa main.

— Tu n'en sais rien, c'est ça ? Tu es comme moi quoi !

Le chat se coucha sur le dos, offrant son ventre aux caresses de sa nouvelle amie.

— J'aimerais bien être un chat moi aussi ! déclara Livia à voix haute. Vous cultivez la « zen attitude » comme aucun autre être vivant sur Terre. Ce doit être vraiment reposant, hein, qu'en dis-tu, toi ? Tu t'en fiches de tout ce que je dis, hein ! Tu veux des gratouilles ?

Livia gratta affectueusement le chat qui ronronnait de plus belle. Elle envia son attitude. Si seulement elle pouvait en faire autant, se laisser vivre, suivre le courant sans se poser de questions, rester zen, quoi ! En plus, un chat, quoiqu'il arrive, ça retombe toujours sur ses pattes…

C'était bien beau tout ça, mais Livia n'était pas un chat. Et ses problèmes, elle était loin de s'en laver les mains. En plus, elle était sans doute en train de s'en créer une pleine brouette, et pas des moindres. Qu'est-ce qui lui avait pris ? Pourquoi avoir contacté Carl ? Tout en continuant à caresser le chat qui s'était lové tout contre sa jambe, elle tenta de mettre de l'ordre dans son esprit. S'il fallait résumer la situation, elle n'avait rien commis de grave, pas même quelque chose de répréhensible. Voyons, elle avait contacté un vieil ami d'enfance, ou plutôt d'adolescence, qu'elle n'avait plus revu depuis de longues années. Le fait qu'elle avait été autrefois amoureuse de lui ne changeait rien à la situation.

Il y avait juste un petit détail qui venait déposer un voile d'ombre sur sa situation : Livia était mariée…

10

— Dommage qu'il fasse jour ! De nuit, cela aurait eu nettement plus de gueule ! affirma Jennifer.

Sa mère, Marie-Hélène, s'offusqua :

— Jenny ! Pas de mot grossier, s'il te plaît !

L'adolescente planta son regard dans celui de sa mère :

— Quoi ? Qu'est-ce que j'ai dit ?

Marie-Hélène prit sur elle. Pas question de se donner en spectacle devant des étrangers. D'autant qu'il était évident que sa fille tentait une nouvelle provocation.

— Rien. Rien du tout.

Jennifer leva les yeux au ciel.

— Bref, est-ce que je peux préparer le lancement de ma fusée, Aurélie ?

La guide s'approcha de la jeune fille et posa sa main sur son épaule.

— Oui, tu peux. Tu veux qu'on s'éloigne ? Peut-être préfères-tu rester seule ?

Jennifer s'accroupit pour ouvrir son sac à dos et en extraire un petit sac de toile étanche.

— Non. Je m'en bats le steak !

— Pardon ? dit Aurélie.

— Bah, je m'en fiche ! Vous pouvez rester là, si vous voulez.

Aurélie ne se formalisa pas, les expressions des adolescents peuvent parfois paraître brutales, pourtant elles ne sont pas forcément un bon indicateur de leurs états d'âme. Aurélie Martin était bien placée pour le savoir, elle avait accompagné assez d'adolescents depuis qu'elle était guide.

Jennifer extirpa sa fusée du sac de toile. Elle vérifia que rien n'avait été abîmé pendant l'ascension. Tout paraissait en ordre, pas d'altération apparente. Le pétard volant paraissait en bon état.

— Tu veux un coup de main ? demanda Anna qui s'était approchée de l'adolescente.

Jennifer allait répondre par la négative avant de s'apercevoir, en tournant la tête, que la question ne venait pas de la guide mais d'Anna.

— Euh… oui, je veux bien.

Anna sortit sa gourde métallique de son sac à dos.

— Le sol est trop dur avec cette roche, impossible de planter la tige de ta fusée ! déclara-t-elle. La solution consiste à introduire la tige dans une bouteille vide. Ma gourde fera très bien l'affaire.

— D'accord ! répondit Jennifer.

Anna plaça sa gourde sur une partie plane, puis elle attrapa plusieurs grosses pierres à proximité pour caler le récipient.

— Voilà ! Tu dois juste faire sortir la mèche pour que tout se passe bien.

— Super ! Merci.

Jennifer ouvrit une pochette sur le côté de son sac à dos et s'empara d'un *Zippo,* couleur argent, avec un dauphin gravé sur le côté face.

— Joli briquet ! dit Anna.

Le visage de Jennifer s'illumina.

— C'était à mon père. Il me l'a donné quand il est… Enfin bref, c'est le mien maintenant.

La jeune fille ouvrit le capot du briquet et actionna la roulette faisant jaillir une flamme instantanément. Elle approcha son briquet de la mèche de la fusée.

Anna attrapa le poignet de Jennifer avant qu'elle n'allume la fusée.

— Attends Jenny !

L'adolescente fronça les sourcils et planta son regard dans celui de la journaliste.

— Quoi ? demanda l'adolescente.

— Tu ne veux pas dire quelque chose avant ?

— Dire quoi ?

— Je ne sais pas ! Tu peux faire une prière dans ta tête, ou alors faire… je ne sais pas moi un vœu ?

— Un vœu ?

Anna attrapa Jennifer par les épaules.

— Jenny, je ne sais pas pourquoi tu fais cela. Ce que je sais c'est que tu dois avoir une bonne raison. Alors, peut-être que tu devrais dire… ou au moins penser quelque chose dans ta tête si tu ne veux pas le faire à voix haute. Tu comprends ?

— Ouais ! Mais… pas la peine ! déclara Jennifer.

Elle alluma la mèche et en moins de trente secondes la fusée s'éleva dans les airs avec un bruit strident. Quand elle éclata, une pluie d'étoiles dorées descendit du ciel, illuminant au passage le m*ont Cinto* et, avec lui, toute la tribu de randonneurs.

Anna se plaça face à Jennifer et, avec une extrême douceur, essuya de son pouce les larmes qui coulaient sur le visage de l'adolescente.

— Ça va aller ?

Jennifer renifla et, sans que cela soit conscient, se redressa et bomba le torse. Elle s'essuya le visage du revers de sa manche et s'approcha de l'oreille d'Anna.

— Merci, susurra-t-elle tout en s'éloignant de la rampe de lancement.

— Il n'y a pas de quoi, ma grande, répondit Anna. Attends… tu permets ? demanda-t-elle tout en tendant la main avant que Jennifer ne range son briquet.

— Euh… oui ! Tu veux en griller une ? demanda Jennifer.

Anna sourit et attrapa sa gourde pour la ranger dans son sac. Quand cela fut fait, elle ouvrit une poche intérieure et dévoila une bougie, le genre de bougie à neuvaine que l'on trouve parfois dans les églises. Elle la plaça à l'endroit même où la fusée s'apprêtait à s'envoler une minute avant, puis l'alluma avec le *Zippo* de Jennifer qui s'écarta de quelques mètres, sentant instinctivement que sa nouvelle amie avait besoin de s'isoler. Les autres aussi descendirent du pic pour aller se placer un peu plus en contrebas et laisser Anna seule.

Quand il n'y eut plus personne alentour, Anna ferma les yeux.

Stéphane, voilà deux ans aujourd'hui que tu es parti. Cette bougie est pour toi. Peut-être que tu existes encore quelque part ? Qui sait ? Si c'est le cas, j'espère que tu es heureux, où que tu sois. Je voulais te dire que le temps est passé et que maintenant, je vais mieux. Cela n'a pas été facile et, sans l'aide de ma mère, de Jacques et de… Carl… Euh…

Bref, sans eux, il est probable que je ne m'en serais peut-être pas remise. Voilà, je veux seulement te dire que j'ai remonté la pente. J'ai à nouveau envie de vivre… Et puis, j'ai des projets. Cette flamme est pour toi, ce n'est pas grand-chose, je sais, mais c'est juste pour te dire que je ne t'oublie pas.

Anna aurait pu continuer son monologue un moment, mais elle n'était pas seule. Les autres membres du groupe s'étaient éloignés, et Jennifer l'attendait un peu en retrait. Elle se releva, inquiète que le vent qui soufflait sur le sommet du *Cinto* puisse éteindre sa bougie. Elle recula tout en gardant les yeux sur la flamme qui semblait tenir bon. Rassurée, elle ramassa son sac à dos et s'éloigna du lieu de recueillement.

Quand elle rejoignit les autres, Jennifer mourait d'envie de lui demander ce que signifiait son petit rituel à la bougie, mais se ravisa, elle aussi avait tiré sa fusée et personne, à part sa mère, ne savait ce que cela pouvait bien signifier. Elle le lui demanderait plus tard, quand toute la troupe ne serait pas là, tout autour, à caqueter comme des poules dans une basse-cour. L'adolescente remisa ses questions pour plus tard et attrapa Anna par le bras dès qu'elle fut à sa portée :

— Anna, viens voir ! Il y a un livre d'or ! On peut écrire quelque chose, laisser une trace de notre passage ! C'est cool, tu ne trouves pas ?

Anna ne put réprimer un sourire. Jennifer semblait animée d'une énergie nouvelle, se pouvait-il que le tir de la fusée y soit pour quelque chose ?

— J'arrive, Jenny… on va voir ça, répondit Anna, tout en scrutant le reste de la troupe dont certains étaient déjà en train d'écrire quelques phrases mémorables sur le livre d'or qu'ils avaient extirpé d'une boite métallique étanche.

L'ascension avait été longue, fatigante, périlleuse à certains endroits, mais l'arrivée sur le toit de la Corse constituait une magnifique récompense : vue à 360° sur l'île, la méditerranée des deux côtés. Aurélie Martin observait chaque membre de son groupe qui, à tour de rôle, écrivait une petite phrase. Alors que Ludovic était en train de signer le livre d'or, Aurélie donna quelques précisions, après tout, la Gestalt Thérapie était un plus, elle était avant tout guide de haute montagne. Elle se racla la gorge et parla en haussant le ton afin que tout le monde puisse l'entendre :

— Alors, comme vous pouvez le constater, de ce point de vue le plus élevé de Corse, vous pouvez apercevoir aussi les autres hauts sommets. Là, il y a le *Pintu Minuta*, l'impressionnante *Paliadorba*, et le *Monte Grosse*.

Anna écoutait d'une oreille distraite, de toute façon elle ne parviendrait jamais à retenir tous ces noms en langue corse.

Paul pointa la mer qu'on apercevait pas plus grande qu'un timbre-poste.

— Et ça, c'est la mer ? demanda-t-il.

— Oui, c'est le golfe de Porto. Et là, il y a la baie de Calvi. Parfois, quand le temps est très clair, on peut même apercevoir l'île d'Elbe, mais pas aujourd'hui, c'est dommage ! dit la guide.

Alors que tout le monde était en train de s'extasier sur le paysage magnifique qui se dévoilait en contrebas, Anna observa Marie-Hélène qui ne s'était pas jointe aux autres. Anna comprit alors qu'il fallait qu'elle fasse quelque chose. Elle se gratta la tête, un geste machinal qui illustrait son instant de réflexion. Que pouvait-elle faire alors qu'elle ignorait tout du problème entre Jennifer et sa mère ? Quel était le nœud qu'il convenait de défaire ? Pouvait-elle trouver un moyen d'aider cette mère meurtrie et sa fille en colère, et cela sans s'immiscer dans leur vie privée ? Anna se demanda s'il était opportun de souhaiter venir en aide aux autres, tenter de trouver des moyens de soulager deux étrangères dont elle ignorait tout, alors qu'elle-même était incapable de résoudre ses propres problèmes.

Soudain, une idée surgit dans son esprit. Cela valait le coup d'essayer, se dit-elle. Après tout, qui ne tente rien n'a rien, pas vrai ?

11

— Non, mais… qu'est-ce que tu fais là, toi ? déclara Jacques Vaillant, ayant senti une présence délicate derrière lui, alors qu'il travaillait sur la construction de son bassin, au centre de son jardin.

Le vieux Normand ignora les douleurs lombaires dues à son âge et parvint, non sans mal, à s'accroupir pour se mettre au niveau du sol. Ce n'était pas la première fois qu'un chat venait à s'introduire chez lui sans avoir été invité, il y avait celui des voisins qui lui rendait visite de façon plus ou moins régulière. Sauf que là, c'était un nouvel intrus que Jacques n'avait jamais vu.

— Alors ? Tu as perdu ta langue, mon petit ? Ou plutôt… ma petite, on dirait bien, hein !

L'intrus répondit par un miaulement timide et vint se frotter aux chevilles du vieil homme. C'était une jeune femelle, presque un chaton, le poil tout blanc, sauf pour les oreilles, le contour des yeux et du nez, qui étaient marbrés de brun, ce qui lui donnait un faux air de raton laveur et amusait beaucoup le propriétaire des lieux.

— Tu es un Sacré de Birmanie, toi ! Tu as de beaux yeux bleus, tu sais ça ? Je parie que tu as faim, dit Jacques, tout en se relevant les mains appuyées sur ses lombaires. Oui, je sais, je ne suis plus aussi alerte qu'autrefois. Mais ne t'inquiète pas, je suis encore assez vaillant pour aller te chercher une gamelle de lait frais !

Il entra dans la cuisine avec le chaton qui ne le quittait pas d'une semelle. L'invité surprise hésita à franchir le pas de la porte, aussi le vieux Normand l'invita à entrer :

— Allez, viens par ici ! dit-il, tout en ouvrant le placard à la recherche d'une soucoupe qu'il posa sur le plan de travail. Il doit bien me rester un fond de lait, j'ai fait des brioches cette semaine.

Jacques ouvrit la porte de son réfrigérateur et se pencha vers le chat en lui montrant la bouteille de lait comme si elle était un trésor inestimable. Il emplit la soucoupe et la déposa devant le jeune félin qui se jeta sur le breuvage avec délice. Il passa sa main sur le pelage qui était d'une douceur exquise.

— C'est bon, hein ? Tu avais faim, toi ! Qui peut bien être ton propriétaire ? Je connais tous les voisins, personne n'a acheté de chats récemment. D'où est-ce que tu sors, ma belle ?

Le chaton était un animal de race, un Sacré de Birmanie d'après les connaissances de Jacques. Ici, à Gonneville-Sur-Honfleur, les chats étaient tous… des matous de gouttières. Personne n'irait dépenser une petite fortune pour s'offrir un chat, alors qu'il suffisait de demander aux paysans du coin pour en avoir de pleines brouettes ! C'était vraiment un mystère. Une fois le ventre plein, le félin revint se frotter contre les jambes de Jacques qui en profita pour l'examiner de plus près.

L'animal n'était pas tatoué. Aucun collier. Rien qui aurait pu identifier un éventuel propriétaire. Jacques trouva cela plutôt étrange. Il attrapa sa tablette et fit une recherche dans *Google* pour connaître le prix de l'animal de compagnie. Il ouvrit de grands yeux en découvrant que le tarif moyen dépassait les neuf cents euros ! Difficile de croire que quelqu'un puisse volontairement se débarrasser d'un félin de cette valeur. Pourtant, les faits étaient là, cette femelle Birmane aux yeux bleus océan semblait abandonnée. Le vieux Normand refusa de laisser travailler son imagination, il convenait d'attendre et de demander un peu partout dans le voisinage si quelqu'un avait perdu son chat. Après il serait bien temps d'aviser. Il prit l'animal d'une main, et le posa sur son avant-bras. La chatte birmane lui fit faire un voyage dans le passé : Monique, sa défunte femme, était allergique aux chats. En leur présence, elle se mettait inévitablement à éternuer, allant parfois jusqu'à avoir un œdème à la paupière, ce qui la fit une fois ressembler à Rocky Balboa après un combat. Au désespoir de Jacques, les époux Vaillant n'avaient jamais pu avoir de chats. Au fil du temps, Jacques avait remisé ce désir parmi le nombre de ses envies jamais assouvies.

Tout en observant le chaton, il prit conscience qu'en dépit du fait qu'il vivait maintenant seul depuis un an et demi, il n'avait jamais pensé à adopter un chat ! Il souffrait parfois de la solitude, comme toute personne ayant perdu son conjoint ou sa conjointe, et il aurait pu prendre un animal, pour lui tenir compagnie. Alors pourquoi ne l'avait-il pas fait ? Il n'en avait aucune idée. En tout cas, il n'allait pas laisser passer sa chance. Si d'aventure cette petite féline était une orpheline abandonnée, il lui offrirait l'hospitalité. On ne claque pas la porte à la providence.

Il y avait juste un petit problème : la présence d'un chat dans le jardin serait-elle compatible avec le futur bassin à poissons ?

12

Elle avait laissé l'idée faire son chemin. Cela lui trottait dans la tête depuis des mois. Allez savoir pourquoi, aujourd'hui, Catherine Wells avait pris sa décision : elle allait rendre son tablier, façon de parler puisqu'elle n'en portait pas.

Elle était revenue de sa pause déjeuner avec cette certitude. Impossible de continuer à passer ses journées à vendre des flacons de parfum. Même si cette définition était plutôt un résumé incomplet, et à connotation plutôt négative, de son métier, puisqu'elle était patronne et propriétaire de sa boutique, qu'elle était aussi à la tête d'une équipe de vendeuses ; cela n'en restait pas moins vrai. Elle vendait du parfum à des clientes aisées du seizième arrondissement de Paris. C'était ça, son métier.

Catherine avait fini sa pause déjeuner et avait pu parler au téléphone avec Jacques Vaillant, au sujet de sa fille qui la laissait sans nouvelles trop longtemps, crapahutant sur les sentiers de la montagne corse, poursuivant sa quête personnelle : aller à la rencontre de gens extraordinaires de résilience. Anna faisait elle-même partie de ces gens hors du commun, même si elle semblait l'ignorer.

Il faisait beau dans la capitale. Une invitation à la flânerie à l'ombre d'un marronnier, dans le parc. Aucune envie de retourner à la boutique. Mais bon… Il fallait bien être raisonnable. Elle n'avait pas cédé à son envie d'école buissonnière, mais Catherine était revenue dans sa parfumerie avec la ferme intention de… passer à autre chose. Elle avait même pensé à prendre sa retraite. Pourquoi pas ? Après tout, elle avait suffisamment d'argent de côté pour ne pas se préoccuper d'avoir atteint le nombre de trimestres requis pour avoir droit à une retraite à taux plein. Cependant, ce n'était pas tant l'activité professionnelle en tant que telle qui la travaillait, mais plutôt le fait de faire quelque chose qu'elle trouvait insatisfaisant, vide de sens.

Jusqu'au drame qui s'était produit très exactement deux ans auparavant, Catherine Wells s'épanouissait dans son travail. Elle avait le sens de la communication, doublé par celui du commerce. Ces qualités réunies lui garantissaient des ventes records pour une petite parfumerie parisienne. C'était amplement suffisant pour la satisfaire… jusqu'à l'attentat sur la promenade des Anglais. Ce jour-là, tout avait basculé et, même si Anna faisait partie des rescapés, quelque chose était mort chez Catherine Wells en même temps que Stéphane, le compagnon de sa fille.

Elle avait déjà fait un « break » pour s'occuper d'Anna pendant sa convalescence. Elle avait alors laissé la barre à Caroline, son employée de la première heure. Finalement, tout s'était bien passé, le chiffre d'affaires avait baissé quelque peu, mais cela n'avait pas été la chute vertigineuse qu'avait envisagé Catherine, même si cela était sans importance à cette époque. Et puis, quand Anna avait semblé reprendre sa vie en main, après une longue période de résilience qui n'était pas encore achevée, Catherine avait repris son travail. Un moyen efficace d'avoir la tête ailleurs, pour ne pas penser constamment au bien-être de sa fille unique. Pourtant, malgré les heures passées à gérer les commandes et les stocks, renforcer la formation de sa vendeuse qui avait pris le relai pendant son absence, renseigner les clientes et ne pas compter son temps dans sa boutique, oui, en dépit de tout cela, Catherine avait toujours une crainte ancrée dans son esprit, incrustée dans sa chair, impossible à dissoudre totalement. Elle aurait tellement voulu pouvoir faire cesser cette peur perpétuelle, revenir en arrière en appuyant sur le bouton de la télécommande. Sauf que cet objet n'existait pas et que la vie n'était pas une série télévisée ou un film. Il fallait poursuivre son chemin linéaire qui, trop souvent à son goût, vous marquait de cicatrices indélébiles.

Dans le passé, Catherine Wells avait survécu à la mort de son mari, allant de l'avant pour sa fille plus que pour elle-même. Elle avait trouvé du soutien chez certaines personnes qui l'avaient aidée à surmonter sa peine et, malgré le coup d'arrêt, poursuivre, garder le cap. Une preuve que l'humanité n'était peut-être pas totalement dénuée d'empathie. Quand Anna s'était fait happer par le camion fou, deux ans auparavant, Catherine avait cru mourir. Mais Anna avait survécu. Les vingt-huit jours de coma avaient été une épreuve terrible. Catherine avait prié le ciel de lui rendre son enfant. C'est ce qui s'était produit. Le ciel avait-il quelque chose à voir là-dedans ? Elle n'en savait rien. Mais, sans rien dire à personne, elle s'était rendue dans une chapelle, à proximité de l'hôpital, pour y faire brûler un cierge, une façon de remercier le ciel, l'univers, en fait peu lui importait qui ou quoi. Elle sentait jusqu'au fond de son âme qu'il fallait faire preuve de gratitude.

En même temps que le retour d'Anna parmi les vivants, Catherine avait dû composer avec une nouvelle donnée, dont elle se serait bien passée : la peur de la perdre. Jusqu'alors, Catherine se faisait parfois du souci pour sa fille, mais c'était dans une mesure dite raisonnable, un peu comme toutes les mères s'inquiètent pour leur enfant. Après l'attentat, mais surtout après la sortie d'Anna de l'hôpital, les choses prirent une nouvelle tournure. Catherine se gardait bien de le montrer à sa fille, ainsi qu'à toute autre personne d'ailleurs, mais elle était paniquée à l'idée qu'il pouvait arriver, à nouveau, malheur à Anna. Elle avait du mal à en dormir la nuit, tandis que le jour, cela lui parasitait l'esprit sans crier gare. Que pouvait-elle y faire ? Alors qu'elle avançait perdue dans ses pensées, ignorant la rue, les gens, et à peu près tout ce qui l'entourait, elle laissa cette question trotter dans sa tête.

Elle n'était plus qu'à environ trois cents mètres de sa boutique, quand soudain elle stoppa brusquement sa marche en avant. Un homme costumé qui regardait son smartphone la percuta par l'arrière. Plus de peur que de mal, l'homme s'excusa tout de même, puis reprit sa marche d'automate, les yeux collés à son écran, lui-même greffé à sa main.

Catherine Wells se décala quelque peu pour ne pas gêner la population active pressée de retourner au travail après une pause repas. Elle sortit son téléphone portable pour voir si Anna n'avait pas reçu son message, mais il n'y avait rien. Quelques notifications polluaient son écran en surimpression, il y avait là quelques brèves d'actualité, elle ne put s'empêcher d'y jeter un coup d'oeil, une addiction dont souffraient les hommes et femmes de ce siècle. Un court article retint son attention. Elle ne put s'empêcher de le lire. Elle se sentit comme secouée intérieurement, et cela n'avait rien à voir avec la bousculade qu'elle venait de vivre. Comme un rayon de soleil qui perce un nuage gris, elle eut une révélation. Cette information d'actualité était un signe. Cela lui était tombé dessus comme une évidence. Comment n'y avait-elle pas pensé plus tôt ? Elle savait ce qu'elle voulait faire à présent.

Elle se remit en marche vers la parfumerie. Pour la boutique, elle avait son idée. Elle ne vendrait pas. Elle passerait la main à sa première vendeuse. Avec le statut de gérante, et une augmentation de salaire conséquente, il n'y avait pas de raison pour que Caroline refuse cette promotion inopinée. Les vacances d'été qui approchaient arrivaient à point nommé : Caroline aurait le temps de réfléchir à la proposition, et puis Catherine pourrait organiser sa succession tranquillement. Ensuite, pour ses angoisses de mère… il y avait peut-être un moyen d'y remédier. Il ne restait plus qu'à contacter la personne adéquate et attendre sa réponse. Catherine consulta encore une fois son téléphone. Son idée était peut-être farfelue, mais il fallait en avoir le cœur net. Elle fit défiler ses contacts jusqu'à ce que le nom qu'elle cherchait apparaisse sur l'écran digital. *Qui ne tente rien…* pensa-t-elle. Puis, elle appuya sur la touche d'appel.

13

La descente s'était déroulée sans anicroche. Le groupe de randonneurs avait toutefois été briefé contre les possibles glissades qui ne manquaient pas de se produire chez les marcheurs qui, gonflés d'orgueil après avoir vaincu le *Cinto*, se laissaient ensuite griser par l'exploit, oubliant que descendre du col pouvait être tout aussi périlleux que d'y monter.

Aurélie Martin mit en garde sa tribu, les risques d'entorse étaient élevés, c'était la blessure la plus commune sur le GR 20. Les randonneurs découvrirent ainsi que freiner sa progression en limitant la prise de vitesse de sa marche sur la pente inclinée pouvait être plus fatigant pour les muscles que lors de l'escalade.

Cette fois, Paul, le doyen du groupe, toujours inquiet depuis l'éboulis qu'il avait provoqué plus tôt lors de l'ascension, suivait Aurélie de près. Pas question de fermer la marche et de provoquer une catastrophe à nouveau, la pente étant dans le sens inverse que lors de la montée, seule Aurélie serait inquiétée si le retraité faisait à nouveau preuve de maladresse, ou plutôt de malchance parce qu'il n'y était pour rien, en définitive.

— Tout va bien ? demanda la meneuse.

Oui, tout allait bien. Il faisait beau, ils étaient parvenus jusqu'au sommet du mont *Cinto*. Jennifer avait pu lancer sa fusée qui avait éclaté en une pluie d'étoiles scintillantes dans le ciel corse. Anna, la journaliste, dont Aurélie se méfiait ne sachant pas avec certitude la raison réelle de sa présence, avait apparemment allumé une bougie. Paul et Ludovic ne se lâchaient plus d'une semelle. Tout allait bien… sauf peut-être pour Marie-Hélène qui, allez savoir pourquoi, semblait contrariée depuis la montée du col.

Les parties délicates et dangereuses du GR 20 obligeaient Aurélie Martin à limiter son rôle, elle guidait le groupe, mais ne pouvait pas « libérer la parole » de ses randonneurs, impossible de faire la conversation dans des endroits périlleux et souvent escarpés. C'était le prix à payer pour l'ascension du plus haut sommet corse : avoir un groupe réduit qui pouvait créer des liens plus étroits, se lâchant souvent à quelques confidences, et donc s'inscrivait pleinement dans l'approche de la *Gestalt thérapie*. Seule ombre au tableau, la difficulté de la voie réduisait comme peau de chagrin les instants où elle pouvait converser avec ses randonneurs. Pourtant, la guide semblait satisfaite : après tout, elle ne suivait pas à la lettre les principes de la *Gestalt thérapie*. Elle s'en inspirait seulement. Aurélie avait créé une approche plus… personnelle de cette fonction thérapeutique. Nul besoin pour elle de participer personnellement à la discussion. Chacun pouvait « lâcher du lest » en s'ouvrant à une tierce personne, il n'était pas nécessaire qu'elle y participe directement. Lors des temps d'arrêt, la guide lançait des pistes, de façon plus ou moins subtile. Cela semblait avoir fonctionné entre le vieux Paul et le jeune Ludovic. Ces deux-là ne cessaient de discuter tout en progressant. Même chose entre l'adolescente, Jennifer, qui s'était rapprochée d'Anna.

La journaliste parisienne, de son côté, avait demandé à Jennifer de la laisser un moment seule. L'adolescente n'avait pas cessé de l'interroger concernant la bougie. Anna ne souhaitant pas répondre, elle avait balayé la question par un

« *On en parlera plus tard* » qui n'avait évidemment pas donné satisfaction à l'adolescente indiscrète qui, cependant, avait fini par s'éloigner, laissant Anna seule, plongée dans ses pensées.

La vie d'Anna ressemblait en cet instant à un gros point d'interrogation. Elle n'était plus sûre de rien… Avait-elle fait le bon choix ? Mettre une distance entre elle et Carl lui avait semblé nécessaire. Elle s'était réveillée un matin en réalisant qu'elle n'était pas honnête avec Carl. Elle aurait pu s'ouvrir à lui, en discuter. Après tout, Carl était un homme rare, tout à fait apte à écouter et à comprendre. Elle s'était encouragée à tout déballer, mais… n'avait finalement rien expliqué, juste exprimé son désir soudain de… prendre du recul. Carl ne s'était pas mis en colère, pourtant il y aurait eu de quoi ! Non, égal à lui-même il avait mis ses sentiments de côté pour elle. Alors pourquoi ne parvenait-elle pas à vivre sereinement la situation ? Jusqu'à ce jour, tout allait bien. Une relation compliquée, certes, étant donné le passé singulier d'Anna, mais Carl n'ignorait rien des épreuves qu'Anna avait traversées, et il avait accepté les jours sombres, comme ceux plus ensoleillés. Alors, pourquoi avait-elle appuyé sur « pause » ? Pourquoi se priver d'un homme tel que Carl ? Cette question tapait à la porte de son esprit et comme elle refusait de lui ouvrir, l'interrogation revenait de façon récurrente et régulière. Anna savait que ce n'était qu'une question de temps, qu'arriverait un moment où il n'y aurait plus le choix : il n'y aurait plus d'alternative, ni de « remettre à plus tard » qui tiendraient… il n'y aurait plus qu'à faire face et trouver des réponses. N'était-ce pas pour cela qu'elle était ici, en pleine montagne corse ? Elle avait espéré prendre part à cette marche sur le GR 20 pour s'informer et trouver matière à l'écriture de son livre, mais… c'était aussi, elle ne pouvait le nier, un moyen de faire d'une pierre deux coups et trouver, peut-être, des amorces de réponses et remettre un peu d'ordre dans sa vie.

Pour l'heure, la porte restait désespérément close. Ce

n'était pas encore le moment. Pas ici. Pas maintenant.

— Tout va bien, jeune fille ? demanda Aurélie qui, profitant d'une partie plus facile et surtout plus large du sentier descendant, avait ralenti sa marche pour se poster auprès d'Anna qu'il fallait qu'elle perce à jour.

Anna releva la tête.

— Oui.

— Vous êtes sûre ? Tout le monde a vu… pour la bougie. Si vous voulez en parler, je suis à votre disposition.

Anna perçut une demande sincère. Après tout, cette femme ne pouvait assurer une telle fonction sans éprouver de l'empathie accompagnée d'un désir d'aider les autres. Malgré cela, elle ne souhaitait pas s'épancher sur sa vie privée, en tout cas pas dans l'immédiat. Non pas qu'elle s'y refusait, au contraire, elle avait bien compris qu'il était inutile de garder ses blessures enfouies (merci Jacques !), et puis elle avait choisi cette marche thérapeutique avec le mince espoir que cela pourrait lui faire du bien, et pourquoi ne pas lui permettre d'y voir un peu plus clair dans sa vie, de prendre des décisions pour son avenir. Malgré tout cela, les mots restaient coincés dans sa gorge. Rien à faire.

— Peut-être plus tard. Merci ! répondit-elle.

Aurélie Martin n'insista pas. Elle savait qu'il ne fallait pas forcer ses randonneurs à parler. Le moment venu, ils viendraient d'eux-mêmes. C'était juste une question de temps. Bien sûr, cela ne fonctionnait pas chaque fois, ni pour tous. De plus, une semaine – le temps de la randonnée sur le GR 20 – pouvait parfois ne pas suffire à créer les liens et la confiance pour libérer la parole, décadenasser les blocages.

— Pas de problème ! Sachez que si vous avez besoin de moi… je suis là. D'accord ?

— D'accord !

— Bien. On arrive bientôt à destination, on va rejoindre

mon collège Marc et le reste du groupe qui est resté en bas, OK ?

— Parfait.

Anna emboîta le pas de la guide. Quand ils arrivèrent à hauteur du reste du groupe, Jennifer remarqua la bonne humeur ambiante, tout le monde exultait en vantant l'exploit du jour. Les autres, ceux qui étaient restés en bas, avec Marc, l'autre guide, allaient en entendre parler, c'était une certitude. Il y avait des exclamations de joie qui fusaient de tous côtés, même Paul paraissait aussi heureux qu'un gamin ayant réussi à faire du vélo sans roulettes pour la première fois. Une seule personne détonnait dans cette ambiance festive : Marie-Hélène. La mère de famille restait un peu à l'écart, les yeux humides, elle aussi, mais pour une tout autre raison. Anna la fixa et croisa un regard infiniment triste. Elle allait devoir faire quelque chose pour changer ça.

14

Carl Pessoa commanda une *Superbock*, la bière emblématique du nord du Portugal. Le bar de Jorge se trouvait à cinquante mètres en contrebas de l'ancienne demeure de sa grand-mère, enfin de SA maison, dorénavant. Il avait laissé le SUV devant la porte de la maison, puis, constatant que sa bouche était aussi sèche que du papier crépon, il avait eu envie de boire un verre. Le patron qu'il connaissait depuis l'enfance apporta la boisson fraîche et Carl voulut régler immédiatement. Il ne voulait pas s'attarder avec le cafetier. Il avait soif, oui, mais n'avait pas envie de bavardage inutile. Il fut cependant contraint de faire l'effort de converser un minimum, expliquant, dans un portugais presque parfait, pourquoi il était revenu dans le village alors qu'on ne l'avait pas vu depuis plusieurs années.

— J'avais envie de faire une halte dans le village. Une sorte de retour aux sources en fait. Je vais redescendre dans le sud où j'ai créé une petite affaire depuis quelques mois.

Carl omit délibérément d'évoquer l'escale qu'il allait faire à Lisbonne. Inutile de parler de Livia qui vivait dans la capitale et qu'il devait revoir. Jorge avait connu Livia. Hors de question qu'il se fasse la moindre idée et que le colportage de rumeurs envahisse le village de sa défunte grand-mère puis, par extension, la ville de Foz Côa.

— Donc tu ne restes pas ? demanda Jorge.

— Non, juste une nuit. Je reprends la route dès demain pour Porto, puis l'avion pour Lisbonne, dans la foulée.

Le patron du petit bar se gratta le crâne légèrement dégarni par les années.

— C'est dommage que tu ne restes pas plus longtemps. On n'a pas beaucoup l'occasion de te voir. Tu vis toujours en France ?

Carl s'interrogea intérieurement, devait-il répondre honnêtement ou bien de mentir pour ne pas s'attirer d'autres questions ? Oui, mais voilà, on ne se refait pas et Carl ne savait pas mentir.

— Je viens tout récemment de revenir au pays. J'ai démissionné et j'ai quitté la France, et puis j'ai ouvert mon entreprise au Portugal.

Jorge ouvrit de grands yeux.

— Quoi, ici ?

— Oui, au pays.

— Mais… tu veux dire ici… ici ?

Voilà, on y était. Pourquoi n'avait-il pas répondu qu'il vivait toujours à Paris, qu'il y travaillait et qu'il n'avait pas le temps de revenir dans le petit village de sa grand-mère ? Au lieu de cela, il s'était enlisé, et allait arriver une succession de questions, et maintenant il n'y avait plus d'échappatoire. Il allait devoir se mettre à table… celle du bar, en l'occurrence.

— Non, je veux dire, ici, au Portugal, pas ici au village !

Le cafetier passa machinalement un coup de chiffon sur la surface propre de la table, comme pour se donner une contenance. Il était indiscret, mais Carl était un enfant du pays, le petit fils d'Adelia qui était née à Castelo Melhor, c'était donc légitime de s'enquérir de ce qu'il était devenu, alors qu'il n'était plus revenu au village depuis trois ans.

— Où ça alors ? dit Jorge en reposant son torchon sur son avant-bras.

— En Algarve, à Faro.

— Oh ! lâcha le cafetier.

Forcément, cela devait déplaire. Dans la région, le Sud, c'était un peu le camp adverse, le club de football du Benfica Lisbonne contre celui de Porto. Même la bière illustrait ce clivage, ce que Jorge ne manqua pas d'évoquer :

— Tu vas te mettre à boire de la *Sagres* alors ?

Carl trouva la remarque amusante, il ne put réprimer un sourire. Cela faisait des semaines que ses zygomatiques n'avaient pas fonctionné de la sorte.

— Ben quoi, c'est de la bière aussi, non ? Je la trouve bonne, moi !

Jorge fronça les sourcils, il fit mine d'être outré, mais c'était pour faire avancer la conversation vers un ton un peu plus léger.

— Mon Dieu ! Si c'est pas malheureux d'entendre des choses pareilles ! Heureusement que ta grand-mère n'est plus là, elle n'aurait pas supporté d'avoir un traître comme petit-fils.

Le patron de bar libéra un rire gras et sonore. Carl leva son verre et lui souhaita une bonne santé, mais ne se débarrassa pas si facilement du barman, il dut encore préciser que, même s'il l'avait voulu, il n'aurait pu décemment rester plus d'une nuit dans la petite maison familiale puisqu'il n'avait pas pris la peine de rétablir l'électricité, pas pour si peu de temps. Cela dit, il allait déposer une fleur sur la tombe familiale avant de reprendre la route. Jorge valida l'information d'un signe de tête et rentra dans son bar en écartant les lamelles de plastique multicolores accrochées à la porte d'entrée. Carl sourit. L'objet était d'une totale inefficacité puisque l'intérieur du bar pullulait de mouches.

Il termina sa bière d'un trait, sortit une pièce de deux euros qu'il posa sur la table, puis remonta la petite pente ornée de pavés qui l'amena devant l'entrée de la maison héritée de sa grand-mère.

Il extirpa la clé de la poche de son jean et l'actionna dans la serrure qui n'avait pas été actionnée depuis près de trois ans. Carl s'étonna que la clé puisse tourner aussi facilement, le pêne coulissa sans aucune résistance et le propriétaire ouvrit la porte sans difficulté. Une odeur de renfermé agressa ses narines, aussi Carl s'empressa d'ouvrir les fenêtres et les volets grinçants de la salle à manger qui résistèrent un instant avant de céder et de laisser la place au soleil estival. Immédiatement, Carl put constater les dégâts inhérents à l'inoccupation d'une maison. Il y avait eu des altérations des murs et quelques traces de moisissures s'étalaient sur le plafond. Les autres pièces semblaient avoir mieux résisté au temps. Un rapide état des lieux confirma les craintes du propriétaire, la maison avait souffert et Carl allait devoir prendre une décision, vendre ou payer quelqu'un pour s'occuper de la demeure meurtrie.

Carl sortit sur le perron et observa la façade. Il n'y avait pas de nom sur la boîte aux lettres, ou alors il n'y en avait plus, Carl ne se souvenait pas. C'était étrange, comme si la maison n'était plus celle de sa grand-mère, mais n'était pas la sienne non plus. Une maison vide, abandonnée. Carl soupira en se disant qu'un nom sur une boîte aux lettres n'était pas si important que ça. Il faut dire qu'ici le facteur connaissait tout le monde, à moins que depuis trois ans, le vieux Manuel ait pris sa retraite ? Un vent léger murmura contre les feuillages rares du bac à fleurs qui n'abritait plus que quelques plantes vertes, les seules ayant survécu à l'absence de soins et d'entretien.

Carl ferma les yeux pour se souvenir. Autrefois, Adélia avait presque réussi à faire de ce lieu une harmonie de couleurs et de parfums. La grand-mère de Carl avait la « main verte », l'art floral occupait une bonne partie de ses journées printanières et estivales. Quand Carl venait fêter Pâques dans le village, il pouvait découvrir en arrivant un magnifique patchwork de couleurs et de parfums. Le petit garçon qu'il était alors prenait en charge les deux arrosages journaliers à l'aide du tuyau relié au mur de l'entrée. C'était une responsabilité dont il était fier. Sa grand-mère le reprenait avec douceur quand il arrosait certaines fleurs fragiles avec trop de puissance, le jet d'eau abîmant parfois les pétales fragiles. Carl avait vite compris son erreur de débutant et avait mis aussitôt à exécution les conseils d'Adélia. Quand une nouvelle pousse apparaissait, une fleur dernière née fleurissait, Carl jubilait et, avec sa grand-mère qui posait sa main sur son épaule, il ressentait la joie intense d'avoir contribué à créer un peu de beauté dans ce monde.

Planté là, devant le parterre stérile, aujourd'hui, Carl eut un peu honte. Cela ne ressemblait plus à rien. Un désastre. Il demanda mentalement pardon à sa grand-mère et se dédouana en se disant qu'il fallait être là pour s'occuper d'une maison, d'un jardin. Lui, il vivait en France. Il n'avait donc aucune raison de culpabiliser. Il décida d'aller vérifier rapidement tout ce qui pouvait l'être à l'intérieur de la demeure esseulée, ensuite il irait sur la tombe familiale, saluer les anciens.

Il n'avait pas fallu longtemps pour sauter dans le 4x4, remonter le village jusqu'au cimetière près de la nationale, apporter une bougie trouvée dans un tiroir, la déposer sur la tombe où reposaient sa grand-mère et son grand-père, celui qu'il avait peu connu, il était décédé alors que Carl avait à peine cinq ans. Le jeune homme dut s'y reprendre à plusieurs reprises avant de parvenir à allumer sa bougie plate. Le vent se chargerait de le contrarier d'ici quelques secondes, mais Carl s'en fichait pourvu que la flamme puisse durer un court instant. Il ferma les yeux et salua silencieusement son grand-père. Pour Adélia, il parla à voix haute, s'excusant à nouveau pour la maison et… le parterre de fleurs, sans parler du fait qu'il n'était pas venu sur leur tombe depuis trois ans. Il expliqua que cela ne l'empêchait pas de penser à eux, enfin surtout à elle, sa grand-mère. Il promit qu'il allait prendre une décision pour la maison. Maintenant qu'il s'était établi au Portugal, cela allait être plus simple, même si plusieurs centaines de kilomètres le séparaient du village. Il fit un rapide signe de croix et sortit du cimetière vers son véhicule. Carl s'engagea sur la route nationale, en direction de la ville, son estomac produisait des gargouillis lui rappelant qu'il était peut-être temps d'avaler quelque chose de solide.

Alors que le SUV avait disparu derrière les collines, un souffle de vent s'abattit sur la flamme de la bougie posée sur la pierre tombale, elle se mit à ondoyer, puis à vaciller, mais… tint bon et ne s'éteignit pas.

15

Qu'on se le dise, le jardinage est excellent pour la santé. En tout cas, c'est ce que son médecin ne cessait de lui répéter : « *Trois heures avec votre arrosoir ou votre sécateur valent bien une heure trente de course à pied !* ».

Comme Jacques n'avait jamais aimé courir, et qu'il n'envisageait pas, à son âge, de s'y mettre maintenant, il avait trouvé les propos de son médecin tout à fait pertinents. En définitive, s'occuper de son jardin, de ses fleurs, et bien sûr de son potager, était une option tout à fait acceptable. Cette activité au grand air avait aussi la faculté de réduire le stress et d'améliorer la concentration, et étant donné les difficultés qu'il rencontrait pour achever son œuvre, cela paraissait nécessaire puisque, à y regarder de plus près, le bassin ressemblait à une réalisation bancale du célèbre architecte *Numérobis*, tout droit sorti d'*Astérix et Cléopâtre*.

Arroser son potager, puis sa roseraie, voilà qui allait lui vider la tête de ses contrariétés architecturales. Et puis, après les pierres aussi inertes que récalcitrantes, s'occuper du vivant lui procurait un moment de... bonheur simple.

Alors qu'il avait déroulé plusieurs mètres de tuyau, et qu'il s'apprêtait à ouvrir le robinet d'eau, la sonnerie du téléphone fixe retentit, couvrant le chant des oiseaux et interrompant du même coup leur concert suave. Jacques laissa retomber au sol son tube de caoutchouc et pressa le pas pour décrocher.

— Allo !

— Jacques, c'est encore moi, dit Catherine Wells, un peu gênée d'importuner le vieux Normand une deuxième fois dans la même matinée. Je suis vraiment désolée de vous déranger à nouveau !

— Qui a dit que vous me dérangiez ?

Un sourire amusé se dessina sur le visage de Catherine Wells.

— C'est gentil de votre part.

— Je vous en prie. Que se passe-t-il, Catherine ? Vous avez eu des nouvelles d'Anna ?

— Euh… non. En fait, ce n'est pas pour ça que je vous appelle à nouveau.

— D'accord. Que puis-je faire pour vous ? demanda Jacques tout en frottant ses mains maculées de terre sur son pantalon de jardinier.

Catherine Wells prit une profonde inspiration pour se donner le courage d'aller au bout de son idée, priant pour qu'elle ne fasse pas fausse route.

— C'est un peu gênant… Euh…

Elle eut soudain le sentiment d'être le cheveu qui tombe dans l'assiette de soupe. Certes, Jacques Vaillant était une crème d'homme, toujours prêt à aider les autres, à écouter, à conseiller, mais tout de même… elle allait carrément lui demander de bien vouloir l'héberger pour un temps. Elle n'eut pas le loisir de poursuivre ses élucubrations, Jacques poursuivit :

— Lancez-vous, ma chère ! Nous verrons bien où cela nous mène...

Catherine ferma les yeux et obtempéra :

— Bon d'accord. Alors voilà, j'ai besoin de faire le point concernant ma… ma vie professionnelle et… je me demandais si…

— Si quoi ?

— Et puis zut… Est-ce que vous seriez d'accord, Jacques, pour que je vienne passer quelques jours chez vous ?

— Aucun problème, répondit Jacques, prenant Catherine de court.

— Euh… mais… je ne vous ai même pas dit pourquoi ! Je veux dire, vous ne voulez pas que je vous explique d'abord ?

— Non. Ce n'est pas la peine.

— Ah ! Vraiment ? Vous êtes sûr ?

— Si vous voulez venir passer quelques jours à Gonneville, vous êtes la bienvenue Catherine, poursuivit le Normand.

— Mais, vous êtes certain que cela ne vous gêne pas ?

Jacques Vaillant tira une chaise et s'installa dessus pour soulager son dos. Le chaton vint virevolter entre ses jambes. Jacques l'attrapa et le posa sur sa cuisse.

— Pas le moins du monde ma chère. J'ai juste une question…

— Euh… oui, bien sûr, laquelle ?

— Rassurez-moi, vous n'êtes pas allergique aux chats ?

Catherine ne cacha pas sa surprise.

— Vous avez adopté un chat ? demanda-t-elle.

Le Normand gratta le crâne du chaton.

— Non.

Catherine fronça les sourcils. Elle ne tenta pas de feindre son étonnement.

— Je ne comprends pas.

— En vérité, c'est elle qui m'a adopté, déclara-t-il en riant.

— Je vois. Alors, n'ayez aucune crainte, je ne suis pas allergique.

— Dans ce cas, vous êtes la bienvenue. Nous vous attendons avec… Ah zut, je ne lui ai pas encore donné de nom ! Je vous attends avec le chat. Quand voulez-vous venir ?

Catherine ne s'attendait pas à une réponse positive aussi rapide. Elle devait annuler les vacances qu'elle avait programmées, quelques clics via Internet et ce ne serait qu'une formalité. De toute façon, elle n'avait pas vraiment envie de partir en Sardaigne, seule.

— Eh bien, dès que vous pourrez me recevoir. Je ferme la boutique du 15 juillet au 15 août et…

— Vous voulez venir demain ?

— Demain ?

— Oui.

— Euh… il faut d'abord que je regarde s'il y a un train et une place disponible et…

— Parfait. J'irai vous chercher en voiture à la gare de Deauville-Trouville, il suffit que vous m'indiquiez votre heure d'arrivée. Cela vous convient ?

Catherine Wells passa sa main sur son visage, décontenancée par la rapidité de décision de Jacques. Anna l'avait pourtant prévenue, avec Jacques ça ne traîne pas.

— Euh… oui, ça me va.

— De mémoire, vous partirez de la gare Paris Saint-

Lazarre. Il doit y avoir environ deux heures de voyage. Envoyez-moi un SMS pour me dire si vous avez eu votre place et votre heure d'arrivée. J'irai vous chercher.

— Je ne sais pas quoi vous dire, Jacques !

— Alors, ne dites rien, répondit le vieil homme.

— Si. Merci Jacques.

— Pas de quoi.

— Oh que si ! Vous êtes incroyable, vous savez ?

— Si vous le dites ! Au fait, vous, le matin, c'est plutôt thé ou café ?

16

Claire Marchal consulta sa montre qui indiquait midi moins le quart. Le prochain numéro du magazine *Psychomag* était quasiment bouclé. Cette année, chose rare, le magazine n'était pas un numéro double *juillet/août* comme les fois précédentes. La directrice avait décidé de proposer deux exemplaires distincts pour chacun des mois de vacances estivales. L'avantage consistait à diluer un certain étalage du travail avant le bouclage ; l'inconvénient était qu'il fallait travailler pendant plus longtemps. Le traditionnel « lever de pied » de l'été n'était plus qu'un doux rêve pour tous ceux qui travaillaient pour le magazine.

Il y avait donc encore foule dans les bureaux de *Psychomag* et Claire aurait bien chassé tout le monde pour rester un instant seule.

— Bon, c'est l'heure de déjeuner. On se retrouve à 13h30 pour tout finaliser une dernière fois avant le bon à tirer, dit la patronne.

Il n'en fallut pas plus pour que la fourmilière se mette en action et que les ouvrières d'ordinaire indisciplinées partent d'un même mouvement vers la sortie. Certaines souhaitant profiter du beau temps se dirigèrent vers le rez-de-chaussée. D'autres restèrent dans le bâtiment, mais descendirent en direction de la cafétéria. Pour une fois que l'on pouvait gagner une demi-heure pour la pause-déjeuner, il fallait en profiter… sans tarder. Un changement d'avis pouvait vite arriver avec Claire Marchal. En moins de cinq minutes, l'endroit fut vidé de ses fourmis ouvrières, une aubaine pour Claire qui s'affaissa sur le premier fauteuil à roulettes qu'elle croisa.

— Enfin seule ! murmura-t-elle.

Claire avait un rendez-vous téléphonique, un contact important. Près d'un an s'était écoulé depuis qu'elle avait pensé à cela pour la première fois. Pas toujours facile de mettre à exécution une idée, aussi bonne soit-elle. D'abord, cela avait été un long chemin pour mettre la main sur la personne qu'elle recherchait, difficile de retrouver quelqu'un qui ne tient pas en place. Elle avait enfin mis le grappin dessus l'hiver dernier. Ensuite, quelle ne fut pas sa déception quand la principale intéressée, Anna, exprima son manque d'intérêt pour sa requête. Mais Claire Marchal n'était pas femme à abandonner si vite. Elle revint à la charge au printemps dernier en changeant son angle d'attaque. Il ne s'agissait plus d'une requête professionnelle, mais… d'une faveur. Claire n'avait pas lâché prise et, aujourd'hui, elle s'en félicitait. Son contact avait demandé un temps de réflexion, sa journaliste aussi.

Claire n'aurait su dire ce qui la poussait à vouloir mettre son plan à exécution, alors que les deux personnes impliquées ne semblaient pas le moins du monde intéressées. Cela ne l'avait pas quitté depuis tout ce temps. Elle sentait que c'était important, qu'il fallait faire le maximum pour n'avoir rien à regretter. Claire se souvint de ce qu'on lui avait dit autrefois : « *Parfois, il faut aider ceux que l'on aime, même contre leur gré.* » Anna disait qu'elle allait mieux, qu'elle avait fait son deuil. Claire était persuadée que le bout du tunnel n'était pas encore atteint.

Elle respira un grand coup et consulta sa montre : midi pile. Parfait, c'était l'heure convenue. Elle se leva d'un bond et partit dans la direction de son bureau à grandes enjambées.

Elle s'installa face à son téléphone fixe et appuya sur le bouton qui composait automatiquement le dernier numéro appelé, elle fixa l'indicatif étranger qui s'affichait avant le numéro, preuve que l'appel n'était pas pour la France. La sonnerie retentit quatre fois avant qu'une voix finisse par s'échapper du combiné :

— Allo ?

— Allo ! Bonjour… c'est Claire Marchal ! Je suis à l'heure, comme convenu.

— Oui, je vois ça, répondit la voix féminine.

— Alors Alice, avez-vous réfléchi à ma demande ? demanda la rédactrice en chef.

— …

— Alice ! Vous m'entendez ?

— Oui.

— Alors ?

Quelques secondes s'écoulèrent sans que l'interlocutrice daignât répondre.

— J'y ai beaucoup réfléchi…

Claire tenta de masquer son exaspération. Après tout, c'était elle qui était demandeuse. Il ne fallait pas brusquer les choses.

— Et ? demanda Claire.

…

— Alice ! S'il vous plaît… donnez-moi votre réponse !

— Avant, je veux être sûre d'une chose.

— Oui, de quoi s'agit-il ?

— Votre journaliste, c'est celle qui a perdu son compagnon dans l'attentat du 14 juillet 2016, c'est bien ça ?

— Euh… oui, c'est elle. Cela change quelque chose ? demanda Claire Marchal.

— Oui. Cela change tout.

— Alors, c'est non ?

— Au contraire ! C'est d'accord.

— Qu'est-ce qui vous a fait changer d'avis ? demanda la directrice de *Psychomag*.

— Cette donnée essentielle dont je viens d'avoir la confirmation. Je veux bien répondre favorablement à votre demande parce que cette jeune femme peut tirer grand bénéfice de notre rencontre. S'il ne s'agissait que d'un article pour votre journal, cela ne m'intéresserait pas.

— Je vois, dit Claire.

— Vraiment ? demanda Alice.

— Si. Je vous assure. Je vois clairement ce que vous voulez dire.

— Si c'est le cas, j'en suis ravie. Comprenez-moi bien Claire, je veux bien participer à votre journal…

— … magazine !

— Pardon ?

— Ce n'est pas un journal, mais un magazine ! précisa Claire.

— Vraiment ? Bon, je suis d'accord pour recevoir votre journaliste. Mais je vous aurais dit non si cela avait été juste pour écrire un papier dans votre jour… magazine. D'autant que j'ai déjà répondu à vos questions il y a quelques années pour votre magazine, alors pourquoi recommencer ? Cependant, ce que j'ai appris à propos de cette mademoiselle Wells me fait entrevoir votre requête sous un nouveau jour. Cela m'intéresse, en définitive.

Claire Marchal serra le poing. Un geste qui illustrait la

joie et le soulagement qu'elle ressentait à présent.

— J'en suis ravie. Merci !

— Vous avez de la suite dans les idées, madame Marchal.

— Claire !

— Pardon ?

— Je vous en prie, appelez-moi Claire !

— Très bien. Vous ne lâchez pas facilement… Claire.

— Pas quand je sais que c'est important. Et ça l'est, croyez-moi.

— Je commence à croire que vous avez raison.

— Merci Alice.

— Je vous en prie. Encore une chose… quand pourrais-je parler avec mademoiselle Wells ?

Claire s'attendait à cette requête, c'était naturel. Il ne manquait plus qu'à persuader la principale intéressée, qui en réalité ne l'était pas vraiment ! *Parfois, il faut aider ceux que l'on aime, même contre leur gré*, pensa-t-elle à nouveau.

— Anna est en Corse actuellement… pour les besoins du magazine. Quand voudriez-vous que cela se fasse ? demanda Claire.

— Le mois prochain ? C'est possible ?

— Eh bien… je ne peux pas la joindre actuellement parce qu'Anna est sur le GR 20 et qu'il n'y a pas moyen de la contacter, mais… dès qu'elle sera joignable à nouveau, je lui en ferai part, soyez-en sûre. Mais… si je peux me permettre, pourquoi en août ?

— Parce que c'est un mois de fête au Portugal, je suis certaine que votre journaliste appréciera ! affirma Alice.

— Très bien. Je vous rappelle dès que j'ai des nouvelles

d'Anna. Encore merci et à bientôt ! dit Claire.

— Au revoir !

Claire raccrocha et, d'une poussée franche, fit glisser vers l'arrière le fauteuil à roulettes. Un sourire illumina son visage et elle entendit son estomac gargouiller, indiquant qu'il était peut-être temps d'aller déjeuner. Elle attrapa son sac à main, fila vers la sortie, et fit une halte à la boulangerie de la rue de Lisbonne, acheta un sandwich au thon et crudités avec une bouteille d'eau gazeuse, puis, comme le temps était radieux, décida d'aller s'asseoir dans le parc Monceau. Elle avait mené à bien la première partie de son plan, mais le plus dur restait à venir : convaincre Anna de se rendre au Portugal pour rencontrer Alice Morgan.

Entre deux bouchées de son sandwich, elle attrapa son téléphone portable et écrivit un texto qu'elle envoya à Anna. Elle n'entra pas dans les détails, mais affirma qu'il fallait qu'elle la rappelle dans les plus brefs délais.

Elle envoya le SMS, mais n'eut aucune confirmation de réception. Fichu GR 20 !

Et puis, elle eut soudain une idée. Il y avait une personne qui pouvait convaincre Anna. Un autre appel téléphonique s'avérait nécessaire. Elle trouva cette personne dans ses contacts et pressa la touche d'appel. *Qui ne tente rien…*

17

— Bon, il va nous falloir encore au moins deux heures avant de rejoindre Marc et le reste du groupe. Comme il est midi trente, je suppose que tout le monde est d'accord pour s'octroyer une pause déjeuner ? demanda Aurélie Martin.

La guide ne se trompait pas. La barre protéinée avalée à la va-vite dans la matinée n'avait pas suffi. Les calories brûlées pendant l'ascension du *Cinto* étaient multipliées par trois par rapport à une activité ordinaire. Et, contrairement à ce que l'on pouvait penser, la descente demandait énormément d'efforts aussi. Pas facile de freiner sa marche, éviter les glissades sur les cailloux, reprendre ses appuis et maintenir un équilibre précaire lors des passages les plus pentus.

— Oh oui ! éructa Jennifer. Moi, j'ai grave la dalle !

Paul, le doyen du groupe, confirma :

— Sans utiliser le même vocabulaire que toi, ma chère Jenny, j'avoue que je casserais bien une petite graine, moi aussi !

Cette proposition fit l'unanimité.

— Très bien, alors si tout le monde est d'accord, on fait un cercle et l'on pose les sacs à dos ! clama Aurélie.

Jennifer s'exécuta et sortit un énorme sandwich de son

sac, puis une gourde métallique qui avait la particularité de garder une certaine fraîcheur à son contenu.

Anna s'approcha de l'adolescente et pointa son sandwich du doigt.

— C'est toi qui as fait ce casse-croûte XXL ?

Jennifer, qui s'apprêtait à mordre dedans, regarda plus attentivement son sandwich qui, en effet, en imposait.

— Non. C'est maman ! répondit l'adolescente.

— Oh ! Je vois. Et qu'est-ce qu'il y a dedans ? s'enquit Anna.

Avant qu'elle ne puisse répondre, Marie-Hélène, qui s'était approchée, vint se mêler à la conversation.

— Rien que vous ne puissiez apprécier ! répondit Marie-Hélène. C'est *Vegan* !

— Maman ! maugréa Jennifer, visiblement contrariée par l'arrivée inopinée de sa mère.

— Quoi ? C'est faux peut-être ? rétorqua Marie-Hélène.

Anna fronça un sourcil, l'air perplexe affiché sur le visage.

— C'est quoi *Vegan* ? C'est la même chose que végétarien ? demanda la journaliste.

En vérité, Marie-Hélène n'était pas très sûre de bien connaître la nuance entre les deux. C'était le nouveau mot à la mode : *Vegan*. Sans doute une innovation marketing pour faire plus « dans le coup », dans le but d'augmenter les ventes et d'attirer une clientèle plus jeune. Sa fille, Jennifer, avait décidé soudain qu'elle était dorénavant *Vegan*. Comme si la crise qu'elle traversait depuis le départ de son père ne suffisait pas, il fallait ajouter cela au tableau.

— C'est une philosophie de vie qui consiste à... commença Jennifer, avant d'être brusquement coupée dans son élan par sa mère.

— … qui consiste à trouver encore un nouveau moyen de... me contrarier ? poursuivit Marie-Hélène, visiblement courroucée.

Anna n'avait pas vu venir ce retournement de situation, ou alors pas si tôt. Marie-Hélène venait d'entrer dans la danse. Cela faisait un moment que la journaliste parisienne avait remarqué le regard inquisiteur d'une mère qui avait peur de perdre son enfant. Anna était arrivée, sans le vouloir pourtant, comme un cheveu dans la soupe. Marie-Hélène ne pouvait plus rester à l'écart. Jennifer était en train de s'éloigner de plus en plus du giron maternel. Insupportable pour Marie-Hélène. Elle passait à l'action, là, maintenant.

— Maman ! Tu dis n'importe quoi ! s'emporta Jennifer.

— Tu crois ? rétorqua sa mère. Laisse-moi répondre à ta nouvelle amie, s'il te plaît. Donc, je disais que ma fille a soudain décidé de prendre un virage alimentaire radical consistant à ne plus consommer de produits issus des animaux ou de leur exploitation !

— C'est par convictions écologiques et éthiques, expliqua Jennifer. Rien à voir avec toi !

— Si tu le dis, répondit Marie-Hélène. Moi, j'ai plutôt l'impression qu'il ne s'agit en fait que d'un effet de mode.

Anna était prise entre deux feux. Il fallait jouer finement sa partition. Ne prendre parti ni pour l'une ni pour l'autre. Bien évidemment, c'était plus facile à dire qu'à faire. Le moindre faux pas, et tout serait fichu. Anna avait une idée en tête : recoller les morceaux entre Jennifer et sa mère. Elle ignorait ce qui pouvait bien la pousser à agir ainsi, rien ne l'y obligeait. D'ailleurs, elle avait déjà assez de ses propres problèmes pour se mêler de ceux des autres, mais rien n'y faisait. Depuis qu'ils avaient quitté le reste du groupe pour en former un autre plus réduit partant à la conquête du plus haut sommet corse, Anna avait remarqué la tension constante et le barrage épais qui séparaient Jennifer et sa mère. Elle avait immédiatement senti une certaine forme de compassion pour elles. Et puis, depuis sa rencontre avec Jacques Vaillant, Anna s'était mise à suivre plus souvent son instinct. Laisser le mental et ses bavardages incessants de côté un instant pour se fier à son intuition, tel était son credo dorénavant. Ici, en Corse, sur le GR 20, la mission qu'elle s'était jurée de mener à bien consistait à tenter de rapprocher une mère et son enfant. Le reste n'avait que peu d'importance. Autrefois, avant l'attentat et la mort de Stéphane, cela l'aurait sans doute angoissé, et elle y aurait probablement renoncé. Mais ça, c'était avant. Elle remercia mentalement Jacques Vaillant et son influence bénéfique. Anna n'avait plus peur d'avancer aujourd'hui, quitte à se prendre une claque si tout ne fonctionnait pas comme prévu, mais elle savait que là n'était pas le plus important. Pendant l'année écoulée, elle avait expérimenté cette nouvelle philosophie de vie avec succès, parfois aussi en essuyant quelques échecs, mais cela n'était pas grave. Il convenait de semer. La récolte pouvait arriver plus tard, sans même qu'elle le sache. Alors pourquoi fallait-il qu'elle ne parvienne pas à faire de même pour sa propre personne ? Voilà le point qui l'ennuyait le plus. Mais à présent, il n'était pas question d'elle, mais de Jennifer et Marie-Hélène, et pour elles, elle pouvait apporter son aide.

— Qu'as-tu mis dans ton sandwich, Jenny ? demanda Anna.

Jennifer, soutenant toujours le regard de sa mère, desserra à peine les dents pour répondre :

— Du jambon végétal.

— Et c'est bon ? s'enquit Anna, comme pour détendre quelque peu l'atmosphère aussi tendue qu'une corde à arc.

Jennifer se détourna de sa mère et fixa Anna, affichant du même coup un air outragé.

— Et pourquoi ça ne le serait pas ?

— Eh bien, je ne sais pas moi, on dit souvent que le goût des aliments spéciaux pour les végétariens n'est pas forcément très… enfin que la saveur n'est pas terrible, d'après ce qu'on dit.

— Et l'on peut savoir qui est ON ? dit Jennifer dont les joues viraient au rouge.

— Euh… un de mes collègues de travail a écrit un article sur le végétarisme il n'y a pas très longtemps et… j'avais lu que ce n'était pas le point fort de ce type de cuisine, expliqua la journaliste.

Jennifer rompit un morceau de son sandwich avec une vigueur saupoudrée d'une colère contenue.

— Vas-y, goûte !

Marie-Hélène ne pipa mot. Elle observa avec une grande attention la réaction d'Anna. La Parisienne remercia l'adolescente et croqua sans retenue dans le sandwich *vegan*. Après quelques mastications timides, elle avala sa première bouchée et les traits de son visage trahirent d'abord un certain étonnement, puis un réel contentement.

— Mais c'est excellent ! déclara-t-elle.

— Qu'est-ce que tu croyais ? ironisa Jennifer.

Alors que les autres vainqueurs du *Cinto* s'étaient réunis pour avaler leur frugal repas, Jennifer, Marie-Hélène et Anna s'étaient assises un peu à l'écart. Aurélie Martin n'était pas intervenue pour rassembler tout le monde ; elle savait que, pour certaines personnes, la parole pouvait se libérer plus facilement en nombre réduit. Toutefois, elle gardait un œil discret pour intervenir au cas où la situation dégénérerait. En même temps que la parole, il n'était pas rare de voir débouler avec fracas des sentiments longtemps refoulés. Son travail consistait à laisser les émotions s'exprimer, mais… jusqu'à un certain point. En matière de *Gestalt Thérapie*, les participants se trouvaient souvent sur la corde raide. Aurélie devait veiller au grain.

— Vous voyez Anna, c'est très compliqué d'avoir un avis divergent avec ma fille. Elle se met tout de suite sur la défensive, et elle devient même très agressive. Je ne suis pas du tout comme ça, elle doit tenir ça de son père ! déclara Marie-Hélène, écrasée aussitôt par le regard incendiaire de sa progéniture.

— Ne parle pas de papa ! hurla Jennifer.

— Qu'est-ce que je disais ! rétorqua sa mère.

Anna devait enrayer immédiatement la tournure que prenait cette conversation. Elle aurait nettement préféré parler seule à seule avec Jenny, mais, allez savoir pourquoi, sa mère était venue se joindre à elle. Il fallait faire avec.

— Bon, je vous propose que l'on se pose par terre et l'on pourra continuer cette discussion en essayant de ne pas laisser du ressentiment ou de la colère s'immiscer dans notre conversation, d'accord ? lança Anna, en joignant le geste à la parole, s'asseyant sur un petit rocher posé derrière elle et espérant attraper les deux poissons récalcitrants dans ses filets.

Jennifer maugréa quelques propos inintelligibles, mais finit par s'accroupir sur le sol rocheux. Anna prit cela comme un signe d'acceptation. Marie-Hélène, qui était restée debout, toisa quelques secondes celle qu'elle considérait comme une rivale, puis les muscles de son visage finirent par se détendre devant le sourire amical d'Anna.

— Après tout… pourquoi pas ! dit Marie-Hélène.

Anna fouilla dans son sac de toile imperméable et en extirpa un rectangle d'aluminium froissé qui recouvrait un plus traditionnel sandwich de pain de mie, beurre et… saucisson corse acheté lors de la dernière halte dans un village haut perché, sur le trajet du GR 20.

— Désolée Jenny, moi je ne suis pas *Vegan* ! s'excusa Anna.

— Y'a pas de souci, chacun est libre de faire ce qu'il veut ! répondit l'adolescente.

Marie-Hélène s'empara à son tour du repas de fortune écrasé au fond de son sac.

— C'est le même que Jenny ! En plus petit.

— Vous êtes végétarienne, vous aussi ? demanda Anna.

— Non, mais ça ne se vend pas à l'unité. J'avais emporté un paquet de quatre tranches et je n'aime pas gâcher de la nourriture. Au début, c'est un peu… spécial, mais on s'y fait, pas vrai ?

Anna opina de la tête. Elle avait trouvé ce jambon végétal bien meilleur que ce qu'elle avait imaginé.

— Oui. C'est même plutôt bon ! dit Anna.

— On se demande pourquoi ma chère mère en fait tout un plat ! continua Jennifer.

Marie-Hélène n'en attendait pas moins de la part de sa fille. Cette remarque allait dans la continuité de l'attitude révoltée de Jenny depuis des mois. Elle l'avait traînée jusqu'ici, pour participer à cette randonnée spéciale, il fallait bien accepter de casser les œufs, sinon pas d'omelette ! Elle ne se laissa pas démonter et, avec Anna comme témoin, répondit sur un ton posé :

— Mais parce que, comme je te l'ai déjà dit, je suis persuadée que ce n'est pas bon pour toi, pour ta santé !

Jennifer attrapa le « bâton » que sa mère venait de lui donner pour se faire battre.

— Oh ! Parce que tu te soucies de ce qui est bon pour moi, maintenant ? lança la jeune fille, tel un coup de fusil en direction de sa mère.

Jennifer savait taper là où ça faisait mal.

— Je m'en soucie depuis ta naissance, ma chérie. Et cela même si tu fais semblant de ne plus t'en rendre compte. Mais cela ne fait rien, j'ai l'habitude ! répondit la mère blessée dont les yeux s'étaient embués de larmes.

Anna se trouvait entre le marteau et l'enclume, mais à défaut de pouvoir régler le conflit qui animait une mère et sa fille, elle réalisa que cette histoire de végétarisme ou *veganisme*, peu importait le nom qu'on lui donnait, n'était sans doute qu'un prétexte afin d'exprimer un mal être, bien plus profond qu'il n'y paraissait. Il fallait absolument trouver un moyen d'aider Jennifer et Marie-Hélène. Oui, mais voilà, il convenait d'abord de connaître les raisons qui avaient provoqué cette rupture. Et pour cela, il fallait en apprendre plus, savoir ce qui était à l'origine de cette situation.

— Jenny, tu ne manges plus de viande, ou y-a-t-il encore d'autres aliments que tu refuses de manger ? demanda Anna.

— Elle ne mange plus rien d'origine animale ! trancha Marie-Hélène, sans laisser à Jennifer le temps de répondre. C'est bien là tout le problème !

— Il n'y a aucun problème ! clama Jennifer.

— Bien sûr que si ! dit Marie-Hélène. Mademoiselle a décidé du jour au lendemain de ne plus rien manger d'origine animale. Ce qui inclut la viande, bien entendu, mais aussi le poisson, les œufs, le fromage, le lait, et j'en passe…

— Ah oui, quand même ! dit Anna, qui n'avait pas réalisé toute l'étendue des restrictions dues à un tel régime alimentaire.

— Je ne vous le fais pas dire ! poursuivit Marie-Hélène. Le gros problème est que… Jenny n'a que quinze ans et qu'elle n'a pas achevé sa croissance. Ce qui implique inévitablement des carences en divers nutriments et vitamines, ce qui veut dire… qu'elle met sa santé en danger, ni plus ni moins !

La discussion était tendue, mais elle avait au moins le mérite d'exister, Anna ne pouvait que s'en féliciter, même si elle garda sa satisfaction pour elle. Au moins, on avait crevé l'abcès, c'était déjà un début.

— C'est n'importe quoi ! déclara l'adolescente qui ne supportait pas l'intervention de sa mère. Elle n'y connaît rien, il ne faut pas l'écouter !

Marie-Hélène attrapa la balle au bond.

— Eh bien figure-toi que si justement… je sais de quoi je parle. Quand tu as commencé à refuser de te nourrir correctement, je me suis bien renseignée sur ton régime *Vegan* et il est dangereux !

— Tu dis juste ça pour m'embêter !

— Pas du tout !

— Moi aussi je me suis renseignée et ce que tu dis est faux ! Il n'est pas dangereux…

— … C'est toi qui te trompes ! Il EST dangereux pour les enfants et les adolescents. Point. Ton régime est un régime végétalien. Le terme *Vegan* est une expression marketing qui ne veut rien dire du tout, c'est du bidon ! En réalité, c'est du végétarisme, voire du végétalisme, encore plus restrictif, c'est celui que tu as choisi, il me semble, non ?

Jennifer parut interloquée. Sa mère avait l'air d'avoir étudié la question, c'était indéniable. Cependant, rien dans ce qu'elle disait n'impliquait un quelconque danger pour sa santé.

— Waouh ! Je vois que tu t'es documentée ! Cela dit, je ne vois pas en quoi cela pourrait me mettre en danger ? dit l'adolescente.

— J'ai lu un article récemment qui a expliqué que

certains pays viennent de se prononcer concernant ce mouvement qui prend de l'ampleur. C'est la Belgique, dont le ministère de la Santé… Euh non, c'est plutôt l'académie royale de médecine… Enfin bref, ce pays vient de rendre son avis sur le *véganisme* qu'elle juge « *inadapté et donc non recommandé* » pour les enfants, mais aussi pour les adolescents, les futures mamans ou celles qui allaitent leur bébé. Ce régime est à proscrire pour les enfants, en particulier lors des périodes de croissance rapide… donc pour les adolescents qui grandissent énormément lors de cette période de leur vie.

— C'est très intéressant ! déclara Anna. Jenny, tu devrais peut-être écouter ce que dit ta mère, cela me paraît important.

Pour seule réponse, Jennifer émit un grognement pour marquer son agacement, puis mordit dans son sandwich.

— Ma chérie, je ne cherche pas à t'embêter, tu peux en être sûre. Cependant, tous les enfants ou ados qui persistent à appliquer ce régime… s'exposent à des risques élevés de carences et principalement en protéines de haute valeur biologique, des vitamines… Zut… lesquelles déjà ? Ah oui, ils disaient manque de vitamine B12, vitamine D, mais aussi du fer, et d'autres substances importantes que je n'ai pas retenues.

— Si tu le dis ! maugréa Jennifer.

— Ce n'est pas moi qui le dis, mais des personnes compétentes et qui savent de quoi elles parlent, tu peux me croire.

— Peut-être qu'il serait bon de trouver un compromis acceptable ? s'enquit Anna.

— Qu'est-ce que tu veux dire ? demanda Jennifer.

— Je ne sais pas moi, peut-être que certains aliments pourraient s'intégrer à ton nouveau régime alimentaire sans pour autant aller à l'encontre de tes convictions. Tu disais tout à l'heure qu'il s'agissait d'une philosophie de vie. Tu peux m'en dire plus à ce sujet ?

Jennifer avala la dernière bouchée de son sandwich devenu le sujet principal de leur conversation, après quoi elle but une gorgée d'eau fraîche, puis consentit enfin à répondre à la question de la journaliste.

— Contrairement à ce qu'en pense ma mère, il ne s'agit pas d'un effet de mode ni d'une volonté de faire ma « rebelle » ou mon emmerdeuse à son égard ! C'est bien plus profond que ça ! C'est un sujet important aujourd'hui, du point de vue écologique, et en ce qui concerne la façon de produire de la viande animale à un niveau global. Il y a aussi l'aspect de la maltraitance animale dont on parle de plus en plus dans les médias, c'est aussi un sujet auquel je suis sensible, mais c'est une autre histoire. Bref, c'est une histoire de conviction et d'actes qui sont issus de choix conscients, c'est aussi important que des convictions religieuses ou politiques. Chacun est libre d'avoir ses propres opinions concernant ces sujets, il en est de même pour le choix alimentaire. C'est simple, en fait !

— Dis donc ! Tu sais parler et argumenter quand il s'agit de défendre une cause que tu défends, Jenny ! dit Anna, visiblement impressionnée par le vocabulaire choisi par la jeune fille.

Jennifer fronça un sourcil.

— Tu t'imagines que tous les ados sont des débiles profonds ?

— Non, je n'ai pas dit ça. Mais j'ai rarement entendu des jeunes de ton âge s'exprimer avec un vocabulaire aussi… riche et varié ! Et puis tu exposes ton opinion en argumentant et en détaillant, c'est impressionnant ! se défendit Anna.

— Mouais ! On n'est pas tous complètement abrutis, il faut croire !

Marie-Hélène se leva, ramassa son sac et s'adressa à Anna.

— Vous avez là l'illustration parfaite de ce que je disais tout à l'heure. Voilà ! déclara la mère de Jennifer avant de s'éloigner pour rejoindre les autres membres du groupe.

Jennifer attrapa sa gourde métallique et dévissa le bouchon avec vigueur, signe d'une colère non réprimée.

— Tu ne veux pas lui laisser une chance ? demanda Anna.

Jennifer revissa le bouchon, avant de ranger sa gourde dans son sac.

Comme elle ne répondait pas, Anna insista :

— Tu as entendu ce que j'ai dit ?

— C'est bon ! vociféra Jennifer. Pas la peine de me saouler avec ça ! Lui donner une chance de quoi, d'abord ?

Anna se força à sourire.

— De t'aimer et de pouvoir te le montrer ! dit Anna.

Jennifer attrapa son sac avec force et se releva d'un bond.

— Tu ne sais pas de quoi tu parles !

— Jenny !

L'adolescente s'était éloignée à grandes enjambées. Inutile d'insister pour le moment. Il restait encore trois jours avant de terminer le GR 20, c'était peut-être suffisant pour dénouer les nœuds dans la relation entre Jenny et sa mère. De toute façon, elle n'allait pas baisser les bras dès le premier obstacle.

Au même moment, Aurélie tapa dans ses mains annonçant au groupe qu'il était temps de reprendre la marche. Il restait environ deux heures de descente avant de retrouver Marc, le collègue d'Aurélie et l'autre partie des randonneurs, ceux qui n'avaient pas voulu tenter l'ascension du mont *Cinto*. Direction le refuge de *Tighjettu* où ils pourraient tous savourer un repos bien mérité. Anna demanda à Aurélie s'il y aurait possibilité de prendre une douche, ce qui amusa beaucoup la guide.

— Non Anna, il n'y a pas de douche dans ce refuge. Par contre, nous aurons la possibilité de nous baigner dans la rivière qui se trouve à 10 minutes de marche du refuge en contrebas. Bon, il n'y aura pas d'eau chaude, mais vous verrez… on s'y fait ! Allez, en route tout le monde !

La perspective de faire trempette dans une eau vive d'à peine cinq ou six degrés Celsius n'effraya pas Anna, qui, à son grand étonnement, éprouva même un grand contentement à l'idée de pouvoir se baigner dans une rivière. Cela lui mit du baume au cœur en même temps qu'un regain d'énergie. Une chance pour elle, puisque la descente était aussi difficile que l'ascension.

Le petit groupe se remit en route, suivant les pas d'Aurélie qui ouvrit la marche. Anna attendit un instant avant de se mettre en marche, restant un peu en retrait afin d'observer deux âmes en peine, deux cœurs blessés. Que s'était-il passé ? Quel était l'événement à l'origine d'un tel fossé entre une mère et son enfant ? Et puis surtout, elle, Anna, pouvait-elle faire quelque chose pour aider, soulager ? Elle n'avait pas la moindre idée de ce qu'il convenait de faire dans une situation pareille, mais elle se promit d'y réfléchir. Jacques Vaillant disait toujours qu'il n'y avait pas meilleur guide que son instinct. C'était peut-être le moment de faire appel à lui ?

Anna fit taire ses pensées et entama la descente, fermant la marche du groupe.

18

Entre le village de sa grand-mère et *Vila Nova de Foz Côa*, se dressait un pont routier qui surplombait le fleuve, en réalité il s'agissait d'un de ses affluents, le *Côa*, d'où venait le nom de la ville vers laquelle se dirigeait Carl Pessoa. Du temps où il venait passer des vacances dans sa famille maternelle, il n'y avait que le pont. Aujourd'hui, de part et d'autre se tenaient des places de parking pour que les touristes puissent admirer la vue magnifique, en bas, vers le fleuve.

Carl hésita un moment. Il pouvait s'arrêter et profiter du spectacle naturel en contrebas, mais le ventre l'emporta sur les yeux, la faim qui le tenaillait sur la vue panoramique qui offrait un plongeon vertigineux du pont en direction du *Côa*, affluent du Douro.

Une dizaine de kilomètres avalés en quelques minutes et, déjà, Carl franchit l'entrée de la ville, passant devant un panneau qui souhaitait la bienvenue aux nouveaux arrivants. Depuis que des gravures rupestres avaient été découvertes au début des années 90, beaucoup de touristes affluaient d'un peu partout.

Carl gara son SUV en amont du Centre-Ville, il savait qu'après il devenait très difficile de trouver une place libre à cette période de l'année. La chaleur était écrasante, on dépassait les quarante degrés. Le contraste entre l'intérieur de son véhicule climatisé et la fournaise extérieure était tel qu'il fallait vite chercher un restaurant ou une *Pastelaria*, sorte de salon de thé à la portugaise, endroit typique où l'on pouvait aussi bien déjeuner, boire une bière fraîche ou seulement prendre un café. Plus que la nourriture, qui de toute façon était un vrai régal, Carl cherchait un endroit frais pour pouvoir se poser un peu.

Il aperçut une *pastelaria* typique droit devant lui. Un panneau proposait le plat du jour à un prix très abordable. Carl entra, mais fut déçu de constater qu'il faisait presque aussi chaud à l'intérieur qu'à l'extérieur. Impossible de déjeuner dans une telle fournaise. Il allait rebrousser chemin lorsque l'homme qui s'affairait derrière le comptoir s'adressa à lui :

— Monsieur ! Si vous désirez déjeuner, la salle de restaurant se trouve à l'étage et nous avons l'air conditionné, dit-il dans un portugais à l'accent régional. Si vous voulez voir la salle, c'est par ici !

Après tout, il ne risquait rien à voir si la salle lui convenait. Carl accepta la proposition et une jeune femme qui faisait le service au rez-de-chaussée l'invita à la suivre. Un escalier débouchait sur une salle au premier étage. Carl fut surpris par le contraste entre la boutique minuscule qu'il venait de quitter en comparaison avec la salle de restauration à l'étage. Cette dernière était spacieuse, lumineuse, aérée, mais surtout climatisée. Une sensation de fraîcheur lui procura un bien-être quasi instantané.

— Cela vous convient-il ? demanda la serveuse.

— Oui, c'est parfait. Merci ! répondit Carl.

Carl fut placé près d'une fenêtre qui donnait sur l'avenue piétonne. En attendant que la jeune femme revienne avec les menus, Carl estima d'un rapide coup d'oeil que la salle était composée d'une demi-douzaine de tables pour deux personnes, ainsi que quatre grandes pour quatre à six personnes, cela faisait un peu plus d'une vingtaine de couverts… pas si mal pour un salon de thé !

Carl commanda un *toasta mixta*, une sorte de croque-monsieur à la portugaise, accompagnée de tomates, salade verte et quelques pommes frites. Il se serait bien laissé aller à se rafraîchir davantage avec une bonne bière, mais il conduisait et il en avait déjà bu une au café de Jorge, au village. Une eau gazeuse *Pedras* ferait mieux l'affaire, c'est donc ce qu'il demanda.

Il ne fallut pas plus de cinq minutes pour être servi. L'avantage indéniable de la *pastelaria* sur un véritable restaurant étant bien entendu le service express. Carl remercia la jeune femme qui retourna derrière son comptoir , puis il mordit à pleines dents dans le pain grillé. Toutes les saveurs de son enfance explosèrent et firent le bonheur de ses papilles. Difficile à expliquer, mais un croque-monsieur en France était loin d'avoir la saveur du *toasta-mixta*, sans compter la taille conséquente du sandwich qui avait deux fois les dimensions de son homologue français.

Une fois sa bouteille d'eau terminée, Carl sortit son portable et resta un instant dans l'expectative. Il consulta ses mails… rien. Ses textos… rien non plus. Anna l'avait mis à l'écart et refusait de lui parler. C'était insupportable. Il ressentit une grande tristesse que rien ne pouvait combler. Depuis qu'il était tombé amoureux d'Anna, un soir d'été dans un bar, à Paris, alors qu'elle sanglotait et qu'il s'était levé pour lui proposer son mouchoir… plus rien n'avait été comme avant. Jeune trentenaire, Carl avait vécu une vie de célibataire endurci, il avait multiplié les conquêtes d'un soir, d'une semaine, et n'avait jamais voulu pousser plus loin l'expérience. C'était arrivé malgré lui en de rares occasions, comme avec sa collègue de travail, Ludivine, et il l'avait amèrement regretté. Avec Anna, c'était différent. Carl n'avait jamais vraiment su ce qu'être véritablement amoureux voulait dire. Maintenant, il savait que cela entraînait plaisir et souffrance mélangés, bonheur et tristesse entremêlés.

— Un café, monsieur ? demanda la serveuse qui était arrivée sans faire de bruit et gratifia Carl d'un lumineux sourire.

Carl eut un peu de mal à s'extraire de ses pensées mélancoliques, il accepta avec plaisir. Un café lui ferait du bien, remettrait peut-être ses idées en place. Parce qu'en définitive, il s'était peut-être mis dans de sales draps… en acceptant de revoir Livia, son amour de jeunesse. Qu'est-ce qu'il avait dans le crâne ? C'était vraiment n'importe quoi. Pourtant, la douleur qu'il éprouvait à l'idée de ne plus compter pour Anna… le poussait à souhaiter revoir Livia. Ce n'était pas un désir de vengeance, non. D'ailleurs, les jeux n'étaient pas encore faits. Anna avait besoin de temps, et de recul. Elle ne l'avait pas encore quitté. Alors, pourquoi avoir accepté ces retrouvailles avec Livia ?

Carl méditait sur la complexité des comportements humains, surtout pour tout ce qui concernait les relations personnelles, et donc les relations amoureuses. Pourquoi ? Que dois-je faire à présent ? Anna sera-t-elle libérée de son compagnon décédé, Stéphane, un jour ? Et surtout… l'aimait-elle vraiment, lui, Carl ?

La serveuse posa le café sur la table et lui offrit un superbe sourire. Sa voix enjôleuse incita Carl à penser qu'elle lui faisait peut-être du charme. C'était effectivement le cas, Gloria avait craqué pour le beau ténébreux dès qu'il était entré dans la salle. Malheureusement pour elle, Carl ne s'en préoccupa même pas. Il la remercia poliment, mais resta hermétique à la tentative de séduction. La jolie jeune femme, déçue, s'éloigna et reprit sa place derrière le comptoir de l'étage. Ce garçon n'avait pourtant pas d'alliance, elle avait fait attention. Il avait sans doute une petite amie. Dommage, il lui plaisait bien.

Carl envoya un énième SMS à celle qu'il aimait. Il avait besoin de savoir si elle allait bien. Il savait qu'elle était partie en Corse, mais n'avait pas eu de détails. Il aurait pu demander à Catherine, la mère d'Anna, mais s'y était refusé.

Donne-moi de tes nouvelles Anna. S'il te plaît. Carl.

Il envoya le message, mais la petite flèche verte en bas du texto resta solitaire. Quand elle était doublée, cela signifiait que le message était bien parvenu au destinataire. Carl constata que depuis deux jours, aucun SMS n'était arrivé sur le portable d'Anna.

Il soupira et but son café d'un trait. Il détestait la Corse… même s'il n'y avait jamais mis les pieds.

19

Jacques Vaillant s'éveilla de sa sieste post-déjeuner avec une idée en tête. Catherine débarquerait sous peu, ce qui le remplissait de joie, et il allait devoir s'occuper d'elle. Il ne fallait donc pas remettre à plus tard ce qui devait être fait… maintenant.

Mission du jour : aller voir le voisinage pour être certain que ce chaton femelle n'avait pas de propriétaire environnant. La petite *Sacré de Birmanie* s'était couchée sur son pied droit, le chausson douillet lui servant de lit improvisé.

— Tu ne me quittes pas d'une semelle, toi, ma parole ! Bon, tu sais quoi, je vais me faire un bon café et puis on va aller visiter les voisins pour être bien sûr que tu n'appartiens à personne. Oh, ne t'en fais pas ! Il ne s'agit que d'une petite tournée, pas trop loin, je ne vais pas aller jusqu'à Honfleur, s'amusa le vieux Normand, en attrapant le chaton pour le porter à hauteur de son visage et déposer un baiser sur son petit crâne tout doux.

Jacques installa le chaton dans un panier garni d'un plaid molletonné, puis le posa ainsi paré dans le Scénic, à côté de lui.

La tournée dura plus longtemps que prévu. Le vieux Normand refusa plusieurs digestifs ou cafés que de nombreux voisins désiraient lui offrir puisqu'il était là et qu'on ne l'avait pas vu depuis quelque temps. Jacques expliqua qu'il sortait peu, occupé qu'il était en ce moment à construire un bassin dans son jardin.

Au bout d'une heure trente, il avait fait le tour du voisinage, aucun d'entre eux n'était le propriétaire du félin ni n'avait entendu parler d'un jeune matou perdu. Il n'avait plus qu'à rentrer, estimant avoir rempli sa mission. Et puis, il n'allait pas faire du zèle, trop heureux d'avoir recueilli un chat tombé du ciel.

Arrivé à la maison, il décida qu'il n'était pas trop tard pour faire la sieste. Catherine Wells allait débarquer d'ici peu et il n'avait plus la résistance de ses jeunes années. Autant recharger ses batteries avant d'accueillir la déferlante aux cheveux longs. Il se réjouissait d'avoir de la visite, depuis qu'Anna était repartie dans sa quête personnelle, il n'avait plus trop l'occasion de la voir faire une halte par ici, et il fallait bien avouer que cela lui manquait. Il aimait particulièrement leurs longues promenades sur la plage ou dans les rues de Honfleur, mais aussi sur les sentiers du bois de Dreuil. Anna disait qu'il l'avait aidée à sortir des ténèbres. C'était sans doute un peu exagéré, il l'avait juste guidée, personne ne marche sur le chemin à la place de quelqu'un d'autre. Jacques avait montré une voie, Anna l'avait empruntée. Tout s'était mis en place. Jacques ne pouvait que s'en féliciter.

Et puis, Anna était en voie de guérison, certes, mais... Jacques savait, par expérience, que si quelques rayons de lumière avaient percé le voile ténébreux, la route vers la totale guérison pouvait être longue. Le deuil n'était pas complètement fait. Anna avait encore besoin d'aide. Quand elle fera appel à lui, Jacques sera là, prêt à donner une nouvelle impulsion afin de protéger l'élan qu'Anna avait su amorcer. La quête du bonheur avait un prix : rester vigilant, tout le temps, pour ne pas laisser s'éteindre la flamme fragile du bonheur. Jacques pensa au roman qu'il était en train de relire en ce moment : *La guerre du feu*, de J.H. Rosny. C'était un roman où le récit se déroulait à l'époque de la préhistoire, des guerriers de l'âge de pierre, qui ne savaient pas encore allumer le feu, devaient garder précieusement le foyer allumé par la foudre. Autant dire que c'était un combat de tous les instants : il fallait se battre contre l'ennemi à multiples facettes : le vent, la pluie, l'endormissement des gardiens du feu, et bien d'autres périls pouvaient réduire à néant tous les efforts pour garder cet âtre. Jacques songea qu'il en était de même pour le bonheur, la joie de vivre. C'était une lutte constante qu'il fallait livrer contre les problèmes, les contrariétés, et parfois… les drames qui jalonnent une vie.

Jacques s'installa dans le salon. Les pierres épaisses qui composaient les murs de cette pièce normande garantissaient une relative fraîcheur pour un 14 juillet. Le vieux Normand s'affala sur le sofa et se laissa aller à un semblant de méditation. C'était une chouette histoire tout de même que celle de ce roman. Et puis, ça l'avait fait voyager à une époque reculée. Il se demanda si d'autres romans se situaient au temps de la préhistoire. Un jour, il écrirait peut-être un livre, lui aussi, qu'il intitulerait : « *La guerre du... bonheur* ». Cette pensée lui sembla saugrenue, on ne mélange pas certains mots : « *guerre* », ça ne va pas du tout avec « *bonheur* ». Ce fut la dernière pensée qu'il eut avant de sombrer dans les bras de Morphée. Il y avait un chaton blanc, avec des yeux bleus, des oreilles et un museau cendré qui était couché sur l'un de ses pieds. Le petit chat ronronnait. Le vieil homme ronflait.

20

Il faisait de plus en plus chaud, le mercure sur le thermomètre fixé au mur du fond de la boutique atteignait les 30 degrés, on était encore loin de la canicule, mais les passants cherchaient déjà l'ombre et la fraîcheur.

Le samedi, Catherine fermait la parfumerie plus tôt dans l'après-midi : le rideau de fer s'abaissait à 17h30 au lieu de 19h30 les autres jours de la semaine, le seul jour de fermeture étant le dimanche. Depuis quelque temps, Catherine s'interrogeait sur l'éventualité de s'aligner sur bon nombre de commerces de la rue de Passy, et de laisser porte close le lundi. Jusqu'à présent, elle n'était pas passée à l'acte. Peut-être aurait-elle dû ? Cela lui aurait sans doute évité ce mini *burn out* qui lui était tombé dessus sans avertissement. Catherine pensa à cette femme dont Claire Marchal, la directrice du magazine où Anna travaillait, lui avait parlé.

Claire avait demandé son aide à Catherine pour persuader sa fille d'accepter d'aller rencontrer une personne hors du commun nommée Alice Morgan, mais Anna faisait de la résistance. Elle n'avait pas dit non, mais c'était tout comme. Aussi, Claire Marchal avait confié l'histoire d'Alice Morgan à Catherine, espérant qu'une mère saurait convaincre sa fille mieux qu'elle-même ne l'aurait fait.

En réalité, Catherine Wells n'appréciait pas trop la toute puissante Claire Marchal, patronne de sa fille, mais aussi amie et confidente, ce qui plaisait moins à madame Wells. Pourtant, l'histoire de cette Alice Morgan était incroyable et, en y réfléchissant, cela avait sans doute joué un rôle dans ce malaise qu'elle ressentait à présent ?

Alice travaillait dix ans auparavant pour un grand groupe pharmaceutique au sein duquel elle occupait un poste haut placé. Et puis, elle avait « *pété les plombs* », comme lui avait si gentiment signalé son n+1, un parfait crétin dont elle avait dû supporter la présence toxique des années durant. Les produits qu'elle se chargeait de vendre à cette époque étaient à l'image de son supérieur hiérarchique, c'est-à-dire toxiques, eux aussi ! Les effets secondaires trop risqués de certains médicaments sur le marché étaient connus du groupe, mais peu importait, le but premier consistait à gagner de l'argent, beaucoup d'argent. L'innocuité de ces médicaments que l'on vendait en masse n'était pas la priorité du groupe. Après tout, une majorité de patients se portaient mieux grâce à leurs produits, c'était ça qui comptait. Il serait bien temps de saisir les avocats du groupe quand l'opinion publique découvrirait les dangers trop élevés, appelés *effets secondaires*, des comprimés absorbés sous prescription bienveillante de leur médecin.

Toujours est-il qu'Alice avait un beau jour tout envoyé promener ! Le boulot, l'appartement en banlieue ouest, la vie urbaine aussi. Elle n'avait pas eu à quitter un mari ou un compagnon puisqu'elle vivait seule, c'était toujours un problème en moins à régler avant d'entamer une nouvelle vie… ailleurs ! Ce qu'elle fit sans traîner, non sans avoir auparavant prévenu les médias sur les risques que le groupe pharmaceutique auquel elle n'appartenait plus faisait courir aux patients, en tout état de cause, avec un mépris abject pour les malades, un comble quand on était censé avoir comme principe premier de maintenir et favoriser la santé publique. C'est là que l'histoire de cette femme avait attiré l'attention de la presse, y compris *Psychomag*, même si le magazine s'était surtout intéressé au *Burn Out*, plus qu'au scandale pharmaceutique ! Au moins, un des médicaments les plus dangereux avait été retiré du marché à la suite de cela. C'était déjà une petite victoire.

Catherine Wells n'avait rien à voir avec Alice Morgan, bien entendu. Elle ne vendait que des parfums, aucun danger pour les clients… *a priori*. Pourtant, elle souhaitait claquer la porte, elle aussi. Elle convoqua sa première vendeuse, Caroline, et lui fit part de son projet sans prendre de chemins détournés. Son employée resta un instant sans réaction, puis elle reconnut que depuis quelque temps elle sentait sa patronne moins « impliquée » dans la boutique, elle avait mis ça sur le compte du surmenage, mais… de là à tout plaquer.

— Je ne plaque pas tout ! se défendit Catherine. Je te place à la gérance, avec un nouveau titre : tu deviens la responsable du magasin. Bien entendu, ton salaire va grimper de façon substantielle, d'ailleurs voici ma proposition !

Catherine tendit un papier plié en quatre avec écrit dessus le montant du salaire mensuel net. Caroline le prit dans sa main.

— Vas-y, regarde ! Et dis-moi si cela te convient.

La vendeuse s'exécuta, et ne put masquer un sourire de satisfaction en découvrant le montant proposé par sa patronne.

— Alors ?

— Euh… oui, c'est très bien.

— J'en conclus que cela te convient et que tu acceptes ma proposition ? demanda Catherine.

— Eh bien ! c'est assez inattendu et… je peux quand même y réfléchir ? s'enquit Caroline qui ne décollait pas son regard du chiffre qui représentait une augmentation de pratiquement 60 % de ce qu'elle gagnait actuellement. Une aubaine, mais une source d'angoisse à présent.

— Je ne vais pas te mentir, Caroline, il faut que tu puisses me donner ta réponse ce soir. Tu peux prendre ton après-midi, si tu veux ! Pour y réfléchir...

— Oui, je veux bien, dit la vendeuse encore sous le choc.

— Attention Caroline, ne te laisse pas impressionner par le montant de ton augmentation par rapport à ton poste actuel. Tu deviendrais LA responsable de la boutique, tu gérerais tout de A à Z, moi, je garde les murs, le fonds de commerce quoi ! Je sais que c'est beaucoup de responsabilités d'un seul coup, mais tu m'as dit plusieurs fois que tu voulais plus tard te mettre à ton compte. C'est une opportunité de rester un an ou deux, voire plus si tu le souhaites, à la tête d'une boutique qui roule dans un beau quartier parisien. En plus, tu connais déjà le job pour m'avoir remplacée à l'époque où ma fille était hospitalisée et que tu as géré la boutique toute seule.

— C'est vrai ! dit Caroline, pliant le papier et le rangeant dans sa poche.

— Tout à fait ! Tu avais fait du très bon travail pendant que je m'occupais d'Anna. Tu as toutes les qualités pour devenir gérante. C'est maintenant à toi de voir. Vas-y, sors faire un tour, appelle qui tu veux pour en parler, et reviens avant 18h pour me donner ta réponse. Le magasin ferme demain pour les vacances d'été, on pourra voir ça un peu avant la réouverture de la boutique.

— D'accord Catherine. Et... si jamais je refuse, que se passerait-il ? demanda Caroline avec la voix tremblante.

— Dans ce cas, j'ai deux possibilités : soit, je trouve quelqu'un d'autre pour le poste ; soit, je vends tout simplement. Mais pour être tout à fait franche, ce serait dommage pour toi et Myriam, répondit Catherine qui se souciait aussi de sa seconde vendeuse. Voilà, tu sais tout ! Reviens quand tu auras réfléchi à ma proposition, d'accord ?

Caroline acquiesça et alla chercher son sac à main avant de franchir la porte donnant sur la rue. Elle eut une pensée pour Myriam, sa collègue, une jeune recrue qui était déjà en congé estival. Quoi qu'elle puisse décider, cela allait être un énorme choc pour Myriam lors de la réouverture le 16 août… C'était une opportunité, il n'y avait pas à hésiter. Pourtant, c'est précisément ce qu'elle était en train de faire. *Pourquoi mon Dieu ?*

Sans s'en apercevoir, Caroline avait augmenté son allure. Elle décida d'aller dans le parc du *Ranelagh* et de s'asseoir sur un banc pour mettre de l'ordre dans ses idées. Le motif de son hésitation portait un nom bien trop connu de beaucoup de personnes qui ne font que rêver leur vie plutôt que de vivre leur rêve. La vendeuse en parfumerie n'avait pas l'ambition de finir sa carrière à ce poste. Elle avait déjà exprimé le souhait de rechercher plus de responsabilités. Quand Catherine Wells avait mis son travail de côté pour s'occuper de sa fille, Anna. Caroline s'était occupée de tout. Elle avait eu le temps d'apprendre auprès de sa patronne qui l'avait formée sans vraiment s'en rendre compte. Le remplacement s'était très bien passé. Le chiffre d'affaires n'avait pas souffert de l'absence de Catherine Wells qui, lors de son retour, avait retrouvé sa parfumerie aussi fringante que lorsqu'elle l'avait laissée aux mains de Caroline, qui dès lors était devenue son adjointe, plus qu'une simple vendeuse. Alors pourquoi Caroline ressentait-elle une peur insidieuse qui lui creusait l'estomac ? Et puis, de quoi avait-elle peur vraiment ? Elle sonda son cœur et s'avoua intérieurement que c'était l'échec qu'elle redoutait. Catherine ne serait plus là pour superviser, cela changeait la donne. Cela dit, elle s'était absentée pendant près de six mois, après l'hospitalisation de sa fille. Pourtant, tout s'était bien passé, non ?

Assise sur un banc, à l'ombre d'un vieux chêne, Caroline ferma les yeux et respira posément. Elle fit appel à sa mémoire pour évoquer le poème que sa maman lui lisait lorsqu'elle n'était qu'une petite fille et chaque fois qu'elle avait peur d'expérimenter quelque chose de nouveau pour la première fois, par exemple faire du vélo sans les roulettes, nager sans les brassards flottants. Elle se remémora le conte que lui lisait sa mère. L'auteur était Guillaume Apollinaire. Caroline le récita à voix basse :

« — *Venez jusqu'au bord.*

— Nous ne pouvons pas, nous avons peur.

— Venez jusqu'au bord !

— Nous ne pouvons pas, nous allons tomber !

— Venez jusqu'au bord !

Et ils y sont allés.

Et il les a poussés.

Et ils se sont envolés. »

Caroline aimait beaucoup ce poème, Appolinaire avait eu beaucoup de finesse et d'intuition pour créer ce texte. Elle resta en attente un moment, n'écoutant que le bruit du vent dans les feuillages qui s'agitaient au-dessus de sa tête. Alors, elle se sentit immédiatement plus tranquille, calmée, le rythme de ses battements cardiaques ayant ralenti, elle put se projeter plus sereinement vers un avenir professionnel excitant et enthousiasmant plutôt qu'angoissant. Sa décision était prise. Elle allait accepter la proposition de Catherine. C'était une marche supplémentaire vers la réalisation de son projet : avoir un jour son propre magasin. Elle pourrait ainsi faire ses preuves, prendre de l'expérience et aussi, un détail non négligeable, économiser pour plus tard acheter son commerce à elle. Elle ouvrit le papier avec le montant de son nouveau salaire, le regarda une nouvelle fois pour être certaine de ne pas rêver, et un sourire se dessina sur son visage.

Elle se leva et partit d'un pas alerte en direction de la parfumerie.

Elle aussi allait s'envoler.

Le bonheur d'Anna – Tome 2

21

Une légère brise se mit à souffler sur le balcon. Livia s'était vêtue d'un maillot de bain deux-pièces, puis enduite de crème solaire. Allongée sur une chaise longue, elle profitait de la caresse du soleil lisboète pour parfaire son bronzage. Elle se trouvait plus jolie avec le teint hâlé. Elle aurait pu se rendre à la plage, mais n'en avait pas eu l'envie ni le temps. Trop de touristes en cette période de l'année et sa petite terrasse offrait une vue en hauteur sur les arènes du *Campo Pequeno*, sans aucun vis-à-vis. Si elle l'avait voulu, elle aurait même pu prendre un bain de soleil entièrement nue et personne n'en aurait rien su.

Les yeux fermés derrière ses verres teintés, elle réfléchissait. Elle avait obtenu ce qu'elle voulait : revoir Carl. Après tant d'années, elle devait se montrer à son avantage. Elle avait beau être jolie naturellement, il ne fallait rien négliger. Le rendez-vous était pour demain. Carl ferait une escale dans la capitale portugaise avant de reprendre une correspondance le lendemain matin pour Faro. Il aurait pu prendre le second vol dans la foulée du premier, mais il avait accepté d'attendre le lendemain, juste pour la revoir. Elle irait peut-être le chercher à l'aéroport et ils iraient dîner dans son restaurant favori. Tout son plan se mettait en place à la perfection. C'était presque trop beau. Et puis, Carl n'avait pas hésité un seul instant, à ce qui lui avait semblé. Cela voulait dire quelque chose, tout de même.

Elle avait pris rendez-vous chez sa coiffeuse en fin d'après-midi. Elle avait déjà choisi et mis de côté la tenue qu'elle porterait, une mini robe bleu foncé avec des chaussures à talons du même ton, et pour parfaire le tout : des dessous relativement inconfortables, mais irrésistibles.

Tout allait être parfait ! Même son mari était absent. Un déplacement professionnel à Barcelone avec des clients espagnols l'avait éloigné de Lisbonne pour trois ou quatre jours, une véritable aubaine. Livia préférait y voir un signe du destin. De toute façon, sa présence n'aurait rien changé. Cela faisait des mois qu'ils ne vivaient plus sous le même toit. Elle ne le supportait plus. Trop d'absences à répétition associées à une usure inexorable de leur relation, une fin de couple comme tant d'autres. Peut-être qu'un enfant aurait changé la donne. Mais Livia n'avait pas eu cette chance. Elle avait souhaité voir un spécialiste, son mari avait trouvé mille prétextes pour ne pas y aller. Les semaines, puis les mois s'étaient écoulés, érodant inexorablement les fondations de leur union. Livia s'était trompée sur le compte de son mari. Ce n'était pas un type bien. Juste un homme d'affaires qui souhaitait parader de temps en temps avec sa jolie femme accrochée à son bras, histoire de faire le paon devant ses collaborateurs, ses clients. Une parodie de mariage en réalité. Elle avait manqué de lucidité, pourquoi avait-elle dit oui à cet homme alors que… alors qu'elle ne l'avait jamais vraiment aimé ?

Livia n'eut pas le temps de poursuivre ses élucubrations, un moustique se posa sur sa cuisse, prêt à faire le plein. Une main enduite d'huile solaire s'abattit sur l'insecte avec force. Une claque monumentale qui laissa un éclat rouge vif sur la jambe bronzée.

— Tiens ! Cela t'apprendra à vouloir me piquer !

Livia n'aurait juré de rien, mais il lui sembla que, l'espace d'une seconde, elle avait failli appeler le moustique par le prénom de son mari.

La vie réserve parfois de drôles de surprises, souvent même quand on s'y attend le moins. Non pas que Livia s'était résignée à sa vie maritale totalement insatisfaisante, non, mais… elle avait appris à vivre avec. Après tout, son mari était un homme d'affaires fortuné et puissant. Il avait monté sa société d'import-export avant de la connaître et son business n'avait cessé de fructifier depuis leur première rencontre. Au début, Livia était ravie. Elle était mariée à un homme riche qui lui offrait tout ce qu'elle désirait : un superbe appartement de plus de deux cents mètres carrés dans la capitale portugaise, une voiture de luxe, de beaux vêtements, des bijoux, enfin bref tout ce dont elle pouvait rêver quand elle n'était qu'une jeune fille désirant ardemment quitter son petit village perdu, elle l'avait obtenu. Bien sûr, elle admirait son mari. Un homme qui avait réussi. Alors quoi… où était le problème ? Au début de leur union, elle aurait été incapable de le dire avec précision. Ce n'était plus la même chose aujourd'hui. Admirer n'est pas aimer ! Voilà, tout était clair.

On peut admirer quelqu'un pour ce qu'il fait, pour ce qu'il dit, mais ses actes doivent être dignes d'éloges, de respect. Bref, ce que Livia éprouvait pour son mari était assujetti à ce qu'il faisait. L'aurait-elle remarqué s'il avait été un simple ouvrier travaillant à l'usine pour une misère ? Rien n'était moins sûr !

Par contre, aimer quelqu'un peut ne reposer sur rien de concret : « *Je t'aime pour ce que tu es, pas pour ce que tu fais !* ». Bref, il n'y a rien à faire, juste à être ! Il est des cas où cela suffit pour être aimé, en dépit de tout. Ce qui veut dire que la personne aimée peut bien faire n'importe quoi, même quelque chose de négatif, répréhensible… on l'aime quand même !

Aimer vient du cœur et n'a rien à voir avec la raison. On aime parce que… non ! On aime tout court.

C'était un amour comme celui-là que Livia Da Costa avait toujours éprouvé pour Carl Pessoa. Elle était trop jeune à l'époque pour s'en apercevoir. Elle était aveuglée par son envie de partir, de s'extraire de sa condition qu'elle ne supportait plus. Quand Antonio Goncalves, venu visiter sa famille à *Vila Nova de Foz Côa*, lui avait proposé de le suivre et de venir s'établir à Lisbonne avec lui, elle avait immédiatement accepté. Peu importait le physique disgracieux de cet homme, qu'il était de près de vingt ans son aîné, qu'il avait déjà été marié et père d'un enfant. Non, cela n'avait en définitive aucune importance. Elle ne voyait qu'une chose : partir pour Lisbonne. Quitter ce trou perdu pour aller vivre dans la capitale. Tout le reste ne pesait pas bien lourd dans la balance.

Quinze ans s'étaient écoulés et la balance penchait maintenant de l'autre côté. Non seulement Livia n'aimait pas Antonio, mais en plus elle n'avait pas eu d'enfants. Si l'on ajoutait à cela le fait que le mari en question était un monstre d'égoïsme et d'indifférence, qu'il avait un nombre conséquent de maîtresses, qu'il avait pris plus de vingt kilos et qu'il faisait son âge, voire dix ans de plus ! Bref, Livia n'avait plus qu'une envie aujourd'hui : le quitter !

Elle ruminait cela depuis un moment. Heureusement, ou malheureusement, car cela dépendait du point de vue où l'on se situait, Livia était mariée. Il suffisait qu'elle puisse prouver l'infidélité de son mari pour lui prendre la moitié de sa fortune. Il n'y avait qu'à engager un détective privé et le tour serait joué. Ce goujat s'affichait régulièrement au bras de professionnelles, ce serait vraiment le diable si elle ne parvenait pas à essorer son compte en banque comme une vieille serpillière. Elle avait déjà cherché sur le réseau Internet : des agences de détectives privés spécialisées dans l'adultère. Pour à peine 1500 euros, le constat était fourni clé en main. Après, il n'y avait plus qu'à laisser travailler son avocat. En réalité, elle n'éprouvait aucune haine à l'encontre d'Antonio, car à bien y regarder elle était aussi fautive que lui. Elle avait laissé le temps faire son œuvre, n'avait jamais tenté de resserrer les liens de leur union alors qu'elle voyait bien qu'une distance entre eux s'était peu à peu établie. En vérité, cela l'arrangeait bien puisqu'elle n'aimait pas Antonio.

La soudaine réapparition de Carl Pessoa dans sa vie lui avait fait l'effet d'une gifle ! Allez, ma fille, il faut y aller maintenant. C'est bien beau de te laisser vivre dans ton bel appartement lisboète, mais ce n'est pas une vie. Elle n'avait jamais oublié son amour de jeunesse et puis, alors qu'elle surfait sur le Web à la recherche d'une agence de détectives, elle était tombée par hasard sur une publicité ! Un type charmant s'occupait de l'installation des Français souhaitant s'établir au Portugal, ce type c'était Carl ! Celui qu'elle avait laissé tomber pour suivre Antonio, le riche et grassouillet homme d'affaires qui allait l'extraire de son village.

Alors que le soleil commençait à baisser d'intensité, Livia s'assit sur son transat et retira ses lunettes noires. Une pensée désagréable s'était immiscée dans son esprit : et si Carl avait accepté de la revoir pour lui dire ses quatre vérités, pour extraire tout son ressentiment, sa colère. Après tout, elle l'avait quitté pour un autre, et quel autre ! Peut-être allait-elle passer un sale quart d'heure ? Peut-être Carl allait-il laisser échapper tout ce qu'il avait sur le cœur, tout ce qui était enfoui en lui depuis quinze ans ? Elle n'avait pas pensé à ça. Et si cette tentative de rapprochement n'était qu'une grossière erreur ?

C'est l'esprit agité de ces nouvelles réflexions qu'elle se levât et quittât le balcon pour aller prendre une douche. Un peu de fraîcheur l'aiderait peut-être à retrouver son sang froid. De toute façon, il n'était pas question de faire machine arrière. Pas maintenant. Après tout, Carl avait le droit d'exprimer toute sa rancœur s'il en éprouvait le besoin. Ce ne serait que justice. Pourtant, alors que la pluie d'eau tempérée s'abattait sur son corps, elle ne pouvait imaginer Carl s'abaissant à ce type de comportement. Cela ne lui était jamais arrivé pendant les trois ans où ils avaient filé le parfait amour. Les gens changent, bien sûr, mais Livia ne pouvait s'empêcher de penser qu'un homme bon et gentil comme Carl devait être resté le même, même si longtemps après leur idylle, même après ce qu'elle lui avait fait.

Elle n'avait plus qu'à attendre demain et elle serait fixée.

22

Anna avait les muscles des chevilles, des cuisses et des fessiers aussi durs que la pierre. La descente était bien plus difficile que la montée, enfin c'est ce qu'elle éprouvait. Elle s'était armée d'un bâton pour faciliter sa marche, mais le sol dur et souvent rocailleux ne facilitait pas l'exercice.

Paul, à son grand regret, fermait la marche, rattrapé par le poids des ans, il avait besoin de souffler et avait nettement ralenti son rythme. Il aurait préféré marcher derrière la guide, à l'avant, ainsi il n'y aurait eu aucun risque de faire rouler une pierre en direction du groupe, mais la fatigue s'était invitée et, contraint et forcé, il avait décidé de freiner sa marche en avant, laissant tout le monde le dépasser ; mais, prudent et désireux de ne pas faire courir de risque à ses compagnons de marche, avait laissé une bonne distance entre lui, et le reste du groupe. Malgré ses précautions, il venait tout de même de rattraper Anna, la jeune Parisienne, qui n'avançait plus que difficilement, semblant perdre l'équilibre plus que de raison.

— Le planté de bâton ne va pas du tout ! dit le dernier des randonneurs qui venait de se poster à hauteur de la journaliste parisienne, apparemment en grande difficulté.

— Pardon ? dit Anna.

— Non, vous ne connaissez pas *Les bronzés font du ski* ? demanda Paul en ouvrant de grands yeux.

Anna comprenait soudain la blague.

— Ah ! Vous dîtes ça à cause de mon bâton ?

Le doyen du groupe opina de la tête.

— Bah oui, mais bon… c'était juste une blague pour détendre l'atmosphère. Je vois que vous avez du mal à avancer, et… je trouve ça étonnant vu la facilité que vous avez eu à monter le *Cinto* !

Anna ne pouvait pas donner tort à Paul. Que répondre à ça ? À part dire la vérité.

— Vous avez raison. Je ne peux pas expliquer pourquoi, mais autant je n'éprouve aucune difficulté physique pour grimper… autant la descente me pose problème. J'ignore pourquoi. J'admets que c'est ridicule !

Paul posa ses mains sur ses hanches avec un air réprobateur.

— Mais non, cela n'a rien de ridicule. En fait, vous, c'est un peu comme pour le vélo ! Vous ai-je dit que je pratiquais le cyclisme ? En amateur, bien entendu. Bref, dans le vélo vous avez de bons grimpeurs et de bons descendeurs. Rares sont les coureurs qui parviennent à exceller dans les deux disciplines, et pourtant… dans les deux cas, ça reste du vélo ! En fait, je vous observe depuis un moment et je pense que cela vient de vos appuis.

— Mes appuis ?

— Oui. En fait, vous posez le pied à plat et donc vous n'avez pas d'appuis parce que vous glissez, tout bêtement. Essayez de planter d'abord le talon très fort dans le sol et n'hésitez pas à vous pencher légèrement en arrière. Je suis sûr que ça ira mieux ! expliqua Paul.

Anna s'exécuta immédiatement et fut stupéfaite du résultat. En quelques pas, sa marche n'avait plus rien à voir avec la descente mal assurée qu'elle exécutait auparavant.

— Je n'arrive pas à y croire ! s'exclama-t-elle. C'est incroyable, je ne perds plus l'équilibre à chaque pas.

Paul prit un air satisfait et confirma :

— Eh oui ! Voilà ce qui arrive quand on écoute les plus expérimentés des randonneurs ! Il faut toujours écouter les vieux qui ont de l'expérience !

Anna sourit et, prenant une allure nettement plus rapide, répondit :

— Oh ça, je le sais bien.

— Vraiment ?

— Oui. J'ai un ami qui est… disons, qu'il n'est plus tout jeune. Mon Dieu, il me tuerait s'il m'entendait dire ça ! Enfin, je veux dire que cet ami est un monsieur d'un certain âge qui compte beaucoup pour moi et dont les conseils sont extrêmement précieux…

— Eh bien ! Je suis ravi de constater que les jeunes d'aujourd'hui ont encore un peu d'estime pour les seniors. J'ai parfois l'impression que nous ne servons plus à grand-chose de nos jours, enfin à part remplir les !

Les deux retardataires continuèrent leur descente et le rythme soutenu avec lequel ils progressaient maintenant leur permit de rattraper le reste de la troupe en peu de temps. Il suffisait d'utiliser la bonne technique pour progresser sur le sentier rocailleux bien plus rapidement.

— Tout va bien, vous deux ? demanda Aurélie en fixant Paul et Anna.

— Oui, merci. Nous avons peaufiné notre technique de descente qui demandait quelques ajustements. Maintenant, on est en roue libre ! répondit le doyen qui fut gratifié d'un sourire de remerciement en provenance d'Anna.

— Parfait ! Allez, encore un petit effort ! Nous sommes presque arrivés au refuge !

Le temps est capricieux en montagne, la Corse ne faisait pas exception à la règle. Le matin chaud et ensoleillé avait cédé la place à un après-midi frais et venteux. La guide ne cessait pas de scruter le ciel et Anna devina qu'elle devait certainement craindre l'arrivée soudaine d'un orage, même si elle n'en disait rien. Une fois encore, ce fut le plus vieux de l'équipe qui évoqua tout haut ce que plusieurs pensaient tout bas.

— Aïe ! J'ai l'impression qu'un orage approche. Aurélie, combien de temps pour rejoindre les autres ?

La guide avait espéré que personne ne percevrait son inquiétude grandissante, mais c'était fichu ! Merci Paul !

— Normalement, on devrait rejoindre le refuge du *Tighjettu* d'ici une heure, mais… vous avez raison, Paul ! Il y a un bel orage en approche et j'ai peur que notre progression en soit bigrement affectée.

Tout le monde se mit à regarder vers les nuages gris qui s'étaient regroupés dans un ciel qui devenait de plus en plus bas. La lumière du jour commença à s'obscurcir et des rafales de vent humide rafraîchirent l'air au point qu'Aurélie ne put faire autrement que d'imposer une pause forcée à sa troupe.

— On va essuyer un bel orage, j'en ai peur ! dit la guide. Tout le monde s'équipe en conséquence. Tout de suite !

L'ordre d'Aurélie Martin avait claqué comme un éclair issu de l'orage qui progressait dangereusement. Les cinq membres du groupe d'élite, vainqueurs du mont *Cinto*, posèrent leurs sacs au sol et extirpèrent leur tenue de pluie. Des *K-Way* et des *Queshua* furent sortis des sacs à dos et claquèrent au vent telles des voilures en mer. Chacun s'équipa le plus vite possible.

— N'oubliez pas de mettre votre polaire sous vos vêtements de pluie. On va perdre dix degrés dans les minutes qui viennent. D'ailleurs, cela a déjà commencé, dit la chef de groupe.

Ludovic constata que les poils de ses avant-bras se dressaient maintenant sur sa peau et qu'il avait quelques frissons dans le bas du dos. Anna et Paul ne cessaient d'observer leur guide et ce qu'ils virent dans les yeux d'Aurélie n'augurait rien de bon. Dans son for intérieur, Aurélie Martin pestait contre les caprices de la météo et le peu de crédit que l'on pouvait avoir pour les prévisions de Météo France. Elle avait consulté la veille, et encore le matin avant de partir, toutes les données météorologiques ; et rien de cet ordre n'avait été signalé. Au lieu du petit plafond nuageux possible, son groupe allait se prendre un orage violent sur un parcours où rien ne pouvait leur servir d'abris.

Tous les ans, des randonneurs étaient frappés par la foudre. Pour l'avoir déjà vécu, Aurélie savait que cela se traduisait souvent par des brûlures graves, mais aussi des arrêts cardiaques… ou même la mort. Un de ses collègues avait eu cette malchance avec un de ses trekkeurs, il y avait deux ou trois ans. La faute à pas de chance, mais toujours un traumatisme pour le guide. S'il y avait bien un moment où l'on se sentait petit en randonnée, c'était lorsqu'on se faisait piéger par un orage. Même le plus expérimenté des alpinistes craint l'orage en montagne. Comment faire face au vent, à la pluie, aux éclairs, au tonnerre, et parfois même à la grêle. Cela peut sembler un spectacle grandiose et magnifique derrière une fenêtre, confortablement à l'abri, chez soi. Cela se transforme en une tout autre histoire quand vous devez lutter contre tous ces éléments en même temps, sans possibilité de vous abriter, en pleine montagne, avec en plus cinq marcheurs effrayés sous votre responsabilité. Aurélie Martin savait que les minutes à venir allaient être une épreuve pour tous. Les orages étant à l'origine des plus graves accidents en montagne.

Aurélie avait paré au plus pressé : le froid qui s'était invité sans crier gare et la pluie qui n'allait pas tarder à s'abattre sur les marcheurs. Les polaires étaient enfilées, les imperméables aussi. Elle s'en voulait de ne pas avoir assez observé les nuages. Le ciel bleu avait disparu en à peine une demi-heure, ce qui n'était pas rare en haute montagne. Et puis, elle avait trop compté sur la météo et c'était une erreur. Elle aurait dû demander aux gardiens de refuge sur le parcours, ces locaux étaient nettement plus fiables que n'importe quel météorologue. De toute façon, cela ne servait plus à rien de tergiverser sur ce qui aurait dû être fait ou non, il était trop tard, l'orage arrivait sur eux.

Le premier éclair éclata et illumina le pan de montagne derrière le groupe de marcheurs. Aurélie consulta sa montre. Vingt-sept secondes plus tard, elle entendit le tonnerre.

— Et merde ! murmura-t-elle en faisant bien attention de ne pas être entendue.

L'écart entre la lumière de l'éclair dans le ciel et le bruit du tonnerre entendu était inférieur à trente secondes, ce qui signifiait que l'orage se situait à moins de dix kilomètres. Une distance suffisante pour être touché par la foudre.

Paul, Anna, Ludovic, Jennifer et Marie-Hélène s'arrêtèrent tous en même temps. La peur se lisait sur leur visage, même Paul, qui en avait vu d'autres en tant que randonneur expérimenté, n'en menait pas large. Aurélie devait gérer son groupe qui n'allait pas tarder à paniquer. Voilà ce qu'il fallait à tout prix : éviter la panique. C'était, plus que l'orage, la principale cause d'accident. On prend peur, on se met à faire n'importe quoi et l'on finit par se blesser.

— OK, on reste calme tout le monde ! dit Aurélie. Anna, tu balances ton bâton de marche !

— Mon bâton ?

— Oui ! Il est métallique… ça attire la foudre.

Anna se débarrassa de son bâton qui devenait dangereux dans de telles circonstances.

— Quelqu'un parmi vous a-t-il des armatures en métal au niveau de son sac à dos ? demanda la guide alors que la pluie s'abattit soudain avec force. Le ciel s'illumina encore, zébré par un nouvel éclair. Aurélie compta à nouveau les secondes avant que le tonnerre éclate : vingt-trois secondes avant le fracas. Cela devenait très dangereux.

Il y avait une dépression à environ deux cent cinquante mètres plus bas. C'était là qu'il fallait aller se réfugier. Ce n'était pas un abri au sens propre du terme, mais il y avait moins de chance d'être frappé par la foudre là que sur le chemin de crête où ils étaient à présent.

— Personne alors ? demanda-t-elle à nouveau. Non ?

Les cinq marcheurs avaient emporté des sacs à dos souples et légers. Aucune armature métallique. C'était déjà ça !

— Très bien. Alors, on va se diriger vers cette dépression en contrebas, là ! dit Aurélie en pointant un lieu à peine visible en aval. L'orage frappait de plus belle et les randonneurs avaient du mal à y voir quoi que ce soit, les yeux embués de pluie. Il n'y avait qu'à suivre les directives de la guide, et prier pour que tout se passe bien.

— Personne ne court, d'accord ? On ne prend surtout pas le risque de glisser sur le sentier qui est maintenant une vraie patinoire avec l'écoulement de l'eau de pluie. En plus, si vous courez, cela va provoquer un déplacement d'air derrière vous et la foudre peut s'y engouffrer.

De toute façon, même si quelqu'un souhaitait courir, c'était mission impossible.

Un éclair foudroya soudain un pan de montagne en amont. On entendit la paroi exploser en une multitude d'éclats rocheux alentour. Anna éprouva de plus en plus de mal à garder son calme. Elle sentit la panique, là, toute proche. *Respirer profondément, une inspiration… compter jusqu'à quatre, une expiration, compter jusqu'à six. Recommencer. Quatre… Six…*

Anna tentait de cacher la peur qui envahissait sournoisement jusqu'à la plus petite des cellules de son corps. Elle avait beau avoir fait d'immenses progrès dans la gestion de ses émotions, il y avait encore quelques scories traumatiques qu'elle ne parvenait toujours pas à dépasser : l'orage, plus particulièrement les éclairs, et bien sûr tout ce qui ressemblait de près ou de loin à un feu d'artifice. Anna savait que cette peur n'était pas rationnelle, en effet elle redoutait les orages et les feux d'artifice alors qu'elle ne ressentait rien de spécial à l'approche d'un camion. Pourtant, c'était bien un camion qui l'avait grièvement blessée et qui avait tué son fiancé. C'était comme ça. Il n'y avait rien à faire. Elle savait au fond d'elle-même que, plus jamais, elle ne pourrait assister à un feu d'artifice et qu'elle redouterait tout ce qui pourrait y ressembler de près ou de loin, comme l'orage qui s'abattait sur elle en ce moment.

— OK, écoutez-moi bien ! hurla Aurélie pour se faire entendre en même temps que le tonnerre se mit à couvrir sa voix. Il semble que la foudre soit tombée très près de nous. Il faut absolument que l'on s'éloigne tous les uns des autres.

— Mais pourquoi ça ? demanda Ludovic en s'essuyant le visage balayé par le vent et la pluie.

— Il faut laisser un écart d'environ vingt mètres entre chacun de nous ! répondit Aurélie sans donner plus de détail.

En vérité, la guide savait que cette précaution pouvait éviter que plusieurs personnes ne se fassent foudroyer par un seul éclair. En cas de foudroiement, il serait toujours plus facile d'assister un blessé plutôt que plusieurs, d'autant qu'en cas de totale malchance, si tout le groupe se faisait foudroyer, il n'y aurait plus personne pour aider qui que ce soit. Bien entendu, la guide se garda bien de fournir cette information aux membres de son groupe. Inutile d'ajouter encore un peu d'huile sur le feu. Tout le monde avait déjà suffisamment peur comme cela.

— Allez, tout le monde laisse un écart d'une vingtaine

de mètres entre le suivant. On y va ! ordonna Aurélie.

Les randonneurs s'exécutèrent sans rechigner tant l'ordre de la guide avait claqué, ne laissant aucune possibilité à la moindre contestation. Anna rouvrit les yeux et cessa de pratiquer ses respirations rituelles.

Jennifer, visiblement terrorisée, s'était rapprochée de sa mère qui eut du mal à la laisser s'éloigner pour répondre à l'ordre de la guide. Ludovic n'osa pas protester alors que Paul lui fit signe d'avancer, le doyen fermerait la file indienne.

Nouvel éclair. Nouveau fracas sur l'arrête rocheuse où les randonneurs poursuivaient leur descente. Deux secondes plus tard, le tonnerre criait avec une force monumentale. Tout le monde porta ses mains sur ses oreilles, maigre protection devant la furie des éléments. Anna, Jennifer et Marie-Hélène sursautèrent et l'adolescente poussa un cri d'effroi. Devant, Aurélie ne parvint plus à dissimuler la peur qui l'envahissait à présent. Deux secondes entre l'éclair et le tonnerre, la foudre avait frappé tout près d'eux et la prochaine fois pouvait être fatale.

Aurélie se mit à courir en direction de son groupe et hurla à tout rompre à travers ses mains pour mieux se faire entendre de loin :

— Posez vos sacs à dos sur le sol et asseyez-vous en boule dessus ! Maintenant ! Anna ! Tu fais comme moi et tu dis à Jennifer de faire la même chose ! Tout le monde fait comme moi ! Asseyez-vous sur votre sac, serrez vos pieds et posez votre tête sur vos genoux et serrez vos bras autour ! Allez !

Cette technique était à utiliser en dernier recours. Quand toutes les autres précautions avaient échoué ou que l'orage était tout près de soi et qu'il n'y avait aucune échappatoire, aucun abri fermé. Dans le cas présent, Aurélie et son groupe se trouvaient dans le cœur de l'orage et la foudre pouvait leur tomber dessus à tout moment. Le sac à dos était l'ultime isolant avec le sol, la roche mouillée par la pluie faisait office de formidable conducteur électrique.

Un autre éclair transperça le ciel et forma un arc électrique monumental qui frappa la montagne à environ cinq cents mètres en contrebas. Le fracas du tonnerre se fit entendre quasiment au même moment, suivi par le cri strident de Jennifer qui paniquait et se mit à sangloter bruyamment.

— Tout le monde va bien ? s'enquit Aurélie.

Les membres de la tribu répondirent à tour de rôle, à l'exception de Jennifer qui ne pouvait articuler, le corps secoué par les sanglots. Sa mère répondit pour elles deux. Les autres allaient bien aussi.

— OK ! La foudre n'est pas passée loin, mais je pense qu'on est passé au travers ! Cela ne devrait plus être dangereux pour nous maintenant. Attendons le prochain éclair avant de nous relever !

Personne n'avait envie de se relever à cet instant précis. Pour tout le monde, la peur d'être foudroyé, voire de mourir avait même fait oublier le froid, le vent, la pluie. Terrée dans son coin, Anna gardait les yeux fermés. À son grand étonnement, elle n'avait pas succombé à une crise de panique. C'était la première fois qu'elle se faisait surprendre par un orage depuis l'année dernière, en Normandie, chez Jacques. Cette fois-là, elle n'avait pas pu résister et, fort heureusement, Jacques était là pour la rassurer.

Anna, accroupie sur son sac à dos, fouettée par la pluie et le vent, engourdie par le froid, et menacée par la foudre qui s'acharnait contre le versant de montagne sur lequel elle se trouvait, séparée de ses compagnons d'infortune par une distance de près de trente mètres, recroquevillée sur un sac à dos aussi trempé qu'elle, cessa soudain d'avoir peur. Une sensation nouvelle s'empara de son corps et de son esprit : un calme aussi soudain qu'inattendu en de telles circonstances était en train d'envahir tout son être. Le bruit du tonnerre, qui pourtant n'avait pas cessé, ne parvenait plus jusqu'à son cerveau, comme si ses facultés auditives étaient momentanément altérées. À la place, Anna percevait les battements de son cœur qui, peu à peu, ralentissaient. Sa respiration aussi avait changé de rythme, elle était maintenant beaucoup plus régulière, plus lente, mais paradoxalement beaucoup plus profonde. Les yeux clos, Anna entra tout à coup dans un espace d'émerveillement qui échappait à sa compréhension. Ne sachant pas ce qu'elle vivait, elle lâcha prise et repoussa toute tentative d'analyse pour, sans crier gare, vivre une totale expérience de plénitude, un instant de transcendance. Soudainement, sans aucun avertissement préalable, aucune cause identifiable, Anna vivait un instant d'unité, elle n'était plus séparée de personne ni de rien, pas même de la foudre, du tonnerre. Une symbiose inexplicable avec tout ce qui était. Elle demeura ainsi un temps indéfinissable, fusionnée à l'essence de toute chose et touchant, du même coup, le cœur même de son être.

— Anna ! Anna, vous m'entendez ?

La pluie avait cessé depuis quelques minutes et Aurélie Martin avait rappelé toutes ses ouailles qui ne s'étaient pas fait prier pour la rejoindre au plus vite. Tous, sauf Anna qui n'avait pas bougé et restait repliée en boule, assise sur son sac. Elle avait les yeux clos et semblait hermétique aux injonctions de la guide qui l'attrapa par l'épaule et la secoua sans ménagement.

— Anna ? Est-ce que ça va ? demanda-t-elle.

Anna ouvrit subitement les yeux, comme extirpée d'un sommeil profond.

— Anna ? Vous allez bien ? répéta la guide, passablement inquiète.

La jeune Parisienne fixa la guide, se passa les mains sur

le visage pour en ôter l'eau de pluie qui lui brouillait la vue, et dans le même temps fit tomber sa capuche.

— Euh… je crois… oui ! répondit-elle d'une voix hésitante.

— Vous êtes sûre ? Parce que vous aviez l'air d'être partie loin, là ! dit la guide tout en lui tendant la main.

Anna attrapa le bras d'Aurélie et cette dernière l'aida à se relever.

— Allez, on va rejoindre les autres !

Anna s'empara de son sac et le réajusta sur son dos. Le ciel était à nouveau dégagé et, hormis l'eau de pluie qui continuait à dégouliner sur le sentier de randonnée, nul n'aurait pu imaginer que quelques minutes auparavant un orage d'une grande violence s'était abattu en ce lieu.

Jennifer s'approcha de la journaliste.

— Tout va bien, Anna ? demanda l'adolescente. Tu es tombée ?

— Euh… non. Tout va bien Jenny, je te remercie.

— Ah ! Tu es sûre ?

— Oui.

— Bon. Parce que la guide avait l'air inquiète pour toi, vu d'ici.

— Non, je t'assure. Tout va bien. Ne t'en fais pas.

— OK.

Aurélie Martin descendit jusqu'à une légère excavation, puis invita les autres à la rejoindre. La pluie faiblissait et la foudre avait cessé de tomber du ciel. Il n'y avait plus rien à craindre de ce côté-là.

Quand tout le monde fut rassemblé et au sec, Aurélie tint à s'excuser.

— Bon, je tiens à vous dire à tous que je suis désolée ! commença-t-elle.

— Vous n'y êtes pour rien ! dit Paul, qui fut le premier à rompre le silence pesant. Vous aviez consulté la météo avant de partir et cet orage n'était pas prévu, si je me souviens bien.

Aurélie n'osa pas regarder Paul dans les yeux. Même s'il disait vrai, il y avait un élément qu'elle avait omis avant de partir.

— C'est gentil à vous, Paul. Et c'est vrai que cet orage aussi soudain qu'inattendu n'était absolument pas prévu par Météo France, toutefois… j'ai jugé inutile de contacter les gardiens des refuges qui sont nettement plus fiables en matière de météo locale. C'était une erreur et je l'assume. Vous pouvez tout à fait me rendre responsable de ce qui s'est passé et… sachez que je suis désolée de vous avoir fait vivre ce moment exécrable.

Paul, qui n'était pas du genre à accabler inutilement qui que ce soit, enchaîna :

— D'abord, tout le monde va bien ! Et c'est déjà le principal. Tout le monde est d'accord, n'est-ce pas ? Ensuite, chacun sait que la montagne ne se pratique pas sans danger. Le but est de minimiser les risques, mais… les supprimer est une vaine utopie ! Regardez ce que j'ai fait ce matin ! La pierre que j'ai décrochée sans le vouloir et qui a dévalé la piste où vous étiez tous en contrebas aurait pu percuter quelqu'un du groupe et… cela aurait été de ma faute. Pour autant, nous avons eu de la chance, surtout moi, car personne n'a été touché. Il n'y a pas eu de blessés, et personne ne m'en a tenu rigueur, n'est-ce pas ? Alors, n'en parlons plus ! Cela nous fera un chouette souvenir à raconter plus tard !

Aurélie Martin ne put réprimer ses émotions. Ce que venait de dire le doyen du groupe lui mit du baume au cœur et elle dut s'essuyer les yeux qui étaient humides.

— Merci, Paul, dit-elle simplement.

— Oh, ce n'est pas moi seulement ! Tout le monde est d'accord, n'est-ce pas ? demanda Paul en s'adressant aux autres.

Tout le monde opina de la tête dans un mouvement synchrone. Il n'y avait qu'Anna qui semblait être ailleurs, le regard dans le vague. Ludovic s'approcha de la guide et s'assit sur la roche relativement sèche.

— C'est quand même dingue un orage qui éclate comme ça, aussi vite ! dit le jeune homme.

— Et qui disparaît aussi rapidement qu'il est apparu ! poursuivit Jennifer qui, elle aussi, se posa sur le sol, imitée par les autres restés debout.

— En fait, cela arrive plus souvent qu'on ne le pense, dit Aurélie.

— On aurait pu être touchés par la foudre, n'est-ce pas ? demanda Marie-Hélène qui s'était assise près de sa fille.

— En réalité, il est plutôt rare d'être touché par l'éclair lui-même. Les cas de foudroiement direct sont peu nombreux. J'ai connu un cas en dix années de randonnées.

— Quelqu'un de votre groupe ? demanda Jennifer.

— Non. Dieu merci ! répondit la guide. C'était un collègue à nous, et quand c'est arrivé, le randonneur touché fut totalement… calciné !

— Ah… dégueux ! s'exclama l'adolescente.

— Oui, en effet. Mais, comme je le disais, c'est extrêmement rare. Par contre, ce qui est plus fréquent, c'est ce que nous appelons l'exposition à une différence de potentiel.

— Hein ? La quoi ? demanda Jennifer.

— L'exposition à une différence de potentiel, répéta

Aurélie.

— Oui, j'ai déjà entendu parler de ça. Ce n'est pas la foudre qui touche le marcheur, mais elle frappe le sol et c'est comme un effet boomerang, c'est ça ? dit Paul.

— Oui, c'est exactement ça, poursuivit la guide. L'éclair tombe en amont et l'énergie s'écoule au sol l'espace d'une seconde, c'est l'instant critique où il y aura une différence de potentiel entre deux points du sol, et ce d'autant plus que les deux points sont espacés. Donc, on est particulièrement exposés quand on est debout, les pieds écartés. Voilà pourquoi, je vous ai demandé de vous rouler en boule sur vos sacs à dos.

La conversation se poursuivit quelques instants, le temps pour chacun de reprendre ses esprits et retrouver un tant soit peu de calme. Durant ce laps de temps, le ciel avait retrouvé sa sérénité bleutée. Tout le groupe était sain et sauf et la seule trace du péril passé était l'eau qui continuait de s'écouler le long du sentier de randonnée. Le soleil se mit à éclairer la crête à nouveau et tout le monde ôta son vêtement de pluie pour le ranger dans son sac.

Aurélie demanda au groupe de faire attention à l'état du terrain qui était devenu extrêmement glissant. La petite troupe se remit en route en direction du refuge de *Tighjettu*.

Tout le monde se concentra sur l'état du sol, à l'exception d'Anna qui avait dans le regard un éclat tout neuf révélant qu'elle avait vécu quelque chose d'exceptionnel, et cela n'avait rien à voir avec l'orage périlleux qu'elle venait de traverser.

23

Jacques Vaillant avait garé son Scénic sur le parking de la gare de Deauville. Le train de Catherine Wells devait arriver ce 15 juillet à 15h02 très exactement.

Le vieux Normand s'était assis à l'intérieur de la gare, il avait vingt minutes d'avance. Du coup, il observa le plafond de bois voûté au bout duquel s'affichait une grande fresque représentant une carte figurative de la côte normande surplombée par la manche. Elle avait un style très « vintage » comme disaient les jeunes d'aujourd'hui, en réalité elle avait surtout un air usé et « bon à changer », comme les anciennes cartes que la maîtresse accrochait au tableau, quand il n'était encore qu'un gamin à l'école primaire, pendant les cours d'histoire-géographie de madame Sureau, son institutrice.

Comme il avait un peu de temps devant lui, Jacques sortit son téléphone portable, un modèle tout simple à la différence de celui « révolutionnaire » que le vendeur lui avait d'abord proposé, mais que Jacques avait décliné. Pour autant, il n'avait pas eu vraiment le choix, même s'il voulait un appareil simple pour lire et recevoir les SMS, ainsi que les e-mails, consulter des pages sur Internet, on ne trouvait plus rien qui ne fasse en plus une ribambelle de fonctions toutes plus inutiles les unes que les autres. Le vendeur n'avait cessé de lui énumérer toutes les possibilités de l'engin révolutionnaire, Jacques lui avait alors demandé s'il pouvait faire le café ainsi que la vaisselle. Devant la mine ahurie du pauvre garçon décontenancé, à croire que l'humour ne faisait pas partie de ses options à lui, Jacques avait demandé le plus simple possible existant sur le marché, coupant la chique à l'apprenti camelot qui partit chercher ce qu'il avait de plus basique en magasin. Il faut croire que ce qui semble simple pour certains puisse parfois paraître d'une grande complexité pour d'autres.

Ainsi, Jacques n'avait plus à taper un code pour déverrouiller son téléphone, il fallait poser son index sur un capteur d'empreinte digitale. Il chercha *Anna Wells* parmi ses contacts et tapa maladroitement un texto en maugréant à chaque fois qu'il tapait une lettre à la place d'une autre.

« Bonjour Anna. J'espère que tu vas bien et que tu apprécies le toit de la Corse à sa juste valeur. T'ais-je dit que j'ai autrefois moi-même parcouru le GR 20 ? J'ai même failli y perdre la vie ! Enfin bref, je te raconterai cela de vive voix une prochaine fois, car ce n'est pas là l'objet de ce message, non. En fait, je voulais juste t'informer qu'une personne chère à ton cœur vient me rendre une petite visite inattendue, il s'agit de ta mère. Catherine arrive par le train et je suis présentement à la gare en train (c'est drôle ça, non ?) de l'attendre. Elle m'a demandé si je pouvais l'accueillir quelques jours pour « faire le point » concernant sa vie professionnelle. J'ai mon petit doigt qui me dit qu'en réalité, il s'agit peut-être d'autre chose. Il se pourrait bien que ta mère s'interroge sur sa vie… tout court. Toujours est-il que je me fais une joie de l'accueillir et que nous attendrons, ensemble, de tes nouvelles qui, j'espère, seront bonnes. Dans l'attente de ton prochain contact (par SMS, téléphone, ou même pigeon voyageur), je te souhaite d'obtenir tout ce que tu es partie chercher sur ce magnifique GR 20, dont nous parlerons lors de nos retrouvailles. Je t'embrasse. Jacques. »

Le vieux Normand observa l'horloge disposée au centre de la gare et constata qu'une dizaine de minutes s'étaient écoulées. Fichu écran digital récalcitrant ! Jacques pestait intérieurement, mais c'était plus pour en rire qu'autre chose. En vérité, il savait parfaitement qu'il finirait par s'y faire puisqu'il n'y avait pas d'autre choix. C'est ce qu'il avait toujours fait, tout au long de sa vie, s'adapter. Ce n'était pas un smartphone qui allait changer quoi que ce soit. Et le premier qui dirait qu'il était trop âgé pour ces portables modernes n'avait qu'à bien se tenir.

Il appuya sur la touche d'envoi et le SMS disparut en laissant à la place la phrase type « *message envoyé* ». Il rengaina son *Samsung* dans la poche de son pantalon, parcourut du regard l'intérieur de la gare, puis se leva pour se diriger vers le quai où le train qui transportait Catherine Wells allait bientôt arriver.

La « Sybic » peinte en deux tons orange et gris, une des locomotives électriques les plus puissantes produites par la SNCF, apparut à l'horizon. Jacques laissa les familles s'approcher du quai, préférant rester un peu en retrait. Les premiers voyageurs descendirent rapidement aussitôt les voitures Corail immobilisées, les valises et sacs de voyage étaient transmis des bras des voyageurs à ceux des membres de leur famille, venus les chercher.

Jacques Vaillant aperçut Catherine Wells qui tentait, non sans difficulté, de faire passer sa grosse et luxueuse valise par la porte de la voiture Corail. Il s'approcha rapidement de son invitée de dernière minute.

— Que diriez-vous d'un petit coup de main, Catherine ?

Catherine Wells, qui ne parvenait pas à faire passer l'extrémité inférieure de son bagage à roulettes par l'ouverture de la porte du wagon, reconnut la voix de son hôte et se tourna vers lui, en tentant de ne pas perdre l'équilibre.

— Jacques ! Vous êtes déjà là ? Vous tombez à pique ! Vous pouvez m'aider à dégager ma valise, s'il vous plaît ? dit Catherine en cédant volontiers la place à son sauveur providentiel.

— Laissez-moi faire ! dit Jacques, tout en s'emparant de la volumineuse *Delsey* mixant cuir précieux et polycarbonate censé assurer la légèreté du bagage. Ma parole, qu'est-ce que vous transportez là-dedans ? Pas de cadavre, j'espère ? Je ne veux pas d'ennui avec la maréchaussée !

Le vieux Normand finit par dégager le bagage trop large dont les roulettes s'étaient enfin décidées à passer la porte. Il eut de la peine à porter le tout jusqu'au sol, faisant rouler le bus à roulettes sur le quai de gare. Il allait s'adresser à Catherine, mais celle-ci s'engouffra aussitôt dans le wagon, à la recherche de sa seconde valise.

— Quoi ? Il y en a une autre ? lança Jacques avec des yeux aussi ronds que des billes d'écoliers.

— Oui, mais c'est la taille en dessous ! répondit la Parisienne, tout sourire.

Elle lui tendit le second bagage, de taille cabine cette fois, que Jacques attrapa en se demandant si Catherine n'allait pas remonter encore dans la voiture Corail pour en extraire un troisième bagage. Fort heureusement, il n'en fut rien. La Parisienne embrassa le Normand sur les deux joues et s'empara de la poignée télescopique de la plus petite des deux valises roulantes. Jacques l'imita avec la plus grosse et eut du mal à la tirer du quai jusqu'à l'enceinte de la gare.

— Vous transportez toujours des parpaings quand vous voyagez en train ?

Catherine sourit tout en tentant de faire rouler sa valise cabine en ligne droite, ce qui ne fut pas évident à réaliser.

— Je suis désolée, Jacques ! s'excusa Catherine.

— Mais non, voyons, vous savez bien que je plaisante. Et puis, à mon âge, un peu d'exercice physique est toujours bon à prendre ! Une chance qu'il y ait des roues sous votre malle, sans cela… on était bon pour appeler à l'aide Arnold Schwarzenegger !

Catherine pouffa. La bonne humeur de Jacques était déjà palpable. Elle ne l'avait pas vu depuis le réveillon de Noël, mais c'était comme si elle l'avait quitté la semaine dernière.

— J'avoue que j'ai emporté quelques livres avec mes bagages usuels, j'avais une liste de romans à lire depuis des années, sans n'avoir jamais pris le temps de le faire. Vous ne m'en voulez pas trop ?

Jacques utilisa le prétexte d'être offusqué pour faire une pause, il était déjà en nage à force de tirer le bloc de béton sur roulettes.

— Ah oui ? C'est une bonne idée, vraiment ! Mais… vous savez qu'il existe des liseuses électroniques où l'on peut stocker des centaines d'ouvrages dans un petit objet pesant moins de deux cents grammes ?

Catherine fit la moue.

— Oui, je sais bien. Je suis de la vieille école, que voulez-vous ! J'ai besoin d'avoir un livre en papier dans les mains, c'est physique. Et puis sans parler de l'odeur des livres, ça compte ça aussi ! se défendit Catherine.

Voyant le vieux Normand tirer sa valise avec difficulté, la Parisienne ne put qu'admettre qu'il y avait matière à débat.

— Je suis d'accord avec vous pour ce qui concerne sa bibliothèque personnelle, mais avouez que pour voyager… c'est quand même autre chose ! Mais, combien de livres avez-vous emportés là-dedans ?

— Euh… à vrai dire, je ne sais pas vraiment ! J'ai pris une rangée de ma « PAL » qui en comporte au moins trois et j'ai tout mis dans la valise… avec mes vêtements bien sûr.

Jacques sortit un mouchoir en tissu de la poche de son pantalon et s'essuya le front où perlaient quelques gouttes de transpiration.

— Dîtes-moi, Catherine, comment vous avez fait pour monter ce monstre dans votre train ?

— J'ai fait comme avec vous, répondit-elle. J'ai

demandé l'aide d'un gentleman.

Jacques la gratifia d'un joli sourire.

— Bien, alors… si vous comptez venir me voir de temps en temps, on va devoir sérieusement envisager l'aménagement d'une bibliothèque… exclusivement à l'intention de Catherine Wells. Cela me semble, comment dire, raisonnable. Cela dit, vous pouvez aussi louer les services d'un porteur un peu plus jeune et plus… vaillant… que moi ! ironisa le vieux Normand, faisant subtilement allusion à son nom de famille.

Ils plaisantèrent ainsi jusqu'à la voiture de Jacques qui les attendait sur le parking de la gare. Ils durent s'employer ensemble pour charger le monstre à roulettes dans le coffre. Au moins, le second bagage ne pesait presque rien en comparaison du premier. Une fois le coffre fermé, Jacques poussa un « ouf » de soulagement, tandis que Catherine s'excusa, elle dut bien reconnaître que, parfois, la passion prenait le dessus sur la raison. C'était une dévoreuse de livres, principalement des romans : classiques, contemporains, romances, polars, feel good, ainsi que tous les lauréats de prix prestigieux. Cette addiction était née peu après la mort de son mari et ne l'avait plus quittée depuis.

Aussitôt après avoir quitté la gare et s'être engagé sur le grand rond-point central, Jacques s'inquiéta pour son invitée :

— Au fait, Catherine, avez-vous déjeuné ?

— Oui, avant de prendre le train.

— Vous êtes sûre ? Sinon, on s'arrête quelque part en route.

Catherine ne s'étonna pas. Elle connaissait la sollicitude du Normand. Mais, elle avait avalé un sandwich sur le pouce en attendant son train.

— C'est gentil, Jacques, mais ce ne sera pas nécessaire.

— Bon.

— Mais merci pour votre attention, poursuivit Catherine.

— Pas de quoi. On se rattrapera ce soir. C'est moi qui invite !

— Ça, c'est hors de question ! répondit Catherine.

— Je vous demande pardon ?

— Jacques, vous m'avez invitée chez vous pour… pour je ne sais même pas combien de temps d'ailleurs.

— Autant que vous voudrez, précisa le vieil homme.

— D'autant plus alors. Donc, je suis votre invitée. Vous m'offrez le gîte et le couvert et… je tiens à ce que je puisse vous remercier en vous invitant chaque fois que nous irons au restaurant !

Le vieux Normand se mit à rire de bon cœur.

— Ah ça ! Je voudrais bien voir ça ! dit Jacques en se tournant vers Catherine.

— Je ne vois pas ce que j'ai dit de drôle ? s'interrogea la Parisienne.

— Catherine, vous savez, j'ai 70 ans. Ce n'est pas aujourd'hui que je vais changer, enfin concernant certaines habitudes. Et ce n'est pas une question d'orgueil, entendons-nous bien. Pour les nouvelles générations, je sais que cela se passe comme ça : les femmes invitent les hommes à dîner, ou à boire un verre. Chez moi, c'est tout simplement impossible. Je suis de la vieille école.

Catherine fixa Jacques avec autant d'admiration que d'agacement, une réaction paradoxale, mais non moins réelle.

— Donc, si je vous suis bien : c'est moi qui vous ai sollicité pour obtenir quelques conseils par rapport à une question importante qui m'obnubile en ce moment. Sur ce, vous m'avez invitée à venir chez vous…

— … Vous m'avez dit que vous étiez en vacances ! répondit Jacques.

— C'est vrai, mais… Pour autant, je ne saurais profiter de votre hospitalité sans contrepartie. Voilà, c'est dit !

Jacques ne quittait pas la route des yeux. Il poursuivit la conversation, le regard rivé sur l'horizon. Ils avaient quitté Deauville et arrivaient à hauteur de la Croix Sonnet, puis de l'aéroport de Deauville, ce qui souleva la curiosité de Catherine Wells.

— Je pensais qu'il s'agissait d'un aérodrome local, mais c'est indiqué « aéroport de Deauville », il y a des vols internationaux ici ? demanda-t-elle en pointant du doigt l'infrastructure devant laquelle ils étaient en train de passer.

— C'est un peu ronflant pour un si petit aéroport, mais c'est vrai. Il y a des vols internationaux, même s'il y en a très peu. Si j'ai bonne mémoire, il y a des départs vers plusieurs destinations, telles que la Grèce, la Sardaigne, la Jordanie, le Maroc, l'Espagne, le Portugal… et j'en oublie sans doute quelques-unes. Cela dit, ce sont des destinations ponctuelles, au printemps et en été seulement, me semble-t-il.

— Ah oui, quand même !

— Mais il y a beaucoup de vols privés. De riches propriétaires de jets avec le portefeuille bien garni, venant passer quelques jours de vacances dans leur villa. Il y a aussi des chevaux qui atterrissent ici pour les courses hippiques, vous savez !

— Ah oui ?

— Oui. Je ne vous parle pas de la taxe carbone que cela implique, hein !

Cette dernière remarque fit sourire Catherine. Jacques avait des idées bien arrêtées concernant l'écologie et la protection de la planète. Le changement climatique avait été un sujet de discussion animé lors de sa précédente visite, l'hiver dernier.

— En effet. Donc… je ne vous demande pas s'il existe un vol Paris-Deauville, ironisa Catherine.

Jacques apprécia la blague de sa voisine. Fort heureusement, cette ligne n'existait pas. Dans le cas contraire, il était persuadé que Catherine serait venue par les airs.

— Vous ne croyez pas si bien dire, Catherine ! Cette possibilité existe, mais… vous aurez l'obligation de faire escale dans une des villes des pays desservis par l'aéroport de Deauville, par exemple en Grèce ou en Crète… et après l'escale obligatoire, vous repartez le lendemain et arrivez ici.

La Parisienne éclata de rire. Elle comprenait pourquoi sa fille était devenue si proche de Jacques. Le vieux Normand était de bonne compagnie, tout simplement. On se sentait bien avec lui, en sécurité, confortable. Mais surtout, on pouvait tomber le masque, et cela n'avait pas de prix.

Ils traversèrent le village de Saint-Gatien puis arrivèrent à destination, à peine une vingtaine de minutes après avoir quitté la gare. Jacques stoppa son véhicule devant la barrière en bois, sortit, ouvrit l'accès à sa propriété et revint s'installer derrière son volant.

— Nous y voilà ! dit-il. J'aime autant vous dire qu'on va en baver !

Catherine, ne sachant pas à quoi Jacques faisait allusion, fit une mine étonnée.

— Apprenez, chère invitée, que j'ai deux chambres d'amis qui se trouvent être… à l'étage. Je pense que nous ne serons pas trop de deux pour y monter votre… bibliothèque de voyage ! plaisanta le vieil homme, bien content de pouvoir asticoter un peu son hôte.

Catherine n'allait pas se laisser démonter aussi facilement. Avec Jacques, il fallait savoir jouer au ping-pong et répondre du tac au tac.

— Je peux aussi ouvrir la valise au rez-de-chaussée et monter les livres petit à petit !

Jacques, tout en garant son véhicule, trouva l'idée excellente, d'autant plus que cela pouvait lui éviter un tour de reins.

— C'est une excellente idée ça ! Vous me rappelez Monique, ma défunte épouse, elle aussi avait une façon de trouver des solutions pratiques à toutes les difficultés du quotidien. Je vous aiderai à tout mettre en place là-haut. Vous n'aurez qu'à choisir entre les deux chambres disponibles à l'étage, dit-il tout en se dirigeant vers la barrière de l'entrée qu'il referma tranquillement.

Ensemble, ils parvinrent à extraire la monstrueuse valise du coffre. C'était déjà ça de fait ! Arrivé péniblement devant la porte d'entrée, Jacques déclara :

— Attention, Catherine, je vais vous présenter ma nouvelle amie. Vous êtes prête ?

Il déverrouilla la porte d'entrée et, aussitôt, le chaton vint se frotter à sa cheville.

— Catherine, je vous présente… Ombre.

Catherine se baissa pour caresser le chaton qui vint alors se frotter, à son tour, contre sa cheville.

— Comme elle est mignonne ! déclara-t-elle. Mais, Jacques… c'est un drôle de nom pour une femelle, non ?

Tout en faisant bien attention de ne pas blesser le chat, Jacques fit rouler le bagage de son invitée jusqu'au fond du salon où un escalier de bois montait jusqu'aux chambres d'amis. Une fois cette opération effectuée sans encombre, il revint vers Catherine qui avait pris Ombre sur son avant-bras et lui grattait le menton.

— Je dois dire que je ne savais pas trop quoi choisir comme prénom pour un chat femelle. Cette année, c'est un prénom en "O", alors, j'avais pensé à Océane, à cause de ses yeux couleur d'azur, et puis… comme elle me suivait partout, comme mon ombre. Cela m'est venu tout naturellement, en somme. Voilà, *Ombre*… je trouve que ça lui va bien. Vous verrez, elle se fourre toujours dans mes pattes, c'est à croire qu'elle souhaite me faire trébucher ! Mais… je manque à tous mes devoirs, je vous laisse là, à la porte. Je vous en prie, Catherine, donnez-vous la peine d'entrer.

Catherine se tourna d'abord sur le seuil de la porte pour contempler le jardin magnifique qui s'étendait devant la façade de la maison normande. La dernière fois, c'était en hiver, il n'avait pas la même figure. Les arbres étaient magnifiques, et la roseraie qui apparaissait un peu plus loin l'attirait irrésistiblement. Il y avait juste cet amas de pierres inachevé qui détonnait avec le reste du tableau.

— Qu'est-ce que c'est que ça, Jacques ? Il n'y avait rien, là, l'hiver dernier, n'est-ce pas ?

Jacques revint sur ses pas et rejoignit Catherine à l'entrée. Il l'invita à sortir examiner de plus près les travaux d'été.

— Je me suis lancé dans un projet un peu… hum… comment dire… quelque peu ambitieux. Enfin, pour moi. Cela fait un moment que j'ai entrepris de construire un bassin à poissons.

— Un bassin à poissons ?

— Oui. Pourquoi ? Cela n'y ressemble pas ?

Catherine trouva que l'agencement des pierres en cercle faisait plutôt penser à autre chose.

— Si. Je pensais plutôt à un puits, vu d'ici.

Jacques se gratta l'arrière du crâne en faisant une moue dubitative.

— Mouais ! C'est peut-être mon muraillement. Il est trop haut, vous ne trouvez pas ?

— Non, il est très bien.

— Soyez franche, Catherine.

Catherine céda à la demande :

— Vous avez mis quatre rangées de pierres. Moi, à votre place, j'en aurais mis trois.

Le vieux Normand scruta son ouvrage et fut bien forcé de reconnaître que Catherine avait sans doute raison. Ainsi monté, son mur circulaire ressemblait plus à un puits qu'à un bassin.

— Bon. D'accord. Je supprimerai une rangée. Après tout, je ne suis plus à ça près !

Ombre sauta des mains de Catherine Wells et se mit à courir et sauter près du bassin.

— J'espère que notre amie n'aura pas atteint sa taille adulte avant d'avoir achevé ce fichu bassin ! Enfin… c'est comme ça. Bref, je pense que Ombre a envie de boire un peu de lait. Et vous, Catherine, je vous fais un thé ou un café ?

— Oui, un thé si vous voulez bien.

— Très bien. On s'occupera de vos bagages après, d'accord ? Installez-vous autour de la table de la terrasse et je vais faire chauffer de l'eau.

— Parfait ! répondit l'invitée.

Jacques disparut dans la cuisine, tandis que Catherine s'introduisit le plus discrètement possible dans le salon, allant chercher sa seconde valise, la petite, qu'elle porta avec elle jusqu'à la terrasse. Elle s'installa sur une chaise et déposa son bagage "cabine" sur la table blanche du jardin. Elle sortit un paquet, enveloppé de papier cadeau, et le posa face à elle, puis referma le bagage à main et le déposa au sol.

— Vous avez une préférence pour le thé ? demanda le vieux Normand.

— Ce que vous avez, ça ira très bien !

— J'ai un peu de tout, en fait ! Donc, n'hésitez pas à me dire ce que vous préférez.

— Dans ce cas ! Vous avez du thé vert à la menthe ?

Jacques fouilla dans sa boîte où s'étalait dans des petits rangements séparés tout un tas de sachets différents. C'était un cadeau offert par Anna. Jacques était plus café, mais Anna voulait le convertir, arguant que le thé était bien meilleur pour sa santé.

— Oui. J'ai ! J'arrive avec le plateau. Vous voulez du sucre ?

— Euh… non merci. J'essaie de faire attention à ma ligne.

— Vraiment ? Une coquetterie inutile dans votre cas, si vous voulez mon avis.

Une virgule apparut sur le visage de Catherine.

— Justement. C'est parce que je fais attention ! répondit-elle.

Jacques arriva à pas lents, les bras chargés. Un plateau d'un autre âge, avec des poignées dorées, une théière de la même époque et des tasses assorties.

— Moi aussi, j'ai fait une croix sur le sucre. Mais, comme vous pouvez le constater, ce n'est pas pour ma ligne, mais à cause du diabète. Mon docteur m'a demandé de faire attention à tout dorénavant. Il fait son boulot quoi ! Et moi, je tente de freiner certaines mauvaises habitudes, mais ce n'est pas évident. Que voulez-vous, j'adore tout ce qui est bon… et gras… ou sucré !

Catherine remercia le maître de maison qui déposa tasse et cuillère devant son hôte, puis servit l'eau chaude sur le sachet de thé.

Une fois Jacques installé en face d'elle, Catherine poussa

le paquet dans sa direction.

— C'est pour vous ! déclara-t-elle.

— Pour moi ? Il ne fallait pas, Catherine, vraiment.

Jacques s'empara du paquet et le soupesa. C'était la taille et le poids auquel il s'attendait.

— Ne me dites rien ! Un livre, c'est ça ?

Catherine opina de la tête.

— J'espère que vous ne l'avez pas déjà ! dit-elle. Anna m'a dit ce que vous aimiez lire, donc j'ai choisi en conséquence.

Le Normand déchira le papier cadeau, laissant apparaître la couverture d'un roman policier.

— « *Entre deux mondes* », dit Jacques en lisant le titre à voix haute. J'aime bien le titre déjà ! *Olivier Norek*, je ne connais pas l'auteur, mais il me semble en avoir entendu parler dans l'émission *La grande librairie*.

— C'est un auteur de polar, mais c'est surtout un policier de métier. Celui-là, c'est son dernier. J'espère que vous aimerez ? dit Catherine, en soufflant sur sa tasse de thé.

Jacques se leva et tendit les bras pour remercier sa bienfaitrice. Il lui fit une bise sur les joues avant de répondre.

— Merci beaucoup, Catherine. J'adore les polars, les thrillers, tout ce qui m'incite à chercher le coupable en même temps que les enquêteurs. C'est un peu mon dada, en fait.

— Je sais… Anna me l'a dit. Du coup, je ne pouvais pas me tromper. C'est déjà un best-seller ! Mais, j'ai choisi un auteur français qui, à en croire le vendeur de la *Fnac,* n'a rien à envier aux meilleurs romanciers américains.

— Vous ne l'aviez pas rangé dans votre malle, celui-ci, plaisanta le vieux Normand, en égouttant son sachet de thé dans sa tasse.

— Je suis prévoyante ! répondit la Parisienne.

— Moi aussi ! C'est pourquoi je n'ai rien préparé pour dîner ce soir. Je vous invite au restaurant !

— Jacques…

— … ce n'est pas un sujet à discussion. Je n'aime pas aller au restaurant seul, mais j'adore y aller. Donc, vous me sauvez la mise ! Mais, comme c'est moi qui vous propose l'idée. C'est moi qui invite, voilà tout.

Catherine fixa le vieux Normand et s'aperçut qu'il avait les yeux brillants. Cela lui faisait plaisir, à n'en pas douter. Elle n'allait pas le contrarier. Et puis, elle comptait rester quelques jours, donc ce serait son tour la fois suivante.

— Bon. Vous avez gagné, Jacques. Mais, ce sera moi qui vous inviterai la prochaine fois. Là aussi, c'est non négociable.

Jacques avala sa gorgée de thé chaud. Il avait trouvé adversaire à sa mesure, et cela l'enchantait.

— Puisque madame Wells est une femme moderne… je suis contraint de me soumettre. Pour l'heure, c'est mon tour. En tout cas, je m'en étais déjà aperçu l'hiver dernier, lors de notre première rencontre, mais à présent j'en suis sûr… je sais de qui tient votre fille !

Cela fit sourire Catherine. C'est vrai qu'Anna avait du caractère et qu'elle savait ce qu'elle voulait. La parenthèse en forme de spirale négative après l'attentat de Nice n'avait pas annihilé sa forte personnalité. C'était juste une pause. Elle avait repris sa marche en avant, en grande partie grâce à Jacques. Pourtant, à l'origine, ce n'était pas ce que Catherine avait prévu pour ramener sa fille parmi les vivants. Elle avait tenté de lui faire rencontrer son ami, William, qui avait la particularité d'aider les âmes en peine, et cela s'était traduit par un véritable fiasco. Cela n'avait pas fait « tilt » entre ces deux-là. Pourtant, ce fut le départ d'un nouvel élan pour

Anna. Elle avait eu alors l'idée géniale de partir à la rencontre de gens exceptionnels, des personnes qui avaient vécu le pire, mais n'avaient pas sombré. Parfois même, il était sorti quelque chose de bien des tragédies qu'ils avaient vécues. Jacques Vaillant faisait partie de ces gens-là ! Un homme qui avait perdu sa fille, alors qu'elle n'avait que douze ans. Puis, l'année dernière, c'était sa femme qui était décédée. Pourtant, ce monsieur gardait une joie de vivre continuelle. Il était là pour Anna et lui avait tendu la main, qu'elle avait saisie avec l'énergie du désespoir. Ce fut sans doute la meilleure chose qui lui soit arrivée depuis l'attentat de Nice et la mort de son compagnon. Puis, Anna avait repris sa quête du bonheur perdu. La différence était qu'elle savait quelle route suivre grâce à Jacques. Il lui avait indiqué le chemin. Ne restait plus à Anna qu'à l'emprunter.

— Le thé vous convient ? demanda Jacques, tirant Catherine de sa rêverie éveillée.

— Oh… oui, il est parfait. Merci !

— C'est votre fille qui me l'a offert, mais je crois bien vous l'avoir déjà dit !

— Non, ou alors je ne m'en souviens pas !

— Ah ? Bon, je croyais. Anna pense que je bois trop de café et que c'est mauvais pour moi. Notez que cela ne l'a pas empêchée de m'offrir une machine à capsules ! Bref, je la soupçonne d'être de connivence avec mon médecin traitant, parce que... elle m'a aussi offert un magnifique coffret à thé avec tout un tas de sachets différents. Le but avoué est de faire pencher la balance plus côté thé que café !

— Très bonne idée, ça !

— Oui. Sauf que, j'ai un peu honte de l'avouer, mais je suis autant *café*, si vous voyez ce que je veux dire, que *thé*. Un peu comme tous ces fans de football qui pensent qu'on ne peut pas à la fois être supporter du *PSG* et de l'*OM* ! Vous comprenez ?

Catherine avala une nouvelle gorgée du thé vert, en guise de réponse, puis se contenta de sourire.

— Mouais ! Je me doutais bien que mon argument footballistique était loin d'être très convaincant ! dit le Normand, en faisant un clin d'œil à son invitée.

La conversation se poursuivit dans une ambiance détendue. Une fois la pause-thé terminée, Jacques aida Catherine à monter ses affaires dans la seconde chambre d'amis à l'étage, cette dernière disposait d'une salle de bain adjacente, Catherine avait déjà passé une nuit dans cette chambre quand elle était venue avec Anna et Carl passer le réveillon de Noël ici même. Elle avait espéré alors que ce n'était que les prémices d'une longue série de repas familiaux, parce que Jacques Vaillant était dorénavant un membre à part entière de leur famille. Malheureusement, Anna en avait décidé autrement. Heureusement, tout n'était pas encore perdu à ce sujet. Anna allait bien finir par voir que Carl Pessoa était l'homme qu'il lui fallait. Catherine en était intimement persuadée, d'autant qu'elle avait vu Carl dans un rêve avant même de le rencontrer dans la réalité. Dans ce songe, Carl avait sauvé Anna de la noyade. Le symbole était évident. Il fallait juste qu'Anna s'en persuade, à son tour.

*

Jacques avait réservé une table dans un petit établissement qui ne payait pas de mine, dans le centre de Honfleur, loin du port et des restaurants à touristes. Sachant depuis l'hiver dernier que Catherine Wells appréciait le bon vin, il allait lui faire découvrir un lieu pittoresque et tenu par un couple qui valait la peine d'être connu.

En réalité, *Chez D.D.* était plus un *bar à vin* qu'un véritable restaurant, mais Catherine savait que Jacques avait le don pour faire découvrir des endroits charmants tenus par des gens du même acabit. Elle n'avait plus qu'à suivre le mouvement. Depuis que Jacques était entré dans la vie de sa fille, il y avait un nouveau *pilier* qui était apparu dans la maison *Wells*. Et Catherine bénissait le ciel de lui avoir donné cette opportunité. Jacques Vaillant, fidèle à lui-même, ne savait probablement pas à quel point il était devenu quelqu'un qui compte pour sa fille, mais aussi pour elle-même…

24

Le signal clignotant indiquait, à la fois en portugais et en anglais, que les passagers étaient invités à attacher leur ceinture.

L'avion en provenance de Porto amorçait sa descente en direction de l'aéroport de Lisbonne. Ce dernier avait beau avoir un aspect vieillot, il remplissait parfaitement son rôle d'aéroport international. Qui plus est, il devait aussi gérer les vols domestiques, mais aussi la flottille en expansion des compagnies *low-cost*. Il fallait bien reconnaître que la gestion portugaise était un modèle du genre et permettait aux voyageurs à destination de Lisbonne de profiter d'une organisation sans failles. De plus, de récents travaux en phase d'achèvement allaient encore améliorer le confort des usagers.

L'avion se posa sur l'aérodrome, au niveau du Terminal 2, et libéra Carl Pessoa qui, n'ayant qu'une valise cabine, ne perdit pas de temps et se rendit directement aux consignes où il laissa son bagage à main. Il fendit la foule de touristes estivaux pour se diriger vers la sortie et accéder au métro, dont l'accès apparaissait aussitôt franchies les portes de l'aérogare.

Bon sang, Carl. Tu es en train de faire une énorme connerie, mon vieux !

Cette pensée lancinante ne l'avait pas quitté pendant

toute la durée de son vol entre Porto et Lisbonne. Il n'avait même pas pu s'assoupir un peu, pourtant l'escapade dans le village de sa grand-mère l'avait quasiment privé de son énergie coutumière. Il se sentait… vide. Anna lui manquait cruellement, il aurait tant voulu lui faire découvrir les recoins de son enfance. Seul, c'était un sentiment de tristesse qui l'avait envahi. Avec Anna, il ne doutait pas que cela aurait été un instant de joie magnifique.

Son téléphone avait accroché le réseau après la sortie de l'avion, Carl jeta un œil triste sur son écran : toujours aucune réponse d'Anna.

Il navigua parmi ses derniers textos et consulta l'ultime message de Livia qui lui rappelait de la contacter sitôt son avion posé. Il changea d'avis concernant le métro en découvrant qu'un service VTC était disponible. Carl ouvrit son application et commanda un *Uber*, le prix était raisonnable, moins de dix euros pour se rendre dans le quartier de *Belém*.

En attendant, l'arrivée de son chauffeur, Carl contacta Livia :

« Bonjour Livia. Je viens d'arriver à Lisbonne. Comme convenu, tu dois déjà être à Belém. Je te rejoins d'ici un bon quart d'heure. RDV devant le Padrão dos Descobrimentos. Carl »

Carl vérifia sur son application *Booking* le numéro de téléphone de son hôtel. Il passa un appel pour vérifier que tout était bien conforme à sa réservation. Tout était en ordre. Il avait à peine rangé son portable que le VTC arriva. Le chauffeur s'étonna de ne pas avoir à charger de bagages. Carl expliqua brièvement qu'il n'était là que pour une nuit et ne donna pas plus de détails.

Neuf minutes plus tard, Carl descendait de son *Uber*. Il avait demandé au chauffeur de le déposer une centaine de mètres avant le monument de la découverte. Il voulait marcher un peu avant de retrouver Livia.

*

Livia Da Costa, de son côté, était déjà dans le quartier de Belém depuis plus d'une heure. Elle s'était assise à la terrasse d'un café avec la tour en point de mire. Elle sirotait une *Pedras*, eau gazeuse locale, quand son téléphone bipa, lui indiquant l'arrivée d'un SMS. L'avion de Carl avait atterri et il serait là d'ici quelques minutes. Son rythme cardiaque s'accéléra et elle avala le reste de son verre d'un trait. Elle était très séduisante dans sa mini-robe et son bronzage naturel ajoutait encore à son charme. La plupart des hommes qui passaient devant elle ne manquaient pas de la regarder, mais cela l'indifférait aujourd'hui.

De son côté, elle savait déjà à quoi Carl ressemblait après si longtemps. Elle avait longuement regardé la photographie qui illustrait le site Internet de l'entreprise de Carl. Lui, était resté toujours aussi beau, et, en prenant de l'âge, était devenu un homme sur qui l'on semblait pouvoir compter, solide, sûr de lui, plein de charme.

En songeant aux changements inéluctables soulignés par le temps qui passe, Livia prit conscience que Carl, lui, ignorait totalement à quoi, elle, ressemblait aujourd'hui. En réalité, elle n'avait plus grand-chose à voir avec celle qu'elle avait été durant l'adolescence. En quittant son petit village de *Figueira de Castelo Rodrigo*, elle avait opéré une transformation physique par la même occasion. Pour elle, la chenille s'était transformée en papillon : la jeune fille simple, à la beauté naturelle, s'était muée en une femme sexy et sophistiquée. Elle espérait que cela plairait à Carl, mais ne pouvait réprimer un certain doute. Aussi, elle avait opté pour la demi-mesure, en allégeant quelque peu son maquillage habituel. Peut-être aurait-elle dû se vêtir d'un simple jean avec un T-shirt ? De toute façon, il était trop tard pour y changer quoi que ce soit.

Cachée derrière ses lunettes foncées, elle le vit soudain apparaître : Carl ! Il marchait en direction de la tour et ne l'avait pas encore vue. Livia s'apprêtait à lui faire signe quand elle se ravisa. Elle l'observa quelques secondes de plus. Il était encore trop loin pour qu'elle puisse détailler son visage, caché derrière une monture aux verres teintés. Pourtant, elle n'avait pas le moindre doute, c'était bien lui. Son allure, sa façon de marcher avec classe, un peu à la *Clint Eastwood*, comme dans les vieux westerns italiens des années soixante. Bon, OK, Carl n'était pas aussi grand que l'acteur américain, mais Livia était déjà sous le charme.

Arrivé au pied de la tour de *Belém*, Carl scruta le périmètre alentour. Livia prit une profonde inspiration et leva la main qu'elle se mit à agiter avec frénésie.

— Carl ! clama Livia qui, dans le même tempo, se leva pour être vue.

Carl s'avança d'un pas hésitant.

— Livia ? demanda-t-il timidement.

La jeune femme fit un pas vers lui et retint l'envie de le prendre par les épaules pour l'embrasser. Au lieu de cela, elle croisa les mains et ne put empêcher sa jambe droite de battre la mesure.

— Oui ! Qui veux-tu que ce soit ? Tu avais rendez-vous avec d'autres femmes devant la tour de *Belém* ? badina-t-elle pour se donner une certaine contenance. Il faut dire que Carl était encore plus joli garçon en *live* que sur la photo publicitaire de son site professionnel. Le visage bronzé, une barbe de trois jours, des cheveux bruns agités par la brise légère qui remontait du *Taje*. La jeune femme découvrit un homme à la stature bien plus massive que celle de l'adolescent qu'elle avait connu, autrefois. Carl devait pratiquer la musculation, en tout cas, il avait pris des épaules.

— On s'embrasse ? demanda-t-il en ouvrant les bras.

Livia se pencha timidement vers Carl qui l'embrassa sur la joue. Elle sentit une nuée de papillons lui chatouiller le ventre. Pourquoi ne pouvait-on pas contrôler ses émotions quand on en avait le plus besoin ? En plus, elle commençait à avoir chaud. Impossible de savoir si cela venait de la température extérieure particulièrement élevée ce jour-là, ou si c'était Carl Pessoa qui avait soufflé sur les braises.

Carl s'installa sur sa chaise et ôta ses lunettes de soleil, son sourire et ses yeux clairs étincelants finirent de faire basculer définitivement Livia dans le passé. Si elle avait encore quelques doutes sur ses motivations, ils avaient pris la poudre d'escampette.

— Tout va bien, Livia ? s'enquit Carl, percevant le trouble de son ancienne petite amie.

Livia s'efforça de reprendre le contrôle de ses émotions, et de son corps qui ne cessait de la trahir.

— Euh… oui ! Tout va bien, merci ! mentit-elle.

— D'accord.

— Tu veux boire quelque chose ? demanda Livia, en hélant le garçon de café, sans attendre la réponse de Carl.

— Oh… oui, volontiers.

Le garçon ne mit qu'une petite seconde à les rejoindre pour prendre leur commande.

— Bonjour ! Que désirez-vous, monsieur ? demanda-t-il.

Carl hésita. Il aurait bien commandé une bière, mais il ne voulait donner l'impression d'avoir un penchant pour l'alcool.

— Tu veux *um Imperial* ? demanda Livia.

C'était l'appellation locale pour une bière à la pression.

— Volontiers ! répondit Carl, soulagé.

— Et pour vous, mademoiselle ? s'enquit le garçon.

— Un *Tango*, s'il vous plaît !

Carl tentait de trouver un rapport entre la danse originaire d'Argentine et ce cocktail mêlant bière et grenadine, mais n'eut pas le temps de poursuivre sa réflexion. Le garçon s'éclipsa tandis que Livia poursuivit :

— Tu n'as aucun bagage ? demanda-t-elle.

— Non. Comme je te l'ai dit dans mon texto, j'ai laissé ma valise cabine à la consigne de l'aéroport. Je me voyais mal te rejoindre ici en la traînant comme un boulet.

Livia retira ses lunettes à son tour. Ses yeux foncés semblaient crépiter, tel le foyer ardent d'une cheminée.

— Tu n'as pas changé, Livia.

Livia s'attendait à tout sauf à un compliment de la part de Carl. Cela n'avait jamais été un de ses points forts. Il fallait croire que les choses avaient changé… avec le temps. Elle savourait celui-là, comme si c'était un encouragement. Carl la trouvait *jolie*. C'était déjà un bon début. Elle allait lui répondre, mais ses réflexions durèrent trop longtemps pour Carl, qui, gêné, poursuivit :

— Enfin… Si… Je veux dire… Tu n'es plus la jeune fille de mon enfance, mais… tu es toujours aussi jolie !

— Merci. Toi, par contre, je ne peux pas en dire autant...

Carl se sentit mal tout à coup. Que voulait-elle dire ? Il n'avait pourtant pas vieilli tant que ça. Et puis, il prenait soin de lui, faisait du sport, ne mangeait pas n'importe quoi, buvait avec modération. Alors quoi ? Qu'est-ce qui n'allait pas chez lui ?

— Ah ? bafouilla-t-il.

Livia fit un large sourire.

— Qu'est-ce que tu es en train de t'imaginer ? Je trouve que tu as changé… mais, en mieux !

Carl parut soulagé. Toujours cette mauvaise habitude de mal interpréter les choses. Peut-être était-ce pour cela qu'Anna était partie. *Anna ! Mon Dieu, qu'est-ce que je fais ici ?*

— Carl, tout va bien ? demanda Livia, devant le regard perdu dans le vague de son vis-à-vis.

— Euh… oui ! Pardon, excuse-moi Livia. Je pensais à quelque chose…

Carl s'interrompit soudain. Il allait trop en dire, parler d'Anna. Cela aurait été inopportun et maladroit, aussi préféra-t-il se taire. Les mots qui lui brûlaient le cœur ne purent franchir la frontière de ses lèvres.

Pour se donner une certaine contenance, Carl s'empara de ses lunettes de soleil et commença à nettoyer les verres avec son mouchoir… LE fameux mouchoir brodé venant de sa grand-mère, la pièce de tissu fétiche qui avait été le prétexte inventé pour retrouver Anna, il y avait déjà un an de cela.

Carl maugréa intérieurement cet objet qui le ramenait, lui aussi, à Anna. En fait, depuis des jours et des semaines, il n'y pouvait rien, TOUT lui faisait immanquablement penser à elle. *Est-ce qu'elle pense à moi, elle, de son côté ?*

Un instant, Carl et Livia restèrent perdus dans leurs pensées respectives. Puis, Carl, prenant conscience du chemin tortueux sur lequel ses élucubrations l'entraînaient, tenta, au prix d'un gros effort, de revenir à l'instant présent. Il allait dire quelque chose, n'importe quoi, pour ne pas gâcher ces retrouvailles, lorsque le barman le sauva in extremis :

— Le *Tango*… pour mademoiselle ! dit-il en déposant la boisson couleur grenat devant la jeune femme. Et un *Imperial* pour monsieur !

Carl s'empara de la coupelle en plastique qui contenait la note et régla aussitôt les consommations. Une fois la monnaie rendue, le barman s'effaça.

— Merci ! dit Livia, en s'emparant de son verre. *Saude* !

Carl fit tinter son verre tulipe contre celui de Livia.

— Tchin !

Il plongea ses lèvres avec délice dans la bière fraîche. Il avala d'un trait la moitié du verre, sous le regard songeur de Livia. En réalité, Carl avait la gorge sèche, il n'avait pas imaginé que revoir Livia le mettrait autant mal à l'aise. Rien n'était clair dans son esprit. Il avait beau se persuader que le fait de s'imposer une halte à Lisbonne pendant son escale, et boire un verre avec une ancienne camarade, ce n'était rien… Il ne faisait rien de mal, ou de répréhensible. Il y avait pourtant une petite voix à l'intérieur de sa tête qui ne cessait de lui suggérer le contraire. Rencontrer après tant d'années son ancienne petite amie, son amour d'adolescence, cela n'était pas… rien. Et puis, ils étaient seuls, personne avec eux. Revoir Livia à l'occasion d'une commémoration d'anciens camarades de classe, cela aurait été tout à fait différent, mais là…

— Carl, tout va bien ? demanda Livia, l'extirpant une nouvelle fois de sa rêverie inquiète.

Carl prit un temps pour réfléchir. Que pouvait-il répondre ? Il n'y avait pas trente-six solutions, seulement deux. 1) Mentir et raconter n'importe quoi comme prétexte, comme des soucis avec sa nouvelle entreprise qui n'en était encore qu'à ses balbutiements et qui le préoccupait. Cela pouvait faire illusion, mais il passerait pour un parfait mufle. Rencontrer son amour de jeunesse et avoir la tête ailleurs, plongée dans des soucis professionnels. Quel goujat cela ferait de lui ! 2) Dire la vérité. Oui, parfois il n'y a rien de mieux pour se sortir d'une situation embarrassante que d'être sincère. *Livia, je ne sais pas très bien ce que je fais là. Tu es aussi belle, et même plus encore qu'à l'époque de notre idylle, et te revoir me trouble, je ne saurais le nier, mais… je ne suis pas libre. J'en aime une autre. Nous sommes ensemble.* Sauf, qu'en l'occurrence, Carl ne savait plus très bien si c'était encore un fait d'actualité ou non.

— Désolé, Livia. Je suis… un peu… troublé. Je repense à notre enfance. *Bravo ! Quel menteur tu fais !* En fait, cela se bouscule un peu dans ma tête ! *Au moins, ça, c'est vrai.* Excuse-moi !

Voilà, Carl avait dit une demi-vérité… ou un demi-mensonge, tout dépendait de la façon de voir les choses. Livia lui faisait du charme, c'était visible, flagrant. Sa tenue n'était pas celle de tous les jours, ou alors Livia avait bien changé. En même temps, elle n'était plus l'adolescente d'autrefois. Mais ce numéro de charme l'avait pris de court, il ne s'y attendait pas. Cette escale à Lisbonne était censée être une occasion de revoir une vieille amie après de nombreuses années passées sous silence. Pas un rendez-vous galant. Carl éprouvait comme un léger vertige. D'un côté, il n'avait rien à faire là. Revoir Livia et raviver des sentiments antagonistes n'était assurément pas une bonne idée. Il l'avait aimée puis… détestée. Elle l'avait quitté pour un miroir aux alouettes. La promesse d'une vie meilleure dans une grande ville. Il n'avait pas fait le poids face à Lisbonne, la capitale.

Carl ne pouvait que constater que la rancœur courait plus vite que le sentiment amoureux. Chaque pore de sa peau transpirait la douleur du passé. Livia l'avait abandonné. L'aventure, l'agitation, la cité. Lui n'avait jamais été attiré par tout cela. Le paradoxe était que, en définitive, il avait fini par quitter son village pour la France, et Paris. Quelle ironie !

— Écoute, Carl, moi aussi je suis troublée. C'est normal, non ?

Carl ne pouvait pas rester une seconde de plus dans l'expectative. Il fallait y aller, se lancer dans le vide. Après tout, qu'avait-il à perdre ?

— Pourquoi as-tu souhaité me revoir après si

longtemps, Livia ? demanda-t-il avec une pointe de tristesse dans la voix qu'il ne parvenait pas à masquer.

La question claqua comme un pétard dans la tête de Livia. Que pouvait-elle répondre ? Nourrissait-elle quelques regrets par rapport à sa décision de tout quitter, sa vie, son village, et son petit ami de l'époque ? Pouvait-on la blâmer pour cela ? Qui aurait pu parier qu'une amourette entre adolescents aurait pu se transformer en une union durable, un mariage, des enfants, une vie ? Non, elle ne regrettait pas le passé. Elle avait toujours voulu partir pour la ville, et Lisbonne était LA ville par excellence. Carl avait dû lui en vouloir, mais, peut-être aurait-il pu la suivre. Pourquoi n'avait-il pas tout quitté pour elle ? Sans doute parce qu'il n'était qu'un gamin, lui aussi, et qu'il n'avait pas l'autonomie nécessaire pour cela. Pour elle, cela avait été différent. On lui avait servi ce départ sur un plateau.

Livia avala sa salive avant de répondre.

— Pour être honnête, je ne sais pas. Je suis tombée par hasard sur ta photo, dans une publicité pour ton agence sur Internet. Quand je t'ai vu, je t'ai tout de suite reconnu et… je n'ai pas réfléchi. Enfin si… j'ai attendu le lendemain avant de me décider. J'ai hésité. Je me demandais comment tu allais réagir. Et puis, j'ai franchi le pas. J'ai appelé le numéro qui s'affichait sur la pub… et je suis tombée sur ta collaboratrice. J'ai été déçue. J'avais espéré t'avoir directement au bout du fil. Cela aurait été plus simple. Là, j'ai balbutié n'importe quoi, pour finir par avouer que j'étais une de tes anciennes amies et que je venais d'apprendre que tu étais revenu au Portugal. Je lui ai laissé mon numéro sans vraiment croire qu'elle te le communiquerait, encore moins que tu m'appellerais. Voilà.

Carl plongea son regard dans celui de Livia. Son explication méritait quelques éclaircissements.

— C'est donc le hasard ? demanda Carl.

— On peut dire ça, oui ! répondit Livia.

Carl termina sa bière machinalement. Il avait bon dos le hasard. Plus de quinze ans les séparaient de leur dernière rencontre. Et juste en voyant sa photo sur le Web, elle décidait de renouer ? Ce n'était pas suffisant. Carl décida de creuser plus profond :

— Tu es toujours mariée ?

La demande claqua comme un coup de fusil. Livia s'attendait à cette question, et à un tas d'autres aussi. Pourtant, elle n'en fut pas moins désarçonnée. C'était cependant légitime et tout à fait opportun. La jeune femme prit son temps avant de répondre, comme si cela pouvait changer quelque chose. Elle craignait la réaction de Carl. Et si, tout à coup, il décidait de s'enfuir, la laissant là, comme une idiote, avec ses contradictions. Ou peut-être allait-il lui dire ses quatre vérités, elle allait donc finalement passer un sale quart d'heure, oui. Peut-être Carl allait-il laisser échapper tout ce qu'il avait sur le cœur en définitive, tout ce qu'il n'avait jamais dit depuis plus de quinze ans.

Livia soupira un grand coup.

— Plus ou moins. *Quelle godiche, c'est quoi cette réponse débile ?* pensa-t-elle, aussitôt ces paroles prononcées.

Carl fronça les sourcils. Ce n'était pas bon signe. Son visage s'était fermé aussitôt. Où Livia voulait-elle en venir avec cette réponse de Normand.

— Euh… excuse-moi, Livia, mais ça veut dire quoi *plus ou moins* ? Tu n'es plus avec… avec Antonio ?

Que pouvait-elle répondre ? Oui, elle était toujours mariée avec Antonio. Non, elle ne vivait plus avec lui, c'était un imbécile qui ne voyait pas la chance qu'il avait de l'avoir comme épouse. Et puis surtout, cela faisait bien longtemps qu'elle n'éprouvait plus rien pour son mari. Elle savait maintenant qu'elle ne l'avait jamais aimé, que ce qu'elle avait éprouvé pour lui n'était qu'admiration, reconnaissance. L'amour entre eux n'avait, en réalité, jamais existé.

— C'est un peu compliqué, répondit-elle tout en se frottant les yeux.

Le soleil illumina soudain la terrasse du café. Carl et Livia ajustèrent leurs lunettes fumées. C'était une aubaine pour cacher l'embarras qui venait de faire son entrée dans leur conversation.

— Compliqué ?

— Oui. En fait, nous sommes séparés depuis des mois. Je vis seule dorénavant, avoua Livia.

— Ah oui ?

— Oui. Mais, je ne suis pas encore divorcée. J'ai entamé une procédure et j'ai aussi engagé un détective privé pour apporter des… pièces à mon dossier.

— Des… pièces à ton dossier ? s'enquit Carl qui avait du mal à suivre les explications de Livia qui utilisait un débit tantôt lent, accompagné d'un ton à peine murmuré, puis tantôt rapide en haussant le ton.

Livia s'interrompit un instant pour boire une gorgée de son *Tango*. Elle avait la gorge sèche. C'était plus fort qu'elle : elle se sentait comme prise au piège dès lors qu'elle parlait d'Antonio. Elle était en train de parler du mari qu'elle avait choisi, à l'époque, balayant dans le même temps d'un revers de main son histoire d'amour avec Carl. Pas facile pour elle de garder l'esprit clair et la voix assurée en de telles circonstances. Elle sentit monter en elle une grosse bouffée de chaleur qui ne devait rien aux rayons solaires qui lui caressaient le visage.

— Antonio me trompe depuis des années. Je vais divorcer et lui faire payer ses infidélités ! déclara-t-elle, regrettant dans la seconde le fait d'en avoir peut-être trop dit. Carl pouvait s'effrayer et la prendre pour une carnassière, éprise de vengeance.

Livia avait tout faux. Carl était bien loin de nourrir de telles pensées à son égard. Il était seulement triste pour elle. Cela dit, il se doutait bien que tout n'était pas rose dans la vie sentimentale de son ancienne amie. Dans le cas contraire, Livia l'aurait-elle appelé pour le revoir ? Et lui, il n'avait pas plus de leçons à donner. Serait-il venu faire un détour à Lisbonne pour la revoir si sa propre histoire ne s'était pas mise à vaciller tout récemment ?

— Je suis désolé pour toi, Livia, dit-il simplement, faisant rouler entre ses doigts son verre bientôt vide.

Livia fit signe au garçon en faisant tourner son index au-dessus des verres vides, le geste usuel pour une deuxième tournée. Quand on commence à raconter sa vie, l'alcool peut être un soutien pour certaines personnes. Livia en faisait partie.

— Et toi ? demanda-t-elle, coupant le silence devenu soudain pesant.

— Moi ? dit Carl, un voile obstruant son regard d'ordinaire si clair.

— Tu vois quelqu'un d'autre à notre table ? se moqua Livia.

Carl se sentit mal tout à coup, comme quand il était enfant et que l'institutrice allait interroger un des élèves et qu'il n'avait pas appris sa leçon. Il priait pour que cela ne tombe pas sur lui, et se sentait soulagé intérieurement quand un autre était désigné par la maîtresse. Oui, mais là… pas d'échappatoire, il n'y avait que lui, et Livia le pointait du doigt.

— Euh… pour moi aussi, c'est un peu compliqué en ce moment. Je…

Carl s'interrompit. Il ne devait pas continuer dans cette voie qu'il estimait sans issue. C'était se moquer de Livia, et ce n'était assurément pas ce qu'il souhaitait.

Le serveur le sauva in extremis, pour la seconde fois, s'emparant des verres vides qu'il échangea contre des pleins.

— Merci ! dit Carl au garçon qui s'éclipsa aussitôt.

Livia hésita à prendre la parole. Elle laissa son ancien petit ami avaler une gorgée de sa boisson, puis finalement décida de garder le silence. C'était parfois la meilleure chose à faire quand on souhaitait obtenir des confidences. Elle savait bien qu'elle était partie d'un postulat fort peu probable : le fait que Carl n'ait personne dans sa vie. Il était jeune, beau, et en plus patron d'une entreprise internationale (si elle avait bien compris en quoi consistait son job), et surtout c'était un homme gentil, et ça c'était une qualité masculine qui avait tendance à devenir de plus en plus rare.

Carl s'essuya les lèvres avec une serviette en papier qu'il reposa méticuleusement sur la table près de son verre.

— Excuse-moi, Livia, dit-il. Pour être tout à fait honnête… je ne sais pas vraiment pourquoi je suis là. C'est étrange… Je veux dire, cela ne me ressemble pas d'agir inconsidérément. Je n'aurais jamais dû… accepter de te revoir.

Livia reçut cette phrase comme un coup de poing dans l'estomac, et cela lui fit très mal. Cela faisait à peine quelques minutes qu'ils s'étaient retrouvés que, déjà, Carl semblait le regretter. Il n'allait pas s'en tirer comme ça, non ! Il fallait qu'il s'explique. Autant crever l'abcès. Livia se jeta dans le vide, et elle n'avait pas de parachute.

— C'est parce que tu m'en veux toujours ? C'est pour ça ? demanda-t-elle, les yeux humides.

Stupeur de Carl qui écarquilla les yeux. Il se trouva déstabilisé par la question de Livia.

— Hein ? Mais non, voyons ! Bien sûr que non. C'est du passé tout ça !

— Alors quoi ?

Carl ne répondit pas immédiatement. Il avala une seconde gorgée pour s'éclaircir la voix.

— Tu sais où j'étais hier ?

Livia prit la précaution de bien ajuster ses lunettes noires pour masquer ses yeux brillants, puis répondit :

— Je suppose que tu étais à Faro ! dit-elle.

Un sourire triste se dessina sur le visage de Carl.

— Non.

— Ah bon ! Où étais-tu alors ?

— J'étais dans la vieille station de chemin de fer, celle où nous avions gravé nos noms autrefois…

Deuxième coup de poing dans l'estomac. Cette fois, Livia était touchée. Si elle s'était trouvée sur un ring de boxe, elle aurait mis un genou à terre, histoire de reprendre son souffle, récupérer quelques secondes. Elle ignorait ce que Carl allait lui dire, sans doute quelque chose concernant sa vie personnelle. C'est vrai qu'elle ne savait presque rien de lui. Ah si, il n'était pas marié. C'est d'ailleurs ce qui l'avait encouragée à reprendre contact avec lui, après l'avoir vu sur la publicité. Par contre, il y avait une chose dont elle était certaine à présent, elle devait enfin exprimer ce qu'elle n'avait jamais pris la peine de lui dire autrefois.

— Carl ! Je te demande pardon, murmura-t-elle, tandis qu'une larme glissa sous le verre fumé de ses lunettes.

Carl fut pris au dépourvu. Il resta un moment abasourdi. Il ne supportait pas de voir une femme pleurer. La dernière fois, c'était dans un bar, à Paris… et il s'était levé, puis avait tendu son mouchoir à la belle inconnue qui sanglotait à la table d'en face. C'est précisément à cet instant qu'il était tombé amoureux d'Anna, dès qu'elle avait levé ses yeux rougis sur lui.

Il chassa ses souvenirs et se retint de tendre son mouchoir à Livia. Fort heureusement, elle s'empara de la serviette en papier placée à côté de son verre et s'essuya la joue.

— Merci, murmura Carl.

Livia ôta ses lunettes et tenta de juguler les larmes qui coulaient maintenant en abondance sur ses joues.

— Je regrette tellement Carl, dit Livia, entre deux sanglots.

Carl prit la main de Livia entre les siennes.

— Calme-toi, tout va bien.

— Tu veux bien me pardonner, alors ?

— Il y a longtemps que c'est fait, avoua-t-il.

— C'est vrai ?

— Oui.

Livia serra la main de Carl dans la sienne et, d'un geste lent, l'attira tout contre son visage. Elle l'ouvrit et y déposa un baiser, sur sa paume. Ce contact intime fit remonter des souvenirs enfouis et Carl prit sur lui pour ne rien laisser paraître. Il laissa Livia faire, tout en tentant de masquer son trouble.

— Merci, déclara-t-elle en fermant ses yeux larmoyants.

— Je t'en prie, répondit-il. Que dirais-tu de nous remettre de nos émotions ? Je te propose de nous promener un peu le long du Tage et ensuite, si tu le veux, on ira dîner au restaurant. C'est moi qui invite, bien sûr !

Cette proposition eut le mérite de rendre le sourire à Livia. Il faut dire qu'elle avait craint, l'espace d'un instant, que Carl parte précipitamment, lui rendant la monnaie de sa pièce, pour solde de tout compte. Mais Carl c'était Carl. Il avait tout du gentleman et ne lui ressemblait en rien. Elle n'en éprouvait que plus de regret, mais on ne pouvait changer le passé.

Carl déposa un billet de vingt euros sur la table et invita Livia à le suivre. Elle, qui n'en demandait pas tant, ne fit preuve d'aucune résistance et se leva prestement. Il l'entraîna le long du fleuve qui scintillait de mille feux, habillé par les rayons d'or qui illuminaient la surface de l'eau et la faisait pétiller comme des milliers d'étoiles dans une nuit d'été.

Ils s'éloignèrent de la tour de Belém d'un même pas, lent et mesuré. Le passé, telle une marée montante, les avait rattrapés, mais ils ne s'étaient pas laissés submerger par lui. Quoi qu'il advienne de ces retrouvailles, Carl savait que cela ne serait pas vain. Livia avait pu exprimer ses regrets, c'était probablement quelque chose d'important pour elle. Et lui, il avait pu lui dire qu'il ne lui en voulait pas, qu'il ne lui en avait jamais voulu, ou alors seulement dans les premiers instants. Leur histoire n'avait rien d'unique, elle était même probablement d'une très grande banalité. Et puis, comment savoir ce qui se serait passé si Livia n'était pas partie ? Qui pouvait le dire ? Certainement pas lui.

Ils marchèrent ainsi plusieurs centaines de mètres le long du fleuve de la capitale portugaise. Livia avait machinalement pris le bras de Carl qui s'était laissé faire. Après tout, qu'y avait-il de mal à ça ?

Une vieille dame qui promenait son chien aperçut le couple bras dessus, bras dessous, et les gratifia d'un sourire alors qu'ils passèrent à proximité. Carl lui rendit son sourire et quand ils disparurent à l'horizon, se rapprochant de la zone où les restaurants pullulaient au mètre carré, la femme âgée eut une gentille pensée pour le jeune couple qu'elle venait de croiser *Que Dieu vous bénisse, les amoureux* ! Elle était veuve depuis de longues années et elle connaissait le poids de la solitude. Ainsi, elle se réjouissait du bonheur des autres et les jeunes couples qu'elle croisait parfois suffisaient à la mettre en joie pour tout le reste de sa journée.

25

Le refuge de Tighjettu. Enfin.

Aurélie, qui ouvrait la marche, fut logiquement la première à apercevoir la bâtisse en bois. Son groupe avait mis près de neuf heures pour terminer cette étape, la numéro quatre dans le sens nord-sud.

Depuis la crête où ils avaient rejoint Bocca Crucetta, le chemin n'avait fait que descendre, alternant entre pierriers et blocs où l'utilisation des mains fut parfois nécessaire. Heureusement, la présence de chaînes pour sécuriser certains passages avait grandement contribué à redonner le sourire au groupe encore fébrile depuis l'épisode orageux, un imprévu qui avait plombé l'ambiance. D'ailleurs, le silence s'était installé parmi les randonneurs qui n'avaient quasiment plus dit un mot jusqu'à l'arrivée au refuge.

Ce fut Ludovic qui rompit le premier le mutisme ambiant.

— Alors c'est ça ? fit le jeune homme en pointant du doigt le refuge, puis affichant une moue qui exprimait sa déception.

Le refuge de Tighjettu se composait de deux blocs formant une grande bâtisse en bois. La première partie formait une sorte de triangle qui, de loin, semblait être une pyramide. Elle abritait une entrée qui ne pouvait être franchie qu'après avoir gravi des escaliers, toujours en bois, elles aussi. Une entrée à droite permettait l'accès à l'intérieur du refuge.

— Vous avez vu tout ce linge en train de sécher ? clama Jennifer.

Il y avait effectivement un nombre impressionnant de serviettes de toilette qui pendaient le long de fils suspendus entre les pylônes qui soutenaient la bâtisse.

En s'approchant, les randonneurs purent mieux détailler l'ensemble du refuge. La structure ressemblait à une bâtisse construite sur pilotis, mais dessous nulle étendue d'eau, seulement un amoncellement de rochers à perte de vue.

D'un format plus large que le premier bloc, le second était de forme pentagonale, moins large, mais plus haut que le premier. Cette hétérogénéité donnait à l'ensemble de la construction un semblant de style baroque.

— Hé ! Ce truc a été construit par Numérobis ? demanda Jennifer, provoquant quelques rires parmi le groupe de randonneurs.

— Je ne crois pas, répondit la guide avec un sourire. C'est vrai que cela ne paye pas de mine, mais c'est un refuge que vous allez apprécier, croyez-moi !

Aurélie disait vrai. L'ascension du mont *Cinto* jusqu'ici n'avait pas été une partie de plaisir. L'orage imprévisible qui s'était abattu sur eux les avait mis dans un sale état, ils étaient trempés jusqu'aux os, malgré leurs vêtements de pluie, et n'avaient pas vraiment eu le temps de sécher, surtout les pieds dont il fallait prendre soin, parce que pour un randonneur c'était primordial.

— Moi je tuerais pour un chocolat chaud ! dit Jennifer, bien heureuse d'être enfin parvenue au refuge.

— Il y a tout ce qu'il faut à l'intérieur pour faire un peu de cuisine. Des casseroles, des bols, des cuillères aussi. Il y a un placard régulièrement alimenté par le gardien en produits de première nécessité. Je crois me rappeler que le chocolat et le lait en poudre figurent sur la liste de ce que l'on peut trouver dans les placards… donc *a priori* c'est faisable. Encore faut-il que les randonneurs de passage n'aient pas tout consommé !

— Sauf que je doute que le lait en poudre soit du lait d'amande ! rétorqua Marie-Hélène. Jennifer étant végétalienne, cela risque fort de ne pas convenir.

Jennifer foudroya sa mère du regard. Anna, même si elle était du même avis que Marie-Hélène concernant la difficulté du régime spécial de Jennifer, n'en éprouvait pas moins un certain pincement au cœur en constatant la tension persistante entre mère et fille. La randonnée touchait bientôt à sa fin. Il fallait faire quelque chose à ce sujet.

— Moi je meurs de faim ! déclara Ludovic alors que le groupe arrivait au pied des escaliers de l'entrée. Je vendrais père et mère pour un pain au chocolat !

— Tu veux dire une chocolatine ? corrigea Paul, qui était originaire de la région toulousaine.

— Hein ? répondit le jeune homme.

— Non rien… laisse tomber ! dit le doyen du groupe.

— C'est comme pour le pain aux raisins… vous allez dire que c'est un escargot ? se moqua Jennifer qui aimait entrer dans le jeu de la provocation.

Aurélie était heureuse de constater que l'animation avait repris au sein du groupe. Ils se chamaillaient, certes, mais cela valait mieux que la pause silencieuse qui s'était imposée à eux après l'épisode houleux de la foudre s'abattant sur eux. La guide pointa le refuge du doigt et précisa :

— Comme vous pouvez le constater, les autres sont déjà là !

Les autres, c'était le reste de la tribu. Le groupe resté en bas, avec Marc, le collègue d'Aurélie. Pour Jennifer, qui n'avait pas manqué de le faire remarquer, c'était surtout ceux qui avaient manqué de courage, ou de condition physique, voire les deux, pour se risquer à l'ascension du *Cinto*.

— Bon, je vous demande de ne pas trop vous vanter auprès de vos collègues-randonneurs qui n'ont pas pu se joindre à nous, d'accord ? dit Aurélie. N'oubliez pas que le *Cinto* est une option, pas une obligation !

— Et pourquoi on ne pourrait pas être fier de notre ascension ? demanda Jennifer.

Aurélie s'approcha de l'adolescente.

— Ce n'est pas ce que j'ai dit, Jennifer. Tu peux être fière de ce que tu as accompli, oui, mais il est inutile de rabaisser ceux qui n'ont pas pu se joindre à nous. Tu comprends la nuance ?

Jennifer leva les yeux au ciel.

—Oui, mais je m'en bats les c….

Elle stoppa sa phrase nette en sentant une pression sur son épaule. Anna venait de poser sa main sur la nuque de l'adolescente. Son sourire bienveillant désamorça un instant la colère constante qui brûlait dans les veines de Jennifer.

— Je vous laisse un instant, dit Aurélie, qui avait compris qu'Anna détenait peut-être une clé pour aider Jennifer.

Aurélie n'avait plus le moindre doute : Jennifer avait choisi Anna. La guide de randonnée pédestre était aussi une Gestalt-thérapeute expérimentée. Elle savait quand laisser faire, donner les rênes à quelqu'un d'autre. Cela arrivait souvent, surtout avec les adolescents. Aurélie animait aussi des randonnées Gestalt-thérapie pour les futurs retraités, vous n'imaginez pas à quel point la retraite peut être une source d'angoisse et d'anxiété. Cependant, pour ces seniors, c'était différent ; la plupart du temps, ils la choisissaient, elle, Aurélie Martin, et pas un autre membre du groupe de marcheurs. En s'éloignant de Jennifer et d'Anna, son visage exprima un sourire de satisfaction. Elle s'était trompée sur la journaliste parisienne. Anna n'était pas là pour écrire un article. Elle n'était même pas là pour elle. Elle était venue pour aider Jennifer et amorcer une réconciliation entre l'ado rebelle et sa mère. Voilà tout.

*

Les marcheurs grimpèrent sur l'escalier de bois pratiquement en courant, pressés qu'ils étaient de se retrouver à l'abri du vent et de l'humidité. Leurs vêtements n'avaient pas séché et Paul, le doyen, s'était mis à éternuer pendant les derniers kilomètres de la descente.

Un grand gaillard musclé au teint hâlé, et au regard de jade les accueillit à bras ouverts.

— Ah, enfin, vous voilà ! dit-il. On commençait sérieusement à se faire du mouron pour vous ! Mais... ma parole, vous êtes trempés !

Aurélie posa son sac à dos sur le sol et lui fit une bise amicale. Ces deux-là se connaissaient depuis longtemps, peut-être même étaient-ils ensemble. C'est en tout cas ce que pensèrent au même instant Anna et Marie-Hélène. Les autres n'eurent d'yeux que pour le café fumant et son envoûtante odeur qui embaumait la pièce principale du refuge.

— On a pris l'orage ! On a dû se protéger comme on a pu et la foudre est tombée à quelques centaines de mètres de notre position. Cela aurait pu très mal tourner. C'est de ma faute...

Marc Lagrange, qui n'était autre que son collègue de longue date, ouvrit de grands yeux incrédules.

— Qu'est-ce que tu racontes ? Comment ça..., de ta faute ? La météo ne prévoyait aucun orage dans le secteur ce matin, si j'ai bonne mémoire.

Aurélie attrapa son collègue par le bras et l'entraîna un

241

peu à l'écart du groupe.

— J'aurais dû contacter les gardiens du refuge. Je suis quasiment certaine qu'ils m'auraient dissuadée de partir et qu'ils savaient probablement qu'un orage se préparait par ici.

Marc ouvrit les yeux comme s'il venait de voir un extra-terrestre planté, là, en face de lui.

— Tu es sérieuse, là ?

— Oui.

— OK. C'est bien ce que je craignais. Dans ce cas, on va vérifier ça tout de suite.

Alors que les randonneurs du groupe d'Aurélie commençaient à raconter leurs exploits avec certains de ceux qui étaient restés au refuge, Marc attrapa fermement Aurélie par le bras et l'entraîna dans le coin cuisine où un vieux bonhomme hors d'âge, affublé d'un pull en laine qui avait dû appartenir à son grand-père, était en train de touiller une préparation culinaire à l'odeur affriolante.

— Ange, on peut te déranger une minute ? demanda Marc qui n'avait pas lâché Aurélie tenue par une poigne de fer.

— Oui bien sûr ! répondit le vieux cuisinier qui posa sa cuillère en bois pour faire face à Marc. Ah Aurélie ! Vous êtes arrivés ! Tout va bien ?

Aurélie allait répondre, mais n'en eut pas le temps. Marc la devança :

— Oui, elle va bien.

— Tant mieux, parce qu'avec l'orage imprévu qui a éclaté tantôt…

Marc planta ses yeux dans ceux d'Aurélie et resta muet. Il n'avait pas à déclarer à voix haute ce que son regard exprimait parfaitement. Il lâcha sa main et posa les siennes sur les épaules de la jeune femme, ressentant immédiatement les tremblements qui secouaient son corps. Il lui frotta énergiquement les épaules pour la réconforter.

— … Ange !

— Quoi ?

— Tu savais qu'un orage allait éclater ce matin ? s'enquit Marc.

Le cuisinier qui était aussi le gardien du refuge souleva les sourcils d'étonnement, ce qui le fit brièvement ressembler à monsieur Spock, dans Star Trek.

— Bah non, pourquoi ? répondit le gardien à qui il ne manquait plus que des oreilles pointues pour ressembler parfaitement au vulcain de la série télévisée.

— Parce que Aurélie s'est mis dans la tête que c'est de sa faute si son groupe a failli se prendre la foudre ce matin, répondit Marc qui essuya une petite larme qui glissait lentement sur la joue de la femme dont il était amoureux.

Ange baissa l'intensité de la plaque électrique sur laquelle était posé un énorme faitout rempli d'une préparation inconnue, mais dont l'odeur agréable embaumait maintenant l'intérieur du refuge.

— J'ai consulté la météo ce matin, et ce n'était absolument pas indiqué. Tu ne pouvais rien y faire Aurélie. Cesse donc de te culpabiliser parce que, même moi, je n'ai rien vu venir… et pourtant je suis sorti tôt ce matin. Rien ne permettait d'anticiper ce type d'orage microclimatique !

Aurélie reprit une certaine contenance, Marc s'en aperçut aussitôt, en fut satisfait, et poursuivit :

— Tu vois ! Même Ange n'avait pas prévu ça.

— Ange, tu ne dis pas ça pour me remonter le moral, dis ? demanda la guide, avec un ton qui indiquait qu'elle attendait la vérité et rien d'autre comme seule réponse possible.

— Tu me prends pour un menteur ? s'enquit le vieux Corse. Allez, arrête un peu de te triturer le cerveau pour rien. Tout le monde est là, et tout le monde va bien, non ?

— Si, répondit Aurélie.

— Alors, vous allez vous installer avec les autres à la grande table et vous n'aurez plus qu'à vous mettre les pieds sous la table parce que dans dix minutes, j'arrive pour vous servir des pâtes à la coppa dont tu vas me dire des nouvelles ! Cela va te faire passer ta culpabilité. Tout ton groupe va bien, je te dis. Allez, va te préparer.

Aurélie déposa une bise sur la joue du gardien corse, puis gratifia Marc d'un baiser léger sur le coin de la lèvre.

Quand elle eut regagné la salle principale, Marc s'adressa à Ange.

— *Grazie* !

— Je t'en prie. Je n'ai dit que la stricte vérité. Je ne l'avais vraiment pas vu venir celui-là. Quand ça a éclaté en amont, et parce que je savais qu'Aurélie descendait du Cinto avec ses ouailles, je me suis inquiété, c'est vrai. Mais la petite, elle est comme son père, elle a la montagne dans les veines. Je savais bien qu'elle s'en tirerait sans dommage !

Marc tapota la nuque du gardien et inspira profondément comme pour chasser l'anxiété qui le tenaillait jusqu'à ce qu'Aurélie apparaisse dans l'embrasure de la porte du refuge. Il s'excusa auprès d'Ange et regagna la salle où l'attendait le groupe des randonneurs de nouveau tous réunis.

Dans le dortoir, le choix était restreint. Il n'y avait plus que quelques lits superposés de libre. Anna s'approcha de celui qui collait à l'angle de la pièce, il y avait une fenêtre juste en face d'où l'on apercevait, si le temps n'était pas trop couvert, la montagne majestueuse et saupoudrée de neige éternelle sur son sommet.

— Tu préfères en haut ou en bas ? demanda Jennifer en

se plantant devant Anna.

— Euh… en haut, indiqua Anna qui souhaitait profiter de la vue extérieure.

— OK ! répondit l'adolescente en balançant son sac à dos sur le matelas inférieur.

Anna ne fut pas vraiment étonnée par l'attitude de Jennifer. La jeune fille avait jeté son dévolu sur elle. La Parisienne observa Marie-Hélène du coin de l'oeil. La mère de Jenny avait le cœur qui saignait, même si elle tentait de le dissimuler. Anna allait devoir agir rapidement. Aurélie avait expliqué avant le départ que dans le cadre de cette randonnée thérapeutique, les deux spécialistes qu'elle formait avec Marc n'étaient pas obligatoirement ceux qui devaient écouter et guider. Il arrivait souvent que, en fonction des affinités de chacun, certains marcheurs finissaient par s'ouvrir à d'autres, comme ça, librement. C'était tout à fait acceptable, bénéfique. Marc avait même avoué que c'était parfois plus efficace. Il n'y avait pas de règles établies, le mot d'ordre était : « souplesse ».

Marc tapa soudain dans ses mains pour attirer l'attention des nouveaux arrivants. Il expliqua qu'à cause du manque de place dans la salle principale, le groupe d'Aurélie prendrait son repas dans un second temps, après son groupe à lui. En attendant, ceux qui le souhaitaient pouvaient aller se rafraîchir, ce qui voulait dire « se laver » dans la tête des grimpeurs du *Cinto*. Aurélie expliqua qu'il y avait une nouveauté à ce sujet : une douche de fortune à l'extérieur du refuge. Des randonneurs allemands avaient construit une salle d'eau rudimentaire et provisoire l'été dernier, mais le provisoire s'était allongé lorsque, petit à petit, d'autres randonneurs avaient consolidé l'installation. Il y avait une cuve qui recueillait l'eau de pluie, et un système ingénieux transportait l'eau jusqu'à un pommeau de douche. Bien entendu, l'eau était froide. Cela dit, la citerne de fortune était faite en plastique, et quand le soleil brillait, on pouvait bénéficier d'eau tiède, un véritable luxe en ce lieu sauvage et isolé.

Aurélie indiqua que les plus courageux pouvaient aller se baigner dans la rivière en contrebas, à dix minutes de marche.

— Moi, j'y vais ! déclara Anna sans réfléchir au fait que l'eau vive de la rivière ne devait pas dépasser les cinq degrés Celsius, mais s'attendant à la réaction prévisible de Jennifer, qui arriva quelques secondes après…

— Je viens avec toi ! clama l'adolescente.

— D'accord ! Dans ce cas, les hommes resteront ici ! Vous prendrez vos douches l'un après l'autre, dit Aurélie en s'adressant à Paul et Ludovic qui acquiescèrent sans faire de manières.

— Marie-Hélène, vous allez à la rivière ? s'enquit la guide.

Marie-Hélène observa Anna en train de faire son lit, hissée sur l'escalier de bois du lit superposé. En dessous, sa fille tentait maladroitement de l'imiter, mais le résultat n'était qu'une pâle copie du lit au carré réalisé par Anna.

— Non. Je prendrai ma douche ici, si cela vous convient. Je ne supporterai pas la température glaciale de la rivière, mentit Marie-Hélène qui pensait comprendre ce que la journaliste parisienne avait en tête.

Cette fois encore Marie-Hélène devait s'effacer pour le bien de sa fille. Après tout, Anna n'était peut-être pas une mauvaise femme. Son but n'était peut-être pas de lui voler sa place de mère. Non. D'ailleurs, à bien y réfléchir cela paraissait tout bonnement ridicule. Elle aurait pu être sa grande sœur, ça oui ; mais elle était bien trop jeune pour prendre le rôle de mère. Plus elle y songeait, plus Marie-Hélène revoyait sous un nouvel œil son jugement initial. Se pouvait-il qu'en définitive Anna soit de son côté ?

— Si vous voulez bien venir voir par ici ! clama Marc pour rameuter les cinq membres du club *Cinto*. Voilà le reste de vos affaires que nous avons eu l'amabilité de porter pour vous, pendant que vous preniez de la hauteur !

— Ah ! Merci, c'est très aimable à vous ! Vous êtes vraiment un fantastique Sherpa ! badina Paul, qui, lui aussi, était d'humeur taquine.

Chacun vint ramasser à tour de rôle son paquetage. Anna et Jennifer extirpèrent presque en même temps leurs affaires de toilette et surtout une serviette sèche. Elles déposèrent le reste sur leur lit respectif, ce qui était plus compliqué pour Anna, étant donné la hauteur de son couchage.

— Tu veux un coup de main ? demanda Ludovic qui avait observé les difficultés rencontrées par la jeune femme.

Anna prit une profonde inspiration et, d'un mouvement en balancier avec les deux bras, envoya son barda par-dessus tête. L'objet finit par atterrir sur son matelas sans dommage apparent.

— Merci, mais j'y arrive très bien toute seule, répondit Anna en passant le revers de sa main sur son front.

— Je vois ça ! poursuivit le jeune homme. Bien, puisque vous n'avez pas besoin de moi… je vous laisse.

Ludovic quitta la chambre à regret. Maintenant que l'ascension du *monte Cinto* était achevée, il avait planifié de tenter sa chance auprès d'Anna. C'était une très jolie jeune femme et elle semblait célibataire. Il aurait été stupide de ne pas essayer de la séduire. Bon d'accord, là, il avait fait chou blanc, mais… il n'avait pas dit son dernier mot.

Quand elles furent à nouveau seules, Anna et Jennifer poursuivirent l'installation de leur nid douillet en rangeant quelques affaires là où elles le pouvaient, c'est-à-dire à terre.

— Oh zut ! Il y a deux matelas côte à côte en bas,

Anna !

— Bah oui ! Qu'est-ce que tu croyais qu'on était dans un cinq étoiles ? pouffa Anna.

— Non, mais je croyais que... oh et puis zut ! Je peux monter à côté de toi ?

— Bien sûr ! Passe-moi tes affaires pendant que je suis là-haut.

Elles s'affairèrent ainsi quelques minutes pendant que le premier groupe s'était attablé dans la pièce principale. Jennifer commençait à avoir faim, à force de se priver d'à peu près tout ce qu'il y avait de comestible en montagne corse, c'est-à-dire de la charcuterie principalement. Cependant, elle avait grand besoin de faire un brin de toilette, ce qu'une rapide respiration sous ses aisselles ne manqua pas de lui confirmer.

— Dis Anna, t'as vu comme Ludovic t'a matée grave tout à l'heure ? dit Jennifer.

— Quoi ?

— Allez, fais pas l'innocente ! Je te repasse la bande-son : *tu veux que je t'aide avec ton sac, Anna ?* Ne me dis pas que tu ne t'es pas rendu compte de sa tentative de drague à deux balles ?

Anna écarquilla les yeux. Vraiment, Jennifer était une jeune fille imprévisible. Elle devait avoir les hormones en ébullition, Anna ne voyait pas d'autres explications.

— N'importe quoi !

Jennifer n'allait pas rendre les armes si facilement.

— Mais ouais, c'est ça ! L'autre, il te regardait comme si tu étais un pot de crème glacée en plein cagnard.

— Tu divagues, ma grande ! On a fait des kilomètres de montagne en sa compagnie et pas une fois, il ne m'a adressé la parole. Il était toujours collé aux basques de Paul. Ce garçon est en manque de père, c'est bien possible. Mais je suis certaine qu'il n'est pas là pour trouver une petite amie, tu peux me croire !

Jennifer fit une moue de dépit, tout en levant les yeux au ciel. Ce qui voulait dire qu'Anna était soit bigleuse, soit complètement à côté de la plaque, et qu'elle n'y connaissait rien aux garçons. Jennifer opta pour les trois possibilités à la fois.

— T'as vraiment besoin d'aller faire un tour chez *Afflelou*, toi !

Pour toute réponse, Anna se contenta de sourire. Jennifer était jeune et, à son âge, les garçons étaient la principale source des pensées et des conversations. Le moindre représentant de la gent masculine montrant un peu d'attention devenait un mâle en recherche de partenariat. Non. Il n'y avait pas de sous-entendus. Ludovic était un jeune homme prévenant et soucieux d'aider, voilà tout. Et puis, Anna était venue ici pour mettre une distance entre elle et Carl. Elle avait besoin de faire le point, de prendre du recul pour y voir un peu plus clair dans sa vie… enfin… dans sa vie amoureuse surtout.

— Te baigner dans l'eau glacée de la rivière va te faire du bien, Jenny ! Cela va calmer ton imagination débordante. Tu dois avoir les hormones qui travaillent un peu trop, ma grande !

Jennifer pouffa, immédiatement imitée par Anna. Leur fou rire passé, elles sortirent de la pièce qui faisait office de chambre, puis allèrent prendre auprès du gardien du refuge les indications nécessaires concernant la direction à emprunter pour arriver à la rivière. Ange indiqua le chemin et leur demanda de ne pas prendre trop de temps ; il attendrait leur retour pour le second service, d'ici une heure maximum. Les filles promirent de faire vite. De toute façon, qui pouvait avoir envie de s'attarder dans une eau glacée ? Elles quittèrent le refuge sous les encouragements du groupe attablé, qui se régalait du plat de pâtes à la Copa. Il y en avait à peine pour dix minutes de marche, autant dire presque rien pour deux randonneuses qui venaient de crapahuter sur le GR 20 pendant des jours entiers.

Elles entendirent le bruit de l'eau vive avant même d'apercevoir la rivière. L'accès n'était pas évident, il fallait passer par de gros blocs de pierre avant d'arriver sur la rive. Jennifer posa sa serviette et son morceau irrégulier de savon de Marseille sur un gros rocher. Elle retira tous ses vêtements et invita Anna à en faire de même.

— Alors Anna ! Tu es pudique ou quoi ? Allez, viens !

Justement, Anna n'était pas particulièrement pudique, mais elle n'avait pas pensé à ça. Alors que Jennifer était déjà en train de mettre les pieds dans l'eau, Anna prit sur elle et tenta de cacher sa gêne. Se laver en sous-vêtement lui sembla soudain ridicule. D'autant que Jennifer ne semblait pas du tout gênée par le fait de se retrouver nue devant elle. Elle inspira profondément et ôta à son tour ses vêtements, puis traversa la rive pour tester la température de l'eau avec ses orteils. Elle poussa un petit cri d'étonnement, provoquant un rire sonore de la part de Jennifer qui était déjà dans l'eau jusqu'à la taille.

— Elle est glacée ! Fais gaffe à ne pas glisser parce que…

Trop tard. Anna qui voulait rejoindre rapidement Jennifer dérapa sur un rocher plat. Par chance, elle ne se fit aucun mal, mais l'entrée soudaine de son corps chauffé par le soleil dans l'eau de rivière, qui ne dépassait pas les dix degrés, fut une expérience singulière et explosive. Elle eut l'impression qu'on la poignardait avec de toutes petites pointes acérées dans les moindres recoins de son corps. Elle se releva instantanément en hurlant, tentant de s'extirper maladroitement de son manteau glacé.

— Anna ! Tout va bien ? cria Jennifer.

En guise de réponse, Anna fit des bonds saccadés accompagnés de cris aigus. De sa position, Jennifer aperçut la jeune femme, ou plus exactement des gerbes d'eau d'où s'échappait une paire de fesses rougies par l'eau glacée. Anna était en train de détaler en direction de la rive. Parvenue à destination, elle s'empara vivement de sa serviette éponge et s'emmitoufla tout en sautillant sur place. Elle avait le visage écarlate et la peau rosie par le froid. Ses petits bonds sur les cailloux qui nappaient le sol lui extirpèrent de nouveaux cris de douleur.

— Aïe aïe !

Jennifer n'en pouvait plus. Voyant qu'Anna ne s'était pas fait mal et que sa réaction épidermique n'était due qu'à la température polaire de l'eau vive, l'adolescente se mit à rire de plus belle.

— Ce n'est pas drôle ! hurla Anna, ce qui intensifia encore le fou rire de Jennifer.

— Oh que si ! Non, mais si tu te voyais, ma vieille ! pouffa Jennifer. Une antilope poursuivie par un lion ! Trop fort !

Sur le visage rougi d'Anna se dessina bientôt un léger rictus. Le rire de l'adolescente était franc, gras et vigoureux. Un véritable raz de marée qui vous entraînait inexorablement dans son sillage. Anna tenta de résister, mais ce fut peine perdue. Inutile de résister quand cela vient de si loin. Depuis quand n'avait-elle pas ri ? La dernière fois, cela devait être quand elle était encore avec Carl. Donc, cela remontait à plus d'un mois. La vague géante, celle du fou rire, l'emporta à son tour, et Anna n'y résista pas. Et cela lui fit un bien fou.

Quand les deux jeunes femmes se calmèrent enfin, elles échangèrent leur place. Jennifer, lavée et rincée, sortit de l'eau glacée, tandis qu'Anna fit une nouvelle tentative et se concentra sur le sol. Il était plus prudent de marcher sur les petits cailloux, même si cela faisait mal aux pieds, plutôt que de risquer la glissade sur les pierres plates, confortables, mais piégeuses.

Anna fit une toilette express et quelques ablutions en guise de rinçage, laissant échapper quelques cris maladroitement dissimulés censés l'aider à lutter contre le froid pinçant de l'eau de rivière.

— Si j'avais su que c'était si froid… jamais je n'aurais émis le souhait de venir ici ! dit la Parisienne.

Jennifer, qui était en train de se rhabiller, acquiesça.

— Tu m'étonnes ! Mais, faut dire que t'y es entrée d'un coup, comme les cinglés en Suède ou en Norvège, je ne sais plus trop, tu vois ?

— Ceux qui font un trou dans la glace, sous la neige, et qui plongent ?

— Voilà ! Oui, t'as voulu faire pareil, hein ?

Anna, arrivée sur la rive, s'empara de sa serviette et se frotta énergiquement. Elle allait être rouge comme une tomate, des pieds à la tête, mais au moins cela faisait circuler le sang et allait lui permettre de se réchauffer.

— Voilà, c'est ça ! On va dire ça ! Et si jamais tu racontes que je suis tombée comme une grosse baleine dans l'eau gelée… je t'étrangle. Compris ? menaça Anna.

— Promis. Ce sera notre secret ! répondit Jennifer.

*

Habillées de vêtements propres qu'elles avaient pris la peine d'emporter, elles quittèrent la rivière et remontèrent sur une distance d'environ cent mètres. Anna n'avait pas l'intention de rentrer tout de suite au refuge. Le repas attendrait. Elle avait faim, oui, mais surtout de réponses.

— Jenny, on va se poser là un moment ! déclara Anna en montrant un gros rocher chauffé par le soleil de juillet.

Jennifer exprima son étonnement :

— Pourquoi tu veux qu'on s'arrête là ?

Anna continua sa marche en avant jusqu'au bloc de pierre. Arrivée à destination, elle laissa choir son sac qui contenait ses vêtements sales et une bouteille d'eau. Elle prit appui sur ses avant-bras et se jucha sur le sommet du rocher. Le contact de la surface lisse et chaude, frappée par les rayons ardents du soleil de montage, lui procura un bien-être immédiat.

— Allez, grimpe, jeune fille ! Tu vas voir, ça va te réchauffer les fesses ! ironisa Anna tout en lui tendant la main.

Jennifer obtempéra, puis, à son tour, se débarrassa de ses affaires en les balançant à terre. Les deux femmes finirent côte à côte, sur un rocher, en pleine montagne corse. Anna souriait. Jennifer aussi.

— Jenny. J'ai des questions à te poser, déclara Anna.

Jennifer tourna la tête en direction d'Anna et étudia le visage de sa nouvelle amie, il y avait quelque chose d'indéfinissable qui passait par ses yeux, ou bien était-ce l'expression de son visage qui faisait cet effet ? L'adolescente n'aurait pu le dire. Il y avait une chose qu'elle savait pourtant, à présent : l'instant joyeux touchait à sa fin.

— Dis donc, ça a l'air sérieux tout à coup.

Anna leva la tête en direction du ciel bleu et immaculé. Le soleil brillait avec force. Qui aurait pu croire qu'elles avaient risqué leur peau, assaillies par un orage d'une rare violence, il y avait à peine plus d'une heure.

— En effet, c'est sérieux, dit Anna qui ne souriait plus.

C'était le moment de vérité. Plus d'échappatoire

possible. Jennifer l'avait compris. Elle ne redoutait pas vraiment cet instant. Peut-être même l'avait-elle souhaité ? Tout s'embrouillait dans sa tête. Elle savait simplement qu'Anna allait lui demander des explications pour la fusée et pour tout le reste, son attitude envers sa mère principalement. Les autres s'en fichaient sans doute, pas Anna.

— D'accord, répondit l'adolescente. Que veux-tu savoir exactement ?

Anna ferma les yeux et profita du soleil qui illuminait son visage. Elle s'imaginait tel un panneau photovoltaïque qui prenait sa force de l'astre solaire.

— Tu dois bien t'en douter, non ?

— Cela doit avoir un rapport avec la fusée ! J'ai raison ?

— Oui. Mais pas seulement.

— Comment ça ?

— Tu n'es pas obligée de me dire pourquoi tu as programmé ce petit rituel. Je veux dire… Cela te regarde et je comprendrais tout à fait que tu veuilles garder cela pour toi. Cela dit, si tu as envie de m'en dire plus à ce sujet, je suis tout ouïe, déclara Anna. Mais en l'occurrence, c'est surtout ton attitude envers ta mère qui m'interpelle !

— Mon attitude ?

— Ne fais pas l'idiote, Jenny ! Tu sais très bien ce que je veux dire.

Jennifer baissa la tête, comme si elle venait de se faire prendre le doigt dans le pot de confiture.

— Désolée ! dit-elle pour sa défense.

— Pas de quoi. Alors ? Tu veux bien m'expliquer ce qu'a bien pu faire ta mère pour que tu lui fasses vivre un tel enfer ?

Jennifer haussa les épaules. Il s'agissait plus d'un geste réflexe que véritablement souhaité. Elle se gratta la tête et constata que ses cheveux étaient encore humides. Elle se décala un peu plus vers Anna pour profiter du soleil tapant.

— Tu ne crois pas que tu exagères un peu, là ?

— Non. Pour toi, cette situation est peut-être devenue banale, mais je peux t'assurer que, pour un observateur extérieur, c'est flagrant.

— Pfff… soupira Jennifer.

Anna attrapa Jennifer par les épaules avec délicatesse, puis planta son regard dans les yeux fuyants de l'adolescente.

— Jenny, je sais que tu n'agis pas comme ça sans raison. Je n'imagine pas une seule seconde que c'est juste une phase d'ado rebelle qui pique sa petite crise existentielle. Alors… veux-tu me dire ce qu'il y a entre ta mère et toi ?

Anna sentit les épaules de Jennifer qui se mirent à trembler en un mouvement saccadé et irrégulier. Une première larme perla sur la pommette de l'adolescente, puis elle se mit à sangloter comme une petite fille qu'elle était encore, même si elle tentait de le dissimuler.

Anna la laissa faire quand Jenny vint se blottir contre elle. Pour avoir tellement pleuré après la mort de Stéphane, elle savait mieux que quiconque qu'un déversement de larmes pouvait être salutaire. Les sanglots spasmodiques faiblirent bientôt alors qu'Anna lui caressait doucement le sommet du crâne.

— Du calme, ma belle, ça va aller… et comme disait mon père : « Pleure, tu pisseras moins ! ».

Cette remarque eut le mérite de faire sourire Jennifer qui releva la tête, dévoilant des yeux rougis et une tête à faire peur.

— Bon, on va arranger ça ! dit Anna, en fouillant dans sa poche à la recherche d'un mouchoir en papier.

Jennifer la remercia, et s'essuya le visage.

— C'est marrant…

— Quoi ?

— Ce que tu viens de dire… à propos de ton père. Le mien aussi, il disait ça !

Anna passa sa main dans les cheveux de Jennifer et releva une mèche rebelle qui lui tombait sur les yeux.

— Oui. C'est une expression plutôt commune. Par contre, j'ai l'idée qu'elle était surtout utilisée par les pères. Je ne vois pas une maman en train de dire ça à son enfant. Enfin bon… moi, à l'époque, je détestais quand il me disait ça ! Aujourd'hui… je donnerai cher pour l'entendre à nouveau…

Jennifer sourit. La crise de larmes lui avait ôté un poids qui lui serrait le cœur. Elle savait que cela ne serait que temporaire, mais elle se sentait mieux, là, maintenant.

— Tu veux dire que…

— Oui. Il n'est plus de ce monde…

— Oh merde… Pardon ! se reprit Jennifer.

— Non ! Il n'y a pas de soucis.

— Je suis désolée pour toi, Anna.

— Tu ne dois pas. Tu n'y es pour rien, et puis… ça fait longtemps.

— Longtemps ?

— Oui. J'étais gamine à l'époque. Un accident de la circulation… Il était à vélo… Le destin… La faute à pas de chance.

Jennifer attrapa l'épaule d'Anna et s'approcha pour déposer une bise sur sa joue. Anna essuya une dernière trace de larme sur la joue de Jennifer et poursuivit :

— C'est du passé tout ça ! Mais… tu n'as pas répondu à ma question !

— C'était quoi déjà ?

— Oh ! Mademoiselle fait sa maligne. Tu sais très bien quelle était la question, mais je vais la répéter… Qu'est-ce qui ne va pas entre toi et ta mère ?

Jennifer tentait de remettre un peu d'ordre dans ses idées. Cela faisait de si longs mois qu'elle entretenait sa rage qui était devenue une seconde nature. Elle s'était laissée engloutir par sa colère, qui devait trouver un exutoire. Dans ce cas précis, sa mère était la personne toute trouvée. Idéale. Consentante.

— J'en veux à ma mère à cause… d'une énorme erreur qu'elle a faite ! avoua Jennifer dans un souffle.

Anna ne répondit rien. Jennifer s'était arrêtée, mais Anna savait qu'il valait mieux ne pas l'interrompre. Pas maintenant. Laisser faire. Juste écouter.

Jennifer continua :

— Je n'ai rien vu venir, tu sais. Un jour, ou plutôt une nuit, je me suis réveillée à cause de cris qui provenaient de la salle à manger, il était plus de deux heures du matin, je m'en souviens parce que j'ai regardé l'heure sur mon radio-réveil. C'était la nuit et mes parents étaient en train de s'engueuler méchamment au rez-de-chaussée. Alors, j'ai ouvert la porte de ma chambre et je me suis cachée en haut des escaliers, les chambres étaient à l'étage dans cette maison…

— … étaient ? l'interrompit Anna.

— Oui. Maintenant, je vis avec ma mère et nous avons déménagé.

— Pardon !

— Pourquoi ? Tu n'y es pour rien !

— Non. Je veux dire… pardon d'avoir interrompu ton

histoire. Continue, je t'en prie, dit Anna.

Jennifer se passa la main dans les cheveux, puis ferma les yeux.

— J'étais donc cachée derrière la balustrade et c'est là que j'ai entendu mon père qui traitait ma mère de tous les noms, il lui disait qu'elle n'était qu'une… qu'une salope, parce que… parce qu'elle l'avait trompé ! Ma mère avait couché avec un autre homme que mon père. Et moi, j'ai reçu ça en pleine figure et… je n'arrivais pas à y croire. Pour dire la vérité, je n'aurais jamais cru ma mère capable de ça.

— Pourquoi ?

— Mais parce que… ce n'était pas dans sa nature. Je veux dire, je connais ma mère… Elle n'avait rien d'une femme infidèle, elle n'avait jamais montré le moindre intérêt envers un autre homme que mon père. Je ne sais pas… Enfin bref, cela m'a littéralement mise en morceaux. J'étais secouée. Je ne pouvais plus bouger. J'avais le corps qui tremblait comme une feuille et les jambes en coton. Je ne suis pas parvenue à me relever. Je me souviens que je suis retournée dans ma chambre en marchant à quatre pattes, me traînant jusqu'à mon lit comme une larve. Ensuite, je me suis enfouie sous mes draps, et j'ai pleuré pendant très très longtemps.

En prononçant ces paroles, Jennifer ne put retenir ses larmes, comme ce jour-là. Anna passa son bras autour de sa nuque et lui frotta affectueusement l'épaule.

— Je comprends que cela a dû être un choc pour toi. Que s'est-il passé ensuite ?

Jennifer renifla, puis s'essuya les yeux d'un revers de main.

— Après ça, tout s'est enchaîné très vite. Papa a fait sa valise et est allé s'installer à l'hôtel, puis il a loué un « B&B » ou un truc comme ça, je ne sais plus trop. Les jours ont défilé, les semaines. Au début, il venait me chercher un week-end sur deux. Il m'avait expliqué qu'avec maman, ils ne s'aimaient plus, et qu'il valait mieux se séparer plutôt que finir par se déchirer et se faire du mal. Je lui ai demandé ce qui allait se passer pour moi après… après le divorce, puisque c'était la suite logique. Mon père m'expliqua alors que je le verrai un week-end sur deux et aussi pendant certaines périodes de vacances, mais qu'avec son travail cela serait difficile d'organiser les choses à l'avance. Enfin, voilà quoi ! Que tout ça, c'était l'affaire des adultes, que cela ne changerait rien entre nous, qu'il m'aimerait toujours autant et… blablabla. Enfin, tout ce genre de niaiseries préformatées que les parents qui divorcent, et qui foutent le camp, disent aux enfants… Bref, rien qu'un ramassis de conneries quoi !

Jennifer pleurait à nouveau. Cette fois, Anna laissa faire. Lâcher du leste, cela pouvait aussi être salutaire. Cela permettait au moins de se sentir mieux, même légèrement.

Après quelques sanglots, Jennifer se sentit effectivement plus… légère. Comme si ses larmes l'avaient délestée d'un gros poids. Anna ne dit rien, mais elle était satisfaite des progrès de Jennifer. Il fallait l'inviter à poursuivre.

— Donc, selon toi, ta mère aurait trompé ton père et ce serait pour cela qu'il serait parti, c'est bien ça ?

— Oui. Sauf que tu utilises le conditionnel !

— Et ?

— Et… on en est plus à faire des suppositions. Ma mère a trompé mon père. Il l'a appris. Il est parti. Fin de l'histoire.

Anna avait l'intime conviction que ce n'était pas tout. Il y avait un élément manquant. Quelque chose que Jennifer occultait… ou ignorait.

— Supposons que tu aies raison…

— … J'ai raison !

— Quelle certitude tu as ! Puis-je te poser une question ?

— Vas-y.

— Qu'as-tu fait après avoir entendu ton père accuser ta mère de l'avoir trompé ?

— Comment ça ?

— Après avoir entendu cette révélation, tu as fait quoi ? insista Anna.

Jennifer fronça les sourcils, essayant de comprendre où Anna voulait en venir. Elle n'eut pas d'effort de mémoire à fournir, elle s'en souvenait comme si c'était hier.

— Je me suis mise à trembler comme une feuille, si tu veux savoir. J'étais bouleversée. Je me suis mise à pleurer parce que mon père disait qu'il allait partir… qu'il ne pouvait pas continuer à vivre avec ma mère… Alors, je suis retournée dans ma chambre, en essayant de ne pas attirer l'attention sur moi. Une fois dans ma chambre, je me suis glissée dans mon lit, enfouie sous mon drap et ma couverture, et… j'ai pleuré pendant une partie de la nuit. Je me souviens que j'avais froid et que je tremblais sans pouvoir contrôler les spasmes qui secouaient mon corps des pieds à la tête.

Anna écoutait attentivement. Les révélations de Jennifer étaient assez précises pour mettre le doigt sur un élément manquant. Un point d'une extrême importance.

— Jennifer… peux-tu me dire ce qu'a répondu ta mère ?

— Quoi ?

— J'aimerais savoir ce que ta mère a dit à ton père ? demanda Anna.

Jennifer ne s'attendait pas à cette question. Cela la déstabilisa à un point tel qu'elle restât muette pendant de longues secondes.

— Tu ne t'en souviens pas ? reprit Anna.

Jennifer commençait à entrevoir ce qu'Anna avait en tête. Elle n'allait pas se laisser désarçonner par cette tactique grosse comme une maison.

— Je sais ce que tu es en train de faire, Anna. Mais ça ne marchera pas, je te préviens.

— Ah oui ! Et qu'est-ce que je suis en train de faire exactement ?

— Tu sais très bien que je n'ai pas entendu la réponse de ma mère. Je t'ai dit que j'étais bouleversée et que je me suis enfuie immédiatement dans ma chambre.

— Donc tu n'as pas entendu ce que ta mère a répondu à ton père, ce jour-là, exact ?

Jennifer gratifia Anna d'un sourire triomphant, si Anna croyait emporter la partie, elle se trompait. Jennifer avait encore des atouts dans son jeu.

— C'est vrai. Mais ne crois pas que cela change quoi que ce soit. Même si je n'ai pas assisté à la suite de leur dispute ce jour-là, ce qui s'est passé ensuite ne laisse pas la place au doute.

— Explique-moi, j'aimerais bien comprendre.

— Le lendemain, mon père quittait le domicile conjugal, mais je te l'ai déjà dit. Tu penses bien qu'après avoir passé la nuit à pleurer, je n'avais plus de larmes à verser. J'avais le cœur sec comme du papier buvard. Quand je me suis levée, papa n'était plus là. Cela ne changeait rien par rapport à d'habitude, parce qu'il partait tôt pour son travail. Sauf que là, il avait fait ses valises. Ma mère avait fait du café et était prostrée dans la cuisine, devant sa tasse. J'ai descendu les escaliers et je me suis assise en face d'elle. Elle m'a demandé ce que je voulais pour le petit déjeuner. Elle avait les yeux rouges, elle aussi. Je lui ai avoué que j'avais assisté à leur dispute parce que cela m'avait réveillée. Elle a baissé la tête.

Ce que papa a dit… Est-ce que c'est vrai ? : voilà les premiers mots que j'ai prononcés. Elle a fait signe que oui…

Jennifer prit une profonde inspiration, puis souffla lentement tout en s'allongeant sur le rocher. Anna l'imita, de sorte qu'elles se retrouvèrent l'une à côté de l'autre. Elles restèrent ainsi quelques instants, les yeux fermés à cause du soleil. Un nuage passa et obstrua les rayons lumineux, Anna ouvrit les yeux.

— Et c'est tout ? demanda Anna.

— Comment ça ?

— Tu n'as pas demandé plus de détails ?

— Ben… non ! Cela aurait servi à quoi ? Je savais déjà tout ce que j'avais à savoir.

— Vraiment ?

— Bah oui. Qu'est-ce que j'aurais dû savoir de plus ? Mon père a découvert que ma mère l'avait trompé avec un autre type. Il ne l'a pas supporté. Il est parti. Point.

De sa position allongée, Anna se tourna pour se placer face à Jennifer. Le vent avait plaqué une mèche de cheveux sur la joue de Jennifer. Anna la déplaça derrière son oreille avec douceur. Puis, estimant que cette position n'était pas en adéquation avec le sérieux de leur discussion. Elle se releva en position assise et invita Jennifer à en faire autant.

— Jenny, ce n'est pas un jugement, c'est juste un constat par rapport aux faits que tu viens de me rapporter. Je trouve que tu as tiré des conclusions un peu trop rapidement.

— Trop rapidement ?

— Oui. Est-ce que tu as eu une conversation posée avec ta mère ensuite ?

— Non. J'étais furieuse contre elle et… et puis à quoi cela aurait bien pu servir ? Cela n'aurait pas fait revenir mon père à la maison.

— C'est vrai. Mais, cela aurait pu éclaircir certaines zones d'ombre.

— Des zones d'ombre ?

— Oui… Je ne sais pas… tu t'es peut-être enfermée un peu vite dans une certitude où la faute est celle de ta mère. Tu aurais pu avoir une conversation plus, comment dire, poussée avec elle. Savoir ce qui s'était passé exactement…

Jennifer s'emporta soudain.

— … Je sais ce qui s'est passé exactement ! Un soir de séminaire avec sa boîte, elle a ouvert ses cuisses pour accueillir un de ses collègues, de dix ans de moins qu'elle par dessus le marché. Voilà. Que faut-il que je sache de plus ? Si elle a pris son pied avec ce mec ?

Anna ne pouvait que constater la rancoeur qui animait Jennifer. Pourtant, il fallait trouver quelque chose pour apaiser la jeune fille. Banaliser la situation, peut-être ?

— Tu sais Jenny, je comprends que tu en veuilles à ta mère, mais… c'est malheureusement une situation d'une extrême banalité. Avec les années, la routine, tout ça ! Cependant, je reste dans l'idée que tu ne connais pas tout et que tu aurais dû creuser avant de jeter la pierre à Marie-Hélène.

Jennifer quitta le rocher et sauta à pieds joints sur le sol. Elle fit quelques pas vers son sac à dos pour le ramasser, indiquant par ce geste que la conversation était terminée, puis soudain elle fit volte-face.

— Je me fiche pas mal de son histoire de sexe, tu sais ! Ce que je ne peux pas lui pardonner, c'est qu'à cause de ça… Papa est parti… Il NOUS a quittées.

Jennifer s'immobilisa et fixa Anna avec une sorte d'appréhension. Sans le vouloir, elle avait fini par « lâcher le morceau ».

— Oh ! articula faiblement Anna, consciente que cette révélation était capitale.

Jennifer tenta d'échapper à la suite de cette conversation. Anna était intelligente. Jennifer en avait trop dit. Anna n'allait pas la laisser filer comme ça, à présent. Jennifer ramassa son sac et s'apprêta à partir, mais Anna l'en empêcha en lui attrapant le bras.

— Tu te rends compte de ce que tu viens de dire, là ? demanda Anna, ses yeux clairs fixant le regard sombre de l'adolescente.

— Quoi ? Qu'est-ce que j'ai dit ?

Jennifer tenta d'échapper à l'étreinte d'Anna, mais la Parisienne verrouilla sa prise et lui refusa tout mouvement.

— Tu as dit : « *il nous a quittées* ». J'en conclus donc que ton père, après être parti du domicile conjugal, ne s'est peut-être plus… occupé de toi ?

Jennifer abdiqua et laissa choir son sac à terre. Elle s'adossa contre le rocher. La colère avait soudain quitté son visage, comme si Anna l'obligeait, à cet instant, à regarder en face ce qu'elle n'avait pas voulu voir, avant.

— Cela s'est fait progressivement. Au début, il venait me prendre de temps en temps, les week-ends.

— Et les vacances ?

— Non. Papa n'a jamais vraiment eu de vacances. Enfin bref, cela ne s'est pas fait. Jamais.

— Parle-moi des week-ends alors…

— Comme je te disais, au début il est venu me chercher, mais… je sentais que quelque chose n'allait pas. Qu'il n'était pas à l'aise ! J'ai pensé que je lui rappelais trop la trahison de maman. D'une fois tous les quinze jours, c'est devenu un week-end par mois. Puis un beau jour, il a annoncé qu'il partait en Amérique… un truc avec son travail. J'ai demandé son adresse. Il m'a dit qu'il me l'enverrait par courrier… Je l'attends toujours.

Anna, qui avait perdu son père alors qu'elle n'était qu'une gamine, réalisa que sa souffrance n'était pas comparable avec celle de Jennifer. Elle eut une pensée étrange et dérangeante, se disant qu'il valait peut-être mieux avoir un père décédé, mais qui l'avait toujours aimée, plutôt qu'un père bien vivant, mais se fichant complètement de ce que devenait sa fille.

— Jenny ! Je comprends ta souffrance et ta colère, crois-moi. J'ai perdu mon père très jeune, trop jeune. On vit avec une blessure qui ne cicatrise pas vraiment. Je sais bien que dans ton cas, ton père n'est pas mort. Ce qui, paradoxalement, rend les choses encore plus difficiles à admettre. Mais, si tu le permets, j'ai tout de même une question qui me semble essentielle par rapport à tout ce que tu viens de me raconter.

— Oui, vas-y !

— Eh bien. C'est ton père qui est parti. Ta mère est bien là, elle. Je veux dire, elle a sans doute ses défauts, ses torts, enfin tout ce que tu voudras, mais… elle est là MAINTENANT pour toi. Et à ce que j'ai pu observer depuis qu'on a commencé cette randonnée, elle s'en fait pour toi. Et puis…

— Quoi ?

— … Elle est terriblement malheureuse. Et la cause de cette peine, c'est toi Jenny.

Jennifer ne répondit pas. Anna avait mis en lumière tout un aspect de la situation que l'adolescente refusait de voir afin d'exorciser sa peine, sa colère, sa frustration. Marie-Hélène avait accepté d'endosser le rôle de la coupable, et pour Jennifer cela lui permettait d'occulter la vérité. Une triste réalité qu'elle refusait de regarder en face : Son père était parti, il avait quitté sa mère, mais... il avait surtout abandonné sa fille.

26

— C'est vraiment un petit endroit charmant ! déclara Catherine Wells.

— J'aime les lieux authentiques à l'abri du tourisme de masse, répondit Jacques Vaillant. J'éprouve un malin plaisir à dénicher ce genre d'établissements qui, de l'extérieur, ne paient pas de mine, mais qui à l'intérieur réservent de véritables surprises. Ici, tout est fait maison, et il n'y a pas de chichi.

Chez D.D. était un restaurant qui correspondait en tous points aux critères évoqués par le vieux Normand. Catherine apprécia le décor, la petite salle intérieure qui dégageait une atmosphère conviviale, mais où les gens discutaient sans brailler, chose rare de nos jours.

— C'est étonnant cette ambiance ! dit Catherine. C'est la première fois que je mets les pieds ici et l'on m'accueille presque comme une amie. Je suppose que le monsieur qui nous a accueillis, c'est le patron ?

Jacques se tourna en direction de la cuisine ouverte, derrière l'encadrure occultée par une multitude de bouteilles de vin, on apercevait à peine D.D. en train de s'affairer, en compagnie de son épouse, à confectionner une plancha gargantuesque.

— Vous supposez bien, ma chère. C'est Dédé ! Ils sont

deux à accueillir les clients. La femme aux cheveux grisonnants que vous apercevez derrière le comptoir est son épouse. Ils n'ont pas d'employés.

— Je vois.

— En même temps, avez-vous vu la taille de la salle ? Le nombre de couverts est limité ! C'est un mal pour un bien ! De cette façon, on a l'impression d'être dans un restaurant, mais on a notre intimité ! La première fois que j'ai rencontré votre fille, je l'avais invitée dans un petit restaurant également.

— Ce n'était pas ici ?

— Non, c'était en dehors d'Honfleur. Au cœur du village qui apparaît à la sortie du rond-point : La Rivière Saint-Sauveur, le petit restaurant est très bien aussi.

— Anna m'en avait parlé, déclara Catherine.

Jacques fit mine d'être surpris. Il la gratifia d'une moue censée illustrer son étonnement. Cela n'eut pas l'effet escompté. Catherine connaissait son côté taquin et sa bonhommie. Et là, c'en était l'illustration parfaite.

— Tiens donc ! Ainsi vous vous faites des confidences entre mère et fille ! J'avoue être très étonné, mentit Jacques.

— Ah Ah ! Comme si vous ne le saviez pas !

— Ne le prenez pas mal, Catherine. J'aime taquiner les gens que j'apprécie.

— Eh bien ! Je le prends comme un compliment.

— Et vous faites bien !

Dédé arriva et s'excusa auprès de Jacques :

— Jacques ! Quelle joie de te revoir ici ! Excuse-moi pour tout à l'heure, je t'ai à peine salué… ainsi que ton amie, dit Dédé, en saluant Catherine. Madame, je ne pense pas vous avoir déjà vue. Aussi, permettez-moi de vous souhaiter la bienvenue au sein de notre modeste établissement.

Catherine salua le patron du bar à vin. Jacques fit un mouvement de la main, une sorte de salut avec un chapeau, mais sans chapeau.

— André, je te présente Catherine Wells. Une amie de Paris qui vient passer quelques jours à Honfleur.

— Eh bien, je vous souhaite un bon séjour dans notre magnifique ville normande.

— Merci ! répondit Catherine.

— Je vous en prie. Alors, qu'est-ce qui vous ferait plaisir ? Juste un verre de vin ou quelque chose de plus consistant pour accompagner ?

— On est venu pour la totale ! Une plancha charcuterie et fromage ! Et pour faire passer le tout, je verrais bien une bouteille de ton *Côte-Rôtie La Germine* ! Bien sûr, si cela vous convient Catherine ? s'enquit Jacques.

Catherine acquiesça. Elle n'y connaissait pas grand-chose en vin, et encore moins en vin rouge. En la matière, elle faisait entièrement confiance à son ami Normand, parce que lui était une véritable encyclopédie vivante.

— Cuvée 2010 ? questionna le patron.

— Oui, ce sera parfait, répondit Jacques.

André s'éloigna en hurlant à voix haute la commande à l'intention de son épouse. Elle allait se charger de l'assiette « charcuteries et fromages » pendant que lui s'occuperait du vin.

— Vous connaissez le Côte-Rôtie, Catherine ?

— Eh bien, je suis loin d'être une experte à votre image, Jacques. J'en ai déjà bu, ça oui ! Maintenant, je ne me souviens plus vraiment de ses caractéristiques.

— C'est un vin de garde. La cuvée 2010 est une de mes

préférées. Si vous aimez les arômes de fruits rouges, notamment le cassis, la groseille, la framboise, vous allez aimer. Vous pourrez même lui trouver des pointes d'épices, voire de violette. Par contre, si l'on choisit un millésime antérieur, le parfum devient plus « corsé », avec des touches de vanille, de fruits à noyau…

— Vous m'aviez déjà impressionnée lors de notre repas de Noël, j'avoue que votre culture du vin m'impressionne.

— J'aime le vin… avec modération, cela va s'en dire. Cependant, j'apprécie par-dessus tout l'aspect convivial, le partage d'un moment de joie. Pour moi, c'est le plus important : quand on fait tinter nos verres l'un contre l'autre, déclara Jacques en esquissant un sourire.

— Je suis d'accord avec vous. C'est une bonne définition de ce que devrait être une dégustation d'un bon vin. Tiens, à ce propos, figurez-vous qu'Anna s'est inscrite à un cours d'œnologie en début d'année. Et devinez d'où lui vient cette idée originale.

— De moi, j'imagine ?

— Tout à fait !

— Eh bien, je ne peux que m'en féliciter. Le vin, c'est aussi notre patrimoine culturel. En plus, cela nous oblige à réviser notre géographie, plaisanta-t-il.

Jacques n'eut pas le temps de poursuivre. André arriva devant eux, puis déposa deux superbes verres à pied qu'il tenait d'une seule main. Dans l'autre, la bouteille commandée qu'il ouvrit avant d'en verser une infime quantité destinée à être humée puis goûtée. Jacques fit tournoyer le liquide dans son verre avant de le sentir puis de le porter à sa bouche. Catherine observait ce rituel ancestral avec un petit sourire en coin. Jacques approuva et Dédé servit Catherine avant de revenir au verre de Jacques. Il déposa la bouteille et partit chercher le reste de la commande, quelque chose de plus gras et consistant.

— Je vous en prie Catherine, dites-moi ce que vous en pensez !

Catherine imita le vieux Normand en reproduisant le rituel « nez, on fait tourner, on garde en bouche une petite gorgée, on imprègne ses papilles, on rend son jugement. »

— Hum… J'aime beaucoup, dit-elle.

Jacques reprit son mouvement circulaire de la main et du poignet, le vin tournant dans son verre à petite vitesse, comme si cela devait faciliter la libération des arômes.

— Normalement, c'est un vin qui accompagne plutôt les gibiers ou les plats en sauce, mais je l'ai bu par le passé avec de la charcuterie et du fromage et j'ai beaucoup apprécié, à ma grande surprise, cela dit. Vous voyez Catherine, il ne faut jamais se laisser guider par les conclusions des autres. C'est toujours plus intéressant de suivre son propre ressenti, bien sûr cela demande parfois du courage, tout le monde n'est pas apte à nager à contre-courant. Mais, je m'égare avec mes histoires. Bref, permettez-moi de vous dire que cette cuvée 2010 me plaît particulièrement, même sans gibier ni plat en sauce ! Et puis, la bouteille reste encore abordable ! admit-il en riant.

Catherine ne se lassait pas de l'écouter. Ce vieux Normand lui rappelait ce petit philosophe à la peau verte dans ces films de science-fiction qu'Anna regardait avec son père quand elle était petite. C'était censé être un maître aux grands pouvoirs… Yoda, voilà elle venait de se rappeler son nom. Elle eut soudain envie de rire, parce que Yoda était une petite créature verte aux grandes oreilles, mais Jacques pouvait mal le prendre. D'ailleurs, il lui sembla peu probable que les films de la saga *Star Wars* puissent faire partie de la culture du vieil homme. Elle décida de garder cela pour elle et revint à la bouteille de vin, sans doute hors de prix.

— J'espère que vous êtes resté raisonnable, Jacques !

— Hé ! C'est moi qui invite.

— Justement ! rétorqua Catherine. Déjà que... je viens squatter chez vous, si en plus vous m'offrez la... tournée des grands ducs.

Jacques pouffa.

— Avez-vous vu la taille de cet établissement ? Et puis, je vous signale que je vous ai invitée. Vous ne squattez rien du tout, ma chère. De plus, j'ai besoin de quelqu'un pour m'aider à éduquer Ombre. Je n'ai jamais eu de chat avant, plaisanta-t-il.

Le grand plat arriva, porté par le patron qui leur souhaita un bon appétit. Il y avait tout un assortiment de plusieurs jambons secs, de la rosette, des rillettes, du pâté avec cornichons. Quant au fromage, c'était aussi fourni. Catherine reconnut du camembert, quoi de plus normal étant donné la région. Une corbeille de pain de tradition agrémentait le tout.

— Allez ! Attaquons ! dit Jacques.

Comme l'avait dit Jacques, ce fut un instant de franche convivialité, d'échange, de partage, mais surtout une tranche de joie, de bonheur simple. Le temps s'accéléra, il en est toujours ainsi : quand vous passez un bon moment, vous ne voyez jamais le temps passer. Ce qui n'est pas le cas, lorsque vous vivez des moments moins plaisants. Ainsi, une bonne demi-heure s'était écoulée et le plat était maintenant pratiquement vide... et la bouteille aussi.

— C'était vraiment délicieux, Jacques. Je vous remercie, dit Catherine en s'essuyant la bouche avec sa serviette de table.

— Je vous en prie. Tout le plaisir est pour moi. Je vous propose d'aller prendre le dessert ailleurs, si vous n'y voyez pas d'inconvénient ?

— Je vous fais confiance, vous connaissez cette ville comme votre poche, il me semble.

— On ne connaît jamais totalement les choses, juste une partie ! corrigea le vieux Normand.

Il demanda l'addition, régla et, après les politesses d'usage, entraîna la Parisienne dans les ruelles pavées d'Honfleur.

— J'espère que vous aimez les glaces, Catherine ? s'enquit Jacques.

— Qui n'aime pas ça ? répondit Catherine.

— Certes. Je vais vous emmener chez un glacier qui est aussi un producteur de lait. Il possède une ferme et un élevage de bovins dans la région. En fait, vous allez découvrir un artisan qui fabrique sa glace avec amour. C'est sans doute ce qui fait qu'il obtient des saveurs incroyables, en plus de la grande qualité de ses produits de base, bien entendu.

— Vous avez l'art de dénicher les perles rares !

— Et je m'en félicite. De nos jours, tout le monde est prêt à consommer n'importe quoi. On fait attention au prix, ce qui laisse présager d'une qualité douteuse, si vous voulez mon avis. Maintenant, je suis bien conscient que tout le monde n'a pas les moyens d'acheter des produits de qualité, mais… mieux vaut peu et bon, que beaucoup et mauvais ! Ce n'est que mon avis.

— Je suis de cet avis aussi. Mais, la vie moderne, le travail « métro, boulot, dodo », les enfants, tout ça quoi… Bref, ce n'est pas toujours évident de faire la cuisine, c'est même devenu une mission impossible dans certaines familles.

— Vous soulevez là un point essentiel. Le « monde moderne », comme vous dites, n'est peut-être pas meilleur que celui d'autrefois. Je veux dire que maintenant, c'est un plat complet à tous les repas, je me trompe ? Il faut une entrée, un plat, fromage et dessert quasiment tout le temps. Pardonnez cette formule de « vieux », mais… de mon temps, on mangeait de la soupe et du pain le soir. C'était un potage mêlant pommes de terre et légumes. Avec ça, une bonne tranche de pain de campagne et l'on était calé pour la nuit. Les grands repas étaient réservés pour le week-end, et encore quand on recevait les amis ou la famille. Je trouve malheureux qu'il faille aujourd'hui tous les composants de ce que je considère comme un repas d'exception, tous les jours, midi et soir. Les gens mangent mal et surtout mangent trop ! Trop de viande, trop de plats préparés avec un pourcentage en sel bien trop élevé ! Je ne vous parle même pas du sucre blanc en excès dans tous les gâteaux, biscuits, barres chocolatées, etc. Et pour finir, il y a aussi tous ces nouveaux produits allégés ! Alors là, c'est le bouquet ! Du vrai poison ces trucs chimiques...

Jacques s'arrêta brusquement.

— Qu'est-ce qu'il y a ? demanda Catherine.

— Je réalise soudain que j'ai dû avoir à peu près la même conversation avec votre fille, il y a un an. J'espère que ce n'est pas le début de la fin... Si maintenant je me mets à radoter, on n'est pas sorti de l'auberge, répondit le vieux Normand.

En quelques pas, ils arrivèrent puis dépassèrent l'édifice dit *La lieutenance*, et Jacques invita Catherine à entrer dans une ruelle où se trouvait le fameux glacier. Il y avait foule, mais l'attente était justifiée. Tels deux touristes estivaux, ils sortirent de la boutique avec leurs pots de crème glacée. Jacques avait choisi la raison, avec un sorbet cassis et pomme calvados. Catherine se félicitait de son choix : marron et cookie. Ils ne purent s'installer sur les rares tables et chaises près de la devanture, elles étaient déjà toutes prises d'assaut par les familles venues se rafraîchir avec une bonne glace. Jacques décida d'emmener son invitée autour du quai Sainte-Catherine. Il aimait admirer les voiliers qui stationnaient dans le port de plaisance. Ils s'assirent sur un muret de béton et dégustèrent leur glace, comme deux gamins ravis d'une telle aubaine. Tout à coup, les traits de Catherine se figèrent, ainsi que son regard. Elle cessa de faire venir sa petite cuillère en plastique du pot de glace à sa bouche. Elle ressembla tout à coup à une statue de cire. Jacques, concentré sur ses sensations papillaires, sursauta lorsqu'elle s'écria :

— Oh zut !

Jacques avala son morceau de sorbet cassis, c'était très froid et cela lui brûla la gorge. Il voulut demander ce qui se passait, mais se mit à tousser en manquant d'avaler de travers. Après une petite quinte de toux, il put enfin articuler une phrase intelligible :

— Qu'avez-vous, Catherine ? Qu'est-ce qui ne va pas ?

Catherine se tourna brusquement et planta son regard dans les yeux du Normand.

— Jacques, je viens de réaliser que j'ai peut-être fait une boulette !

— Comment ça ?

— Je me demande… Enfin… Je vous ai dit tout à l'heure qu'Anna s'était inscrite à un cours d'œnologie.

— Exact.

— Eh bien…

— Vous vous demandez si ce n'était pas censé être une surprise… C'est ça ?

Catherine regarda Jacques comme s'il venait de descendre d'une soucoupe volante.

— Euh… Oui, c'est tout à fait ça.

Jacques reprit une cuillérée de son sorbet comme si de rien n'était. Catherine aurait juré apercevoir l'esquisse d'un sourire sur son visage. Elle poursuivit :

— Si tel est le cas, vous rendez-vous compte que… que j'ai probablement vendu la mèche !?

Jacques termina sa glace jusqu'à ce que le pot paraisse aussi propre que s'il n'avait pas encore servi, puis se leva et jeta le tout dans une poubelle éloignée de quelques mètres. Il revint sur ses pas et reprit sa place auprès de Catherine.

— Ce n'est pas bien grave, Catherine.

— Parlez pour vous ! Anna va m'en vouloir si jamais elle souhaitait véritablement vous faire une surprise en… je ne sais pas moi… en vous annonçant elle-même cette nouvelle corde à son arc.

— Terminez votre crème glacée, Catherine, elle va fondre. Il n'y a pas de souci, croyez-moi.

— Vraiment ?

— Mais oui ! Si d'aventure, Anna vient à m'en parler, je ferai comme si je n'étais pas au courant ! Voilà tout. Je suis un excellent comédien, vous savez ! J'ai fait un peu de théâtre dans ma jeunesse. Et puis, si elle n'aborde pas le sujet… eh bien on avisera ! Je pense, la connaissant, qu'elle va vouloir attendre d'avoir étendu la somme de ses connaissances. Elle pourra alors m'épater en m'en mettant plein la vue lors d'un prochain repas. Toujours est-il que cela n'est pas bien méchant.

— Vous croyez ?

— J'en suis sûr. Et puis, Anna a-t-elle expressément demandé de ne rien me dire à ce propos ?

— Euh… non, répondit Catherine.

— Alors, où est le problème ?

— Vous… vous avez raison, admit Catherine.

— Toujours.

Catherine Wells répondit par un sourire. Jacques pointa du doigt sa glace qui ressemblait plus à un milk-shake à présent.

— Oh oui, pardon !

Ils déambulèrent le long du quai et passèrent devant un bar que Jacques désigna comme étant celui où il était allé boire un verre avec Anna lors de leur première rencontre.

— Ici ?

— Oui. Je me souviens qu'Anna avait du mal à soutenir du regard les couples qui se promenaient enlacés. J'ai mis les pieds dans le plat. J'ai dû un peu la brusquer, mais en définitive, je pense que cela en valait la peine.

Catherine opina du chef. Elle n'allait pas contredire le vieux Normand qui était sans le moindre doute la personne qui avait permis à Anna de marcher sur le chemin de sa propre résilience.

— C'est certain, Jacques. Vous lui avez sauvé la vie, je n'ai pas peur de le dire.

— N'exagérons rien, Catherine. Je lui ai indiqué une voie, un chemin. Après, c'est elle qui a marché sur cette route, pas moi.

— Peut-être, mais sans vous…

— Je ne sais plus qui a dit : « *Quand l'élève est prêt, le maître arrive…*». Bien qu'en l'occurrence, je ne me considère nullement comme un maître, tout au plus comme un modèle, et encore, c'est toujours trop pompeux ! Une source d'inspiration, voilà qui est déjà plus humble, vous ne trouvez pas ? Bref, tout ça pour dire que les gens qui vous guident ne font bien souvent que vous rappeler ce que vous savez déjà, mais que vous avez seulement oublié. Qui a eu l'idée de partir à la rencontre des gens ? D'aller voir des personnes qui avaient vécu une perte, un deuil, mais qui étaient parvenues à transcender leur souffrance plutôt que de la subir, des hommes et des femmes qui gardaient l'envie d'aller de l'avant, de continuer leur chemin de vie malgré tout ?

Catherine comprenait où Jacques voulait en venir.

— Je suppose que c'est Anna ? murmura-t-elle.

— Et vous supposez bien, ma chère. Je lui ai conté ma vie, afin qu'elle puisse reprendre la sienne.

— Elle m'en a parlé, vous savez !

— Disons que je m'en doute un peu. Je ne voulais surtout pas lui imposer un chemin de résilience tout tracé. Vous comprenez ? Quelque chose du genre : *Faites ceci ou cela et vous irez mieux !* Non. Pour moi, le plus important consiste, et d'ailleurs c'est ce que je continue à faire aujourd'hui, un tout petit peu car je ne veux pas trop m'y investir non plus, à travers la revue créée par ma défunte épouse Monique : *La main tendue.*

— Vous l'avez remise sur les rails, Jacques. Elle a repris ce que vous appelez son « chemin ». Et même si je ne suis pas toujours d'accord avec les directions qu'elle emprunte, en fonction de ses propres choix, je ne peux que m'en féliciter et surtout… vous remercier pour toute l'aide précieuse que vous lui avez apportée.

— Parfois, j'aime à penser que tout cela était écrit, souffla Jacques.

— Comment ça ?

— Vous savez, quand Anna est arrivée chez moi, avec son soi-disant reportage pour son journal… J'étais moi-même en train de remonter la pente.

— Votre épouse ?

— Oui. Monique était décédée depuis à peine trois mois et j'avais vécu des moments difficiles. Je n'étais quasiment plus sorti de chez moi après cela. Quand j'ai reçu l'e-mail d'Anna, ce fut comme un électrochoc. J'étais resté isolé, vivant en ermite pendant tout un trimestre, je ne sortais plus que pour aller faire des courses au supermarché, cela vous donne un aperçu de l'état dans lequel je me trouvais, non ?

— J'ai du mal à vous imaginer amorphe et apathique,

Jacques. Mais les circonstances étaient bien évidemment tout à fait exceptionnelles.

— Et pourtant, j'étais au plus mal, soyez-en certaine. Mais… vous préférez marcher un peu dans la ville ou le long de la jetée ?

— La jetée, si cela vous convient ?

— Parfaitement.

Ils quittèrent le quai et traversèrent l'embarcadère où les navettes flottantes à touristes officiaient à plein régime en cette période de l'année. Sur la gauche se tenait un parc avec des jeux pour les enfants, sur la droite l'estuaire qui allait se jeter un peu plus loin dans la mer.

— Je disais donc que votre fille m'a été d'une grande aide à ce moment-là. Elle ne s'en doute probablement pas, mais nous nous sommes aidés mutuellement. D'ailleurs, j'aime à penser que les choses fonctionnent ainsi. Les gens, les rencontres, les échanges, voilà tout ce qui compte en définitive. Croyez-moi, il n'y a rien de pire que la solitude. Et quand vous êtes vieux, et donc limité dans vos déplacements, cela peut devenir un chemin de croix.

— Vous n'êtes pas vieux, Jacques !

— On ne peut pas dire que je sois de la première jeunesse ! Mais vous avez raison, je n'ai pas à me plaindre. J'ai peut-être soixante-dix ans, mais je suis en bonne santé, c'est mon médecin qui me l'a dit, je suis libre de tout mouvement, je marche beaucoup ce doit être pour ça. Et puis, mon jardin, mon potager, ma cuisine… ce sont des activités qui me permettent de garder le cap. Tenez, on arrive bientôt au parc des personnalités. Nous y sommes allés l'hiver dernier, vous vous souvenez ?

— Oui. Je m'en souviens très bien. J'étais morte de froid. Il y avait un vent monstrueux, glacé, humide.

— Ah zut ! Il fallait me le dire !

— Je ne voulais pas vous vexer. On venait juste de faire connaissance. Cela aurait été déplacé.

— Je vois. Toujours est-il qu'aujourd'hui, vous ne risquez pas de contracter un rhume ! dit Jacques. Il y a des petits bancs en bois à l'intérieur, nous pouvons nous y asseoir un moment, vous êtes d'accord ?

— Bien sûr ! répondit Catherine.

Pendant le trajet qui les mena de l'entrée au petit lac intérieur au bord duquel se trouvait le banc de bois bleu, Jacques réalisa qu'il s'était livré comme cela ne lui était jamais arrivé. Catherine disposait d'un certain talent pour faire parler les gens. Il avait prévu de l'encourager à lui dire quelle était la véritable raison de sa venue, et voilà que c'était lui qui s'était laissé aller à des confidences. Voilà qui était plutôt inattendu et très singulier.

Ils arrivèrent devant le petit lac. Une chance, l'un des bancs était libre.

— Venez ! dit Jacques en encourageant Catherine à le suivre. Nous avons de la chance. En plus, il est à moitié à l'ombre. Installez-vous là, Catherine.

— Vous ne préférez pas vous mettre côté ombre, Jacques ?

— Non. J'ai besoin de vitamines D. Ne vous en faites pas. C'est parfait pour moi.

Ils prirent position sur le banc. Un grand cygne noir arriva à grande vitesse.

— Il pense que nous allons lui donner à manger ! expliqua le vieux Normand.

— Désolé, mon grand ! Dédé ne nous a rien laissé ! déclara Catherine.

Le cygne, n'ayant pas obtenu sa pitance de ce côté-là, fit un virage à quatre-vingt-dix degrés en direction d'une petite fille qui lançait de minuscules bouts de pain.

— Ils sont comme beaucoup d'entre nous. Ils n'agissent que par intérêt ! affirma Jacques.

Catherine se demanda si Jacques sous-entendait quelque chose à son propos.

— Vous avez raison. C'est aussi vrai pour moi ! avoua-t-elle.

— Oh pardon ! Je ne parlais pas pour vous, ne vous méprenez pas.

— Je sais bien. Mais vous avez pourtant bien raison. Je suis venue chez vous parce que j'avais besoin de calme, d'une personne qui saurait m'écouter, me conseiller éventuellement. J'ai une décision à prendre et j'ai pensé que vous étiez, parmi toutes les personnes que je connais, celle qui serait la plus à même de m'aider. Donc, vous êtes dans le vrai. C'est un fait.

Jacques était mortifié. Il avait lancé cette phrase comme ça, sans y penser. Il fallait à tout prix rétablir la vérité.

— Me voilà bien ! Si Monique était encore de ce monde, elle me traiterait de gros balourd. J'ai fait une belle boulette, là ! Catherine, je vous jure que je ne pensais absolument pas à vous en disant cela. Je vous en donne ma parole !

Voyant que le vieux Normand était vraiment attristé par la situation, Catherine s'en voulut de s'être engagée dans cette voie délicate.

— Zut ! Mais non, Jacques, c'est moi qui déraille ! Je sais bien que vous êtes un parfait maître de maison. Après tout ce que vous avez fait pour Anna, et pour moi. Comment pourrais-je en douter ? C'est juste moi, qui suis venue m'imposer comme ça, sans vous demander votre avis.

— Mais pas du tout ! C'est moi qui vous ai invitée, vous avez oublié ? Vous n'imaginez pas combien cela me fait plaisir de vous recevoir. Je vis seul. Vous venez mettre du mouvement et de la vie dans mon quotidien et… j'adore ça ! Allez zou, pas de malentendu entre nous. Vous et votre fille êtes très chères à mon cœur, sachez-le Catherine. Vous serez toujours les bienvenues chez moi, n'importe quand. C'est bien clair ?

C'était on ne peut plus clair. Catherine Wells avait simplement eu besoin d'en être sûre. Elle était alors rassurée. Il fallait toutefois éclaircir un point. Un point important pour elle.

— Jacques, merci ! Vraiment ! Mais…

— Mais quoi ?

— Combien de temps puis-je squatter chez vous sans que cela devienne insupportable pour vous ? demanda Catherine.

— Ah ah ! Autant que vous voudrez ! Soyez certaine que si vous voulez restez quelques mois chez moi, j'en serais ravi ! souffla Jacques.

— Bon. Dans ce cas, il y a un point dont j'aimerais discuter avec vous.

— Je vous écoute.

— Je tiens à participer.

— Pardon ?

— Vous avez bien entendu. Il est hors de question que je ne participe pas aux frais. Je peux vous verser un loyer pour la chambre.

— Alors ça… c'est hors de question ! répondit Jacques.

Catherine s'attendait à cette réponse, mais elle devait lui faire cette proposition. Elle continua son travail de sape.

— Dans ce cas, je participerai aux frais de nourriture.

— Mmmh !

— Parfait ! Et puis, si nous allons de temps en temps au restaurant. C'est fifty-fifty !

— Ah non ! Si je vous invite, c'est moi qui paierai !

— Bien. Dans ce cas, la fois d'après ce sera moi qui inviterai et… moi qui paierai ! rétorqua Catherine.

— Mmmh !

— Je considère cela comme un « oui ». C'est entendu ?

Jacques fronça les sourcils. Il chercha une réponse appropriée, mais n'en trouva pas.

— Je sais de qui tient Anna ! murmura-t-il en fixant sa voisine de banc.

Catherine posa les mains sur ses hanches, elle ressemblait ainsi à une professeure des écoles en train de gronder un élève récalcitrant. Jacques osa un regard vers Catherine et découvrant sa posture, ne put réprimer une envie de rire.

— D'accord… d'accord. Vous avez gagné ! Mais ne me parlez plus de loyer pour la chambre, et ça c'est non négociable ! Vu ?

Catherine tendit la main.

— Topez là !

Jacques tapa la paume de sa main dans celle de Catherine, scellant le pacte. Derrière les haies, on apercevait le large. En tendant l'oreille, on pouvait même entendre le bruit des vagues, c'était agréable et apaisant, tout comme cette conversation.

— Maintenant que vous m'avez imposé votre contrat, si vous me disiez ce qui vous amène ici ? s'enquit Jacques qui avait repris un air sérieux. Vous disiez vouloir faire le point… concernant votre vie professionnelle… Alors, on en parle un peu ?

Catherine fixa l'horizon. C'était une question à laquelle elle s'attendait, bien entendu. Après tout, elle lui avait indiqué par téléphone qu'elle devait effectivement faire le point sur son métier. C'était une demi-vérité. Elle avait déjà pris sa décision. Elle allait changer radicalement de vie, mettre son adjointe Caroline à la gérance de la parfumerie, et puis prendre un autre chemin. En fait, et même si c'était lié, il y avait un autre sujet dont elle souhaitait discuter avec Jacques : son angoisse permanente. Cette peur concrernant Anna et ce besoin viscéral de la protéger, tout le temps, au risque de l'étouffer. Catherine s'était rendu compte que quelque chose n'allait pas. Elle n'était pas sûre de pouvoir y changer quoi que ce soit, mais elle savait qu'avec l'aide de Jacques, elle pourrait au moins essayer…

— D'accord, répondit-elle.

— Commençons par le commencement, si vous voulez bien. Que se passe-t-il avec votre travail ? s'enquit Jacques.

— Je n'en peux plus ! C'est tout.

— C'est un début. J'espère que vous voudrez bien m'en dire un peu plus !

Quelle était la meilleure façon d'aborder le sujet ? Parce qu'en réalité, tout était relié. Catherine disait qu'elle n'en pouvait plus, c'était la stricte vérité, mais… cette affirmation ne concernait pas que son métier.

— C'est compliqué ! affirma Catherine.

— Il suffit de démêler la pelote de laine, répondit Jacques.

Avec Jacques, il y avait toujours une solution pour chaque problème. Et puis, même si l'on n'en trouvait pas, il n'y aurait qu'à y réfléchir encore. Et puis on verrait bien. La dernière phrase du vieux Normand confirma qu'elle avait eu raison. Raison de venir ici. Raison de s'offrir une parenthèse enchantée.

— Vous croyez ?

— J'en suis sûr ! Allez, Catherine, lancez-vous et puis on verra bien ! l'encouragea-t-il.

— Je pense que tout ce qui m'arrive est en relation avec… l'attentat et tout ce qui s'est passé ensuite. Comme vous le savez, mon mari, le père d'Anna, est décédé quand elle n'avait que dix ans. J'ai bien eu quelques relations sans lendemain depuis, mais je n'ai jamais refait ma vie. Tout cela pour dire que je n'ai que ma fille qui compte vraiment pour moi. Quand Anna a failli mourir, il y a deux ans. J'ai bien cru qu'elle ne s'en sortirait pas. Et puis, elle est sortie du coma et la première année fut éprouvante, difficile. Pour elle, bien entendu. Pour moi aussi. Et puis, au bout d'un an à peu près, elle a commencé à accepter de sortir de chez elle. C'était déjà une première victoire. Oh bien sûr, au début il s'agissait juste de prendre sa voiture pour aller en consultation chez son psychologue. Pour moi, c'était déjà un énorme pas en avant. Et puis, nous nous sommes retrouvées pour boire un café, à l'extérieur, faire les magasins pour lui reconstituer une garde-robe, toutes ces sortes de choses…

— Et ensuite ?

— Un beau jour, alors qu'on prenait un verre dans un bar près de ma boutique, nous sommes allées nous promener autour du lac du bois de Boulogne. Et là, ce fut comme un miracle. Elle avait une nouvelle énergie, une envie de s'en sortir toute neuve. Inutile de vous dire que j'étais aux anges !

— Je m'en doute.

— C'est là qu'elle a soulevé l'idée de partir à la recherche d'autres personnes qui avaient vécu des drames et qui… s'en étaient sorties, avaient réussi à transcender leur peine, leur douleur pour…

— Donner du sens à ce qui leur était arrivé, termina Jacques.

— Exactement.

Jacques se gratta le menton, une certaine perplexité pouvait se lire sur son visage. Il ne tenta pas de le dissimuler et dit :

— J'ai plaisir à entendre cela, Catherine, mais… quel rapport avec votre vie professionnelle ? Vous avez dit : « *je n'en peux plus !* »

Catherine prit conscience qu'elle n'avait pas emprunté le chemin le plus court pour expliquer ce qui la motivait. Mais après tout, peu importait. Elle avait besoin de se confier, et quoi de mieux que de commencer par le commencement.

— Après tout ce temps, après avoir cru que ma fille ne sortirait jamais du coma, après avoir cru qu'elle ne sortirait jamais de sa dépression ; puis, quand enfin les choses ont eu l'air de s'améliorer, j'ai pris conscience de ce qui était essentiel. Pendant plus d'un an, j'ai confié ma boutique à mon assistante, ma première vendeuse. Et croyez-moi, je me fichais bien du chiffre d'affaires pendant toute cette période. La seule chose qui m'importait, c'était ma fille. Le reste, pff ! déclara Catherine en faisant un geste de la main qui indiquait son désintérêt.

Jacques aurait pu confirmer, lui aussi avait connu ça. La première fois quand il avait perdu sa fille. La deuxième, plus récente, quand il avait perdu sa femme. Il y a une période inévitable, et probablement nécessaire à sa reconstruction, où plus rien n'a d'importance. On continue à exister comme par réflexe : on respire, on se nourrit, on va travailler, mais ce n'est que de la survivance. Certains sombrent dans une profonde dépression. D'autres tentent de trouver un sens à la tragédie. Ce sont ceux-là qui réapprennent à vivre.

— La vérité… c'est que j'ai eu un mal fou à trouver de nouveau de l'intérêt pour mon travail quand Anna a repris sa vie en main, quand elle s'est mise à voyager, poursuivit Catherine. C'était pourtant ce que j'avais de mieux à faire :

reprendre le cours de ma vie. J'ai eu beau me persuader que ce que je faisais pour vivre était plutôt… sympathique. Je veux dire… vendre des parfums dans un beau quartier parisien, il y a pire comme métier. Sauf que… après tout ce que j'avais traversé, cela me semblait quelque peu…

— Futile ? dit Jacques.

— Oui. C'était tellement vide de sens, après tout ce que nous avions vécu. Je n'ai jamais retrouvé d'enthousiasme pour mon travail. Quand j'avais à faire à une cliente pénible, j'avais envie de l'envoyer promener sans ménagement. Bien sûr, je prenais sur moi. Quand je devais passer mes commandes, tenir mes comptes, enfin tout le fonctionnement de ma boutique… je me sentais… comment dire… plus à ma place, voilà ! Vous comprenez, Jacques ?

— Je comprends parfaitement, répondit le vieil homme. Cela me semble tout à fait naturel, et j'oserais même dire… normal. Qu'est-ce qui s'est passé ensuite ?

Un couple avec un bébé pleurant dans sa poussette passa derrière eux. Catherine attendit qu'ils soient suffisamment éloignés pour répondre.

— J'ai tenu pendant près d'une année. Aujourd'hui, je me demande comment j'ai fait. C'est étrange, mais ce n'était pas vraiment clair dans ma tête. Et puis, cela a pris de l'ampleur, de plus en plus au fil des jours, puis des semaines. Au début, je me suis dit que j'allais vendre la boutique parce que je suis propriétaire des murs. Mais, j'ai réalisé que ce commerce fonctionnait bien, que le chiffre d'affaires était bon. Cela aurait été dommage de tout ficher en l'air sur un coup de tête. Puis, je me suis dit que Caroline, c'est ma vendeuse ou plutôt mon adjointe, pouvait parfaitement tenir mon rôle, puisqu'elle l'avait déjà fait pendant l'année où je me suis occupée d'Anna pratiquement à plein temps. Bref, je restais la propriétaire de la boutique, et j'offrais une promotion à mon adjointe, qui devenait gérante. Elle restait mon employée, et moi la patronne. La différence étant de ne plus avoir à faire acte de présence, enfin juste de temps en temps…

Jacques trouvait que l'idée était bonne, mais une question demeurait, et il se risqua à la poser :

— J'ai bien écouté tout ce que vous venez de me révéler, Catherine. Je dois dire que c'est une expérience très intéressante. J'ajoute que je comprends parfaitement ce que vous avez traversé et ce qui a en découlé. Difficile de continuer sa petite routine quand on a vécu un événement aussi bouleversant. Moi-même, après la mort de ma femme, j'ai laissé tomber l'association. C'est d'ailleurs votre fille qui m'a incité à m'occuper à nouveau de *La main tendue* alors que j'envisageais de la dissoudre. Enfin, tout ça pour vous dire que je comprends votre dilemme. J'ai toutefois une question qui me semble légitime, parce que vous êtes jeune : Qu'allez-vous faire à présent ?

—Je ne sais pas encore ! avoua Catherine.

— Bien. Vous avez le temps de voir venir. Cela dit… en attendant… j'ai peut-être quelque chose à vous proposer ! dit Jacques avec les yeux qui se mirent à pétiller.

Catherine eut l'air d'hésiter avant de répondre.

— Vous n'êtes pas sérieux ? Vous me proposez du travail ? répliqua Catherine.

Jacques ne put s'empêcher de rire. Un de ces rires sonores et vrais, une sorte de signature qui permettait de l'identifier immédiatement.

— Non. Bien sûr que non. Quoique… c'est tout de même un certain travail à bien y réfléchir. Sauf que ce ne sera pas payé… ou alors avec le gîte et le couvert ! En vérité, cela concerne mon association.

—Votre site *La main tendue* ?

— Oui. Je suis en train de tenter, tant bien que mal, de mener à bien certaines recherches, afin de…

— Des recherches ?

— Oui. Pour le moment, je peux juste vous dire que c'est une idée qui m'est venue en regardant le journal du soir, à la télévision, répondit Jacques.

— Voilà quelque chose de bien intrigant ! souffla Catherine.

— Ne m'en veuillez pas, Catherine, je vous promets de vous en parler dès que j'en saurai un peu plus moi-même. Je peux vous dire que ce n'est pas un travail, non. C'est un projet qui a germé dans ma tête au moment où j'ai vu ce reportage.

— Très bien, dans ce cas je vais m'armer de patience. Mais, je dois bien avouer que ce projet m'intrigue au plus haut point !

— Vous n'aurez pas bien longtemps à attendre, je vous le promets. Dès demain, je compte finaliser certains points importants et dès que ce sera plus… abouti, je vous en parlerai.

— Il me tarde d'en savoir davantage ! dit la Parisienne.

— Que diriez-vous d'une petite promenade sur la plage ? proposa le Normand.

Catherine accepta la proposition et ils quittèrent le banc qui, dans la seconde, fut tout de suite récupéré par une famille. Ils traversèrent un petit pont de bois pour se retrouver sur le sable fin.

27

Livia et Carl avaient passé une journée spéciale. Leur après-midi avait accouché d'un sentiment étrange, entre joie des retrouvailles et retenue, sans doute à cause des années écoulées, d'une vie qui avait continué chacun de leur côté, l'un sans l'autre. Le sentiment qui régnait ressemblait à une sorte de symbiose singulière entre attirance et résistance, en tout cas pour Carl. Les choses étaient plus simples pour Livia. Son entreprise de séduction n'avait pas totalement fonctionné et cela la mettait mal à l'aise. Même si, sur le papier, elle était encore mariée, en réalité elle était libre d'entamer, ou plutôt de reprendre, une relation amoureuse avec Carl, son mariage n'était plus qu'un lointain souvenir, un choix de raison qui s'était transformé en véritable fiasco. Livia sentait bien que Carl éprouvait toujours quelque chose pour elle, la question était de savoir de quoi il s'agissait. Mais là n'était pas l'essentiel. Il y avait quelqu'un qui faisait barrage, ça Livia l'avait deviné dans la seconde où son amour de jeunesse était arrivé et l'avait embrassée timidement. Elle n'aurait pas su expliquer comment, mais elle sentait la présence d'une autre, ici, maintenant, attablée avec eux dans ce restaurant qui s'appelait *Vestigius* et qui bordait le Tage.

Carl et Livia avaient pris place autour d'une table sur la terrasse extérieure, avec vue splendide sur le fleuve.

Un serveur arriva pour proposer un apéritif.

— Livia, tu veux quelque chose ? proposa Carl.

La jeune femme abaissa le menu pour répondre :

— Non merci, pas d'apéritif. Je prendrai juste du vin blanc pour accompagner le repas.

Carl déclina lui aussi la proposition du serveur qui les interrogea sur le choix du menu.

— Livia ? dit Carl. Tu prendras quoi ?

Elle pointa un plat typique portugais.

— Carl, ici ils font des produits de la mer excellents. Il y a des casseroles de poissons et fruits de mer à partager, en plus avec des sauces à tomber par terre. Je te les recommande ! Moi, je me laisserais bien tenter ! Mais c'est pour deux personnes, donc…

— OK pour moi. Tu connais ce restaurant, donc je te fais confiance, Livia. Va pour la casserole de poissons et fruits de mer ! répondit Carl.

— Parfait, dans ce cas nous prendrons une cocotte *Bulhão Pato* ! C'est une sauce au vin blanc, n'est-ce pas ?

— Tout à fait, répondit le serveur. Vin blanc, ail et coriandre pour être complet.

Puis, il valida le choix de Livia en cochant un écran numérique à l'aide d'un stylet.

— Et pour la boisson ? s'enquit le jeune homme à l'apparence trop raide.

Carl n'avait pas très faim. Remuer le passé riche en émotion lui avait quelque peu retourné l'estomac. Mais, il s'agissait d'une invitation à dîner avec Livia, qu'il revoyait pour la première fois après quinze ans. Autant dire qu'il n'allait pas gâcher ce repas. Il se fit violence et annonça son choix au serveur qui restait droit comme un i.

— Pour ce qui me concerne, j'aime bien le *Vinho verde*.

Mais, Livia, tu as peut-être envie d'autre chose ? demanda Carl.

— Non, cela me va très bien ! approuva Livia.

— Une préférence ? s'enquit le serveur.

— Oui. Une bouteille de *Besta Branco* s'il vous plaît, répondit Livia. Cela te convient, Carl ?

Il opina de la tête. Il appréciait particulièrement le vin vert portugais. Peu lui importait la marque, c'était un vin blanc jeune, frais, pétillant, et cela lui suffisait amplement.

— Tu connais ce restaurant ? demanda Carl alors que le serveur, qui devait sûrement porter un corset, ce n'était pas possible de se tenir aussi droit naturellement, regagnait la salle intérieure.

— Oui. J'y viens assez régulièrement. Au début, c'était juste un bar à vin, à cocktails. On pouvait y manger quelques tapas ou du snacking. Et puis, avec le succès, la carte s'est étoffée. Tu sais que l'intérieur est un ancien entrepôt ?

— Ah ?

— Oui. Les propriétaires – un couple très sympathique - ont récupéré cet entrepôt qui est resté ainsi, à l'abandon, pendant plusieurs années et l'ont réhabilité. C'était il y a quatre ou cinq ans, je crois. C'est devenu un lieu de convivialité sur le *Cais do Sodré* où se mêlent culture et gastronomie. Et puis en plus de cette terrasse, il y a un balcon à l'étage. On peut juste y boire un verre et… faire une pause.

— Une pause ?

— Oui. C'est calme, et l'on peut s'emplir les yeux avec les reflets dorés qui scintillent sur le Tage. Parfois, cela aide à réfléchir, faire le point. Je suis venue souvent quand je m'interrogeais encore sur la suite à donner à mon mariage, avoua Livia.

— Je vois ! souffla Carl.

— Et puis, ils ont plus de 200 références de vins ici, tu sais : des rouges, des blancs, des rosés, des vins mousseux. Et surtout, plusieurs d'entre elles, une trentaine si je me souviens bien, sont disponibles au verre ! Je crois bien les avoir tous goûtés ! confia Livia.

Ils discutèrent du bon vieux temps et évoquèrent leurs souvenirs communs pendant une bonne partie du repas. Cela avait le mérite d'éparpiller quelque peu la tension qui s'était invitée dans la conversation plus tôt dans la journée, quand Livia avait demandé si Carl avait quelqu'un dans sa vie. Il avait habilement éludé la question, mais Carl savait qu'il allait devoir y répondre maintenant qu'ils avaient dépassé le dessert et qu'ils prenaient le café.

— Plus tôt dans la journée, tu m'as demandé si j'avais quelqu'un dans ma vie.

Livia cessa de touiller son café.

— Oui, en effet. Et tu ne m'as pas répondu, dit-elle.

Carl baissa les yeux en direction de sa tasse qu'il agita dans sa main, le café noir tournoyait et libérait son parfum de moka.

— C'est difficile !

— Quoi donc ? s'enquit Livia.

— Tout !

— Que veux-tu dire ?

— Ma vie. Enfin, ma vie sentimentale, précisa Carl.

Livia s'empara à nouveau de sa petite cuillère et se remit à touiller son café qui n'en avait plus besoin.

— Donc, tu as quelqu'un ! affirma Livia.

— Oui.

Livia porta sa tasse à ses lèvres et avala son café d'un trait. Ses craintes étaient fondées, mais après tout, tout ceci était prévisible. Comment un garçon bien sous tous rapports comme Carl aurait-il pu être libre ? C'était couru d'avance. Toutefois, il y avait encore un peu d'espoir, Carl avait utilisé les mots *compliqué* et *difficile* ! Tout n'était peut-être pas perdu.

— Pourquoi est-ce difficile ? demanda Livia en plongeant son regard dans celui de Carl.

Lui aussi but son moka avant de répondre, un moyen comme un autre de réfléchir à ce qu'il allait dire.

— Elle s'appelle Anna.

Livia croisa les bras. Sous la table, ses jambes battaient la mesure.

— Tu l'aimes ?

La question à un million d'euros était lâchée ! Carl ne pouvait pas se défiler. D'abord, il n'avait jamais su mentir de toute sa vie. Même enfant, c'était une faculté que tous les autres possédaient, sauf lui. Adolescent, c'était encore pire. Il se mettait à bafouiller, à transpirer, et à se balancer d'une jambe sur l'autre. S'il était assis, ses doigts s'agitaient alors et tapaient sur la table, ou sur sa cuisse. Bref, il était aussitôt démasqué. Le pire acteur qui soit. Aussi, avait-il pris, depuis lors, la décision de ne plus jamais tenter de mentir à qui que ce soit, en toute circonstance. Tout au plus, s'accordait-il la possibilité de ne rien dire ou de ne pas répondre quand cela aurait pu lui porter préjudice. Quand on vit en société, il est parfois dangereux pour la pérennité des relations de… ne jamais mentir. Livia attendait sa réponse, alors il allait faire comme il avait toujours fait, dire la vérité.

— Oui.

Le visage de Livia se figea. Elle chaussa à nouveau ses verres solaires.

— Je suis heureuse pour toi, déclara-t-elle.

Livia, elle, savait mentir, mais pas aujourd'hui, pas à Carl. Elle lui avait fait assez de mal par le passé pour ne lui souhaiter que du bien aujourd'hui. Elle était seulement navrée que ce bonheur ne puisse se conjuguer avec elle plutôt qu'avec une autre.

— Je suis désolé Livia, murmura Carl.

— Tu ne dois pas. Si tu es heureux avec… Anna, c'est ça ?

— C'est ça.

— Eh bien, si tu as trouvé le bonheur avec cette… Anna, je suis vraiment très contente pour toi.

Carl leva les yeux et regarda Livia.

— Pour être honnête, en ce moment, je ne suis pas très… heureux ! avoua-t-il.

Livia cessa de jouer avec sa tasse qu'elle faisait tourner dans la sous-tasse.

— Ah bon ?

Non, mais quel con ! fut la pensée qui traversa immédiatement l'esprit de Carl dès qu'il réalisa ce qu'il venait de dire. Livia n'était sûrement pas venue le voir pour jouer le rôle de confidente. Pourquoi fallait-il toujours qu'il en dise trop ? Dévoiler le fil fragile de sa vie amoureuse, là, sous les yeux de Livia, voilà qui n'était sûrement pas une bonne idée.

— Euh… Pardon, je ne veux pas t'ennuyer avec mes histoires personnelles, bredouilla-t-il.

Les traits du visage de Livia changèrent soudain. Le sourire de façade qu'elle avait affiché après avoir essuyé ses yeux humides céda la place à un masque empreint d'une certaine gravité. La jeune femme réalisa qu'elle n'était plus amoureuse de Carl, d'ailleurs l'avait-elle vraiment été un jour ? Si tel avait été le cas, serait-elle partie en le laissant seul, autrefois ? Pourquoi cette envie de retour vers le passé alors ?

Carl n'était-il en définitive dans l'esprit de Livia qu'une épaule solide destinée à lui permettre de franchir le pas, quitter officiellement son mari ? Ou bien, caressait-elle l'espoir vain de réparer le mal qu'elle lui avait fait, à lui, Carl ? Recoller les morceaux ? Tenter de réparer le passé ? Livia se mordit la lèvre inférieure, elle avait agi par pur égoisme. Comme autrefois. Il y avait toutefois une grande différence aujourd'hui : elle n'avait plus l'excuse de la jeunesse.

— Tu ne m'ennuies en aucune façon, Carl. Et très franchement, c'est à moi de te demander pardon.

— Mais, tu l'as déjà fait ! dit Carl.

— C'est vrai, mais seulement pour mon erreur passée. Je dois aussi te demander pardon pour… aujourd'hui, déclara-t-elle sur un ton solennel.

Carl fronça les sourcils.

— Pour aujourd'hui ? Je ne comprends pas !

Livia n'était pas étonnée. Comment Carl aurait-il pu comprendre ? C'était un garçon d'une droiture comme on en rencontrait rarement chez les hommes d'aujourd'hui. Pourtant, juste la tenue qu'elle portait aurait suffi à convaincre n'importe qui que ce n'était pas le fruit du hasard. Si l'on ajoutait les chaussures à la fois sexy et élégantes, il n'y avait plus le moindre doute. Quelle femme porterait cela pour marcher le long du Tage ? Pourtant, Carl faisait preuve d'une naïveté touchante, la même qui ne le quittait pas autrefois. En cela, il n'avait pas changé.

— J'avais pour ambition de te séduire… à nouveau, avoua Livia.

Si cela n'avait pas été aussi pathétique, Livia aurait éclaté de rire en voyant la tête d'ahuri que faisait Carl à l'écoute de son aveu soudain.

— Mais…

Carl ne parvint pas à finir sa phrase. Voilà bien une

chose qu'il n'avait pas vue venir. Il savait bien que revoir Livia allait faire ressurgir des sentiments enfouis, mais il était loin d'imaginer que Livia avait souhaité le rencontrer après toutes ces années pour… le séduire, à nouveau.

— Pardon ! lâcha Livia.

— Mais… non, voyons ! Je veux dire… Tu voulais vraiment me séduire ?

— Oui.

— Mais pourquoi ? Enfin, on ne s'est pas revu depuis quinze ans ! Tu ne savais même pas ce que j'étais devenu !

— Je sais. Je n'en suis pas fière à présent, tu peux me croire. Je pensais que tu étais peut-être seul… Enfin, je veux dire libre, tu comprends ?

Carl passa ses mains dans ses cheveux tout en fermant les yeux. Quand il les rouvrit, il fixa Livia.

— J'étais loin d'imaginer ça ! avoua Carl. Je pensais que tu voulais peut-être évoquer le passé et…

— C'est effectivement ce que je souhaitais, Carl ! l'interrompit-elle. Je voulais te demander pardon pour le passé. Et maintenant, au moins, c'est fait. Et j'en suis très heureuse. Mais il faut bien avouer que j'avais une autre idée en tête. Et qu'à présent, je réalise que c'était aussi stupide qu'égoïste. C'est pour ça que je te demande pardon… pour aujourd'hui aussi.

Carl avait le cerveau en ébullition. Si Livia avait commis une erreur, elle était partagée. Elle n'était pas la seule en cause, du moins pas cette fois-ci.

— C'est un peu confus tout ça, non ? Écoute Livia, je ne sais pas moi-même pourquoi je suis venu ici. Je pense que j'ai ma part de responsabilité parce que, contrairement à toi, je ne suis effectivement pas libre. Enfin peut-être !

Livia attrapa la main de Carl. Il n'était plus question de

séduction, à présent. C'était seulement un geste amical et spontané. Il était clair que le bel homme en face d'elle était complètement paumé. Livia n'avait pas non plus les idées claires en cet instant. Deux anciens amoureux dont la vie ensemble aurait pu être une belle histoire, mais dont la vie séparée paraissait être une terre de désolation pour elle, et un champ de confusion pour lui.

— Tu veux en parler ? proposa Livia.

— Avec toi ? demanda Carl.

Livia ne put empêcher un sourire de naître à la commissure de ses lèvres.

— Tu vois quelqu'un d'autre, là ?

— Désolé.

Livia prit une profonde inspiration et se lança dans le vide. Peut-être avait-elle des ailes, après tout.

— Carl ! Je n'ai pas su t'aimer comme une compagne, et je suis la première à le regretter amèrement, crois-moi. Veux-tu me laisser une chance d'être ton amie… enfin si tu le veux encore ?

— Tu crois que ça peut marcher ? s'enquit Carl.

— Je ne sais pas ! répondit Livia. Ce dont je suis sûre c'est que ça vaut la peine d'essayer, non ?

Carl s'ébouriffa à nouveau les cheveux en penchant sa tête en arrière. Il chercha une réponse intelligente et appropriée, mais ce qui sortit de sa bouche n'en fut pas vraiment le reflet.

— Si.

Livia décroisa puis croisa à nouveau ses jambes, elle battit des cils, bomba la poitrine en avant et lança une bombe. Une véritable explosion dans la tête de Carl.

— Tu es favorable au sexe entre amis ? demanda-t-elle.

Carl manqua s'étrangler. Il eut du mal à avaler sa salive. Sa gorge devint sèche et sa bouche pâteuse, sa mâchoire faillit s'étaler sur la table, dans sa tasse de café. Il avait la tête d'un personnage de dessin animé, avec des yeux énormes sortant de leurs orbites et la bouche grande ouverte, restant immobile et stupéfait. D'ordinaire calme, posé, plutôt peu sensible aux réactions émotionnelles, il se mit à rougir et quelques gouttes de transpiration perlèrent sur son front.

Livia se mit à rire aux éclats.

— Oh mon dieu, Carl, si tu voyais ta tête ! s'esclaffa-t-elle en se cachant derrière sa serviette. Pardon… pardon !

— Tu veux dire que c'était une blague ta question ? demanda Carl, ne sachant plus vraiment à quoi s'en tenir.

Livia reprit ses esprits.

— Mais oui, gros bêta !

Carl s'essuya le front avec la serviette en papier fournie par le restaurant.

— Tu es sure ? Parce que j'ai bien cru que c'était sérieux ! hasarda Carl.

Livia gratifia son vis-à-vis d'un large sourire.

— J'ai toujours su te faire croire tout ce que je voulais. De ce côté-là, rien n'a changé. Tu imagines vraiment que j'irais te proposer de coucher ensemble alors que tu as une femme dans ta vie. Pour qui me prends-tu ?

Carl se trouva bien embarrassé. Il connaissait Livia… autrefois. Avec les années, les gens peuvent changer, non ? Peut-être que sa droiture s'était étiolée avec le temps. Comment être sûr quand on a perdu quelqu'un de vue depuis plus de quinze ans ?

— Oui, bien sûr. Tu as raison. Quel imbécile je fais !

— Mais non ! Au contraire, tu es trop chou ! Par contre, si un jour tu es à nouveau libre, alors là… c'est différent !

Est-ce qu'elle plaisantait toujours ? Carl n'était plus vraiment sûr, aussi il préféra ne rien répondre : prudence est mesure de sûreté, dit-on. Ne pas passer deux fois de suite pour un type naïf et crédule, même si c'était « trop chou ».

Les retrouvailles avaient pris une tournure étrange : un mélange de joie mêlée de crainte, de retenue, de gêne. Carl admit que les choses auraient pu être bien différentes, en d'autres circonstances. Sa vie amoureuse était comme… suspendue, mais elle existait. Oui, une sorte de parenthèse inattendue était venue assombrir le tableau, mais une parenthèse n'est pas un point final, n'est-ce pas ? Carl éprouva soudain de la honte. Il avait beau retourner cela dans sa tête dans tous les sens, il n'en était pas moins vrai que le « recul » souhaité par Anna ressemblait beaucoup à un début de flirt avec une autre… son ancienne petite amie, par dessus le marché.

Carl passa ses mains sur son visage et dans ses cheveux pour se donner une sorte de contenance. Livia allait dire quelque chose lorsque le serveur montra le bout de son nez, apportant l'addition que Carl s'empressa de régler.

Ils marchèrent encore quelques instants au bord du Tage. La discussion prit une tournure banale, dérivant vers des échanges sur le travail, les loisirs, la culture. Puis vint le moment de se quitter. Livia fit promettre à Carl de lui donner des nouvelles rapidement et il accepta. De son côté, il se retint de l'inviter à venir lui rendre visite dans ses locaux professionnels, à Faro. Il déclina aussi la proposition de Livia quand elle souhaita l'accompagner jusqu'à l'aéroport. Il ne valait mieux pas.

Carl monta dans un taxi et ouvrit la vitre pour faire signe de la main. Le visage de Livia laissait paraître un sourire triste. Elle agita sa main à son tour, puis le taxi démarra et disparut dans le trafic lisboète. Il avait du mal à identifier ce qu'il éprouvait vraiment à cet instant : de la peine ou du soulagement ? Il n'eut pas le temps d'approfondir cette réflexion, son téléphone bipa. C'était un SMS. Son rythme cardiaque s'accéléra et Carl dut prendre une grande inspiration avant d'ouvrir le message numérique. L'icône de l'expéditeur venait de s'afficher sur son écran de téléphone et il représentait... le visage d'Anna.

28

Le retour jusqu'au refuge s'était passé sans un mot. Pour Anna, cela signifiait que Jennifer était en train de méditer sur les paroles échangées, tout ce pan d'une réalité que l'adolescente avait involontairement occulté. Il n'y avait aucune garantie d'amélioration de la situation. Mais Anna avait confiance. Avant de monter les escaliers de bois qui menaient dans la pièce principale du refuge, Jennifer avait attrapé Anna par le bras et lui avait fait une bise en lui murmurant un « merci » aussi inattendu que bienvenu. Les choses allaient peut-être s'arranger entre l'adolescente et sa mère.

Les filles furent accueillies par un concert de « Ah, tout de même ! », « On croyait que vous vous étiez perdues ! », et autres gargarismes bienveillants. Ange réchauffa sa spécialité corse et servit les retardataires qui dévorèrent le contenu de leurs assiettes avec appétit. Marie-Hélène s'approcha de la table et posa une main sur l'épaule de sa fille.

— Tout va bien, Jenny ? demanda-t-elle.

Jennifer leva la tête et fit un grand sourire à sa mère. Le premier depuis une éternité. Marie-Hélène en fut tellement troublée que ses jambes se transformèrent en coton et elle fut forcée de s'asseoir.

— Oui maman. Tout va bien, affirma Jennifer, avant de s'essuyer la bouche avec une serviette de table et d'embrasser sa mère dont le cœur battait à tout rompre. Il faudra qu'on se parle, maman. J'ai des choses à me faire pardonner et… de nombreuses questions aussi !

Passé le choc dû à ce revirement de situation aussi soudain qu'inattendu, Marie-Hélène opina de la tête.

— Tout ce que tu voudras, ma chérie ! répondit-elle.

Anna quitta la table, elle devait s'éclipser pour laisser mère et fille resserrer les liens distendus depuis trop longtemps. Elle allait s'isoler – autant que cela fut possible dans un tel refuge – quand une main lui attrapa l'épaule.

— J'ignore ce que vous avez fait ou dit, Anna, mais je tiens à vous remercier. Je vous avais mal jugée au début. J'en suis la première désolée. Je m'excuse. Je crois que j'étais un peu jalouse de l'attention que Jenny vous portait. Je ne sais pas exactement ce que ma fille veut me demander, mais rien que son changement d'attitude à mon égard me comble de bonheur. Alors merci, Anna !

Anna eut à peine le temps de répondre par un sourire que Marie-Hélène s'était déjà éclipsée. Dommage, elle aurait bien aimé en savoir davantage. C'était peut-être faire preuve de curiosité mal placée, mais elle aurait bien voulu savoir le fin mot de l'histoire, connaître les raisons, découvrir les motivations, et peut-être comprendre ce qui avait bien pu causer la fin d'une relation de plus de quinze ans entre Marie-Hélène et son mari.

La jeune Parisienne resta immobile quelques secondes, le temps de bien prendre la mesure des évènements récents. Elle n'avait pas espéré une résolution du conflit qu'elle avait observé entre cette mère et sa fille, tout juste l'amorce d'un dialogue. Parce qu'il faut parler si l'on souhaite résoudre un problème. C'est en songeant à cela qu'elle comprit alors que ce qu'elle préconisait aux autres, elle se gardait bien de le faire pour elle-même. Elle alla se poser sur son lit, ouvrit son sac, s'empara de son iPhone et l'alluma. Plus d'excuse, plus d'échappatoire possible. Ici, il y avait du réseau. Le smartphone bipa plusieurs fois et un tas de messages s'affichèrent sous forme de notifications. Une multitude de SMS et de messages vocaux de la part de… Catherine, sa mère. Anna fit glisser son index pour passer ces textos qu'elle lirait plus tard. *Maman, quand vas-tu cesser de t'inquiéter sans arrêt ?* songea Anna. Elle poursuivit son exploration numérique, découvrit plusieurs messages de sa patronne, Claire Marchal, les fit défiler rapidement en se disant que ça aussi elle verrait plus tard. Enfin, elle s'arrêta sur l'objet de sa recherche : Carl avait-il tenté de la joindre malgré ses recommandations ? Réponse : Oui. Deux fois. Elle entama la lecture des textos et ses yeux se mirent à briller. Une petite larme perla le long de sa joue et tomba sur le sac de couchage qui recouvrait le matelas sur lequel elle était assise. Quand elle eut terminé la lecture des deux messages de l'homme qui partageait sa vie depuis une année, Anna ne put réprimer un sanglot. Ce n'était pas vraiment de la peine qu'elle éprouvait, non. C'était un mélange de satisfaction en découvrant que Carl n'avait pas suivi ses consignes et qu'il lui indiquait souffrir de son absence, qu'il l'aimait et voulait bien faire tout ce qu'elle voudrait pour pouvoir la garder près de lui.

Il a dit qu'il m'aimait.

Anna s'essuya les yeux d'un revers de manche et se mit à pianoter de façon frénétique sur l'écran de son téléphone portable. Ses pouces semblaient animés d'une vie propre en s'agitant à une vitesse étonnante. Elle ne s'accorda aucun temps de réflexion et décida de laisser parler son cœur. C'était risqué, mais cela valait mieux que de rester aux abonnés absents. Elle mit à peine cinq minutes à rédiger son message. Elle s'économisa d'une relecture qui l'aurait sans doute dissuadée, puis l'aurait poussée à tout effacer. Elle appuya sur la touche d'envoi en espérant qu'elle avait fait ce qu'il fallait.

Elle avait renoué le dialogue avec Carl. Cela lui réchauffa le cœur. Mais elle n'avait pas chassé ses doutes pour autant. Leur relation durait depuis déjà un an, mais les craintes subsistaient. Sa vie était morcelée et son cœur aussi. D'ailleurs, son cœur était-il assez grand ? Comment vivre avec le poids du souvenir, de Stéphane, de son amour passé ? Mais, plus que tout, comment imposer cela à un autre homme ? Carl était pourtant un type formidable, c'était évident. Une patience à toute épreuve, de la réserve, de la compréhension, du soutien, et même des élans romantiques contenus, mais toujours présents. Une année s'était écoulée depuis la naissance du couple Carl et Anna. Pourtant, rien n'était réglé pour Anna. Elle n'avait jamais abordé le sujet sensible avec Carl. Trop difficile. Il n'y avait pas eu de dialogue. Anna avait choisi la fuite… qu'elle avait tenté de maquiller en la nommant « prise de recul ». Carl avait-il fait quelque chose de mal ? Non. Au contraire. Le problème, c'était elle ! Il y avait encore beaucoup à faire, et elle devait s'y atteler dès maintenant.

Il fallait aussi répondre à sa maman. Catherine Wells était parfois trop « présente », mais elle n'en était pas moins une mère attentionnée pour sa fille, et le côté « mère couveuse » était le revers de la médaille. Cela pouvait être pesant parfois, mais madame Wells avait fait des efforts, elle se montrait moins envahissante, du moins physiquement. Il fallait toutefois qu'elle puisse joindre sa fille tous les jours. Un SMS au minimum : *« Ma fille, c'est maman. C'est pour te souhaiter une bonne journée. J'espère que tu vas bien ? Bisous. Maman »*. Anna s'empressait toujours de répondre avec un message quasiment identique à chaque fois : *« Coucou maman. Merci. Oui, tout va bien. Je te souhaite aussi une bonne journée. Bisous. »* Et puis, il y avait aussi un appel tous les deux ou trois jours. Anna éprouvait continuellement un mélange d'irritation et de joie lors de ces appels répétitifs. Le fait d'être traitée comme une enfant fragile dont on devait toujours prendre soin l'agaçait au plus haut point. Toutefois, elle aimait beaucoup parler avec sa mère. C'était bon, ça faisait du bien. Un paradoxe de plus dans sa vie. Après tout, elle n'était plus à ça près.

Il y avait autour du refuge assez de réseau pour passer un appel vocal. Le poids d'une certaine culpabilité l'avait empêchée de le faire avec Carl, ce n'était pas un problème avec Catherine. Profitant de la salle relativement vide et calme, alors que tout le monde était sorti profiter des derniers rayons de soleil, Anna cliqua sur la page de ses contacts les plus actifs. La place de numéro un était occupée par… Catherine Wells ! Cela fit sourire Anna alors que le numéro de sa mère se composait après avoir cliqué sur l'icône *Appeler*.

29

Catherine Wells et Jacques Vaillant avaient marché sur la plage du Butin pendant une bonne demi-heure. L'après-midi touchait à sa fin et le soleil avait quitté son perchoir bleu pour descendre un peu plus près de la ligne de mer.

Honfleur avait beau être une petite ville portuaire pleine de charme, c'était aussi une station balnéaire et de tourisme. En cette saison estivale, quelques paillotes de restauration rapide et plusieurs aires de jeux gonflables avaient poussé comme de la mauvaise herbe.

Jacques aurait préféré accueillir Catherine durant l'arrière-saison, le mois de septembre rendait les clés de la ville et de la plage aux seuls vrais amoureux de Honfleur, les touristes ayant dû se résoudre à reprendre leur vie active à bras le corps. Récupérer les lieux à nouveau insufflés de calme et de sérénité était un plaisir délectable que s'offrait régulièrement le vieux Normand. Dans ces moments-là, il bénissait le ciel de pouvoir profiter pleinement de la retraite.

— Allez zou, tout le monde rentre au bercail ! dit Jacques et accompagnant du regard les familles de touristes qui pliaient les parasols, ramassaient les glacières et époussetaient les serviettes de plages pour en retirer le sable récalcitrant.

Catherine observa Jacques en arborant un visage étonné.

— Ça alors ! Vous qui êtes d'ordinaire si calme et si posé, Jacques, je sens une pointe d'exaspération dans le ton de votre voix ou est-ce que je me trompe ?

— C'est vrai, je l'avoue. J'aurais préféré vous recevoir après les vacances d'été. Tout aurait été si différent. Vous me direz que le tourisme est nécessaire et qu'il apporte un dynamisme évident ainsi que de l'argent frais, et les commerçants en ont bien besoin ! C'est une manne financière indispensable, toutefois…

— Toutefois ?

— Eh bien, je vous avoue que plus je vieillis et plus j'ai du mal avec le bruit, l'agitation, et je ne vous parle même pas de la pollution avec toutes ces voitures qui envahissent le centre-ville. On ne peut plus mettre un pied devant l'autre sans risquer de se faire bousculer. J'aime beaucoup le mois de septembre, c'est un peu comme… le retour du calme après la tempête. Il y a un plaisir immense à profiter à nouveau de la ville, de la plage, des bars, des restaurants, de tout… avec la foule qui a fichu le camp ! dit le vieux Normand alors qu'un rire de satisfaction accompagnait ses derniers mots.

Catherine ne pouvait qu'être d'accord, sauf que pour elle tout était multiplié par dix, par cent peut-être même.

— Que diriez-vous si vous habitiez Paris ! C'est devenu un véritable cauchemar ! Il n'y a que le mois d'août où l'on peut respirer.

La Parisienne disait vrai. Jacques ne s'était aventuré que rarement dans la capitale. Pourtant Paris était une ville magnifique, pleine de charme et d'histoire. Un ravissement pour les gens avides de culture, de spectacles, ou ceux souhaitant faire bonne chère. Le revers de la médaille, parce qu'il y en avait forcément un, n'était autre que la promiscuité forcée. La ville lumière grouillait de monde, et ça, Jacques détestait. Plusieurs fois, quatre pour être précis, au cours de ces trente dernières années, et pour faire plaisir à sa femme,

Jacques s'était rendu à Paris. Un festival de lumières, de boutiques, de visites de musées et d'expositions, de bonnes tables – ça, c'était sa récompense – et aussi de promenades, main dans la main, sur les quais de Seine, Montmartre, Notre-Dame, et bien d'autres lieux symboliques de Paris.

Jacques tenta de réprimer un sentiment mélancolique, une bouffée de nostalgie qui lui serra le cœur et lui piqua les yeux.

— Tout va bien, Jacques ? demanda Catherine.

— Oui. J'étais en train de me remémorer nos escapades dans la capitale avec Monique. Je suis désolé !

— Ne le soyez pas. Cela m'arrive aussi, vous savez. Des souvenirs heureux du temps d'avant, soupira Catherine. Cela provoque quelque chose d'étrange, non ?

Jacques regarda Catherine en esquissant un sourire bienveillant.

— Un mélange de joie et de peine entremêlées, répondit le Normand.

— Exactement.

— Anna parle rarement de son père, je ne sais pas grand-chose à son propos, poursuivit Jacques. Elle m'a dit qu'elle avait une dizaine d'années quand il est…mort.

— Oui. Anna adorait son père. Ce fut une période sombre et douloureuse. Mais nous l'avons surmontée ensemble... J'aurais bien aimé vous avoir à nos côtés à l'époque, Jacques. Cela aurait été précieux. Vous avez été son socle solide et une source d'inspiration bénéfique quand elle est venue à votre rencontre. Vous savez… je ne sais pas ce qu'elle serait devenue sans votre aide.

Jacques haussa les épaules.

— Je vais me répéter, parce que je vous l'ai déjà dit : elle s'en serait sortie… de toute façon. Elle avait amorcé son chemin de résilience avant notre rencontre. Sa recherche l'aurait conduit vers d'autres que moi, des personnes qui lui auraient montré une issue possible. Et elle l'aurait empruntée. Parce que votre fille, Catherine, est forte. Je suis intimement persuadé qu'un jour, elle aussi, apportera son aide à quelqu'un.

En guise de réponse, Catherine posa sa main sur l'épaule du vieil homme. C'est à ce moment que son téléphone sonna. Le rythme cardiaque de madame Wells se mit à accélérer. Ce ne pouvait être qu'Anna. Elle en était persuadée. Elle mit la main dans son sac, à la recherche de son téléphone. Une fois bien calé au creux de sa main, elle fixa l'écran puis son visage s'illumina.

— C'est Anna !

— Eh bien, qu'attendez-vous ? Répondez ! dit Jacques.

Catherine appuya sur la touche « *répondre* » et crut que son cœur allait bondir hors de sa cage thoracique quand elle entendit la voix de sa fille à l'autre bout du fil.

— Allo ?

— Coucou, maman, c'est moi ! dit Anna.

Catherine fut forcée de déglutir avant de pouvoir articuler quelques mots intelligibles.

— Anna, ma chérie, enfin ! J'étais tellement inquiète de ne pas avoir de tes nouvelles. Est-ce que tout va bien ?

Jacques fit un pas de côté pour s'éloigner et laisser Catherine parler librement avec Anna, mais la Parisienne le retint par le bras.

— J'étais certaine que tu allais te faire du mouron. Tu es vraiment incorrigible. Je vais très bien.

— Tu es sûre ?

— Mais oui ! C'est seulement qu'on a fait l'ascension du plus haut sommet de Corse et que là-haut... il n'y a pas d'antennes réseau ! expliqua Anna. Je t'avais pourtant prévenue avant de partir que les points relais étaient très limités par ici, non ?

— Euh… oui. Mais que veux-tu, on ne se refait pas !

— Si. On peut quand on veut ! rétorqua Anna. Regarde-moi… j'y suis bien arrivée !

— C'est vrai ! admit Catherine. Peut-être que moi, je suis trop vieille pour changer. Mais, je fais des efforts, je te promets !

Anna sourit intérieurement. Elle se garda bien de lui parler de l'épisode de l'orage, mais surtout de la foudre qui s'était déchaînée pendant la descente du *Cinto*. Il lui sembla préférable de garder cet épisode pour elle, même si ce qui s'était passé ensuite alors qu'elle était accroupie, faisant face aux éléments furieux, occupait son esprit et qu'elle mourrait d'envie d'en parler. Ce serait pour plus tard.

— Excuse-moi maman, mais je ne vois pas trop de progrès ! se moqua Anna.

— J'y travaille ! Et j'ai engagé la personne la plus à même de m'aider dans cette entreprise. J'ai plein de choses à te raconter, mais ça attendra ton retour. Je ne veux pas parler de tout ça par téléphone.

— Tu es avec Jacques ?

— Oui. Il est près de moi ! Je loge chez lui pour quelque temps.

— Quelle chance ! Tu es à Honfleur ! Je viens seulement de lire son texto où il me dit que tu es venue lui rendre visite… Et la boutique ?

— Ce sont les vacances d'été jusqu'au 15 août ! Pour la rentrée, je vais laisser les clés à Caroline. Je pense à lui confier la gérance et passer à autre chose… Mais euh… C'est une longue histoire. Je t'expliquerai tout ça quand nous nous verrons… dans peu de temps, j'espère !

Anna mit un temps à réaliser ce que venait de lui annoncer sa mère. C'était une excellente nouvelle. *Maman allait enfin prendre un peu de temps pour elle.* C'était un drôle de virage dans sa vie. Trop tôt pour dire si c'était une bonne idée ou non, mais, au moins, les choses bougeaient.

— C'est super maman !

— Je crois aussi. J'en avais assez de cette vie. Cela faisait déjà un moment que ça me trottait dans la tête. J'avais besoin de prendre un peu de recul. Une petite période au vert. Et Jacques m'accueille le temps de mettre un peu d'ordre dans mes idées. Bref, j'avance, tu vois ! Mais, pour l'heure, je suis juste heureuse que tu ailles bien ! Tu vas bien, n'est-ce pas ?

Anna soupira.

— Mais oui maman !

— Bon. Parfait. Alors, dis-moi, tu rentres quand ?

La question récurrente de Catherine Wells. Anna s'y attendait.

— Dans quelques jours. Je pense avoir trouvé ce que je suis venue chercher ici. Je te raconterai tout ça, moi aussi.

— D'accord. Tu me préviens dès que tu arrives, hein ?

— Promis.

La conversation se poursuivit alors que Catherine avait pris le bras de Jacques et qu'ils continuaient à progresser sur le sable en direction de la « tour radar », une sorte de salle de contrôle des navires arrivant du large et entrant pour décharger leurs marchandises sur le quai de Seine.

En longeant la jetée bercée par le bruit du ressac, Catherine était tout sourire. Elle avait enfin des nouvelles de sa fille, et tout allait bien. Elle était rassurée et un poids d'une tonne venait de quitter ses épaules. Elle embrassa Anna et soudain tendit son smartphone à Jacques.

— Elle veut vous parler ! déclara Catherine.

Jacques arbora une mine ravie. Il espérait qu'Anna demanderait à lui parler, mais il n'avait pas voulu interférer dans cette conversation mère-fille. Dire qu'il était heureux à cet instant était un euphémisme.

— Bonjour Anna, dit-il.

— Bonjour Jacques, répondit la jeune femme. C'est gentil de prendre soin de maman !

Jacques observa Catherine qui arborait un sourire éclatant. Elle était radieuse, ravivée par le coup de fil de sa fille. Incroyable comme un simple appel pouvait mettre autant de bonheur dans le cœur d'une mère.

— C'est ta mère qui est venue prendre soin de moi ! plaisanta le vieux Normand. Comment vas-tu, Anna ?

— Merveilleusement bien ! J'ai appris beaucoup ici. J'aurais tellement aimé que vous soyez là, avec moi.

Jacques ouvrit de grands yeux.

— Euh… c'est très physique le GR 20 ! Je ne suis pas sûr que mes vieilles jambes sont encore en mesure de supporter un tel traitement. Mais, je suis très heureux de constater que tu poursuis ton chemin. Qui sait jusqu'où il te conduira ?

— C'est vrai, dit Anna.

— Où es-tu, là ? demanda le Normand.

— Oh ! Eh bien, je suis dans un refuge dans la partie nord du GR20. C'est pourquoi j'ai enfin accès à du réseau, il y a une antenne ici.

— On n'arrête pas le progrès !

— N'est-ce pas !

Catherine s'approcha doucement de Jacques et le chargea d'une question pour le moins sensible. Elle s'était dit que si cela venait de son ami normand, sa fille serait peut-être plus encline à répondre.

— Euh… Anna ?

— Oui.

— Tu as des… nouvelles de Carl ? demanda Jacques.

Anna fronça les sourcils.

— C'est maman qui vous souffle cette question ?

— Certes.

— Je m'en doutais. Oui. Là aussi, je pense que j'avance. J'ai repris contact avec lui. Vous pouvez le dire à maman. Et puis…

Jacques stoppa sa marche.

— Et puis ?

— J'ai une faveur à vous demander Jacques ?

— Je t'écoute.

— À mon retour en métropole… est-ce que je pourrais venir vous rejoindre ? Je sais que maman loge chez vous et que ça va faire du dérangement, mais j'aimerais bien que…

— Ma maison est la tienne, Anna ! Tu viens quand tu veux et tu restes autant que tu le souhaites. D'accord ?

Anna n'en attendait pas tant.

— Merci Jacques !

— Vraiment pas de quoi. Oh… une petite chose !

— Oui ?

— Voilà, cela fait plus d'un an que nous nous connaissons, toi et moi, n'est-ce pas ?

— Euh… oui, pourquoi ?

— Eh bien, j'aimerais beaucoup que tu consentes enfin à me tutoyer, à ton tour !

Ce n'était pas la première fois que Jacques demandait cela à Anna. Déjà, lors du repas de Noël, il avait eu cette requête auprès de ses invités. Il n'y avait eu que Carl pour répondre favorablement. Cela avait été naturel et quasi immédiat. Catherine avait promis d'essayer. Anna avait rétorqué que c'était difficile. C'était comme un signe de respect. Jacques comprenait. Mais il considérait maintenant Anna comme… quelqu'un de sa famille. Et il n'aimait plus l'entendre lui dire *vous*.

— Ce n'est pas facile !

— Il suffit d'essayer.

— Alors promis, j'essaierai…

Jacques était satisfait. Il embrassa Anna alors que le réseau commençait à montrer quelques signes de faiblesse. Il y eut des grésillements irritants pour l'oreille, puis plus rien. La conversation téléphonique venait d'être rompue.

— Ça a coupé ? demanda Catherine.

— Je le crains, répondit Jacques.

— Zut ! Je voulais l'embrasser.

Jacques lui prodigua un sourire mi-amusé, mi-désolé.

— Alors, je vais vous dire quelque chose qui devrait vous faire plaisir, annonça le Normand.

— C'est vrai ? De quoi s'agit-il ?

Jacques se remit en marche vers le centre-ville. Il décida de faire languir un peu son invitée.

— Oh Jacques, dites-moi s'il vous plaît ! insista Catherine.

Le vieil homme ne la fit pas attendre plus longtemps.

— D'ici quelques jours, il se pourrait bien que votre fille vienne nous rendre une petite visite éclair !

— C'est vrai ?

— Est-ce que j'ai l'habitude de dire des bêtises ? demanda-t-il.

Catherine était en joie. Sa fille allait venir. Elle était ravie. Tout à coup, son visage se figea et elle s'arrêta brusquement.

— Et pour Carl… qu'est-ce qu'elle vous a dit ?

Jacques lui prit le bras et l'entraîna à son tour dans ses propres pas.

— Venez, on va prendre un café.

30

Carl venait de récupérer son bagage dans le casier des consignes de l'aéroport de Lisbonne. Il avait dû s'y reprendre à deux fois avant de parvenir à introduire la clé dans la serrure tant il était nerveux. Les voyageurs qui lui jetaient un œil distrait en se rendant à leur comptoir d'embarquement devaient se dire qu'ils avaient en face d'eux un jeune homme qui avait peur de prendre l'avion. La réalité était tout autre. Carl était mal à l'aise, mais cela n'avait rien à voir avec le fait de voler. Prendre l'avion ne lui avait jamais posé la moindre crainte.

Il s'agissait seulement d'un petit bip. Le son caractéristique de l'arrivée d'un SMS. Pourquoi une simple notification sur son smartphone le mettait-elle dans un tel état ? Parce qu'il ne s'y attendait pas, voilà. L'expéditeur du texto n'était autre que la femme qu'il aimait, Anna. Il avait machinalement consulté son portable en imaginant qu'il s'agissait de Livia qui lui souhaitait de faire un bon voyage. Pas du tout. Il avait vu le visage du contact à l'origine du texto, et c'était celui d'Anna.

Tant bien que mal, il parvint à récupérer sa valise cabine et à refermer la consigne. Il hésita à lire le message immédiatement et finit par trouver l'idée mauvaise. Il n'était pas pressé, son vol pour Faro n'était prévu que pour le lendemain. Il n'avait plus qu'à se rendre à son hôtel, mais il était encore tôt ; aussi décida-t-il d'aller s'attabler dans l'un des cafés de l'aéroport international pour ouvrir son message.

Carl opta pour le premier café se trouvant à proximité. Une chance pour lui, il n'y avait pas trop de monde. Il s'installa autour d'une table ronde et commanda une bière, suivie d'un café fort et serré. Il ne patienta qu'un court instant avant de recevoir sa commande alors qu'il avait le regard figé sur la notification de son texto. Il régla immédiatement afin de ne pas être dérangé ultérieurement. Il empoigna son verre tulipe et but sa bière d'un trait. Il posa son verre vide et inspira un grand coup avant d'ouvrir son SMS, puis n'y tenant plus, il commença à lire, la peur au ventre.

« Bonjour Carl. Tout d'abord, je te demande pardon. Parce que je regrette sincèrement ce qui s'est passé. Tu n'y es pour rien. Vraiment. Tout vient de moi. Depuis mon arrivée en Corse, il s'est passé quelque chose… en moi. Il m'est arrivé quelque chose – enfin plusieurs choses pour être exacte – depuis que je crapahute sur ce GR 20 qui, décidément, est plein de surprises. Cela m'a permis de faire mon introspection, de tenter de comprendre certaines choses, et de parvenir (peut-être?) à te dire ce que je ressens et ce qui me pousse à agir ainsi. Il faut que je revienne au tout début de notre rencontre pour que tu puisses comprendre. Tu sais tout de mon passé, il n'y a rien de caché sous le tapis. Tu sais ce que j'ai traversé et tu m'as aidée à faire en sorte que j'aille mieux au fil du temps. Alors pourquoi cet éloignement, me demanderas-tu ? C'est difficile à comprendre, sois-en convaincu. Moi-même, je ne suis pas toujours à même de me l'expliquer. Alors, comme dirait Jacques (que je devrais écouter plus souvent), il vaut toujours mieux dire la vérité, alors je me lance et advienne que pourra ! La vérité est que… je t'aime. Oui, c'est indéniable. Tu as toujours été là. Tu es un homme formidable, attentionné, aimant, et gentil (je passe le fait que tu es canon, j'espère que tu ne m'en voudras pas). Alors que moi, qu'ai-je à t'apporter en définitive ? Je traîne des casseroles qui en feraient fuir plus d'un, tu en conviendras. Donc, tant que nous vivions « chacun chez soi », tout allait bien. Et puis, il y a un mois, les choses ont changé quand tu as parlé de s'installer ensemble. Cela m'a ramené vers le passé. Cela a ravivé mes craintes. Là, c'était sérieux. Là, je me suis

pris une énorme gifle : je croyais être guérie, mais c'était un leurre. Tout n'était pas encore réglé. Et j'ai eu peur... Des questions ont fusé dans ma tête. Une particulièrement... Je ne souhaite pas te faire du mal, mais si je veux être honnête envers toi (et envers moi), il faut que je te la pose, alors voilà : peux-tu accepter de vivre avec quelqu'un qui a aimé un autre homme qui n'est plus là, mais qui – étant donné les circonstances de sa mort – ne cessera jamais totalement de faire partie de ma vie ? Je n'ai pas cessé d'aimer Stéphane, tu le sais. Il est mort. Et il est mort en se sacrifiant pour me sauver la vie. S'il ne m'avait pas poussée, c'est moi qui ne serais plus là aujourd'hui. Alors oui, Stéphane est mort. Il ne reviendra pas, mais mon amour pour lui ne s'est pas éteint comme ça avec son décès, je te l'ai déjà dit. Tu m'as répondu à l'époque que tu t'en fichais. Permets-moi d'en douter. Pourras-tu vivre avec moi ? Est-ce que tu pourras m'aimer en dépit de cela ? Et si tu réponds positivement, qu'en sera-t-il quand il y aura des disputes entre nous ? Parce que le ciel n'est pas toujours bleu, tu le sais. Est-ce que tu ne remettras pas cela sur le tapis, à ce moment-là ? Est-ce que tu ne me demanderas pas des comptes ? Parce qu'aujourd'hui, je t'aime toi. C'est la vérité, mais... Stéphane est tout de même encore là, quelque part. Est-ce que tu ne mérites pas mieux que ce que j'ai à t'offrir ? Est-ce que tu ne mérites pas un amour exclusif ? Voilà les questions qui sont venues me hanter pendant des nuits entières. Voilà pourquoi il fallait que je parte. Voilà pourquoi je t'ai demandé un temps d'arrêt. Carl, tu m'as dit que tu m'aimais et moi je ne t'ai jamais répondu, alors aujourd'hui je te le dis : je t'aime. La question est : cela suffira-t-il à faire notre bonheur ? Anna. »

Les deux dernières lignes furent difficiles à finir. Les yeux de Carl étaient embués de larmes. Le jeune homme renifla et attrapa dans sa poche intérieure son mouchoir. C'était LE mouchoir brodé de sa grand-mère, celui-là même qui ne le quittait pas et qu'il avait offert à Anna, lors de leur première rencontre. Il hésita un moment et ne put se résoudre à le souiller. Il se leva et alla chercher une serviette en papier à disposition sur le comptoir du bar. Quand il revint à sa place, il avait le cœur en miettes.

Il avala son café, comme si cela pouvait lui éclaircir les idées. Il avait ces mots gravés en plein cœur :

« … alors aujourd'hui je te le dis : je t'aime. »

Plusieurs minutes s'écoulèrent sans qu'il s'en rende compte. Un pickpocket aurait pu lui subtiliser son bagage, qui reposait à ses pieds, qu'il ne l'aurait sans doute pas remarqué. *Elle m'aime.* Son cerveau était en ébullition et tout surchauffait à l'intérieur. Son rythme cardiaque s'était emballé, son sang pulsait dans ses veines et il n'arrivait pas à endiguer le flot d'émotions intenses qui le submergeait. Comme un refuge, il finit par enfouir son visage dans les paumes de ses mains. Cela ne fut pas suffisant pour arrêter le flot émotionnel surpuissant et là, le barrage céda.

Carl ne put rien faire pour empêcher cela : son corps se mit à bouger sous l'effet de spasmes incontrôlés et incontrôlables, puis il fondit en larmes. Ce n'étaient pas des pleurs qu'il aurait pu cacher entre ses mains, non, c'étaient des sanglots puissants, car trop longtemps retenus jusqu'aux tréfonds de son âme. Depuis plus d'un mois, il avait pris sur lui. Mais là, il lâchait prise et son âme pleurait, libérant toute sa tristesse et cette peur froide, métallique, noire parce qu'il avait cru perdre Anna pour toujours.

Et puis, ses sanglots qui ressemblaient au début à des convulsions finirent par se transformer après quelques minutes. Carl pleurait toujours, mais il commença à rire en même temps. Les deux expressions de ses émotions pourtant antagonistes s'unirent pour, en fin de compte, former un arc-en-ciel émotionnel.

*

Il avait repris ses esprits depuis plusieurs minutes quand il quitta l'aéroport international de Lisbonne. Il ne mit qu'un instant à rejoindre son hôtel et prendre sa clé auprès du réceptionniste. La chambre n'était pas très grande, mais cela lui importait peu. De toute façon, ce n'était que l'affaire d'une nuit. Il ouvrit sa valise et en sortit ses vêtements qu'il utiliserait le lendemain pour le voyage, ainsi que son nécessaire de toilette. Il se déshabilla l'instant d'après. Il voulait se rafraîchir le corps, mais surtout les idées en prenant une douche. Il resta ainsi plusieurs minutes sous le jet d'eau, les yeux fermés, à s'interroger sur ce qu'il convenait de faire. L'émotion intense qu'il avait ressentie dans le bar de l'aéroport après avoir lu le SMS d'Anna n'était pas totalement estompée. Tout se bousculait dans sa tête. Alors oui, il était soulagé, parce qu'il aurait tout aussi bien pu recevoir un message de rupture, c'est ce qu'il avait redouté depuis le début. Dès qu'Anna avait désiré prendre du recul, c'est ce qu'il s'était imaginé. En général, quand un couple décide de s'éloigner, le temporaire n'est que, la plupart du temps, l'annonce d'une rupture à venir. En y réfléchissant bien, c'était peut-être pour cela qu'il avait accepté de revoir Livia. C'était peut-être inconsidéré, aussi immature que stupide, mais, il s'était laissé porter par la vague. Anna l'avait « mis de côté », Livia était apparue soudain. Une affaire d'équilibre ? Il n'aurait su le dire. Et puis, il ne regrettait pas vraiment, ou du moins, pas complètement. Cette rencontre ne s'était finalement pas si mal passée. Livia avait compris. Et puis, évoquer le passé lui avait fait du bien.

Il tourna le robinet et l'eau cessa de tomber en cascade sur son crâne. Tout en se séchant, Carl décida d'envoyer à son tour un texto :

« Anna, j'ai relu plusieurs fois ton message et... cela m'a bouleversé. Je suis prêt à prendre le risque, qui pour moi n'en ait pas vraiment un d'ailleurs. Parce que qui peut dire de quoi l'avenir sera fait. Les gens s'unissent, puis un jour se séparent. C'est comme ça. C'est la vie. Doit-on renoncer à l'amour sous prétexte qu'il engendre parfois autant de peine que de joie ? Je ne le pense pas. Alors, si tu le veux bien, je suis prêt à te prendre toi et tes « casseroles » comme tu dis. Cela ne me dérange pas. Je te l'ai déjà prouvé, je crois. Rappelle-toi du début : je t'avais dit que je comprenais ta situation, que juste te voir de temps en temps, discuter ensemble, nous promener, tenter de te faire rire

et, parfois, y parvenir… Crois-moi, cela suffisait à faire mon bonheur. C'était la vérité. Alors, oui, j'ai peut-être commis l'erreur de te proposer de nous installer ensemble, j'aurais dû y mettre plus de subtilité, te laisser le temps d'y songer. Mais, cela fait un an que nous nous fréquentons et j'avais envie de… de me réveiller auprès de toi, de partager nos soirées, de t'attendre… chez nous. Alors, si c'est trop tôt, je patienterai… le temps qu'il faudra. Moi aussi, je t'aime. Carl. »

Il ne préféra pas relire son texte et appuya aussitôt sur la touche d'envoi. Un son long et glissant indiqua que le message était bien parti vers son destinataire.

Carl s'affala sur son lit, les bras en croix. Il était épuisé. Une certaine torpeur l'envahissait peu à peu. Trop d'émotions en une seule journée. Il avait gardé son téléphone portable à la main et il ne se passa qu'une minute ou deux avant qu'il ne se mette à vibrer et biper en même temps, un message venait d'arriver. Il ouvrit les yeux et se redressa pour lire la réponse d'Anna :

« Carl. Je viens de te lire. Tu es un homme formidable. J'ai de la chance. J'ai besoin de te parler. Je peux t'appeler ? »

Là, il n'allait pas rater l'occasion. Il tapa frénétiquement sur son clavier un « OUI » en lettres majuscules et l'envoya.

Dix secondes plus tard, son téléphone sonna.

31

Il faisait déjà jour quand Catherine Wells s'éveilla. Il lui fallut quelques instants pour s'approprier les lieux et retrouver un peu de lucidité après une nuit agitée par des rêves aussi étranges qu'abondants. Elle s'était endormie bien au-delà d'une heure raisonnable, la faute à la proposition de Jacques Vaillant. Qu'est-ce que cela pouvait bien être ? Il n'allait pas lui demander son aide pour le jardin tout de même.

Elle se frotta les yeux et s'appuya sur ses coudes pour se relever. Quand elle fut en position assise, elle examina la chambre où elle avait passé sa première nuit dans la maison de Jacques Vaillant. Un liseré de lumière transperçait les lattes des volets en bois, cela donnait une ambiance presque irréelle à cette chambre. Catherine se demanda si cette pièce avait été autrefois la chambre de la défunte fille de Jacques, Louise.

Elle réalisa qu'elle avait parfois des pensées incongrues. En même temps, elle aurait bien aimé en savoir un peu plus sur l'histoire personnelle de ce dernier. Elle savait, par l'intermédiaire d'Anna, que le vieux Normand avait perdu sa femme depuis un an et demi, et que sa fille était morte à l'adolescence, des suites d'une maladie foudroyante, mais c'était tout. Elle ne connaissait pas les détails de cette tragédie. Catherine était parfois trop curieuse. Peut-être Jacques lui raconterait-il, plus tard, quelques précisions le concernant. Il n'y avait qu'à attendre qu'il se livre un peu plus…

Une odeur de café et de croissants chauds vint soudain buter contre ses narines. Cela venait d'en bas, de la salle à manger ou de la cuisine. C'était un parfum irrésistible. Un rapide passage par les toilettes et la salle de bain, et elle passa son peignoir douillet, enfila ses chaussons, avant de descendre les escaliers de bois qui se mirent à grincer, rompant le silence qui régnait au rez-de-chaussée. Un chaton tenta maladroitement de grimper les marches de bois massif pour se frotter contre les jambes de la nouvelle arrivante, mais sans y parvenir. Catherine Wells descendit les escaliers et, arrivée face à Ombre, attrapa le chaton. Tout en lui déposant un baiser entre les oreilles, elle lui gratta le cou et déclara :

— Tu es déjà debout, toi ?

Jacques apparut dans l'embrasure de la porte qui débouchait de la cuisine.

— Ombre est plus matinale que vous, c'est évident ! plaisanta le Normand.

Catherine déposa Ombre au sol avant de répondre.

— Bonjour Jacques ! Quelle heure est-il ?

Le Normand consulta l'horloge murale qui lui faisait face et fit une moue qui le fit ressembler à un poisson rouge.

— Il est neuf heures et quart ! Quelle marmotte vous faites !

Catherine s'approcha de lui pour lui faire la bise, cela lui rendit le sourire.

— Café ? demanda-t-il.

— Oh oui !

— Noir ou avec du lait ?

— Noir. Et bien fort, si possible.

Jacques attrapa une chaise et la déplaça pour que Catherine puisse prendre place à la table de la salle à manger.

— Installez-vous confortablement, je m'occupe de tout.

Il souleva le chaton qui se frottait contre ses jambes et disparut dans la cuisine, demandant à Ombre si elle aimait les marmottes pendant le trajet qui l'amena devant le plan de travail. Il y avait deux cafetières : une classique et plutôt hors d'âge qu'il possédait depuis… il ne savait plus vraiment quand, et une seconde bien plus actuelle, à l'aspect moderne et stylisé, qu'Anna lui avait offerte. Il s'agissait d'une de ces machines modernes qui faisaient du café comme dans les… cafés. On mettait une capsule spéciale qui coûtait une petite fortune et hop… on avait un expresso onctueux et mousseux. C'était vraiment bien, mais les déchets formés par les capsules en plastique, Jacques trouvait cela franchement peu écologique. Mais bon, il n'allait pas refuser un cadeau d'Anna. Et puis, c'était bien pratique quand il était pressé.

— J'ai du café à l'ancienne, mais peut-être que vous ne le trouverez pas assez corsé ? Sinon, je peux vous faire un expresso ! Qu'est-ce que vous préférez ? demanda-t-il.

Catherine aurait bien voulu un *Lungo* préparé avec la machine qu'Anna avait offerte à Jacques. Elle se souvenait que pendant leur séjour ici même lors du dernier réveillon de Noël, elle avait bu un excellent café. Cependant, elle ne voulait pas ennuyer Jacques qui avait déjà préparé une cafetière, l'odeur qu'elle percevait et qui venait de la cuisine ne pouvait pas la tromper.

— Ça ira bien comme ça, Jacques ! Pour le matin, un café long sera parfait, merci !

— Très bien.

Jacques apparut avec un plateau gigantesque. Dessus, il y avait de quoi nourrir un régiment affamé : du pain fait maison et tout juste sorti du four, de la confiture, du beurre, et un sac en papier blanc. Il s'excusa en passant derrière

Catherine Wells qui s'était installée face à la fenêtre pour profiter du soleil. Le vieux Normand fit demi-tour et revint avec un second plateau, celui-ci contenait deux grandes tasses, cuillères, couteaux, mais aussi des serviettes de table emprisonnées dans des ronds de bois artisanaux.

— Le pain est fait maison, il est de ce matin. Les croissants, je suis allé les acheter à la boulangerie. Autant mon pain est meilleur que chez la mère Duvauchel, c'est le nom de la boulangère ; mais les croissants, ils les font mieux que moi ! affirma Jacques tout en servant le café.

Catherine Wells inspectait les ronds de serviettes de bois peint. C'était plutôt joli et cela faisait indéniablement penser à la campagne. Il y avait une rose blanche peinte sur l'un des deux, l'autre affichait une rose aussi, mais de couleur rouge. Catherine choisit la première et en tira une serviette à carreau à la tonalité rustique.

— C'est un petit-déjeuner royal que vous m'avez préparé là, Jacques !

— Mis à part les croissants, non. Du pain, du beurre, de la confiture et du café, je ne vois là rien de très spécial.

— En tout cas, merci !

— Je vous en prie.

Jacques prit place sur le côté droit de la table, de façon à ne pas occulter la vue sur le jardin que Catherine ne se lassait pas d'admirer. Il remplit sa tasse à son tour, et proposa les viennoiseries à son invitée qui ne se fit pas prier. Elle mordit à pleines dents dans la pâte feuilletée et se régala.

— Hum, il n'y a rien de meilleur qu'un croissant au beurre tout frais ! Jacques, vous n'en prenez pas ?

— Si, je vais en prendre un. Quand on vous regarde, on se dit qu'on aurait bien tort de résister à un tel moment de plaisir ! se moqua-t-il en lui faisant un clin d'œil.

Le petit-déjeuner en compagnie de Catherine fut un

moment de joie pour Jacques qui avait l'habitude d'être seul.

Après les croissants, quelques tartines et plusieurs tasses de café, Catherine décida qu'il était temps de demander de plus amples informations concernant le projet.

— Jacques, merci pour ce succulent petit-déjeuner. Je vais aller prendre une douche et ensuite, si vous êtes d'accord, j'aimerais bien que vous m'en disiez un peu plus concernant votre proposition énigmatique d'hier.

Jacques acquiesça et tandis que Catherine remonta à l'étage pour profiter de la salle de bain adjacente à la chambre, il débarrassa la table et fit la vaisselle. Ce faisant, il se demanda si Catherine voudrait bien l'aider, difficile de savoir ce que cette femme pouvait bien avoir en tête, mais il était sûr d'une chose : si elle acceptait, cela allait la changer de la parfumerie.

*

Trente minutes plus tard, Catherine descendit, mais ne trouva personne au rez-de-chaussée. Jacques était dehors, dans le jardin, avec Ombre qui lui tournait autour. Depuis que son invitée était arrivée, il avait négligé son travail et le bassin attendait toujours son achèvement. Le retraité avait au moins terminé son muret circulaire et l'étanchéité de son ouvrage était maintenant assurée. Il avait utilisé une large bâche de plastique d'une teinte noire conseillée par le vendeur de la jardinerie. Avec le muret qui cerclait l'ensemble, cela donnait l'illusion d'une grande profondeur. Il ne manquait plus que remplir le tout avec de l'eau, puis aller acheter les poissons qui peupleraient bientôt l'endroit.

— Quel joli bassin, Jacques !

Jacques gratifia Catherine d'un franc sourire, preuve qu'il était plus que satisfait de la remarque de son invitée parisienne.

— Vous aimez vraiment ? demanda-t-il.

— Bien sûr ! Pourquoi cette question ?

— Eh bien, c'est la première fois que je me lance dans un tel ouvrage. J'ai dû m'y reprendre à deux fois avant de réussir la construction du muret qui fait le pourtour du bassin. J'avoue que ce fichu ouvrage m'a donné du fil à retordre !

Catherine fit le tour en gardant le regard verrouillé sur le bassin, du coup elle manqua de tomber quand le chat birman vint se frotter à ses chevilles.

— Oups ! Dis donc, Ombre, tu veux me faire tomber ? dit-elle tout en attrapant le félin turbulent et le posant sur son avant-bras. La chatte se mit à ronronner quand Catherine lui grattouilla le cou.

Jacques trouva la situation comique et poursuivit dans cette voie.

— Dommage que je n'ai pas encore eu le temps de remplir le bassin, sinon grâce à Ombre, j'aurais eu mon premier gros poisson !

— Très drôle, monsieur Vaillant ! dit Catherine faussement offusquée par la blague de son ami.

— Pardon ! C'était pour rire, ne vous fâchez pas Catherine.

— Mouais… faites attention, Jacques, parmi les poissons il y a aussi des requins !

— Bigre ! Vous avez raison, je vais me méfier. Tu vois Ombre, tu t'en es pris à une mauvaise proie. Il faut chasser plus petit et moins récalcitrant.

Ils rirent de bon cœur et Ombre détala vers la maison dès que Catherine la déposa au sol.

— Je redoute le remplissage ! avoua Jacques, en pointa le bassin du doigt.

— Pourquoi ça ?

— J'espère que l'étanchéité ne posera pas de problème, sinon je devrais revoir mes plans.

La discussion se poursuivit ainsi encore quelques minutes jusqu'à ce qu'ils décident de rentrer pour évoquer le projet de Jacques. Sur la table du salon, il y avait une chemise cartonnée de couleur rouge. Jacques et Catherine prirent place autour de la table. C'est Jacques qui prit la parole le premier.

— Voici le document qui contient quelque chose qui me tient à cœur. Cependant, j'ai un gros souci. Et peut-être serez-vous en mesure de m'aider.

Jacques poussa la pochette en carton vers Catherine.

— Tout est là-dedans ? demanda-t-elle.

— Presque. J'ai encore quelques documents glanés sur Internet qui se trouvent dans un dossier numérique. Mais, disons que le gros du projet est là, répondit-il.

— Je peux l'ouvrir ?

— Oui bien sûr ! Catherine, si vous acceptez de m'aider, je vous fournirai les derniers documents. J'ai une imprimante. Encore heureux, vous me direz, parce qu'avec l'association « La main tendue » dont je m'occupe, j'ai un bulletin trimestriel à éditer et il y a encore quelques personnes qui n'ont pas la possibilité de lire la version numérique… ou qui y sont allergiques ! Donc, je me débrouille comme je peux pour fournir une version imprimée. Bien sûr, ce n'est pas d'une grande qualité, mais… bref, revenons à nos moutons. Donc, voici mon projet. Allez-y ! Ouvrez-le.

Catherine s'exécuta.

La Parisienne ouvrit la chemise cartonnée et commença à éparpiller les divers documents qu'elle renfermait. Il y avait des photographies, des extraits d'articles de presse, divers papiers officiels. Plusieurs arboraient l'entête d'un . Elle continua à détailler les autres feuilles de papier qu'elle avait étalées sur la table. Il y avait aussi des feuillets écrits en anglais, ainsi que des documents militaires. Elle se demanda ce que tout cela pouvait bien signifier, aussi continua-t-elle à examiner minutieusement chaque feuille, une par une.

Quelques minutes s'écoulèrent. Le temps pour Catherine de lire plusieurs feuilles volantes. Tout à coup, tout s'éclaira dans son esprit. Elle comprit soudain où Jacques voulait en venir. Un grand sourire illumina le visage de la Parisienne comme un soleil perçant au travers d'une couche épaisse de nuages.

— Nom d'un chien, Jacques ! s'exclama-t-elle.

Catherine approcha de Jacques en prenant appui sur ses coudes, s'étalant presque sur la table.

— Vous avez compris ?

Elle fit signe que oui.

— Alors ? continua-t-il.

Le vieil homme releva la tête et ouvrit de grands yeux malicieux.

— Alors… je pense que vous êtes fou, Jacques. Mais si j'ai bien compris les tenants et les aboutissants de votre projet… Je dis que c'est une idée formidable !

Le visage de Jacques s'illumina. Un sentiment de joie l'envahit alors et il demanda :

— Vous voulez bien m'aider à mener ce projet à exécution ?

Catherine se gratta la tête en faisant mine de réfléchir.

— Eh bien… je crois que vous êtes dingue, mais je le suis sans doute autant que vous, alors… topez-là ! répondit-elle en lui tendant la main.

Les deux amis entrechoquèrent leurs mains, scellant un

pacte dont eux seuls détenaient la clé.

32

Plusieurs jours s'étaient écoulés depuis que les randonneurs avaient quitté le refuge de Tighjettu.

La randonnée thérapeutique touchait à sa fin. Chacun allait bientôt quitter l'île de beauté et regagner son quotidien.

Certains avaient fait du chemin depuis leur arrivée en Corse.

C'était le cas pour Anna. Un certain nombre de choses avaient changé depuis. Elle avait téléphoné à Carl. Ils s'étaient expliqués. Enfin… surtout, elle. Carl avait écouté, le cœur battant à tout rompre. Il n'avait pas tout compris, mais il avait l'habitude de ne pas toujours déchiffrer les actes et les paroles d'Anna. Les choses étaient ainsi. Il en avait pris son parti. Une part de mystère, d'incompréhension, c'est aussi ce qui faisait le charme d'Anna. Carl avait beau faire preuve d'une faculté d'empathie bien plus élevée que la moyenne des représentants de la gent masculine, il n'était pas exempt de limite. Anna avait souvent incarné ladite limite. Mais, il progressait. Au moins, il essayait. Il lui avait promis qu'il serait patient, dès le début de leur histoire, quand elle avait évoqué son passé meurtri, sa vie brisée. Il n'allait pas faillir à la première embûche, c'était tout à fait hors de question. Il avait alors rappelé cette promesse à Anna, et elle avait ressenti une douce chaleur, comme si son cœur s'était alors enveloppé dans un nuage léger, sucré, douillet. Ils s'étaient parlé pendant près d'une demi-heure et Anna avait l'impression d'avoir fait des progrès. Elle n'allait pas fuir. Pas cette fois.

Carl lui exprima son soulagement. Il n'évoqua pas les trente derniers jours et l'état dans lequel il s'était trouvé. Il éluda aussi sa rencontre avec Livia, estimant que c'était un sujet à haut risque et parfaitement superflu. Il n'allait pas faire apparaître un nouveau nuage dans un ciel redevenu azur.

Anna s'excusa encore et encore, au point que Carl coupa court. Il ne fallait plus parler de cela. C'était déjà du passé. Seuls comptaient le moment présent et l'avenir à construire. Ensemble.

Il demanda quand ils pourraient se voir et fut heureux d'entendre Anna lui répondre qu'elle ferait son possible pour venir lui rendre visite à Faro, même si ce ne serait que pour un court séjour, à peine deux ou trois jours. Pour Carl, cela n'avait pas d'importance. La séparation touchait à sa fin. Ils allaient se revoir. Ce n'était pas la fin de leur couple. Voilà tout ce qui comptait pour lui, à présent.

Anna et Carl promirent de se téléphoner dès le lendemain. Ce qui fut fait. Leur relation semblait repartir sous de nouveaux auspices. Leurs cœurs meurtris se réchauffaient maintenant, la cicatrisation pouvait s'opérer. C'était déjà ça.

*

Le séjour dans la montagne corse touchait à sa fin. Cela n'avait rien à voir avec l'altitude, mais Anna se sentait beaucoup plus légère. Le poids de la culpabilité envers Carl et ce qu'elle lui avait fait subir s'en était allé. Elle avait basculé vers… une sorte d'acceptation de ce que la vie lui offrait. Cela n'était pas arrivé comme ça, par hasard. C'était l'épisode de l'orage et de cet étrange instant qui l'avait changée. Oui. Et, il fallait absolument qu'elle puisse se confier à quelqu'un à propos de ce qu'elle avait vécu durant la descente du mont

Cinto, alors que les éclairs s'abattaient autour d'elle et de ses compagnons d'infortune. La jeune femme avait vécu quelque chose d'indicible, une incursion « hors du temps » qui l'avait ramenée à l'essentiel. Elle n'aurait pas su dire si c'était un moment ou bien un lieu. Peut-être étaient-ce les deux ? Elle était au moins certaine d'une chose : cela avait transformé sa perspective face à... tout. La vie, la mort, elle, les autres...

Elle s'était souvent demandé qui était Anna Wells. Elle venait de se rendre compte que la réponse n'avait que peu d'importance. Elle était un grain de sable sur une plage, ou encore une goutte d'eau dans un océan. En fin de compte, elle n'était rien ou alors pas grand-chose. Mais ce « pas grand chose » était aussi une partie du « tout ». Et là, ça changeait la donne. Il fallait absolument parler de cela avec quelqu'un. Elle savait qui saurait l'écouter. Un vieux bonhomme plein d'humour sur la vie, qui résidait sur la côte normande. D'ailleurs, elle avait été invitée à rejoindre sa mère, qui, elle aussi, avait eu besoin de se confier au vieil homme sur... sur quoi déjà ?

Anna était en train de réfléchir à cela tout en marchant sur le sentier caillouteux qui s'étendait devant elle. Les randonneurs avançaient sur une partie plane et sans risque. Sans vraiment le vouloir, ils avaient laissé un grand écart les séparant les uns des autres, c'était comme s'ils marchaient seuls pour cette ultime étape avant la fin de leur GR 20. Ils parcouraient la randonnée en sens inverse de la majorité des randonneurs. Aurélie Martin avait fourni une explication à ce choix sud-nord plutôt que le classique nord-sud. C'était plus facile de commencer par le Sud, une mise en jambe pour les débutants. La partie nord étant plus ardue et plus technique, la guide avait coutume de choisir ce sens inversé, parce que les plus grosses difficultés arrivaient à la fin (on n'évitait pas le Nord pour autant), et les randonneurs avaient déjà près de quinze jours de marche en montagne dans les jambes, ils avaient pris une certaine assurance et une réelle capacité technique, pour peu qu'ils daignent mettre en pratique les conseils de leur guide.

Marie-Hélène avait profité du fait que sa fille était restée en arrière avec Ludovic et Paul - ils étaient en pleine discussion sur un sujet qui avait l'air passionnant - pour accélérer son allure et rejoindre au prix d'un effort appuyé la journaliste parisienne.

— Vous marchez vite, Anna ! déclara-t-elle alors qu'elle arrivait à sa hauteur.

Anna fut étonnée de voir tout à coup quelqu'un près d'elle alors que tout le monde s'était isolé plus ou moins volontairement et qu'elle-même était plongée dans ses pensées. Sa surprise passée, elle répondit :

— Je ne m'attendais pas à voir quelqu'un me rejoindre ! dit-elle.

— Ah ? Je suis désolée. Vous préférez peut-être que je vous laisse seule ?

Anna accueillit la question de Marie-Hélène avec un sourire. C'était étrange pour Marie-Hélène qui l'avait détestée dès l'instant où Jennifer s'était intéressée à elle. Cette jeune femme projetait quelque chose d'étrange, une sorte de je ne sais quoi qui faisait qu'on se sentait bien en sa présence. Elle irradiait une sorte d'infinie bienveillance. Quand leurs regards se croisèrent, Marie-Hélène aurait juré qu'elles pouvaient se comprendre sans même avoir à se parler. Une connexion entre deux âmes ? Allez savoir…

— Non. J'étais plongée dans mes pensées, mais cela me fait du bien d'en sortir. Vous avez besoin de quelque chose, Marie-Hélène ?

La mère de famille dut d'abord reprendre son souffle et caler son rythme de marche sur celui de la jeune Parisienne avant de pouvoir répondre. Elle se promit de se remettre au sport de façon régulière dès qu'elle aurait rejoint son domicile.

— En fait… oui. Je voulais vous parler, mais sans la présence de ma fille. Et dans ce contexte, en randonnée, avec les refuges ou même quand on dort à la belle étoile… ce n'était pas évident de pouvoir nous voir seule à seule.

Anna se tourna vers Marie-Hélène et fit signe avec la tête qu'elle était pleinement d'accord avec ça.

— Vous avez bien raison ! C'est à peine si l'on dispose d'un peu d'intimité pour se laver et aller aux toilettes, enfin quand il y en a ! ironisa la journaliste parisienne.

Les deux femmes se mirent à rire en se remémorant certaines situations gênantes quand on devait soulager un besoin naturel et qu'il n'y avait que pierres et cailloux à perte de vue, sans possibilités de se cacher.

— C'est ce qui m'a le plus manqué pendant cette marche thérapeutique : un peu d'intimité. D'ailleurs, je suis heureuse de pouvoir enfin vous parler en tête à tête.

— Ah bon ?

— Oui. Savez-vous, Anna, que vous êtes parvenue à débloquer une situation qui durait depuis des mois en… en à peine quelques heures d'échange avec Jenny ?

Anna évita une grosse pierre qui entravait son passage. Ce n'était pas le moment de se faire une entorse ou pire, alors qu'il ne restait plus qu'une journée de randonnée.

— J'ai fait ça ?

— Oui. Et je vous en remercie. Je vous avais mal jugée, comme je l'ai déjà dit. J'étais centrée sur moi et mes problèmes avec Jenny et j'ai cru que vous étiez un nouvel obstacle à la réconciliation entre moi et ma fille. J'avais tort. Je vous demande pardon pour ça.

Anna s'immobilisa et fit face à Marie-Hélène.

— Vous avez agi comme la plupart des mères dans votre situation auraient agi, ni plus ni moins. C'est comme ça, on n'y peut rien. On se protège parfois d'un danger qui n'existe que dans notre esprit et, croyez-moi, je suis bien placée pour le savoir.

Marie-Hélène, qui ne connaissait rien de l'histoire de la jeune Parisienne, sembla étonnée. De quoi Anna parlait-elle ? Elle se retint d'en demander plus, ce n'était pas ses affaires après tout. Tout le monde a ses propres peurs, ses tourments personnels.

— Toujours est-il que je voulais vous remercier pour ce que vous avez fait. Vous êtes la clé qui a permis à Jennifer d'entrouvrir la porte du dialogue.

— Je suis bien contente que la situation se soit débloquée entre vous deux. Cela me fait très plaisir.

— Et moi donc ! continua Marie-Hélène. Vous savez que Jennifer m'a demandé pourquoi j'avais eu une relation extra-conjugale. Évidemment, elle ne l'a pas formulé en ces termes, comme vous devez vous en douter.

— Je m'en doute ! Les ados ont un langage plus expressif et bien moins soutenu, répondit Anna. C'est un moyen pour eux de se démarquer du conformisme de leurs aînés. Il suffit d'avoir en tête que ce n'est qu'une question d'appartenance à un groupe pour ne pas s'en formaliser.

— Vous avez raison, poursuivit Marie-Hélène tout en freinant sa marche à cause de la pente qui descendait de plus en plus. En tout cas, ce que je voulais vous dire c'est que, grâce à vous, nous avons renoué le dialogue et j'ai enfin pu dire à Jennifer certaines choses...

Anna attendit de se trouver sur une partie de terrain moins pentue pour poursuivre la conversation. Chaque histoire, chaque relation est unique, c'est certain. Cependant, Anna avait compris à force de discussions, d'échanges, mais aussi en observant les relations personnelles des uns et des autres, bref elle avait pu tirer une conclusion universelle à propos des relations entre les personnes : les paroles et les actes étaient toujours motivés par deux « moteurs », soit l'amour, soit la peur. Elle en était même arrivée à penser qu'il s'agissait là des deux extrémités d'une même énergie, et un combat permanent entre la lumière et l'obscurité.

— Si ce n'est pas trop indiscret, et puisque vous êtes venue pour discuter, peut-être voudriez-vous m'en dire plus concernant ces… choses ?

Elles étaient maintenant sur une surface plane, plus besoin de se concentrer sur chacun de ses pas. Marie-Hélène aurait bien voulu faire une halte, d'autant qu'il y avait une grosse pierre à la surface lisse qui paraissait être là juste pour qu'elle puisse s'y asseoir avec Anna. Le problème était qu'en ce cas, les autres finiraient par les rattraper et… adieu la conversation confidentielle. Tant pis, elle décida d'ignorer la roche en forme de siège et de poursuivre la marche en avant.

— Je devine ce que vous venez de penser ! déclara Anna qui avait remarqué le regard appuyé de Marie-Hélène en direction de la grosse pierre plate. Si l'on stoppe un moment, on va se faire rejoindre par les autres, et surtout par Jennifer. Je pense qu'il vaut mieux poursuivre notre route !

— C'est exactement ce que j'étais en train de me dire, répondit Marie-Hélène. Vous lisez dans les pensées, ma parole !

— Pas du tout. J'ai appris à bien observer, c'est différent. C'est un vieux monsieur qui m'a transmis ça ! expliqua la journaliste. À force d'exercer cette faculté, on devient très perspicace, et l'on peut anticiper les actes et même les paroles des gens sur lesquels on pointe notre attention.

— Waouh ! fit Marie-Hélène. J'imagine que vous avez précédemment exercé ce talent en ce qui me concerne ?

— Oui.

— Et pour Jenny ?

— Aussi. Vous êtes liées. J'ai vite compris que quelque chose interférait dans votre relation. Ce n'était pas bien difficile. N'importe qui aurait pu en tirer les mêmes conclusions.

— Oui, mais seule vous l'avez fait, répliqua Marie-Hélène. Mais… cela n'explique pas pourquoi vous vous êtes chargée de… je ne sais pas trop comment dire !

— Remettre de l'harmonie là où régnait le déséquilibre.

— Oui ! C'est exactement ça.

— C'est une sorte de pacte.

— Hein ?

— Un pacte.

— Un pacte ?

— Exactement. C'est très simple. Quand vous vous retrouvez face à une situation qui pose problème, qui rompt l'harmonie ou l'équilibre de la vie – oui, je sais ça fait un peu pompeux à tendance New-Age, mais c'est pourtant ça – eh bien, vous pouvez intervenir et apporter votre aide, si la personne en exprime le désir ou ne va pas à l'encontre de votre intervention.

— C'est fascinant ! Vous ne nous connaissiez même pas et vous nous avez aidées !

— En même temps, c'est un peu le principe de cette *Gestalt-thérapie*, non ?

— C'est vrai.

— Aurélie nous a dit dès le début qu'elle n'était là que pour guider, pour nous fournir une aide ou un appui si nous le souhaitions, mais que pour la plupart d'entre nous, les choses se feraient sans son intervention.

— Vous avez raison. C'est ce qu'Aurélie a dit dès le début de notre aventure. Nous devions apprendre à nous connaître et engager le dialogue. Mais…

Le terrain devint soudain plus meuble sous leurs pieds. Il y avait de la terre en quantité et plus assez de cailloux, aussi elles tentèrent d'éviter le sol boueux en se hissant sur les petites pierres qui jonchaient le sol. La descente qui devait les amener jusqu'à la dernière étape de *Calenzana* était un chemin semé d'embûches.

— Attention, Marie-Hélène, ça glisse énormément par ici. Soyez prudente et plantez bien votre bâton dans le sol pour prendre un appui supplémentaire, dit Anna.

Les deux femmes adoptèrent une allure contenue. Elles progressaient par petits pas précautionneux, alternant du bord pierreux au centre du sentier quand la terre n'était pas détrempée et que la surface paraissait moins glissante. De toute façon, il n'y avait pas d'échappatoires, pas d'autres routes que ce sentier périlleux. Elles mirent une bonne quinzaine de minutes à en venir à bout. Elles débouchèrent enfin sur un terrain plus « convenable ». Quand le danger fut laissé en amont, Anna stoppa sa marche et retira les sangles de son sac à dos qu'elle ouvrit pour en tirer une gourde métallique.

— N'oublions pas de boire ! On a vite fait de se déshydrater quand on marche longtemps. Tenez ! dit-elle tout en tendant son récipient argenté.

Marie-Hélène prit deux bonnes gorgées d'eau fraîche et s'essuya la bouche avec le revers de son anorak.

— Merci, ça fait du bien. Je n'aime pas quand ça glisse comme ça ! indiqua-t-elle.

— Oui. Avec l'orage d'il y a trois jours et la pluie qui est tombée la nuit dernière, le terrain est détrempé en divers endroits de cette étape. Mais, on n'a pas le choix, il faut passer par là.

En s'entendant parler, Anna prit conscience que ce

qu'elle venait de dire pouvait aussi s'appliquer à sa propre vie. Il y avait des moments pénibles, des obstacles, des drames, mais il n'y avait pas le choix, il fallait en passer par là.

— Ce que je voulais dire, Anna, c'était simplement que grâce à votre intervention auprès de Jenny, elle est venue vers moi, elle a demandé des explications concernant mon… écart de conduite, et ça sans s'emporter, en restant à l'écoute. Du coup, je me suis mise à évoquer certains aspects de ma relation avec son père dont je n'avais jamais parlé avec ma fille. Et puis, elle m'a avoué avoir entendu son père et moi nous disputer le soir où… enfin juste avant qu'il fasse ses bagages et nous laisse derrière lui. À l'époque, je ne savais pas que Jenny s'était cachée en haut de l'escalier, et donc encore moins qu'elle avait entendu une partie de notre conversation entre son père et moi. Puis, quand elle me l'a appris, j'ai compris le pourquoi de sa colère. C'était légitime à partir de ce qu'elle savait. Mais, elle n'avait pas tous les éléments. Juste une infime partie…

Anna était satisfaite de l'attitude de Jennifer. C'était une excellente chose de renouer le dialogue. Voir les choses sous un jour nouveau et en prenant de la distance était bien souvent la meilleure solution pour résoudre une situation conflictuelle. Dire les choses, ne pas laisser de zones d'ombre, être soi-même dans sa plus stricte vérité, telle pouvait être le remède contre les rancoeurs, l'animosité, la colère, et parfois même la haine.

— Je suis très heureuse que vous ayez eu cette conversation avec votre fille, Marie-Hélène. C'est le début d'une véritable réconciliation, en tout cas je l'espère.

— Moi aussi ! Vous savez, Jenny n'avait jusqu'alors fait qu'exprimer sa colère envers moi. J'étais la responsable du départ de son père. Point. Je l'avais trompé et tout était de ma faute. Je réalise à présent que j'ai commis une énorme erreur, et ça, c'est à vous que je le dois. J'aurais dû tout lui raconter dès lors qu'elle avait entendu son père m'accuser de l'avoir trompé. Elle m'a entendue avouer ma faute, si tant est que cela soit bien une faute. Mais elle ignorait tout de ce qui m'avait conduit à agir de la sorte…

On y était. Marie-Hélène avait l'opportunité d'expliquer les raisons qui l'avaient poussée à agir ainsi. Anna se doutait que cela avait forcément un lien avec les agissements du père de Jennifer.

— Vous avez échangé sur ce point ? demanda Anna, visiblement curieuse de connaître la suite.

Marie-Hélène acquiesça d'un signe de tête.

— Oui. En fait, c'est Jenny qui a posé la question : *Maman, pourquoi as-tu trompé papa ?* C'est exactement les termes qu'elle a employés, ni plus ni moins.

— Une question qui va à l'essentiel. Et qu'avez-vous répondu ?

— La vérité. Je n'avais jamais parlé de ma vie intime avec ma fille. Vous savez Anna, je suis issue d'une famille plutôt « fermée » de ce côté-là. Je n'ai jamais parlé de sexe avec ma mère étant jeune, j'ai même dû me débrouiller avec mes copines pour me renseigner quand j'ai eu mes premières règles. Pour ma mère, tout cela était « sale », et il était hors de question d'aborder le sujet. Vous imaginez bien que des restes de cette éducation ont dû contribuer à expliquer mon mutisme avec ma fille quant à ma vie intime avec son père.

— Je comprends, dit Anna qui mesurait tout à coup la chance d'avoir une mère qui était l'opposé total de celle de Marie-Hélène.

— En réalité, ce n'est pas l'unique raison. Il y a un autre élément qui peut expliquer ma réticence à… enfin… je veux dire à donner d'autres détails personnels à Jenny. L'autre raison est sans doute encore plus importante. Cela a toujours à voir avec mon éducation. Mon père m'a élevée en me donnant la consigne de ne jamais endosser le rôle de victime.

C'est une de mes marques de fabrique. Il me disait toujours qu'il fallait « tenir le volant », ne pas le laisser à quelqu'un d'autre. Alors vous comprendrez aisément que, dans ces conditions, je n'ai pas souhaité avouer à ma fille que son père, de son côté, me trompait déjà depuis le début de notre mariage. Je l'ai su très tôt. Le père de Jenny était un piètre menteur et il laissait traîner des marques de rouge à lèvres sur ses cols de chemises, des petits billets de rendez-vous dans une poche de pantalon. Sans parler du fait qu'à deux reprises j'ai reçu des coups de fil de la part de ses conquêtes du moment. Bref, je savais. J'en ai pris mon parti en suivant les principes de ma mère qui m'avait dit autrefois que tous les hommes avaient des besoins charnels supérieurs à ceux de leur épouse, qu'il était dans la nature des choses de laisser un espace de liberté à son mari sur ce point. Je réalise aujourd'hui que j'ai avalé des couleuvres. Finalement, les années sont passées et en même temps nos relations physiques se sont espacées jusqu'à devenir quasi inexistantes. Je n'ai jamais vraiment éprouvé de manque à ce sujet, mais en ce qui concerne les attentions, la tendresse, là c'était autre chose. Et puis il y a eu cet homme charmant qui venait d'être engagé dans mon entreprise. Ses regards appuyés, sa gentillesse à mon égard ne m'ont pas laissée insensible. Il m'a redonné une certaine confiance en moi, et s'est fait plus pressant au cours des mois qui suivirent son arrivée dans mon univers professionnel. J'ai toujours repoussé ses avances jusqu'à ce séminaire d'entreprise où tous les cadres se réunissaient dans un hôtel, autour d'un merveilleux repas aux frais de la princesse. J'ai apprécié la soirée avec Christian – c'était son prénom – et il s'est avéré qu'il s'est retrouvé – je pense qu'il s'est arrangé pour que cela se produise – assis juste à côté de moi à table. J'ai aimé être l'objet de ses attentions. Cela faisait près de six mois que j'avais repoussé chacune de ses avances. Il est vrai que j'avais un peu bu ce soir-là, mais ce n'est pas une excuse. J'avais envie de lui. J'avais envie d'être désirée à nouveau. Le repas terminé, je me suis éclipsée dans ma chambre en prétextant un coup de fatigue. Il ne s'est écoulé qu'un quart d'heure pour que l'on frappe à ma porte et que je découvre Christian à travers le judas.

Marie-Hélène s'était répandue en un flot de paroles. Des mots qui, jusque-là, n'avaient jamais été exprimés à personne. Anna était une oreille attentive et se gardait bien d'émettre le moindre jugement. Il n'y avait qu'un seul regret qui pouvait jaillir de ces aveux : le fait d'avoir tout gardé pour elle et de n'avoir rien dit à sa fille. Jennifer avait idéalisé son père. Elle avait cristallisé sa colère et son ressentiment sur sa mère dont le seul tort avait été de n'avoir pas tout dit, dès cet instant.

— Je comprends, Marie-Hélène.

— C'est vrai ?

— Oui. Cependant, si vous me permettez, je pense que vous auriez dû expliquer à votre fille la globalité de la situation. Cela vous aurait évité d'enfiler le costume de la coupable idéale, souligna Anna.

— Vous avez sans doute raison, mais… c'est quelque chose que je n'ai pas pu faire à l'époque. Cela aurait fait de moi une pauvre femme trompée, délaissée, et je ne pouvais pas m'y résoudre. Maintenant, avec le recul, j'ai bien conscience que c'était un mauvais choix parce que… sans votre intervention auprès de Jenny, j'aurais très bien pu la perdre pour longtemps…

Anna opina de la tête. Elle ne pouvait qu'être d'accord avec la dernière affirmation de Marie-Hélène, elle savait mieux que quiconque que les non-dits peuvent être l'allumette qui met le feu aux poudres.

— En réalité, Jennifer m'a aidée autant que je l'ai aidée, vous savez.

Marie-Hélène s'arrêta nette, son visage exprimait son étonnement.

— Jenny vous a aidée ?

— C'est en effet le cas. C'est comme ça que les choses fonctionnent, vous savez. Quand vous apportez aide et soutien à quelqu'un, il n'est pas rare que cela vous soit bénéfique également. Le fait de montrer un chemin à Jennifer m'a amené à le regarder aussi pour moi. J'avais des choses qui restaient enfermées en moi, des peurs inavouées par rapport à mon passé. Tout cela, il fallait aussi que je l'exprime en mots avec mon compagnon. Vous connaissez cet adage : ce *que vous ne dîtes pas en mots finira par s'exprimer en MAUX* ? Cela peut être une maladie, ou encore une rupture comme cela aurait pu m'arriver si je n'avais pas parlé avec Jennifer.

— En somme, c'est exactement le principe de la *Gestalt-thérapie*, tel que nous l'a expliqué Aurélie Martin, non ?

— Il semblerait, en effet.

— C'est quand même étrange, vous ne trouvez pas ?

— Quoi ? demanda Anna.

— J'avais imaginé une randonnée thérapeutique autrement. Je pensais que la guide aurait joué un rôle plus… participatif. En réalité, elle et Marc se sont contentés de nous fournir quelques clés et nous avons fait le boulot… nous-mêmes, non ?

Anna ne put dire le contraire. Elle aussi s'était fait la même réflexion. En définitive, seul comptait le résultat et l'on pouvait affirmer sans mentir que le compte y était. En tout cas pour elle, Marie-Hélène, et Jennifer. Pour les autres : Paul et Ludovic, Anna ignorait les raisons de leur participation à cette randonnée un peu spéciale. Elle ne s'était pas assez liée avec eux. Elle supposait qu'il en était ainsi à chaque fois. On ne peut pas non plus tisser des liens étroits avec tout le monde. En y réfléchissant, ces deux-là s'étaient plutôt rapprochés pendant la randonnée. Peut-être que Paul avait trouvé en Ludovic ce qu'il était venu chercher, et vice versa. Allez savoir…

— Qu'est-ce que vous allez faire après ? demanda Marie-Hélène.

— Qu'entendez-vous par *après* ? rétorqua Anna.

— Je veux dire… j'ai appris que vous écriviez. Vous êtes journaliste, c'est bien ça ?

— En effet.

— Alors ?

— Alors quoi ?

— Vous allez écrire sur Jenny et moi ?

— C'est probable. Mais, ne vous inquiétez pas, je change toujours les noms des protagonistes de mes rencontres.

L'expression inquiète qui s'était affichée sur le visage de Marie-Hélène disparut au profit d'un sourire de satisfaction. La mère de Jennifer ne voulait pas que son histoire s'étale sur la place publique, cela aurait pu arriver jusqu'au père de Jenny et c'était bien la dernière chose qu'elle souhaitait.

— Merci.

— Pas de quoi.

— J'ai cru comprendre que vous aviez écrit un livre aussi ? poursuivit Marie-Hélène.

— Pas encore. J'y travaille. C'est aussi pour ça que je suis venu ici, mais il n'est pas terminé… loin de là.

— Vous dîtes : « aussi pour ça ». Il y a une autre raison ?

— En effet. C'est aussi pour moi, personnellement. Je ne vais pas m'étendre sur ce sujet, mais je fais d'une pierre deux coups, si vous voulez. Il m'est arrivé des choses étonnantes ici. Je me suis rarement sentie aussi vivante. Surtout depuis l'orage que nous avons essuyé en descendant du mont *Cinto*.

— Oh oui, c'était quelque chose ! dit Marie-Hélène.

— Oui. Et cela a provoqué de grands bouleversements en moi. Donc, j'ai encore pas mal de choses à élucider et quelques chapitres supplémentaires à écrire… pour mon bouquin. Parce que j'ai pris conscience que les chemins que l'on envisage pour soi et pour les autres ne sont jamais tels qu'on les avait imaginés. Regardez ce qui s'est passé pour Jennifer ! Elle a tiré une fusée pour que son père revienne à elle… et c'est elle qui est revenue vers vous ! C'est étonnant, vous ne trouvez pas ?

— Si.

— Et moi, j'ai allumé une bougie au sommet du *Cinto* à la mémoire d'un amour perdu… et j'en ai trouvé un autre. Pourtant, cela fait plus d'un an qu'il était là, à mes côtés… Mais j'avais peur.

— Tout le monde a peur, Anna ! continua Marie-Hélène.

— Là est tout le problème !

Les deux femmes poursuivirent leur discussion tout en marchant d'un bon pas. Une quinzaine de minutes plus tard, elles aperçurent Aurélie, Marc et une bonne partie de la tribu réunifiée depuis le refuge de *Tighjettu*. Il y avait encore quelques randonneurs en arrière, dont Jennifer qui avait retrouvé quelques jeunes de son âge pour la fin du GR 20 en direction du Nord.

En arrivant près des deux guides, Anna et Marie-Hélène eurent la surprise de constater que l'arrêt à cet endroit précis n'était pas le fruit du hasard. Il y avait devant eux une bâtisse avec une magnifique terrasse.

— On fait une pause ici, les amis ! dit Marc à l'intention de tous. Ce lieu s'appelle « L'auberge de la forêt », c'est un gîte d'étape où l'on peut dormir, mais pour ce qui nous concerne, il ne s'agit que de boire un café ou un chocolat chaud. Cela va nous faire du bien ! Allez, tout le monde laisse tomber son sac à dos ! Venez vous installer autour d'une table.

C'était une excellente idée. La dernière étape depuis le refuge de *Carrozzu* avait bien sollicité les membres inférieurs des randonneurs. Une pause café tombait comme un rayon de soleil après la pluie. Anna et Marie-Hélène se joignirent aux autres et s'installèrent à une table.

Alors qu'elle attendait son chocolat chaud, Anna perçut le bruit du vent dans les feuillages, les feuilles dansaient poussées par un vent léger. Il devait y avoir une rivière en contrebas, le son caractéristique d'un écoulement d'eau se mêlait aux autres bruits de la nature environnante. Anna éprouva alors un sentiment d'intense tristesse. Tout était parfait, mais, en cet instant précis, elle aurait donné tout l'or du monde pour que Carl soit là, avec elle.

33

Le ciel était clair et un soleil matinal éveillait doucement la ville endormie.

Carl Pessoa était arrivé très tôt ce matin-là. Il s'était levé aux aurores et, tournant en rond dans son appartement, il avait décidé qu'il valait mieux se rendre au travail.

Il n'y avait encore personne dans les rues et la Marina de Faro était presque déserte. Seul un vieux marin était en train de nettoyer son bateau de pêche. Il attendait l'ouverture du café qui jouxtait le port. Carl le salua en passant à sa hauteur et le pêcheur lui rendit son « bonjour » dans un portugais plutôt issu d'un patois local, puisque le jeune homme eut du mal à décrypter le reste de la phrase du vieux bonhomme.

Il dépassa le quai portuaire et déboucha sur la place *Dom Francisco Gomes* où la vue était superbe. Il bifurqua et s'engagea dans la rue de la *Misericorda*, il passa devant l'église du même nom et une cinquantaine de mètres plus loin, s'arrêta devant la devanture de son agence. Il ouvrit le rideau de fer à l'aide d'une clé sortie de la poche de sa veste et, à la fin de la montée de la grille protectrice, contempla ses locaux flambant neufs.

Avant d'entrer, il contempla une nouvelle fois la Marina et ses bateaux rutilants. Carl aimait le son des mâts et leur cliquetis caractéristique à cause du vent, il aimait aussi voir le soleil se refléter sur l'eau en une limaille dorée qui produisait un reflet presque magique. Il posa son regard envieux sur de magnifiques yachts qui mouillaient à quai. Il se promit d'emmener Anna faire un tour avec sur un de ces superbes bateaux, mais ce serait obligatoirement un voilier. Carl n'était pas spécialement attiré par les yachts à moteur qui, pour lui, étaient une aberration dans un monde qui luttait pour sauver la planète, plus anti-écologique... il n'y avait pas !

Le jeune homme alla directement vers le coin « pause café » et se fit couler un double expresso. L'odeur de l'arabica vint lui chatouiller les narines et, pour la première fois depuis un mois, il apprécia ce petit bonheur simple. Il avait vécu enfermé entre des murs bétonnés érigés par ses soins, même si l'architecte de cette prison psychologique s'appelait Anna. C'était lui l'artisan, le maître d'oeuvre. Aujourd'hui, tout cela appartenait au passé. Il voyait tout sous un nouveau jour. Il n'avait pas profité de son installation à Faro comme il aurait dû. Il fallait remédier à cela. Quand Anna arriverait, parce qu'elle lui avait promis qu'elle passerait un ou deux jours avec lui.

Sa tasse à la main, Carl capta les rayons du soleil en ouvrant la porte de l'entrée et en se plaçant là, debout, goûtant l'astre du jour sur son visage. Il était heureux. Cependant, il n'avait pas conscience que, plus que son café ou même l'éclat du soleil sur sa peau, c'était en réalité son état d'esprit qui était à l'origine de son bien-être. Il n'était pas à blâmer, qui parmi ses semblables connaissait le secret du bonheur ? Peu de monde, ça, c'était certain. Le truc pourtant lui avait été confié par l'homme qui avait remis Anna sur de bons rails : Jacques Vaillant. Carl l'avait rencontré pour la première fois lors du dernier réveillon de Noël, un vieux bonhomme plein d'humour et de sagesse. Le vieux Normand lui avait expliqué qu'un des secrets - se pouvait-il qu'il y en ait plusieurs ? - consistait simplement en une prise de décision préalable, c'était bête comme chou : il suffisait de décider d'être heureux, et peu importait les évènements qui survenaient dans la journée, plutôt que d'attendre que les circonstances en question nous fassent réagir en fonction de ce qu'ils étaient : bons ou mauvais. Il vous arrive quelque chose de positif : vous êtes content, heureux. À l'inverse, c'est un fait négatif : vous vous sentez mal, vous êtes fâché, triste, malheureux. Et voilà comment se laisser gouverner par tout ce qui arrive de l'extérieur, alors qu'il suffit de déterminer *en premier* d'être joyeux, positif, heureux, et cela en dépit de tout ce qui peut arriver dans la journée. Pas facile ! Voir la vie en rose n'était pas donné à tout le monde, c'était une certitude. Pour autant, fallait-il y renoncer sous prétexte que c'était une attitude difficile à adopter ? Carl n'était pas de cet avis, mais les expériences récentes avaient bouleversé ses belles résolutions. C'est dans l'adversité que l'on se forge un mental d'acier ! Il avait lu ça quelque part et cela illustrait à merveille les pensées qui envahissaient son esprit alors qu'il terminait la dernière gorgée de son expresso qui avait déjà refroidi.

Un vol d'oiseaux le tira de sa rêverie éveillée, il jeta un œil sur sa montre et constata que le temps n'avançait pas ce matin-là. Il n'était pas encore 6h30, mais il avait du travail en retard et ses deux collaboratrices n'allaient pas arriver avant deux bonnes heures. Carl focalisa son esprit sur les dossiers qui l'avaient déjà bien assez attendu ces derniers jours. Il y avait une pile qui menaçait de s'effondrer tant elle s'élevait dangereusement. Le jeune homme verrouilla la porte de l'agence, lava sa tasse qu'il remisa dans le range-tasses près de la cafetière, puis alla s'installer à son bureau. Il alluma son ordinateur qui n'avait pas été activé depuis bien longtemps.

— Allez Carl, au boulot ! s'exclama-t-il à voix haute, sans se rendre compte qu'il s'était exprimé en portugais.

Il attrapa le premier dossier sur la pile qui ressemblait vraiment à la tour de Pise, l'attrait touristique en moins, et décida de diviser la structure immense en deux, afin d'éviter un accident fâcheux qui aurait mis en péril l'ordre de réception des dossiers. Il allait ouvrir la chemise cartonnée pour consulter son contenu quand il fut coupé dans son élan par une envie soudaine. Il souhaitait partager ce matin heureux avec celle qu'il aimait et qui lui manquait terriblement. Il s'empara de son téléphone portable et pianota un texte qu'il prit la peine de relire avant d'appuyer sur la touche « envoyer ». Le SMS s'infiltra alors dans les méandres des réseaux de téléphonie mobile et termina son chemin numérique sur l'iPhone d'Anna Wells :

Bonjour Anna. Je viens d'arriver à l'agence et j'ai dégusté un café sur le perron, face à la Marina, le soleil a illuminé mon visage et cela m'a fait penser à toi. Tu es mon soleil, Anna, celui qui illumine mon quotidien. Il fait nuit quand tu n'es pas là. Tu me manques. J'ai tellement hâte que tu me rejoignes ici, à Faro, même pour un court instant. Je vais compter les jours, les heures et même les minutes en attendant de pouvoir te serrer dans mes bras. Je t'aime. Carl.

34

Jacques Vaillant ne dormit presque pas cette nuit-là. Il est vrai qu'avec l'âge, le vieux Normand ne dormait plus autant que pendant ses années d'activité. La retraite permettait aussi de faire la sieste pendant l'après-midi, ce qui contribuait à raccourcir le temps de sommeil nocturne.

Son insomnie n'avait rien à voir avec son âge, non. Le fait d'avoir évoqué son projet auprès de Catherine Wells, voilà ce qui avait troublé son sommeil. Cela avait envahi son esprit et il avait retourné cette idée folle dans sa tête pendant une bonne partie de la nuit. C'était vraiment un truc de fou, comme disaient les jeunes d'aujourd'hui, mais n'était-il pas un peu fou, lui aussi ? Sans aucun doute. Alors, c'était une mission dans ses cordes. Il fallait mener à bien cette merveilleuse idée. En fait, il n'avait guère le choix. Quand une idée prenait possession ainsi de ses pensées, c'était le signe qu'il fallait faire quelque chose. Pas question de rester bras ballants à bayer aux corneilles.

Le vieux réveil mécanique indiquait 3h15. C'était fichu, Jacques ne dormirait pas cette nuit. Autant se lever et s'activer. Il fallait contacter son vieil ami qui avait travaillé pour le gouvernement. Il lui envoya - et tant pis si c'était la nuit - un e-mail, en lui exposant l'objet de sa recherche. C'était urgent. Le temps était compté.

Ceci fait, Jacques passa une bonne heure à chercher par

lui-même certaines informations. Ainsi, il en apprit un peu plus et cela renforça encore, si cela était possible, sa motivation. Au bout du compte, il finit par dénicher une adresse…

Quelle ne fut pas sa surprise quand il découvrit que l'endroit qu'il avait cherché se trouvait à moins de cent kilomètres de chez lui. Cela ne s'annonçait pas si mal, en définitive. Il avait déjà trouvé l'adresse d'un des deux protagonistes de cette histoire. Pour le deuxième, cela s'annonçait plus délicat. Jacques se reposa sur l'espoir que son vieux copain pourrait l'aider dans sa recherche, même s'il s'agissait d'un autre continent. Il l'avait déjà aidé par le passé, avec succès.

Quand l'horloge du salon sonna six heures, Jacques referma son ordinateur après avoir sauvegardé des pages de nouvelles données dans un dossier qu'il avait intitulé : « L'idée folle d'un vieux Normand ». Satisfait d'avoir bien occupé ses heures d'insomnie, il se rendit dans la cuisine pour préparer du pain fait maison. Catherine avait englouti le dernier en à peine deux jours. Comment Anna pouvait-elle avoir un si petit appétit d'oiseau, alors que sa mère était tout le contraire ? Il alluma son vieux four à bois, puis mit la main à la pâte…

*

L'odeur du pain fraîchement sorti du four à bois, accompagnée par celle tout aussi agréable du café frais avait dû titiller les narines de Catherine Wells qui pointa le bout de son nez alors que Jacques Vaillant préparait la table de la salle à manger pour le petit-déjeuner.

— Bonjour Jacques ! murmura Catherine pas encore tout à fait réveillée.

— Bonjour Catherine. Prête pour le café ?

Catherine répondit affirmativement de la tête, tout en se frottant les yeux.

— Jacques, si vous le voulez bien, restons dans la cuisine. Il y a la douce chaleur de votre four à pain et puis j'aime cette table rustique, déclara-t-elle tout en désignant le bel ouvrage en chêne massif qui trônait au milieu de la cuisine.

— Vous êtes sure ? Vous ne préférez pas qu'on aille dans la salle à manger.

Catherine fit signe que non. Jacques n'insista pas et déposa son plateau juste devant lui.

— Je vais quand même passer un coup d'éponge, c'est plein de farine !

Catherine prit place à table et laissa le propriétaire des lieux faire le service. Il servit le café dans des bols tout aussi rustiques que le reste des meubles et des ustensiles qui ornaient les murs de la cuisine. Catherine remarqua le gros chaudron en cuivre.

— C'est vrai que vous faites vous-même vos confitures ! Vous utilisez cette grande casserole ?

— Oui, c'est mon chaudron fétiche. Il est presque aussi vieux que moi ! D'ailleurs, voici mes œuvres, vous m'en direz des nouvelles.

Le Normand déposa trois pots de verre, il y avait de la confiture de fraise, une autre à la mure, ainsi qu'une gelée de coings. Le tout était accompagné d'un objet étrange que Catherine n'osa pas toucher : il était rond, composé de deux parties dont l'une semblait être un couvercle, cela ressemblait à une poterie vintage comme Catherine n'en avait encore jamais vu.

— Qu'est-ce que c'est que ça, Jacques ? demanda la Parisienne en désignant l'objet étrange.

Un sourire en coin, le Normand s'attendait à cette question. Il aurait été très étonné qu'une femme de la ville puisse deviner ce qu'était cet objet du terroir.

— C'est un beurrier ! déclara-t-il.

— Ah bon !

— Oui. C'est une poterie artisanale que l'on trouve par ici, enfin... dans le Calvados. Je parie que vous n'en avez jamais vu un autre comme celui-là, n'est-ce pas ?

— Effectivement. C'est la première fois que je vois ça.

Jacques attrapa la poterie et souleva le couvercle qui laissa apparaître une base trouée.

— C'est un beurrier conservateur à eau. En fait, il est composé de deux parties : la base où l'on verse de l'eau salée dans le fond et le couvercle haut qui, lui, est rempli de beurre.

— Il y a de l'eau dedans ? s'enquit Catherine.

— Tout à fait. Une fois le beurrier fermé, le beurre est en contact avec l'eau. C'est un système ingénieux qui empêche l'oxydation, ainsi le beurre ne rancit pas, et il n'est pas nécessaire de mettre le beurrier au frais, ce qui a l'avantage de ne pas avoir un beurre dur qui sort du réfrigérateur. C'est une invention normande, ma chère !

— Je suis impressionnée, c'est pratique et en plus c'est charmant.

— Vous voyez que la Normandie est pleine de ressources. De plus, pour une bonne conservation, il est nécessaire de changer l'eau tous les trois jours environ. Mais bon, cela n'est que l'emballage, Catherine. Ce que ce beurrier renferme est un beurre d'exception !

Catherine avala une gorgée de café avant de répondre.

— Vous n'allez pas me dire que c'est aussi vous qui faites votre beurre. Vous n'avez pas de vaches planquées dans votre propriété ? Si ?

Cela fit rire le vieux Normand qui se versa un grand bol de café noir, à son tour.

— Non. Rassurez-vous, je ne suis pas fermier. Mais, je suis un épicurien. J'aime les bonnes choses… raisonnablement. Ceci n'est pas du beurre, ma chère, c'est LE beurre ! clama-t-il en bombant le torse. Il s'agit du célèbre beurre Isigny Sainte-Mère !

Catherine posa son bol en ouvrant de grands yeux ronds.

— Vous ne connaissez pas ? demanda Jacques.

— Bah non, répondit Catherine. En fait, je suis plutôt margarine…

— Argh ! fit Jacques, faisant semblant de s'étrangler en portant les mains à son cou.

— Ben quoi ?

— Quelle horreur ! Pour un Normand, c'est une véritable hérésie. Vous allez me goûter ça avec un soupçon de ma confiture et après on en reparle, d'accord ?

— J'ai le choix ?

— Non.

— Je m'en doutais, continua la Parisienne en regardant son ami normand qui avait découpé une énorme tranche de son pain artisanal, sur laquelle il déposa une portion indécente de ce fameux beurre normand, puis termina avec une couche de gelée de coings.

Catherine pensa à son cholestérol, pourquoi fallait-il que, à partir d'un certain âge, les gens ne puissent plus se faire plaisir sans éprouver de la culpabilité ? Tant pis pour la santé, elle n'allait pas contrarier Jacques qui s'était donné du mal pour lui préparer un petit-déjeuner digne d'une princesse.

— Tenez, mordez là-dedans à pleines dents ! ordonna Jacques, en lui faisant un clin d'oeil. Il n'y a rien de meilleur pour se refaire une bonne santé !

Même si la Parisienne doutait fortement du bien fondé de la dernière phrase du Normand, elle garda cet avis pour elle, puis s'exécuta. Ses papilles se mirent à danser un rock endiablé, c'était succulent, un bonheur fait de multiples saveurs, consistances. Le pain chaud exacerbait encore cet instant de joie simple.

— Alors ? demanda Jacques.

Catherine prit d'abord la peine d'avaler sa bouchée avant de répondre.

— Hum… c'est vraiment délicieux ! Vous aviez raison, Jacques. Cela me rappelle mon enfance, quand j'étais en vacances chez ma grand-mère et qu'elle me préparait de grosses tartines de pain de campagne à la confiture pour le goûter.

Sur ces mots, elle se délecta de ce petit-déjeuner normand. Jacques l'accompagna et alors qu'il se servait un troisième café, il estima qu'il était temps d'aborder le sujet qui l'avait tenu éveillé toute la nuit.

— Catherine, vous savez que mon projet m'a empêché de dormir !

— Non, c'est vrai ?

— Tout à fait. J'ai bien essayé de fermer l'oeil, mais ça n'a pas arrêté de cogiter dans ma vieille caboche. Au bout du compte, vers trois heures du matin, j'ai fini par me lever et me suis engagé dans une recherche poussée sur Internet. Vous ai-je dit que j'étais plutôt doué pour cela ?

— Anna m'en a touché un mot. Elle disait que pour un v…

Catherine freina des quatre fers. Voyant son embarras, Jacques coupa court à tout malentendu.

— Vous alliez dire… vieux ?

— Euh…

— Je vous taquine… vous pouvez parler sans crainte avec moi, parce que c'est vrai, en plus. Quoique… pour certains pensionnaires de la maison de retraite la plus proche, qui ont, pour ce qui les concerne, dépassé les quatre-vingt-dix printemps… je suis encore un jeune homme.

Jacques tenta de lever fièrement le menton, mais il ne parvint pas à garder son sérieux bien longtemps et pouffa, bientôt imité par Catherine.

— L'âge c'est aussi dans la tête, Jacques, et de ce point de vue là… vous êtes encore un tout jeune homme, dit Catherine.

— Ah ! Vous voyez ! Vous êtes d'accord en fin de compte. Je vous remercie, Catherine, pour cet éclair de lucidité, dit-il en riant de bon cœur. Mais là n'est pas le sujet. Donc… revenons à nos moutons. Avez-vous parcouru les documents que je vous ai confiés ?

— Oui. J'ai tout lu avant de dormir. C'est une idée magnifique, Jacques.

— Je trouve aussi.

— J'ai vu que cela remonte à quelques mois, en parcourant toutes les feuilles diverses. J'ai l'impression que vous n'êtes pas allé au bout… que vous vous êtes arrêté en chemin ! N'ai-je pas raison ? s'enquit Catherine.

Jacques s'essuya la bouche d'un revers de main. Il aurait été malvenu de parler d'un sujet aussi prenant avec des morceaux de mie de pain ou de confiture collés sur les lèvres.

— Oui. Vous avez raison.

— Mais pourquoi ? C'est une idée magnifique.

— Un stupide problème technique.

— Quoi ?

— Je me suis rapidement aperçu qu'il faudrait s'entretenir avec des gens dont la langue ne m'est pas familière. Le problème est que je suis vraiment nul en anglais. Voilà.

— Vous avez laissé tomber juste à cause de ça ?

— Je n'ai pas laissé tomber. J'ai juste mis le projet en *attente*. Ce n'est pas la même chose. Cela fait trois mois que je prends des cours d'anglais sur mon ordinateur, histoire de me remettre à niveau. C'est laborieux, je l'avoue, mais je fais des progrès. Je sais que vous parlez très bien anglais, n'est-ce pas ? demanda Jacques.

— Euh oui…

— Voilà ! C'est ce qui m'a remis en selle. Vous comprenez ? Si vous acceptez de m'aider, à nous deux, je suis presque sûr que nous allons pouvoir mener à bien ce projet. Qu'en dites-vous ?

Catherine avait lu pendant près d'une heure tous les tenants et les aboutissants de cette initiative peu banale. C'était complètement dingue, mais tellement humain.

— J'en dis que vous me feriez un grand honneur en acceptant que je vous assiste dans cette tâche. Parce que c'est une idée magnifique et pleine de noblesse. Il faut avoir une très belle âme pour avoir eu cette idée. Alors, oui, j'accepte.

Cette fois, c'est sur ses yeux humides que Jacques passa le revers de sa main.

— Merci Catherine.

— Non, merci à vous, Jacques, dit-elle en posant sa main sur celle du Normand. Alors… par quoi commence-t-on ?

Jacques fit un effort pour reprendre ses esprits, ému qu'il était par les jolis mots que Catherine venait de tenir à son propos.

— Eh bien… je disais donc que j'ai découvert un élément capital concernant un des deux protagonistes qui sont les acteurs du projet. En l'occurrence : Jeanne.

Heureusement qu'elle avait terminé ses tartines, sinon elle aurait manqué s'étouffer.

— Ce n'est pas vrai ? Quel élément ?

Jacques était heureux de voir que son invitée était impressionnée.

— Son adresse.

Catherine se débarrassa de sa serviette avec force en la jetant sur la table.

— Attendez, Jacques… vous êtes en train de me dire que vous l'avez trouvée ?

— Oui.

— Ce qui veut dire qu'elle est toujours en vie ?

— Oui.

— Ce n'est pas possible ! clama-t-elle.

— Et pourtant si, je vous assure.

Catherine se leva d'un bond et faillit renverser son bol à moitié plein. Elle s'avança vers Jacques et l'attrapa par le bras. Elle était si excitée par la situation qu'elle en perdait son flegme habituel.

— Montrez-moi ! demanda-t-elle au vieux Normand.

Jacques se dirigea vers le salon. Il alluma son ordinateur portable et entra le mot de passe.

L'écran s'alluma sur le bureau et Jacques double-cliqua sur un dossier intitulé : « *Le projet fou d'un vieux Normand* ».

Le vieil homme fit défiler plusieurs fichiers pour s'arrêter sur une page qu'il avait copiée sur le Net. Au bout de quelques secondes, il s'arrêta sur un lien hypertexte et double-cliqua dessus. La conversation animée avait cédé la place à un silence presque respectueux, un peu comme quand on entre dans une église et qu'on cesse de parler. Ici, il n'y avait pas d'église, juste la photo d'une vieille dame qui apparut sur l'écran du PC.

— Mon Dieu, c'est bien elle ? Vous êtes sûr, Jacques ?

Jacques fixa Catherine droit dans les yeux et fit semblant d'être déçu par la remarque de son invitée.

— Vous doutez de moi, Catherine ?

— Euh… non, balbutia la Parisienne.

— Ah… je préfère ça, rétorqua le Normand. Sachez, ma chère amie, que j'y ai passé une partie de la nuit. Grâce aux informations que j'avais déjà récoltées, j'ai pu faire quelques recoupements et à force de recherches pointues, et grâce à l'aide de mon ami *Google*, j'ai pu finir par localiser l'objet de notre recherche.

— …

— Alors… vous ne dites rien ? Vous êtes impressionnée par mon talent, c'est ça ?

Catherine sourit de bon cœur, Jacques était décidément d'humeur taquine ce matin.

— Je dois bien avouer que je n'ai encore jamais rencontré de gens de votre âge, si je peux me permettre, avec une compétence informatique aussi… poussée.

— J'ai longtemps travaillé dans la documentation. J'ai connu l'époque sans Internet et sans ordinateurs et, croyez-moi, c'était une autre paire de manches ! Ce qui m'a pris quelques heures de travail m'aurait coûté des semaines à suer sang et eau pour obtenir le même résultat. Le monde moderne a, en de rares occasions, quelques avantages qu'il convient de pointer du doigt. Pour ce qui concerne la collecte et la recherche d'informations, on n'a rien inventé de mieux que l'informatique.

Catherine ouvrit de grands yeux qui brillaient

d'admiration. Elle qui avait un mal de chien à surfer correctement sur Internet, mais cela n'était rien à côté des démarches administratives pour son commerce ! Aujourd'hui, tout se faisait par Internet et bien sûr, elle attirait les bugs informatiques à la pelle. Elle avait même fini par croire qu'elle avait la poisse avec tout ce qui touchait de près ou de loin à l'électronique. Même son téléphone portable était souvent récalcitrant.

— Je suis admirative, Jacques ! Moi, j'ai les ordinateurs en horreur !

Elle s'empara de la chemise cartonnée et de son contenu qu'elle avait épluché la veille, puis en extirpa une page où était imprimée la copie d'une vieille photographie datant de la fin des années trente. C'était un cliché en noir et blanc et la qualité de l'image était étonnante pour une photo prise il y avait près de soixante-quinze ans.

Catherine juxtaposa l'image tout contre l'écran du PC. Sur le papier, la photo était celle d'une jeune fille âgée d'à peine dix-huit ans. La pose – la jeune fille avait les mains sur les hanches et semblait défier l'objectif avec un sourire enjôleur - et les vêtements : un mini short montant jusqu'au nombril et un petit haut qui laissait entrevoir quelques centimètres carrés de son ventre, laissaient à penser que cette photographie avait été prise pour l'offrir à un amoureux. Sur l'écran de l'ordinateur, l'autre cliché trouvé par Jacques datait d'à peine un an. Elle avait été prise lors d'une commémoration au sein d'une maison de retraite. Les traits du visage avaient bien changé, mais pas le regard. Il s'agissait de la même personne : Jeanne Delange. La légende la présentait comme une des doyennes de l'Ehpad. Elle était âgée de… 91 ans.

Catherine fit aller son regard d'une image à l'autre.

— Vous avez fait du bon boulot, Jacques !

— Merci.

— D'après votre trouvaille, elle serait pensionnaire dans cet Ehpad. Vous êtes sûr qu'elle s'y trouve encore ?

— Oui. J'ai fait une petite recherche et j'ai découvert que Mme Jeanne Delange faisait toujours partie des 44 pensionnaires permanents, expliqua le Normand.

Catherine se redressa et, comme pour faciliter sa réflexion, se gratta le haut du crâne.

— Et maintenant... que fait-on ? demanda la Parisienne.

— La maison de retraite se trouve à Caen. Autant dire à deux pas d'ici, indiqua Jacques.

— Et donc ?

— Et donc... on y va !

35

Anna avait toujours détesté les adieux. Ce GR 20 avait créé des liens, même si la jeune journaliste savait qu'ils ne seraient qu'éphémères. Peu de chance de revoir Marie-Hélène ou Jennifer une fois rentrée à Paris.

Pendant l'heure et demie que dura son vol d'Ajaccio jusqu'à Paris, Anna tenta de faire le point sur sa *Gestalt-thérapie*, ou plutôt sur sa randonnée « spéciale ». Le terme « thérapie » ne lui convenait pas, parce que les guides n'étaient pas médecins, et ce n'était pas le diplôme de *Gestalt-thérapeute* qui y changerait quoi que ce soit.

Cela dit, Anna devait bien reconnaître qu'il y avait eu beaucoup de choses positives durant ce GR 20, la marche était un bon moyen de libérer la parole, pas de doute. Et puis, il était évident que certains liens s'étaient formés pendant la semaine de randonnée. Pour elle, cela avait été le cas. Elle était très heureuse d'avoir apporté sa petite pierre à la réconciliation entre Jennifer et sa mère. C'était d'ailleurs étonnant, parce qu'en y réfléchissant, ce n'était pas un acte volontaire et prémédité. Non, cela s'était fait… comme ça.

Et puis, il y avait eu ce moment mystique. Cet épisode « hors du temps » où Anna s'était retrouvée face à… elle ne savait pas trop quoi.

Elle se concentra pour tenter d'attraper quelques souvenirs de ce moment. Des images, des sons, des odeurs, des sensations. Mais plus elle s'efforçait d'invoquer un souvenir précis de SON moment spécial, plus cela lui échappait. Pourquoi ? Elle n'aurait pas su le dire. Elle était au moins certaine d'une chose : cet instant béni l'avait libérée de sa peur. Elle s'était projetée dans une bulle de… d'instant présent ! Voilà, c'était ça ! Un lieu où le passé et l'avenir n'existaient pas. Seul comptait le moment présent. Les blessures passées : inexistantes. L'angoisse d'un futur hypothétique : inexistante aussi. La sensation d'être là, ici et maintenant : Bingo ! C'était ça. Jacques lui avait dit, en de nombreuses occasions, que le secret du bonheur était peut-être de vivre dans l'instant présent, mais cela lui avait échappé. C'était une idée, un concept. Quelque chose qu'elle n'avait pas vraiment vécu. Alors qu'elle était assise, en pleine montagne, sous un déluge de pluie et d'éclairs, là oui… elle avait ressenti ce que *Carpe Diem* pouvait bien vouloir dire ! Elle avait fait l'expérience de ce qu'était la différence entre la connaissance et la sagesse. La sagesse consistait à vivre et mettre en application la connaissance. C'était un détail qui changeait tout.

Avec quoi ou avec qui était-elle entrée en contact alors ? Se pouvait-il que ce fût… Dieu ?

Allez… stop ! Arrête de délirer, ma fille ! pensa Anna.

Peut-être avait-elle mis un orteil dans le monde divin ? Ou peut-être n'avait-elle fait que communiquer avec… elle-même ? D'ailleurs, cela ne faisait pas forcément une si grande différence. Si cela fonctionnait et lui permettait de se sentir mieux, et pleinement vivante, libérée de certaines de ses craintes les plus résistantes. Parce que, finalement, peu importait ce que c'était : ce moment de grâce l'avait délivrée de sa plus grosse peur : son avenir avec Carl. Elle avait senti qu'il fallait vivre, et « advienne que pourra », comme disait Jacques. Ne pas se préoccuper des résultats de ses choix et de ses actions, pour peu que ces mêmes actions soient en accord avec son être profond, vivre dans l'instant présent était le but à atteindre, en tout cas c'était sa nouvelle aspiration, et même si cela représentait un challenge difficile, Anna était bien décidée à tenter cette gymnastique mentale le plus souvent possible.

Son avion entamait sa descente vers la piste d'atterrissage de l'aéroport Roissy Charles-de-Gaulle. Anna accueillit avec le sourire les applaudissements de certains passagers alors que l'Airbus venait de se poser sans encombre.

Une fois sortie, elle se dirigea vers le comptoir des bagages, tout en désactivant le mode « avion » de son iPhone qui accrocha aussitôt le réseau 4G.

Alors qu'elle attendait de voir apparaître son sac à dos sur le tapis roulant, elle tapota un texto à l'attention de sa boss chez *PsychoMag*.

« Bonjour Claire, je viens de rentrer de Corse. Comme convenu, j'ai finalisé mon article dans l'avion et je te l'envoie avant demain. J'espère que ça te plaira. Ah oui, et puis il faudra que tu me briefes sur la prochaine rencontre, c'est OK, mais pas avant la rentrée. Il faut que je me pose un peu. Je ne bougerai plus avant septembre. J'ai des choses très importantes à faire avant. Anna. »

Elle envoya sa prose, puis profita du réseau qui lui avait tant manqué pendant le GR 20 pour rattraper le temps perdu. Elle écrivit à Jacques Vaillant dans la foulée.

« Bonjour Jacques, je viens d'atterrir à Roissy. Je saute dans un taxi, puis je passe voir ma rédac'chef pour le boulot, parce que le GR 20 c'était aussi pour un article. Ensuite, je débarque un jour ou deux avant de m'envoler pour le Portugal. Je vous appelle dès que j'aurais réglé tout ça. D'accord ? Anna. »

Elle expédia son texto et en écrivit un second dans la foulée :

« Coucou, maman, je viens d'envoyer un texto à Jacques pour lui confirmer mon passage pour un jour ou deux cette semaine. Je dois d'abord passer voir Claire Marchal chez PsychoMag, puis je prends la

route. Ensuite, j'irai retrouver Carl à Faro. Je t'expliquerai tout ça de vive voix. Bisous. Anna. »

Il n'y avait toujours pas le moindre sac à dos à l'horizon. Le tapis roulant était encore vide. Anna en profita pour enchaîner sur un quatrième SMS :

« Bonjour Carl, je viens d'arriver à Paris. Je dois régler deux trois choses avant de prendre un vol pour Faro. Si tout va bien, je pense te rejoindre avant la fin de la semaine. Tu me manques. Je t'appelle ce soir. Anna. »

Son sac apparut enfin. Elle l'attrapa par une bandoulière et s'extirpa de la masse des passagers avec difficulté, à grand renfort de « pardon ! » pour pouvoir enfin retrouver de l'espace vital. Elle sortit de l'aérogare comme un boulet de canon à la recherche d'un taxi. Le chauffeur lui prit ses bagages qu'il rangea dans le coffre de sa Mercedes. Elle s'installa à l'arrière et lui donna son adresse. Elle souhaitait prendre une douche, se changer avant de passer voir Claire Marchal, sa patronne. Alors que le taxi démarrait, son iPhone bipa.

« Anna ! Le temps avance au ralenti. Je me languis de toi, et je rêve de t'avoir enfin tout contre moi. J'ai du mal à avoir la tête au boulot, même si ce n'est pas ça qui manque. J'ai une pile de dossiers en attente à n'en plus finir. C'est à croire que tous les retraités français ont décidé de venir s'installer en Algarve au même moment. Mais, je ne vais pas me plaindre, n'est-ce pas. Je vais essayer de me concentrer pour expédier tout ça et pouvoir m'occuper de toi pour le temps où tu resteras ici. J'attends ton appel ce soir avec impatience. Je t'aime. Carl. »

Anna rangea son téléphone dans la poche de sa veste et ferma les yeux. Elle éprouvait des sentiments opposés. Elle sentait les fameux « papillons dans le ventre » comme dans les romances. Pourtant, il y avait encore une certaine réticence qui la gênait, mais qu'elle ne pouvait nier. Pourquoi ne pas avoir appelé Carl plutôt que d'annoncer son retour par texto ? Bon d'accord, elle avait annoncé qu'elle lui téléphonerait dans la soirée. Mais, pourquoi pas tout de suite ? C'était étrange comme parfois on préférait dire certaines choses par SMS. Elle inspira profondément et tenta de se concentrer sur l'instant. Qu'éprouvait-elle, là, maintenant ? Un mélange de joie, d'excitation, mais aussi un peu de peur sur ce qui l'attendait. STOP ! Il ne fallait pas se concentrer sur ce que pouvait lui réserver l'avenir. Rester fixer sur « ici et maintenant », voilà. Qu'éprouvait-elle à cet instant ? De la joie. La joie de revoir ceux qu'elle aimait : Sa mère, Jacques et Carl. La satisfaction aussi d'être sortie plus « riche » de son périple corse. Rien à voir avec toute forme de bien matériel ou d'argent, non, il s'agissait en réalité d'une richesse en termes de chemin parcouru, d'avancée personnelle. Elle s'était inscrite à cette *gestalt thérapie* en croyant y panser ses propres blessures, alors qu'en fait le destin lui avait offert Jennifer, une adolescente meurtrie par les aléas de la vie. Et elle s'était sentie comme investie d'une mission : apporter son soutien, son aide. Se faisant, elle avait avancé, elle aussi. C'était là quelque chose de magnifique : aidez les autres et vous vous aiderez vous-même ! Vous cherchez le bonheur ? Faites celui de quelqu'un d'autre ! Il y avait aussi et surtout quelque chose de nouveau en elle. Jusqu'à présent, Anna avait posé des questions et… les réponses étaient arrivées de l'extérieur : de sa mère, de Jacques. Depuis quelque temps, les réponses venaient de l'intérieur. C'était comme si une porte s'était ouverte.

— On est arrivé, mademoiselle ! déclara le chauffeur de taxi.

Anna n'avait pas vu le temps passer. La course avait filé comme un éclair. Jacques avait raison : le temps est élastique. Elle régla sa course et récupéra ses affaires dans le coffre. Retrouver toute cette agitation, le mouvement perpétuel d'une grande métropole, lui semblait presque irréel après cette bouffée d'oxygène dans la montagne corse. Plus que le mouvement et l'agitation, c'était surtout le bruit et la pollution qui l'irritaient à cet instant, aussi elle ne traîna pas sur le trottoir et pénétra dans son immeuble sans tarder. Son lieu de vie, sa cage d'escalier, son palier, sa porte d'entrée composaient des endroits familiers et rassurants.

Anna introduisit sa clé dans la serrure et entra prestement. Elle posa son sac dans l'entrée et alla s'affaler sur son sofa, dans le salon. Après avoir ôté ses chaussures, elle éprouva l'envie de s'allonger pour récupérer un moment. Pour récupérer de quoi ? Elle n'était pas fatiguée. Se pouvait-il que son expérience corse l'ait fait vieillir d'un coup ? Elle qui aimait tant Paris et tout ce que la capitale avait à offrir, voilà qu'elle venait à peine de revenir et qu'elle éprouvait déjà l'envie de repartir, au vert, à la campagne, n'importe où, mais… ailleurs.

La Parisienne récalcitrante se leva et se rendit dans la cuisine où elle ouvrit la porte de son réfrigérateur. Il était pratiquement vide. Deux bières, un *Perrier*, de la moutarde, du ketchup, un yaourt nature sans doute périmé depuis des semaines, et… c'était à peu près tout. Aucun fruit ni légume frais. Elle n'allait pas faire des courses pour repartir aussitôt, c'était inconsidéré. Elle s'accroupit pour atteindre le congélateur situé en dessous et ouvrit le premier bac : de la glace à la vanille, des « formules express » de chez Picard : pâtes au poulet, hachis parmentier et des steaks hachés bio : un véritable festin ! Au moins, elle n'allait pas mourir de faim à l'heure du déjeuner, mais surtout elle n'avait aucune envie de sortir se mêler à la foule parisienne. La découverte de son petit trésor surgelé lui redonna le sourire. De toute façon, c'était ça ou se commander une pizza et Anna n'aimait pas manger italien quand elle était seule, surtout les pizzas, la spécialité à partager par excellence.

Anna alla prendre une douche fraîche pour se remettre de son retour brutal à la vie citadine. Une fois séchée et habillée, elle avala un repas « surgelé dans le micro-ondes », rangea ses affaires, fit tourner une machine à laver, puis se rendit à son rendez-vous avec Claire Marchal.

Elle avait encore du travail, mais elle en avait fini les voyages professionnels, du moins pour quelque temps. Le truc magique quand vous écrivez des articles, c'est que vous pouvez le faire d'à peu près n'importe où. Le fait de « bouger » pour *Psychomag* lui valait quelques privilèges. Celui de ne pas être assujettie aux horaires de bureau ni d'avoir à constamment faire acte de présence à la rédaction. Après sa dépression, Anna avait hésité à reprendre le travail à plein temps. Claire l'avait rassurée en lui proposant un boulot en or. Une sorte de pigiste version VIP. Bien entendu, cela lui avait valu quelques jalousies, mais Anna s'en fichait aujourd'hui. Elle avait bien changé.

Concernant son prochain déplacement, pour un nouveau reportage, et donc une nouvelle rencontre, il convenait de discuter des modalités pratiques pour la suite. La rédac'chef était d'accord pour ne rien entreprendre avant la rentrée de septembre, d'autant que les vacances d'été n'allaient pas tarder. Anna était on ne peut plus satisfaite. Elle avait envie de bouger, mais pas pour le travail.

Maintenant, elle avait quelques jours pour elle. C'était nécessaire pour décompresser et se "réacclimater" à la vie trépidante qui était la sienne d'ordinaire. Les deux femmes discutèrent encore pendant quelques minutes, Claire voulait des détails sur la Gestalt-thérapie et sur le GR 20, mais Anna ne voulut pas fournir d'informations, arguant qu'elle lui ferait un exposé complet plus tard. Et puis, patronne ou pas, elle découvrirait les détails en lisant le 1er jet de son article pour *PsychoMag*. Anna expliqua qu'elle devait faire un saut en Normandie pendant cette période *off*, mais elle ne parla pas de son escapade romantique à destination de Faro.

— Très bien, Anna, tu m'envoies ton ébauche d'article d'ici… deux ou trois jours ?

— Plutôt trois ou quatre.

— OK. On se revoit dans quinze jours ! D'ici là, prends soin de toi et tâche de te reposer, tu m'as l'air crevée.

— Une dizaine de jours à crapahuter dans la montagne, ça laisse des traces ! affirma Anna, qui ne parlait pas seulement du physique, mais se garda bien d'en dire davantage à sa rédac'chef qui l'aurait aussitôt interrogée pour en savoir plus.

— Je m'en doute. Tu me raconteras tout ça. En attendant, refais-toi une santé. En septembre, tu devras à nouveau t'envoler pour d'autres horizons.

Anna avait craint cette possibilité. Elle avait espéré que son contact ne vivrait pas à des milliers de kilomètres de Paris. C'était raté.

— Quelle sera ma destination ?

— On en parle dans deux semaines ! À très vite, Anna ! dit Claire Marchal.

Anna se sentit frustrée par cette absence de réponse. Elle fit l'effort de revenir dans l'instant présent, l'opportunité de mettre en pratique ses bonnes résolutions, et puis ce n'était pas la peine de se polluer la tête avec des élucubrations stériles. Après tout, ce n'était pas si mal de voyager pour son job. Elle connaissait beaucoup de monde qui aurait aimé être à sa place.

Rassérénée par ses pensées réconfortantes, elle se mit à l'ouvrage. Il y avait du pain sur la planche : vider la machine à laver, préparer une petite valise pour deux jours en Normandie, puis deux autres en Algarve. D'ailleurs, il fallait vite voir ce qu'elle pouvait trouver comme billet d'avion en un si petit laps de temps. C'est alors qu'elle prit conscience que l'ordre de son périple n'était pas le bon. Elle avait envisagé d'aller passer d'abord deux jours en Normandie, ce qui l'aurait ensuite obligée à revenir sur Paris pour attraper un vol en direction du Portugal. Et puis, son cœur battait plus vite à l'idée de rejoindre Carl à Faro, plutôt que sa mère et Jacques à Honfleur. Il y avait un vol Paris - Faro dès le lendemain matin, une véritable aubaine parce que ce n'était pas toujours le cas. Il n'y avait pas de vols directs pour Faro chaque jour, à la différence de Lisbonne, et Anna ne voulait pas de correspondance. Ce n'était pas gagné.

Elle attrapa sa carte bancaire et réserva un aller – retour en affichant un large sourire, la compagnie aérienne portugaise régulière ne proposait que des vols avec escales à Lisbonne. Heureusement, il y avait une compagnie dite « lowcost » qui affichait un vol direct. Anna prit cela comme un signe. Il ne restait plus qu'à contacter Catherine et Jacques pour les prévenir du léger contretemps, ce qu'elle fit :

« Coucou maman ! Bon, tu vas sans doute râler, parce que ce n'est pas ce que j'avais dit la dernière fois, mais je ne viendrai vous voir que dans trois ou quatre jours. J'ai changé mes plans. Je vais d'abord passer trois jours à Faro avec Carl. Mais, je vais tenir ma promesse et je débarquerai samedi pour passer le week-end avec vous. Embrasse mon Normand préféré de ma part. Je vous contacte en milieu de semaine. Bises. Anna.»

Une fois le SMS envoyé à sa mère, Anna attendit la confirmation de son vol qui arriva dans la demi-heure par e-mail. Décollage à 11h25 de Paris, et 2h45 plus tard, arrivée à 13h10, heure locale, à Faro, en gagnant une heure, à cause du décalage horaire.

Excitée comme une puce, Anna composa le numéro de Carl et prit une profonde inspiration.

— Allo !

— C'est moi.

— Anna ! Tout va bien ? demanda Carl.

— Oui, très bien. Je voulais juste te prévenir que j'atterrirai à Faro... demain à 13h10.

Carl, pris par surprise, resta un moment sans trouver ses mots. Son cerveau tentait tant bien que mal de faire le point sur cette information qui ne correspondait pas avec ce qui était initialement prévu, à savoir qu'Anna devait, peut-être, arriver en fin de semaine.

— C'est une super nouvelle ! Mais... je me trompe ou tu m'avais dit que tu devais d'abord passer par la Normandie ?

Anna fit une moue contrariée.

— Tu n'es pas content ? demanda-t-elle.

— Euh... si, bien sûr ! Je suis ravi même ! C'est juste que je ne m'attendais pas à te voir dès... demain ! C'est une super nouvelle !

— J'ai changé mes plans à la dernière minute. Je n'ai pas voulu t'en parler avant d'être certaine d'avoir un vol plus tôt que prévu.

— ...

— Carl ? Tout va bien ? Tu ne dis rien.

— C'est l'émotion. Cela fait plus d'un mois que... que je ne t'ai pas serrée dans mes bras et je suis tellement impatient. Je me demande comment je vais pouvoir attendre 24 heures maintenant.

— Oh ! Tu veux dire que tu aurais préféré que je te fasse la surprise ? Je n'aurais peut-être rien dû te dire et arriver comme ça, sans prévenir.

Carl tenta de recouvrer ses esprits, mais il dut faire un gros effort pour mettre de l'ordre dans ses pensées qui étaient comme parasitées par l'émotion des futures retrouvailles.

— Euh... non ! C'est parfait comme ça. C'est juste que j'ai l'impression étrange que cela fait des siècles que l'on ne s'est pas vus. J'ai un peu le sentiment de devoir... te reconquérir.

En vérité, Anna comprenait parfaitement ce sentiment pour la simple raison qu'elle éprouvait la même chose.

— C'est pareil pour moi, tu sais, avoua-t-elle.

— Vraiment ?

— Oui.

— Alors, cela me rassure un peu. Je ne suis pas le seul de nous deux à avoir les réactions d'un adolescent qui se rend à son premier rendez-vous amoureux.

Anna ne put s'empêcher de rire.

— Tu es bête... mais tellement mignon.

— J'espère alors être plus mignon que bête, rétorqua Carl.

— Je te taquine. Moi aussi, je suis impatiente.

— C'est vrai ?

— Oui.

— ...

— Carl, tu es toujours là ?

— Oui.

— Bien. Alors, tu m'attendras à l'aéroport ?

— Sans faute.

— OK, alors je te laisse. J'ai mille choses à faire avant demain. D'accord ?

Carl hésita un bref instant puis poursuivit :

— Anna ?

— Quoi ?

— Je t'aime.

— Je t'aime aussi.

36

Malgré son âge, Jacques Vaillant aimait conduire. Prendre la route était toujours source de joie pour lui. Les soixante-huit kilomètres qui séparaient Caen de son domicile furent avalés en moins d'une heure de route, ou plutôt d'autoroute puisque la A13 était le chemin le plus simple, mais aussi le plus rapide.

Alors qu'il ne restait plus qu'une dizaine de kilomètres à parcourir, le téléphone portable de Catherine Wells émit un bip. Catherine fourragea dans son sac à main et ouvrit le texto qui venait d'arriver. Elle ne donna aucune indication à son chauffeur alors qu'elle lisait le texte sur son petit écran digital.

— Tout va bien ? s'enquit Jacques.

Catherine termina sa lecture avant de daigner répondre à la question.

— C'est Anna !

— Quelque chose ne va pas ?

Catherine tenta de dissimuler sa déception par un sourire de façade. Jacques quitta la route des yeux une petite seconde pour fixer sa passagère. Cela fut suffisant pour qu'il prenne la mesure : Catherine semblait contrariée, pas le moindre doute à avoir.

— Elle n'arrivera qu'en fin de semaine finalement. Flûte !

— Un souci ?

— Non. Enfin, pas vraiment. Elle prend un vol pour Faro pour rejoindre Carl. Elle restera là-bas pendant trois jours. Ensuite, elle rentre sur Paris et vient nous rejoindre… enfin j'espère ! soupira Catherine.

Jacques fit une mimique qui en disait long. Catherine s'en aperçut et attendit que Jacques dise quelque chose. Comme le Normand restait muet, elle s'emporta quelque peu :

— Quoi ? demanda-t-elle, énervée.

— Vous dites ? dit Jacques.

— Oh ! Si vous croyez que je n'ai pas vu votre mine moqueuse !

— Qui ça, moi ?

— Vous voyez quelqu'un d'autre dans cette voiture ? rétorqua la Parisienne.

Jacques apprécia la pique de sa passagère.

— Catherine, vous êtes formidable !

— C'est ça, moquez-vous de moi.

— Mais pas du tout. Je le pense vraiment.

— Pff…

Comme il n'y avait personne sur la route, devant lui, Jacques tourna la tête en direction de Catherine.

— Ma chère, il y a encore quelques jours vous étiez inquiète parce qu'Anna ne savait plus où elle en était avec son amoureux.

— Vous voulez dire avec Carl, rétorqua-t-elle.

— Ce n'est pas son amoureux ? s'enquit Jacques.

— Si. Enfin, je ne sais plus très bien où ils en sont ces deux-là !

— Mouais. Eh bien, justement, il y avait de l'eau dans le gaz, comme on disait à mon époque, et cela vous mettait dans tous vos états. Vrai ou faux ?

— Vrai.

Jacques se tut un moment, le temps de doubler un poids lourd qu'il dépassa avant de se rabattre sur la file de droite.

— Il semblerait que notre chère Anna ait soudain eu l'envie irrésistible d'aller se jeter dans les bras de son… enfin de Carl. Je dis simplement que son périple dans la montagne corse a peut-être provoqué chez elle comme un… retour de flamme, si vous voyez ce que je veux dire. Du coup, la voilà qui brûle de retrouver son prince charmant. Cela me semble être une raison parfaitement acceptable de différer son arrivée chez un vieux Normand, aussi sympathique soit-il !

Catherine ne fut pas totalement convaincue par les arguments de Jacques.

— Vous oubliez qu'elle devait venir me voir, moi aussi, sa mère, maugréa Catherine.

— Et depuis quand, pour une jeune fille, une mère passe avant un amoureux ? demanda Jacques, feignant un air grave.

— Ce que vous pouvez être pénible, Jacques, spécialement quand vous avez raison !

— Vous m'en voyez navré ! dit-il.

Catherine tenta d'afficher un air chagriné, mais la bonhomie du Normand, qui avait l'air d'être très amusé par la situation, eut raison de son humeur bougonne.

— Bon, d'accord, c'est vrai, vous avez raison. Je dois me réjouir pour Anna, parce que ce voyage imprévu est plutôt de bon augure, n'est-ce pas ?

Jacques actionna son clignotant et s'engagea sur la voie de décélération qui mettait fin au parcours autoroutier. La ville de Caen n'était plus qu'à quelques minutes.

— Je ne suis pas dans la tête d'Anna, mais… oui, je ne pense pas qu'elle aurait décidé d'aller rejoindre Carl, comme ça, sur un coup de tête, si les choses ne s'étaient pas… sensiblement améliorées !

— C'est aussi ce que je pense.

— Alors c'est très bien. Réjouissons-nous pour Anna. Et puis… nous avons du pain sur la planche pour les jours qui viennent. Ce n'est pas plus mal qu'Anna ne vienne nous rejoindre qu'en fin de semaine. Quel jour exactement ?

— Samedi, si j'en crois ce qu'elle a écrit.

— Bien.

— Mouais.

— Tiens… il me semble que nous sommes arrivés à destination ! dit Jacques tout en garant son Renault Scénic sur le parking de l'.

Catherine respira un grand coup. Alors que Jacques coupait le moteur, elle confia son inquiétude au Normand :

— J'espère qu'elle a encore toute sa tête ! Sinon, tout ça ne servira à rien.

— Ma chère Catherine, cela ne dépend pas de nous. Par conséquent, inutile de nous en inquiéter, répondit Jacques tout en retirant la clé de contact. Allez, allons voir ce qu'il en est !

Avec Jacques, les choses étaient toujours simples. Pourquoi s'inquiéter ? Après tout, il avait raison. Il fallait faire confiance au destin. Jeanne Delange résidait dans une maison de retraite médicalisée. Catherine était presque sûre qu'il y avait quelques malades atteints de la maladie d'Alzheimer parmi les pensionnaires permanents. Il n'y avait plus qu'à espérer que madame Delange n'en fasse pas partie.

Jacques ouvrit la portière et sortit du véhicule, invitant Catherine à le suivre. Elle s'empara du dossier cartonné qui ne la quittait plus, celui-là même qui renfermait LE projet.

— Vous venez ? demanda le Normand.

— Allons-y.

L'entrée de l' était très éclairée. Pourtant, aucune lumière artificielle n'y était pour quelque chose. L'architecte avait composé une coupole de verre qui permettait aux rayons solaires d'illuminer le bureau d'accueil. Derrière un comptoir fait de bois précieux, une jeune femme en blouse vert-pastel leva la tête pour observer Jacques et Catherine qui semblaient admirer l'entrée principale.

— Bonjour ! Puis-je vous être utile ? demanda la réceptionniste souriante.

Jacques salua la jeune femme à l'air avenant.

— Certainement. Je m'appelle Jacques Vaillant. Et voici Catherine Wells, dit-il en ouvrant la paume de sa main en direction de la Parisienne. Nous vous avons téléphoné ce matin pour avoir des informations sur une de vos pensionnaires : madame Jeanne Delange...

La jeune femme examina un cahier à spirales sur lequel elle avait dû prendre note du coup de fil reçu plus tôt.

— En effet. J'ai noté votre appel, dit la jeune femme avant de faire une pause pour lire son registre. Madame Delange a été informée de votre requête. Elle a exprimé son désir de vous recevoir. C'est l'heure de la promenade, je vais vous indiquer le chemin jusqu'au parc où elle se trouve actuellement.

Jacques souleva les sourcils, il était ravi de constater

qu'une dame aussi âgée n'était pas cloîtrée dans une chambre médicalisée, et qu'elle pouvait toujours profiter d'un jardin.

— Avez-vous prévenu la famille de madame Delange ? demanda Jacques Vaillant.

La jeune femme s'extirpa de son comptoir et invita les deux visiteurs à la suivre en direction du parc.

— Nous avons demandé à Jeanne si elle souhaitait que nous avisions quelqu'un de votre requête. Elle ne l'a pas souhaité. Vous savez, madame Delange jouit encore de toutes ses facultés intellectuelles. Du reste, elle se déplace encore très bien pour une personne de son âge. En fait, elle tient à son autonomie, et gardons-nous de faire comme si elle était sous tutelle, parce que c'est loin d'être le cas. Du reste, elle a un fils qui vit dans le Sud, mais qui vient très peu la voir, alors…

Ils déambulèrent à travers un couloir aussi immaculé que l'était l'accueil. La jeune femme invita les deux visiteurs à la suivre jusqu'à une porte vitrée qui donnait sur un jardin fleuri. Jacques admira les parterres de fleurs, puis les arbres. Il y avait des bancs sur lesquels étaient assis quelques pensionnaires qui discutaient paisiblement. Il n'y avait que le chant des merles pour troubler la quiétude environnante.

— Par ici ! dit la jeune femme.

Ils marchèrent quelques dizaines de mètres sur un sentier parsemé de petits graviers clairs. Jeanne Delange se trouvait là, sur un banc, à l'ombre d'un tilleul. Elle discutait avec un membre du personnel de l'établissement.

— Bonjour Jeanne, dit la jeune femme qui s'était approchée à pas feutrés. Voici les personnes qui ont demandé à vous rencontrer !

La vieille dame leva la tête et gratifia Jacques et Catherine d'un grand sourire. Elle ne paraissait pas son âge, élégante, un chignon parfait, seule une canne qui reposait tout contre le banc, à côté d'elle, pouvait trahir son âge avancé.

— Bonjour ! dit-elle en se levant, puis en tendant la main en direction de Catherine, puis de Jacques.

Catherine la salua en retour en lui serrant la main. Une douce chaleur émanait de la vieille dame qui renouvela son geste en direction de Jacques.

— Bonjour madame, dit-il. Je vous en prie, restez assise.

Jeanne Delange attrapa sa canne.

— Ne pas bouger, c'est mourir un peu ! déclara-t-elle. La vie est un mouvement perpétuel, ne croyez-vous pas ? Et puis, mes jambes fonctionnent encore très bien. Par ailleurs, je vous propose d'aller nous asseoir dans ce que j'appelle « ma clairière ». C'est un lieu quelque peu isolé du reste du jardin par de magnifiques haies de laurier-tin. C'est parfait pour composer un brise-vue et il m'arrive souvent d'y aller pour m'isoler un peu des autres pensionnaires. Il y a des bancs en cercle, nous serons plus à l'aise pour discuter.

Jacques offrit son bras à Jeanne qui l'accepta, plus par politesse que par réelle nécessité tant elle semblait encore gaillarde.

Ils arrivèrent à destination et s'installèrent en cercle, comme l'avait annoncé Jeanne. C'était en effet plus pratique pour discuter que le simple banc où la vieille dame était assise à leur arrivée.

— C'est un bel endroit, vous ne trouvez pas ? demanda madame Delange.

— Oui, vous avez raison, répondit Catherine.

Jeanne déposa sa canne sur le côté et détailla ses nouveaux visiteurs en plantant son regard dans le leur, à tour de rôle.

— Vous savez, je n'ai pas eu de visite depuis longtemps. Alors... quand Carole – c'est la jeunette qui est à l'accueil – m'a dit que deux personnes souhaitaient me parler, cela m'a fait plaisir et... un peu peur en même temps. Alors, dites-moi, pourquoi souhaitez-vous me voir ?

Jacques fit un geste de la main pour inviter Catherine à prendre la parole. Mais elle refusa, arguant que c'était son idée et qu'il lui revenait d'annoncer à Jeanne Delange l'objet de sa visite.

— Je vais tenter de vous expliquer ce qui a motivé notre visite, madame Delange, dit le Normand.

— Oh, je vous en prie, appelez-moi Jeanne, je n'aime pas les cérémonies ! répondit la vieille dame.

— Bien. Alors, Jeanne, tout a commencé quand j'ai vu, au journal télé, un reportage sur la commémoration à venir pour les 75 ans du débarquement de Normandie. Les journalistes étaient partis en Amérique, à la rencontre d'un vétéran nommé Robert Hayden Reyes.

En entendant ce nom, l'expression du visage de Jeanne Delange vira de la concentration à... la stupéfaction. Ses yeux se mirent à briller sous le coup de l'émotion. Des souvenirs anciens affluaient maintenant dans son esprit.

Jacques approcha son visage de celui de la vieille dame et murmura, comme pour ne pas déranger :

— Ça va aller, madame Delange ?

Il fallut quelques secondes pour que Jeanne retrouve ses esprits. Elle fit un effort perceptible pour revenir dans l'instant présent. Catherine et Jacques lui laissèrent un moment pour canaliser son émotion qui maintenant se cristallisait en de fines larmes qui descendaient le long de ses joues ridées.

— Mon Dieu... cela fait si longtemps que je n'ai pas entendu ce nom. Veuillez me pardonner, mais cela fait remonter en moi tout un tas de souvenirs.

Jacques posa sa main sur celle de la vieille dame.

— Prenez votre temps, madame Delange.

— Jeanne. Appelez-moi Jeanne, vous voulez bien ?

— Jeanne, répondit Jacques.

Catherine prit à son tour la main de la vieille dame dans les siennes. Elle pouvait sentir de petits soubresauts. Si l'on ajoutait à cela les larmes qui continuaient de couler doucement sur le visage de la vieille dame, il était clair que Jacques et Catherine avaient sans aucun doute mis dans le mille. Jeanne Delange était bien celle de la photo que le vétéran américain avait montrée aux journalistes de la télévision. Jacques se félicita d'avoir entrepris une telle démarche, cela en valait la peine.

— Il est toujours en vie ? demanda soudain Jeanne.

Catherine se redressa et interrogea Jacques du regard avant de répondre. Le Normand ne dit rien et se contenta de sourire, en signe d'approbation.

— Oui, répondit Catherine.

Jeanne Delange accueillit la nouvelle avec étonnement.

— Mais, j'avais 18 ans à l'époque de notre rencontre. Lui, il avait 24 ans. Cela veut dire qu'aujourd'hui, il a... 98 ans. Oh mon dieu ! Ce n'est pas possible. Je... J'étais persuadée qu'il était mort depuis longtemps, révéla Jeanne qui maintenant ne retenait plus ses larmes.

Jacques devait maintenant expliquer toutes les implications de sa visite. Dire à Jeanne pourquoi il avait souhaité la rencontrer. Cependant, il ne fallait pas la brusquer. Il décida d'y aller en douceur et de tout reprendre depuis le début.

— Comme je vous disais, Jeanne, j'ai contacté la télévision pour pouvoir joindre le journaliste qui s'était rendu aux États-Unis à la rencontre de monsieur Reyes, expliqua le Normand.

— Quelqu'un est allé le voir chez lui ?

— Oui. C'était pour un reportage sur les vétérans américains. Il y avait aussi une association « *Veterans Seniors for Ever Young* » qui avait dans l'idée de le faire revenir en France pour la grande commémoration du 6 juin 1944. Ils ont tourné un reportage chez lui, et j'ai vu ce reportage où il présentait des photos souvenirs de l'époque. C'est là que, parmi des dizaines de clichés historiques, se trouvait votre photo ! Pendant le reportage, Robert Reyes a même mentionné votre nom. Cela a fait « tilt » dans ma tête et j'ai contacté le journaliste qui m'a renvoyé vers l'association, qui, elle, m'a transmis les coordonnées de Robert Reyes.

Jeanne Delange semblait être en plein rêve éveillé. L'émotion intense qu'elle devait vivre à cet instant lui donnait un éclat supplémentaire. Quelque chose d'indéfinissable qui illumine un visage quand on déterre un souvenir heureux.

— Je n'arrive pas à y croire, murmura Jeanne.

Catherine avait les yeux rougis, elle aussi. L'émotion était en train de la gagner, à son tour. Aussi, Jacques décida de poursuivre avant d'être, lui aussi, ému aux larmes.

— Madame Delange, si vous le souhaitez, nous pouvons organiser, avec l'aide de l'association de vétérans, une rencontre entre monsieur Reyes et vous. Qu'en dites-vous ?

Jeanne plongea son regard brillant dans celui de Jacques. Cet homme qu'elle ne connaissait pas lui proposait ce qu'elle avait espéré toute sa vie : revoir son amour de jeunesse, celui qui ne l'avait jamais quitté.

— Oui, répondit-elle.

Jacques Vaillant se tourna vers Catherine Wells et la mine éclatante qui illuminait le visage de Jeanne Delange prouvait qu'ils avaient eu raison. Remuer le passé peut être éprouvant, douloureux, surtout quand il est embrumé par ce que l'on considère parfois comme des erreurs commises. Par pudeur, sans doute, Jeanne Delange n'avait encore rien dit à ce propos, mais le Normand pouvait sentir le poids des regrets dans la voix de la vieille dame.

— D'accord, murmura sobrement Jacques. On contacte l'association et l'on s'occupe de tout. Dès que l'on aura des nouvelles, on vous le dit.

— C'est étonnant ! déclara soudain Jeanne.

— Quoi donc ? demanda Catherine.

— C'est étonnant... que vous ne me posiez pas davantage de questions sur le passé. Vous ne voulez pas en savoir un peu plus ? D'ailleurs que savez-vous, au juste ?

C'est vrai qu'ils n'avaient pas été très loquaces. En l'occurrence, la pudeur l'avait emporté sur la curiosité. Mais puisque Jeanne avait l'air de vouloir en dire plus, Jacques n'avait plus à se retenir.

— Eh bien, je sais seulement ce qu'a bien voulu raconter Robert Reyes, rétorqua le Normand. Il a proposé tout un tas de photographies, ses souvenirs personnels, SON débarquement, ainsi que les deux mois où il est resté en faction sur la côte normande. Puis, il y avait cette photo de vous. C'est là qu'il a expliqué qu'il était tombé amoureux d'une Française qui s'appelait Jeanne Delange, et qu'il pensait qu'elle était amoureuse de lui à l'époque, mais qu'il avait dû partir précipitamment après deux mois en poste du côté d'Arromanche.

Jeanne avait fermé ses yeux. Jacques se demandait ce que pouvaient bien être ses souvenirs ? Quelles images affluaient à présent dans l'esprit d'une nanogénère ? Revivre un épisode de sa jeunesse, ce devait être quelque chose, surtout quand cette période basculait entre l'horreur du débarquement de Normandie et des combats pour libérer la

France occupée, mais aussi l'exaltation d'un premier amour.

— Je l'aimais, vous savez ! dit Jeanne. C'était un beau jeune homme, grand, solide, avec des yeux bleus qui me faisaient voir la vie en rose... et ce malgré le chaos qui nous entourait. Dès qu'il est apparu dans l'entrée de notre propriété, alors qu'il demandait à tirer de l'eau de notre puits, j'ai été immédiatement subjuguée par lui... Je pense que c'était réciproque. Il était stationné avec son unité à environ deux kilomètres du village. Il est revenu, deux jours plus tard. Bien sûr, vous imaginez bien qu'il avait de quoi s'occuper en ce temps-là, mais il y avait aussi quelques périodes de repos, de temps en temps, c'est là qu'il est revenu frapper à ma porte. Il a demandé si je voulais me promener en ville. J'ai dit oui. Puis, il m'a fait la cour... et puis nous nous sommes aimés. C'était merveilleux. La guerre était pourtant là, partout, tout autour de nous. Mais, moi, j'étais ailleurs. J'ai presque honte de le dire, mais j'étais presque heureuse, puisque cette guerre me l'avait envoyé, lui, MON américain. J'ai vécu avec Bob l'exaltation et la brûlure intense d'un amour naissant. C'était magnifique, mais compliqué. J'avais 18 ans, vous vous rendez compte ! En ce temps-là, on n'était pas majeur à cet âge. Il fallait attendre 21 ans. Mais j'étais déjà très « moderne » pour l'époque, d'ailleurs il suffit de regarder ma tenue sur la photo ! Vous avez vu ? Pour les années 40, c'était plutôt dénudé ! Je n'avais pas froid aux yeux, il faut dire. Heureusement que ma mère n'a jamais vu cette photographie. Elle aurait fait un scandale. C'était un cliché que j'avais fait faire spécialement pour Bob. Je crois me souvenir qu'il en fut très heureux.

Jeanne s'arrêta soudain. Elle semblait éprouvée par le récit qu'elle contait à ses deux visiteurs.

— Voulez-vous que l'on vous laisse vous reposer, Jeanne ? s'enquit Jacques. Nous pourrons revenir dans la semaine et vous donner des nouvelles, si vous êtes d'accord.

La vieille dame releva la tête et sonda Jacques. Son

regard le perçait totalement, comme si elle avait le moyen de lire dans son cœur.

— Jacques… c'est bien ça ? demanda-t-elle.

— Oui.

— Je crois que vous êtes un homme bon. Vous êtes à l'écoute. Et ce n'est pas la moindre des qualités chez un homme, vous pouvez me faire confiance. Mais… vous vous trompez sur toute la ligne, permettez-moi de vous le dire.

Catherine ouvrit de grands yeux qui brillaient comme des agates. Elle aussi avait supposé que Jeanne devait être éprouvée par ses souvenirs qui renaissaient de leurs cendres. Mais, tout comme Jacques, elle se trompait. Elle préféra tout de même s'en assurer.

— Vous êtes sûre que ça va ? dit-elle.

— Vous aussi, Catherine, vous êtes quelqu'un de bien. Je peux le voir au premier regard. Quand on arrive au bout du chemin, on perd un grand nombre de facultés, c'est un fait indéniable, mais… on en gagne quelques-uns aussi. Et moi, j'ai celui de voir la bonté d'âme chez les gens. Et vous, vous êtes des cœurs purs. Alors, je ne vais pas vous mentir, c'est vrai que je suis un peu bouleversée par tout ce que vous venez d'évoquer. Mais, en même temps, je ne me suis jamais sentie aussi… vivante !

La vieille dame balaya son regard sur Catherine, puis sur Jacques qui paraissait soulagé par cette confidence. Jeanne Delange semblait plutôt ravie. Le Normand confia son soulagement :

— Nous en sommes très heureux, dit-il. J'avais peur de vous fatiguer en ressassant le passé, pas vrai Monique… euh… je veux dire… n'est-ce pas Catherine ?

Catherine avait relevé le lapsus, mais fit mine de n'avoir rien entendu. Jacques l'avait appelée par le prénom de sa défunte femme. Voilà qui mériterait d'y revenir plus tard.

Pour l'heure, il fallait peut-être clôturer l'entretien avec Jeanne Delange, et puis l'heure du déjeuner approchait et une certaine effervescence parcourut le jardin : les pensionnaires quittaient leur lieu de conversations, de promenades et de repos pour regagner le réfectoire où le déjeuner allait bientôt être servi.

— Jeanne, nous vous remercions pour ce moment riche en votre compagnie. Nous allons poursuivre notre projet et, avec votre accord, nous reviendrons vous voir pour vous informer de la suite.

— Je vous attendrai avec grande impatience. Ne tardez pas trop tout de même !

— Pardon ? dit Catherine.

— Je suis une très vieille dame. Il ne faudrait pas que je quitte cette Terre avant d'avoir pu vivre la réalisation de mon rêve le plus cher. Parce que maintenant, vous l'avez ravivé !

Jacques aida Jeanne à se lever. Elle empoigna sa canne et se leva sans difficulté. Catherine et Jacques étaient encore étonnés par la vigueur peu commune de madame Delange qui perçut, une fois de plus, leur surprise.

— Vous pensiez que j'étais impotente ? Je marche encore très bien, vous savez, dit-elle. J'aimerais beaucoup que vous puissiez de nouveau passer me voir avant la fin de la semaine, pour me donner des nouvelles.

— Nous ferons le maximum, promirent-ils.

Ils firent quelques pas tous ensemble pour sortir du parc et rejoindre l'accueil. Les dés étaient lancés à présent. Il fallait croiser les doigts pour que tout se passe bien du côté de l'association des vétérans américains. Il y avait du pain sur la planche pour ne pas décevoir Jeanne Delange.

Jacques serra la main de Jeanne qui, pour sa part, enlaça Catherine puis lui prit les mains.

— Merci… et à très vite, dit-elle simplement avant

d'être rejointe par un homme du personnel de l' qui l'accompagna jusqu'au réfectoire.

Après avoir remercié la jeune femme à l'accueil. Ceux que l'on pouvait désormais nommer « partenaires d'un projet un peu fou » se dirigèrent vers la voiture, sur le parking.

Quand Jacques démarra, Catherine dit :

— J'espère que tout va bien se passer, parce que maintenant, Jeanne compte sur nous !

La voiture quitta le parking de la maison de retraite dans un bruit de graviers. Il était bientôt midi et Jacques commençait à avoir un petit creux.

— On déjeune ici ? Je connais un excellent restaurant à Caen : « Le Bistronome », il n'y a pas besoin de réserver et la cuisine est délicieuse !

Catherine attendit un instant avant de répondre.

— C'est une excellente idée. Décidément, Jacques, je me demande s'il existe un lieu en Normandie où vous ne connaissez pas une bonne table ! Et puis, moi aussi je commence à avoir faim. Par ailleurs… on pourra se poser un instant et vous pourrez m'expliquer pourquoi vous m'avez appelée… Monique.

37

Il ne se reconnaissait pas. Lui, d'habitude si calme, si posé. Là, il battait la mesure avec sa jambe droite, sous la table. Tout son corps semblait agité d'étranges soubresauts psychédéliques.

« Pourquoi te mets-tu dans un tel état, Carl ? Calme-toi. Allez. Reste zen. »

Carl était à l'intérieur de l'aéroport de Faro. Il était 12h15 et l'avion d'Anna ne devait atterrir qu'à 13h10. Mieux valait être en avance qu'en retard, c'est ce que disait toujours sa grand-mère. Pourquoi cette nervosité ? Il n'avait pas la réponse. Avant-hier, il redoutait qu'Anna finisse par le quitter, pour de bon. Aujourd'hui, elle arrivait pour le rejoindre. Le cauchemar était terminé. Son cœur s'était allégé d'un poids énorme, mais pas son stress. Bizarre comme les personnes réagissent parfois. Carl ne fumait pas, mais il aurait bien tiré de toutes ses forces sur une cigarette, là, maintenant. Bizarre aussi, cette idée !

La vérité était qu'il ne savait pas ce qu'Anna allait lui dire. Elle avait subitement fait volte-face, mais pourquoi ? Il faut croire qu'elle avait vraiment besoin de « prendre du recul » et qu'il ne s'agissait pas seulement d'une simple figure de style. Pour lui, cela s'était nettement moins bien passé. Ce retrait forcé l'avait plongé dans un gouffre dont il venait à peine de toucher le fond. Sa remontée se faisait doucement.

Anna était restée totalement injoignable pendant si longtemps que l'entendre, sa voix qu'il n'espérait plus, comme ça, soudainement, c'était presque… irréel. Il fallait peut-être oublier l'énorme coup de massue qu'il avait pris sur la tête ? Parce qu'oublier n'est pas une solution. Cela vous revient en pleine figure à un moment ou un autre.

— Voulez-vous un autre café, monsieur ? dit une voix qui appartenait à une serveuse qu'il n'avait pas entendue arriver.

— Euh… non, merci. Par contre, je prendrai volontiers une bière, s'il vous plaît !

La jeune fille débarrassa la table et s'éloigna.

Carl se sentait nerveux parce que quelque chose lui parasitait l'esprit. Quelque chose qui s'était immiscé dans son cerveau et qui ne le laissait pas en paix depuis qu'Anna avait refait surface. En fait, c'était plutôt quelqu'un : Livia. Oh, bien sûr, il n'avait rien à se reprocher. Il avait juste revu une amie d'enfance, voilà tout. Du moins, c'est ce dont il tentait de se persuader. En d'autres circonstances, cela lui aurait semblé parfaitement acceptable. Sauf que la rencontre avait eu lieu alors qu'il était « en froid » avec Anna. Doit-on tout dire à la femme qu'on aime ? Voilà ce qui agitait son cerveau en ébullition.

La serveuse déposa un verre tulipe et décapsula la bouteille de *Sagres* qu'elle versa doucement, en prenant garde de pencher le verre pour ne pas faire de mousse.

— Merci ! Combien vous dois-je ? demanda Carl.

Il régla immédiatement sa consommation pour ne pas perdre de temps, au cas où l'avion d'Anna arriverait avec un peu d'avance. Il but sa bière presque d'un trait, espérant que la faible concentration d'alcool suffirait toutefois à abaisser quelque peu son stress. Il avait tourné cela dans tous les sens et il avait fini par conclure qu'il n'y avait pas d'autre option que de garder – du moins pour un temps – la parenthèse

« Livia » pour lui. Il n'allait pas risquer de fragiliser un lien qui venait à peine de se raccommoder avec Anna. Tant pis s'il devait se débattre avec sa conscience. Il en parlerait peut-être plus tard. Mais surtout pas maintenant. Chaque chose en son temps. Ne rien dire, ce n'est pas mentir... Pas vrai ?

Il se leva brusquement, comme si cela pouvait laisser derrière lui ces interrogations existentielles. Il finit sa marche rapide en arrivant sous le panneau des arrivées. Le vol d'Anna figurait bien sur l'écran, mais il n'y avait pas encore le numéro de la porte vers laquelle Carl devait se rendre.

Il ferma les yeux et fit le vide dans son esprit. Balayer sa rencontre avec Livia comme quand il était petit, avec le jeu *Télécran*, cette ardoise magique où l'on dessinait avec deux boutons ronds, puis pour effacer le dessin : il suffisait de secouer l'écran. Voilà, il fallait qu'il fasse ça ! Secouer sa tête pour effacer le dessin.

La vie n'est qu'une succession de surprises, bonnes ou mauvaises. On a beau tirer des plans sur la comète, les choses ont tendance à bifurquer dans des directions imprévues. Pour s'en tirer au mieux dans ce mouvement permanent et imprévisible, mieux vaut avoir une bonne faculté d'adaptation. Mais plus que tout, Carl prenait conscience qu'il fallait ne pas redouter de souffrir, parce qu'aimer, c'était souffrir à un moment ou à un autre. Adolescent, il avait aimé Livia... et il en avait payé le prix. Pour lui, Livia n'était pas qu'un flirt d'adolescent, il l'avait aimée, vraiment. Puis, il avait souffert quand elle était partie. Finalement, la revoir lui avait peut-être permis de... tourner la page. D'autant qu'elle avait exprimé des regrets. Cela ne changeait rien au passé, mais lui permettait de construire un présent plus serein. Depuis, il n'avait eu que des aventures exemptes de réels sentiments. Des histoires qui finissaient souvent en eau de boudin, comme avec Ludivine, sa dernière relation avant de rencontrer Anna.

Avec Anna, il n'avait rien cherché. Cela lui était tombé

dessus. Point. D'ailleurs, ne dit-on pas « tomber amoureux ». Voilà, c'était ce qui lui était arrivé : il était tombé...

Maintenant, il avait Anna dans la peau. Sans elle, il se sentait comme un drogué en manque. Son absence l'avait aussi marqué physiquement. Il avait beaucoup maigri. Il n'avait plus d'appétit. Son humeur était devenue sombre, très sombre. Il ne riait plus. Pas une seule fois en près de quarante jours. D'ailleurs, cela avait quelque peu changé ses traits : il avait le visage plus grave, vieilli, fermé. C'est pour ça qu'au matin, il s'était affairé dans sa salle de bain, s'observant devant son miroir. Il fallait faire bonne figure. Pas question de jouer la victime. Et puis, depuis l'annonce de sa venue, les choses se remettaient en place, naturellement. Il souriait à nouveau et il avait de nouveau faim. C'était un signe.

Le clignotement soudain du numéro du vol Paris-Faro l'extirpa de sa rêverie éveillée. Il fallait se rendre jusqu'au terminal des arrivées, Carl chercha la direction sur les panneaux haut perchés de l'aéroport. Ce n'était pas trop compliqué, à droite : les départs, à gauche : les arrivées. Il y avait des sièges, aussi il se posa sur celui qui faisait face au portail et attendit.

Carl eut l'impression d'avoir attendu pendant très longtemps. Après l'atterrissage, les passagers du vol Paris-Faro durent d'abord récupérer leurs bagages avant d'apparaître enfin.

Le jeune homme se leva et s'approcha des passagers qui passaient le portique métallique par intermittence. Plusieurs minutes s'écoulèrent et les immigrants revenant passer les vacances d'été dans leur famille se succédèrent, il y eut aussi quelques touristes français à la découverte de l'Algarve, mais toujours pas d'Anna à l'horizon. Pourquoi faut-il toujours que la personne que l'on vient chercher à l'aéroport ne soit jamais parmi les premières à franchir le portail du terminal des arrivées ?

Et puis soudain, Anna apparut.

Carl sentit son cœur battre dans sa poitrine...

Anna aperçut Carl immédiatement. Comment aurait-elle pu faire autrement puisqu'il se tenait juste derrière la barrière qui interdisait le passage aux personnes venues accueillir les voyageurs. Elle agita sa main et Carl lui fit signe tout en souriant.

Il n'eut pas le temps de réfléchir à ce qu'il allait dire qu'Anna se mit à courir avec sa valise à roulettes qui dansait d'une roue sur l'autre, puis elle se jeta dans ses bras et l'embrassa avec une telle passion que Carl faillit perdre l'équilibre.

Quand leurs lèvres se quittèrent enfin, Anna murmura dans l'oreille de Carl.

— Pardon !

Carl aurait voulu répondre quelque chose, n'importe quoi, mais les mots restèrent coincés dans sa gorge. Il ne lui en voulait pas, non. D'abord parce qu'il n'était pas du genre rancunier, mais surtout parce qu'il l'aimait et que l'amour avait la faculté d'adoucir bien des rugosités. Il n'avait pas oublié la promesse qu'il lui avait faite dès le début : il serait patient et il l'aiderait à surmonter ses difficultés. Alors, il avait écouté tout ce qu'elle avait pu exprimer, des bribes de son histoire dramatique : l'attentat de Nice, la perte de son fiancé, son année à vivre cloîtrée et à alimenter sa dépression. Puis son retour à la vie, sa quête qui l'avait conduite à rencontrer l'atypique Jacques Vaillant, et la prise de conscience qui s'ensuivit, résultat de cette rencontre. Mais rien ne peut se résoudre en un claquement de doigts. Anna avait fait ce qu'elle avait pu, se débattant elle aussi avec ses propres démons, ses blocages. Carl avait eu le temps de comprendre que son envie de s'installer ensemble et la demande qu'il avait faite à cet égard était pour beaucoup dans ce qui s'était passé ensuite. Anna n'était pas encore prête. Vivre sous le même toit s'apparentait à officialiser leur couple. Cela avait sans doute ravivé une blessure encore trop fraîche.

— Non. C'est à moi de te demander pardon. J'ai voulu aller trop vite. J'aurais dû attendre.

Anna lâcha la poignée télescopique de sa valise et attrapa Carl par le cou, non sans difficulté puisqu'elle dût se hisser sur la pointe des pieds pour y parvenir.

— Tu es un amour, mais tu as tout faux ! C'est moi l'unique responsable. J'ai laissé la peur me guider, et surtout, je n'ai pas voulu regarder devant moi.

— Mais… non. C'était sans doute prématuré. Je veux dire… j'aurais dû sentir que ce n'était pas encore possible pour toi de… t'installer avec moi. Je t'avais promis de faire preuve de patience et, au lieu de ça, j'ai pris mes désirs pour des réalités et…

Carl ne put finir sa phrase, ses lèvres furent entravées par celles d'Anna qui l'embrassa avec fougue. Il posa ses mains sur les hanches de la jeune femme alors qu'elle faisait courir ses doigts le long de sa nuque puis dans ses cheveux.

— Tu m'as manqué, lui murmura-t-elle à l'oreille.

— Ce n'était pas mon idée, se défendit Carl.

— Je sais.

Carl empoigna la valise d'Anna et ils se dirigèrent vers la sortie de l'aéroport. Anna se décala sur la gauche pour ne pas se prendre les pieds dans la valise à roulettes, pour des retrouvailles, cela aurait fait mauvais effet de s'étaler de tout son long, devant tous ces touristes. Elle prit alors la main libre de Carl dans la sienne. C'était un acte spontané, c'était surtout une première. Carl fit comme si de rien n'était, mais, intérieurement, il jubilait. En un an, Anna n'avait jamais pris sa main dans la sienne. Pourtant ils en avaient fait des promenades ensemble. Quelque chose s'était produit pendant cette séparation forcée. Il en venait même à penser que, finalement, cette « prise de recul » était peut-être une bénédiction. Certains événements peuvent sembler négatifs sur le moment, mais plus tard, avec du recul, on s'aperçoit qu'ils étaient non seulement nécessaires, mais aussi bénéfiques.

— Où m'emmènes-tu ? demanda Anna, avec un air mutin.

— Euh... tu as mangé dans l'avion ? Tu as faim ?

— Oh oui, je meurs de faim et j'ai dix mille choses à te dire...

— Dans ce cas, je t'invite au restaurant ?

Anna acquiesça avec un grand sourire.

— Parfait. On laissera ta valise dans le coffre de ma voiture, si tu es d'accord.

— OK, répondit Anna. Euh... Carl !

— Oui, qu'est-ce qu'il y a ?

— Je suis heureuse, là, avec toi. Me pardonneras-tu pour ce que je t'ai fait subir ces dernières semaines ? demanda-t-elle.

— C'est déjà fait, répondit Carl.

Le jeune homme esquissa un sourire. Il lui faudrait sans doute un peu de temps pour ne plus ressentir un pincement au cœur en repensant à ce mois sans elle mais il savait maintenant qu'Anna n'avait pas voulu le blesser, que cela avait été une étape nécessaire pour son avancée personnelle. Et puis, en vérité, il était prêt à endurer l'enfer si cela pouvait faire le bonheur d'Anna.

38

Catherine et Jacques avaient déjeuné sur place, à Caen. Le restaurant que Jacques avait choisi était vraiment excellent, comme toujours.

Si le repas avait donné à Catherine entière satisfaction, elle ne put obtenir de Jacques une réponse claire concernant le lapsus, quand il l'avait appelée Monique, le prénom de sa défunte épouse, au lieu de Catherine. Il bafouilla quelque peu, ne sachant pas vraiment pourquoi il avait confondu les deux prénoms, c'était sans doute son âge qui lui jouait des tours. Cela ne réussit nullement à convaincre Catherine, mais ils avaient d'autres chats à fouetter et Jacques ne perdait rien pour attendre. Elle reviendrait à la charge plus tard.

Ils reprirent la route dans le sens opposé et décidèrent de contacter dès leur arrivée l'association « *Veterans Seniors for Ever Young* » qui leur permettrait, du moins l'espéraient-ils, de mener à bien leur beau projet.

Aussitôt arrivé, Jacques fouilla dans le dossier cartonné à la recherche des coordonnées de l'association. Il mit la main dessus alors que Catherine n'avait pas encore retiré sa veste, occupée avec Ombre, le chaton ne la quittait pas d'une semelle.

Quand Catherine rejoignit Jacques dans le salon, il était

assis avec le téléphone collé à l'oreille. Catherine l'entendit parler dans un anglais approximatif avec un accent français à couper au couteau. Elle eut alors envie de rire, mais parvint à garder son sérieux.

Jacques avait présumé de ses capacités en anglais. Les trois mois de cours sur l'ordinateur n'étaient guère suffisants. Quand il aperçut son invitée se tenant religieusement à l'autre bout du salon, comme si elle ne voulait pas le déranger, il éprouva un soulagement immédiat. Catherine était sa bouée de sauvetage.

— Catherine ! Venez vite, j'ai réussi à joindre les Américains ! Prenez le combiné parce que… oh et puis zut ! Parce que je parle anglais comme une vache espagnole !

Jacques Vaillant avait tendance à exagérer, en réalité il maîtrisait plutôt bien la langue de Shakespeare, par contre il ne l'avait pas pratiquée depuis longtemps. Et les leçons sur Internet, c'était du virtuel. Rien à voir avec de véritables conversations. Et puis, l'accent américain, c'était juste impossible. Le type à l'autre bout du fil avait marmonné quelque chose d'incompréhensible et puis, comme Catherine Wells était polyglotte, il valait mieux utiliser ses compétences.

La Parisienne s'empara donc du téléphone et une conversation animée débuta. Jacques perçut quelques bribes par-ci, par-là. Il était évident qu'un débriefing ne serait pas de trop à la fin de cet appel téléphonique.

Après un petit quart d'heure, Catherine salua son interlocuteur et raccrocha. Elle se tourna vers Jacques qui s'était assis sur le canapé, mais ne dit pas un mot. Elle alla s'asseoir en face du Normand, sur le fauteuil quelque peu élimé par des années d'utilisation. Ombre bondit sur ses jambes et se posa là, émettant un ronronnement régulier de satisfaction.

— Alors ? demanda Jacques.

— Je pense que nous allons faire deux heureux ! répondit Catherine tout en caressant le chaton. L'homme que vous avez eu au bout du fil n'était que le secrétaire de l'association des anciens combattants. Il m'a ensuite passé le président de l'association qui est en fait... une présidente. Elle s'appelle Julia Harper. Bref, je lui ai raconté toute l'histoire et elle trouve l'idée fantastique. Nous pouvons contacter Robert Reyes, mais elle peut se charger de l'informer de la situation de son côté, si nous le souhaitons. Nous pouvons organiser une rencontre entre Jeanne Delange et son ancien amoureux !

— Quand ça ? demanda Jacques.

— Le plus tôt possible. Monsieur Reyes est convié en France pour la commémoration des 75 ans du débarquement de Normandie le 6 juin 2019, sauf que...

— Sauf que ?

— Sauf que nos deux tourtereaux ne sont plus de première jeunesse, et...

— Je vois. Ils pourraient très bien ne pas être encore de ce monde l'an prochain, c'est ça ?

— Malheureusement ! Robert Reyes a 97 ans, m'a dit Julia Harper. Il semble qu'il soit en bonne santé pour un homme de cet âge, mais rien ne nous garantit qu'il sera encore en état de voyager l'an prochain ?

C'était une éventualité à prendre en compte. Du reste, Jeanne Delange avait 92 ans et, malgré sa bonne santé apparente, rien ne garantissait qu'il en serait de même dans un an.

Catherine déposa le chat au sol et se mit à faire les cent pas entre le canapé et la cheminée. Elle avait la main sur la bouche, signe d'une intense réflexion chez elle. Le choc de ses talons sur le carrelage résonnait dans toute la pièce.

— Catherine, voulez-vous cesser de tourner comme un

lion en cage, s'il vous plaît ?

— Cela m'aide à réfléchir ! répondit-elle.

— Ah oui ! Moi, ça me donne le tournis. Regardez, même le chat a préféré déguerpir devant tant d'agitation ! Bon, je vais préparer du thé, ça va vous faire du bien et à moi aussi.

Jacques se leva et disparut derrière l'embrasure de la porte, celle qui donnait sur la cuisine. Ombre lui barra le passage et se mit à miauler, aussi Jacques lui servit une coupelle de lait.

Une minute plus tard, Catherine finit par le rejoindre, alors qu'il déposait une bouilloire hors d'âge sous la flamme de la gazinière.

— Les Américains vont peut-être organiser un déplacement anticipé. L'association va en discuter et il se pourrait bien qu'ils acceptent d'organiser le voyage jusqu'en Normandie.

Jacques sortit les tasses à thé du placard, qui étaient en fait des mugs, et les déposa sur la table de la cuisine, puis alla chercher le coffret à thé, celui où il y avait pléthore de choix.

— Ce serait l'idéal. J'imagine qu'il faut débloquer une somme importante. Le voyage n'est pas donné et puis il y aura l'hôtel, la nourriture. Il est normal qu'ils en discutent entre eux.

— Je sais. Mais imaginez qu'ils disent non ! Vous voyez Jeanne attendre encore un an ?

C'était effectivement un problème. Il ne fallait pas perdre de temps, même si évoquer clairement le souci auprès des principaux intéressés n'était pas envisageable. Il fallait la jouer fine, faire preuve de tact. Catherine ressentait profondément que c'était maintenant qu'ils devaient agir, pas l'année prochaine. Parfois, il faut faire confiance à son instinct. L'intuition est très importante, d'aucuns diraient même essentielle.

Jacques présenta le coffret à thé à Catherine.

— Faites votre choix !

La Parisienne opta pour un Earl Grey. Jacques l'imita et l'eau bouillante vint s'abattre sur les sachets dont les petites ficelles pendaient à l'extérieur des mugs.

Alors qu'ils soufflaient sur leurs boissons, le portable de Catherine bipa dans l'autre pièce. Il était resté sur la table du salon. Elle s'excusa, disparut dans la pièce d'à-côté, puis revint aussitôt s'asseoir près de Jacques en restant plongée dans sa lecture. C'était Anna qui avait expédié un texto.

« Coucou maman. Je suis bien arrivée à Faro. Je viens de récupérer mes bagages et Carl est venu m'accueillir. Tout va bien. Je te recontacterai demain. Embrasse Jacques de ma part. Bisous. Anna. »

— Anna ? demanda Jacques après s'être brûlé légèrement le palais faute d'avoir suffisamment attendu pour boire son thé brûlant.

— Oui. Elle est bien arrivée à Faro. Carl est venu la chercher.

— Splendide ! Voilà de quoi nous réjouir pour la journée, ne trouvez-vous pas ?

— Oui, répondit Catherine sans véritable conviction.

Jacques posa sa tasse et prit un air grave.

— Quel est le problème, Catherine ?

— Rien. Ce n'est rien.

— Bien sûr que si. Vous ne feriez pas cette tête-là, si ce n'était rien. Allez zou, racontez-moi tout !

Avec Jacques, tout était toujours limpide. S'il y avait un souci, il n'y avait qu'à en parler. Puis, une fois l'abcès crevé, tenter de prendre la mesure du problème, qui, bien souvent, n'en était pas vraiment un, à part dans la tête de celui qui croyait en souffrir, et chercher les différentes solutions à apporter, si nécessaire.

— C'est délicat, je...

— Je vous écoute.

— Jacques, vous savez que vous êtes pénible ?

— Oui. Monique n'arrêtait pas de me le dire autrefois !

— Tiens, justement, parlons-en ! Expliquez-moi pourquoi vous m'avez appelée par le prénom de votre femme quand on était avec Jeanne Delange. Alors ?

Jacques avait les yeux qui pétillaient. Il s'adossa à sa chaise et entreprit d'avaler une nouvelle gorgée d'Earl Grey.

— Alors ? J'attends ! poursuivit Catherine.

— Vous êtes une habile manipulatrice, ma chère. Mais, ce n'est pas à un vieux singe que l'on apprend à faire la grimace ! Vous êtes en train de noyer le poisson, voilà tout.

Catherine imita son hôte. Elle se recula contre le dossier de sa chaise et but une gorgée de thé, à son tour.

— Vous vous rendez compte que vous avez un penchant pour les métaphores animalières ? s'amusa la Parisienne.

— Ah oui ? Cela a plutôt bien fonctionné pour dire de grandes vérités à une époque. Tenez, un certain Jean de La Fontaine a utilisé ce procédé avec grand talent.

— C'est vrai. D'ailleurs vous aussi, vous vous en sortez bien pour ce qui concerne les fables !

— Oh oh ! Touché, ma chère ! Un point pour vous. Mais vous n'avez pas répondu à ma question.

— Vous non plus !

Le Normand déposa son mug devant lui, puis le déplaça

à cause des volutes qui s'élevaient et cachaient le visage de sa vis-à-vis.

— Je vous ai appelée Monique, c'est vrai. C'était juste un lapsus. En fait, par bien des points vous me rappelez énormément ma femme. C'est parfois troublant. Vous avez un caractère très similaire au sien. Vous êtes drôle et... enfin, vous me rappelez Monique, c'est tout. Tout comme Anna me rappelle Louise de bien des façons.

Jacques Vaillant s'était livré avec sincérité. C'était touchant et quelque peu déstabilisant. C'est pourquoi le Normand prit la peine de dissiper toute confusion.

— Ne vous méprenez pas, Catherine. Il n'y a rien d'ambigu dans mes propos. Et puis, vous êtes bien trop jeune pour moi ! plaisanta-t-il. Vous savez, j'aimais ma femme, d'ailleurs je l'aime encore, et personne ne la remplacera. Les choses sont ainsi. Cependant, je ne peux nier que j'apprécie votre compagnie et aussi les similitudes entre votre façon d'être et celle de Monique. Cela me fait plaisir… et, dans le même temps, cela me plonge dans une sorte de… mélancolie. Je ne sais pas vraiment pourquoi.

Catherine plongea son regard dans celui de Jacques. C'était à la fois touchant, mais aussi un peu… dérangeant. C'est vrai qu'elle était plus jeune que Jacques, douze ans de moins pour être exacte. Ce n'était pas si important, en réalité. Mais, leur relation était amicale. Aucune ambiguïté. Alors pourquoi se sentait-elle quelque peu gênée par ce que Jacques venait de dire ? Elle n'eut pas le temps de poursuivre plus longuement son monologue intérieur.

— Alors, et vous ? s'enquit Jacques.

— Euh… je ne sais pas très bien par où commencer, à vrai dire.

— Par le commencement, cela me semble être une bonne idée, non ?

— Vous avez raison. En fait, je…

— Vous… ?

— Oh et puis zut ! Je me lance... J'ai l'impression de ne plus être utile à ma fille, comme avant. Elle a entrepris son chemin de guérison, sa résilience, et cela en grande partie grâce à vous, Jacques. Je sais que je devrais me réjouir. D'ailleurs, j'en suis très heureuse, mais… il y a une petite part de moi qui se sent… mise à l'écart. C'est ridicule, pas vrai ?

Jacques s'empara de la théière et fit le plein pour Catherine et pour lui.

— Pas du tout. Ce n'est pas ridicule. Loin de là.

— Ah non ?

— Non. C'est juste humain. Ni plus ni moins.

— …

Catherine digérait les dernières paroles de Jacques. C'était réconfortant d'avoir quelqu'un qui ne vous jugeait pas. Quelqu'un qui comprenait. Même quand vous étiez complètement à côté de la plaque.

— Merci Jacques ! Mais, je sais bien que j'ai tort. Je ne devrais pas ressentir de la... jalousie. Vous savez, j'ai même été jalouse de vous ! Vous lui avez été si bénéfique, grâce à vous Anna a fait de tels progrès que... que cela m'a fait mal. J'ai honte d'avoir éprouvé cela, vous savez, avoua Catherine.

— Et pourtant, vous ne le devez pas. Vous ressentez la palette de tous les sentiments humains, voilà tout. Après, vous devez vous détacher le plus vite possible de ces mêmes sentiments si vous considérez qu'ils vous nuisent, qu'ils sont négatifs. Est-ce le cas ?

Catherine baissa la tête en signe d'assentiment.

— Oh que oui !

— Bien. Alors, il ne vous reste plus qu'à les chasser.

Vous les avez ressentis, vous en éprouvez de la honte ou tout autre sentiment, alors... faites le ménage !

— Le ménage ? C'est encore une de vos paraboles ?

— Et oui ! C'est avec des images que l'on est le plus à même d'entrer dans la tête des personnes avec qui l'on échange. Les mots ne parlent pas à tout le monde, les images si.

— Alors je prends mon chiffon et je me mets à frotter ?

— Exactement. N'en voulez pas à la poussière de s'accumuler. Les choses sont ainsi. En revanche, vous pouvez vous en vouloir si vous ne nettoyez pas un bon coup de temps en temps. Vous saisissez la nuance ?

— Je crois bien que oui. Si je vous suis bien, je ne dois pas culpabiliser d'avoir ressenti une pointe de jalousie envers vous, envers les autres ?

— En aucun cas.

— Et je passe le chiffon à poussière, c'est ça ?

— Voilà. Vous n'aimez pas ce que vous êtes, ce que vous ressentez à propos de quelqu'un ou de quelque chose... hop, grand ménage de printemps ! déclara Jacques. Peu importe le chemin, aussi tortueux soit-il, ma chère, pourvu qu'il vous amène à la destination choisie. Ainsi vont les choses, ainsi va la vie. C'est vrai pour les relations, les sentiments, mais c'est la même chose pour la vie en général.

Catherine buvait les paroles de Jacques en même temps que son thé. Ce vieux bonhomme était tout de même bien singulier. Catherine comprenait, à présent, pourquoi sa fille avait repris du poil de la bête à son contact. Jacques Vaillant était comme une balise lumineuse dans le brouillard.

— C'est intéressant. Selon vous, notre vie a une destination, un sens ? demanda-t-elle.

— Ah ça... c'est le grand mystère ! J'aime à penser que

nous ne nous agitons pas comme des fourmis frénétiques en vain. Je pense que nos vies ont probablement un but, nous venons expérimenter, vivre des expériences, faire des choix et en assumer les conséquences. Ce qui advient après... ça c'est une autre histoire. J'ai mon idée sur la question, mais je ne voudrais pas vous l'imposer.

— Vous faites allusion à l'au-delà ?

— Appelez ça comme vous voudrez, mais oui... j'aime à croire qu'il y a un sens à notre vie sur Terre. J'espère sincèrement qu'après notre passage ici-bas, nous connaîtrons le fin mot de l'histoire. De toute façon, cela ne change pas vraiment la donne ici-bas. Vous pourriez être athée que vous ne vous en tireriez pas pour autant. Vous avez vos valeurs, votre éducation. Donc, selon ces principes formateurs, vous vous débattez comme vous pouvez en ce monde. Vous faites pour le mieux en fonction de qui vous êtes.

— Ce qui veut dire ?

— Ce qui veut dire que vous êtes une bonne mère, malgré le fait que vous culpabilisez à cause de votre façon de réagir. Ceux qui viennent sur le chemin d'Anna, ceux qui contribuent à sa résilience... ceux-là ne sont pas vos ennemis. Ce sont vos alliés. Et puis...

— Quoi ?

— Personne n'arrivera jamais à votre hauteur, Catherine.

— Pardon ?

— Vous êtes sa mère. Vous êtes la personne la plus importante pour Anna. Et cela, rien ne pourra l'altérer. Par votre amour, l'éducation que vous lui avez donnée, les paroles que vous avez prononcées, les gestes que vous avez faits, vous êtes ses fondations. Le socle sur lequel Anna peut se reposer. Croyez-moi, vous l'avez portée pendant neuf mois, vous l'avez choyée, élevée. Vous êtes sa mère,

Catherine. Et à ce titre, il est inutile de vous inquiéter au sujet de qui pourrait l'aider mieux que vous ! C'est une fausse question. Nous, les autres, ne sommes que des satellites. Vous, vous êtes son soleil !

Catherine resta coite. Il est parfois nécessaire qu'une tierce personne pointe du doigt certaines évidences. Jacques ne faisait que lui rappeler ce qu'elle savait déjà. Pourtant, cela faisait un bien fou. Que pouvait-elle répondre à cela ?

— Merci Jacques.

— Pas de quoi. Si vous le permettez, il faut que je m'absente une petite heure. Je dois terminer mon ouvrage et aller acheter mes poissons. C'est le moment de vérité. On va voir si tous mes efforts pour construire ce fichu bassin en valaient la peine.

— Vous voulez que je vous accompagne ? demanda-t-elle.

— Non. Restez ici, reposez-vous.

— Je vais plutôt travailler sur votre projet, il y a tout un tas de choses à mettre en place. Je ne vais pas attendre d'avoir la réponse des Américains. Il faut déjà qu'on envisage la venue de Robert Reyes pour bientôt.

Jacques leva un sourcil, ce qui eut pour effet d'effacer les rides sous le coin de son œil. Cela lui donnait un air différent, un peu comme monsieur Spock dans la vieille série télévisée Star Trek, la coupe au bol en moins.

— Vous avez parlé de *mon* projet, à moi ? demanda-t-il.

— Oui. Pourquoi ?

— Catherine, maintenant… c'est *notre* projet !

— Mais…

— Il n'y a rien de plus à ajouter. Bon, maintenant j'y vais !

Catherine abdiqua.

— Soit. Dans ce cas, j'éprouve quelques scrupules à vous laisser seul pour aller à la jardinerie.

— Il ne faut pas. Profitez-en pour élaborer une stratégie avec les Ricains ! Il faut aller au bout de cette histoire, à présent, pour Jeanne ! Bon, cette fois, j'y vais. Je suis impatient de voir un peu de mouvement dans ce bassin. À tout à l'heure !

— Prenez votre temps. Je ne bouge pas d'ici.

— Faites comme chez vous surtout. Si vous voulez vous refaire du thé, ou du café. Si vous voulez manger quelque chose, il n'y a qu'à vous servir et...

— Allez-y !

— Bon.

Jacques sortit et monta dans sa voiture. Le Scénic franchit le portail en faisant craquer les graviers sous ses pneus. Alors qu'il s'engageait sur la départementale, Jacques réalisa que cela faisait bien longtemps qu'il n'avait pas laissé quelqu'un dans sa maison alors qu'il partait faire une course. Il y avait du mouvement, de la vie, sous son toit et cela lui faisait plaisir.

39

Carl décida d'éviter les restaurants « tape-à-l'œil ». Il connaissait bien la ville et il y avait moyen de ne pas tomber dans les pièges à touristes. On entrait dans de petites ruelles, à quelques centaines de mètres du centre-ville, et l'on pouvait découvrir une pépite. Un lieu typique, dont il fallait profiter très vite, avant que les réseaux sociaux ne viennent révéler l'endroit, puis le dénaturer avec un assaut en règle de touristes. Carl avait la chance de faire partie des privilégiés, ceux qui connaissaient de tels établissements encore authentiques. Il fallait en profiter avant qu'ils ne soient plus qu'un souvenir.

— Viande ou poisson ? demanda Carl à la jeune femme qui s'accrochait amoureusement à son bras.

Pour dire vrai, Anna n'avait que faire de ce genre de choix. Elle était tout à son bonheur d'avoir fait le choix qui s'imposait, celui de son cœur. Elle avait su faire taire la petite voix horripilante, celle de son mental, qui ne cessait de la mettre en garde contre ceci, contre cela, et pour finir... l'empêcher de vivre pleinement. Elle réalisa soudain qu'elle venait de faire un pas de géant. Il ne s'agissait pas de son vol entre Paris et Faro. Non. C'était le plus beau des voyages : celui qui l'avait ramenée vers Carl, mais surtout vers elle-même, la véritable Anna. Celle qui, enfant, n'avait peur de rien, et vivait chaque minute qui passait sans s'inquiéter de celles qui suivraient. Anna était redevenue elle-même. Depuis l'attentat et la mort de Stéphane, elle y était parvenue par intermittence, aidée par le soutien de sa mère et les conseils de Jacques. Mais là, à présent, c'était différent. Comme si elle avait franchi un cap, un palier, enfin. Elle ne pouvait expliquer ce qui s'était passé sur le GR 20, alors qu'elle était recroquevillée au sol, sur son sac de toile, affrontant la pluie, les éclairs et le tonnerre. Peut-être était-ce l'éventualité de mourir foudroyée ? Bien sûr, elle avait déjà flirté avec la mort, l'attentat de Nice aurait pu être la fin de son voyage, mais elle n'avait pas eu le temps d'appréhender sa propre finitude. Tout s'était passé trop vite. Un bruit, des hurlements, Stéphane qui l'avait poussé de toutes ses forces, un impact chair contre acier, puis… plus rien. Elle s'était réveillée vingt-huit jours plus tard. Point.

L'instant mystique sous l'orage avait été bien différent. Anna avait envisagé sa fin. Et tout s'était éteint : plus d'images, plus de son, l'extinction du mental, de la raison. Elle s'était retrouvée en ligne directe avec son instinct, avec son cœur. Et, miracle, un dialogue s'était instauré. Une sorte de message lumineux, sans aucun filtre, aucun nuage, aucune ombre, d'une clarté absolue. Quel était ce message déjà ? Ce n'était pas verbal, c'était quelque chose qui s'était propagé dans tout son corps, son esprit, et son âme. Quelque chose qui lui avait intimé un ordre unique, celui de VIVRE.

— Hey, Anna ! Tu m'as entendu ? dit Carl en haussant la voix.

— Euh, oui. Pardon ! C'est comme tu veux, répondit-elle sans conviction.

— Comme je veux ? Tu n'as pas une préférence pour déjeuner ?

Anna rassembla ses esprits. Pas facile de revenir à de basses considérations matérielles quand on vient d'effleurer son âme. Elle ressentait encore la chaleur ardente d'une brève incursion vers quelque chose d'ineffable, mais qui l'avait transformée à tout jamais.

— Si. Je choisis le poisson.

— Tu es sûre ?

— Oui.

— OK. Dans ce cas, je t'emmène dans un endroit dont tu me diras des nouvelles.

Anna se mit à rire, tandis que Carl verrouilla ses poings sur ses hanches.

— Je ne vois pas ce que j'ai dit de si drôle ? déclara-t-il.

— Ce n'est pas toi. C'est ce que tu as dit. Tu me fais penser à Jacques avec ses restaurants, ses bars, ses cantines dont il a le secret.

Carl se détendit aussitôt. C'est vrai que le vieux Jacques n'avait pas son pareil pour vous dégoter les meilleurs lieux pour se sustenter.

— Je prends ça comme un compliment. Jacques est un expert en gastronomie. Je veux bien marcher dans ses traces.

Le rire d'Anna cessa brusquement. Son visage se ferma soudain alors que Carl réservait une table pour deux à partir d'une application sur son smartphone.

— Qu'est-ce qui ne va pas ? demanda-t-il en la dévisageant. Tu viens de changer de tête d'un seul coup, comme si j'avais dit une bêtise. J'ai dit une bêtise ?

— Non. C'est que je viens de réaliser qu'ils me manquent, ma mère et Jacques.

Carl fit mine de bouder.

— On vient à peine de se retrouver que tu penses déjà à partir ?

— Mais non, idiot. C'est juste que j'aimerais bien qu'on se retrouve tous ensemble, comme on l'avait fait pour Noël, avoua-t-elle en déposant un baiser sur ses lèvres.

Carl se figea un instant. Il venait d'avoir une idée.

— Tu m'as bien dit que tu devais les retrouver chez Jacques à la fin de la semaine, oui ?

— Oui.

— Bien. Alors, je te propose de… venir avec toi.

Cette fois, ce fut Anna qui se figea, la bouche ouverte, les bras ballants. Puis, elle s'anima à nouveau.

— Attends… tu ne dis pas ça pour plaisanter, hein ? Tu es sérieux ?

— Tout à fait. Je viens avec toi.

Le cœur d'Anna fit un bond dans sa poitrine. Avait-elle bien entendu ? Carl allait l'accompagner en Normandie !

— Mais... et ton travail ?

— Cela ne posera pas de problème. Je ne devrais même pas être là, normalement. J'avais pris deux semaines et je n'en ai utilisé qu'une seule.

— Ah bon ?

— Oui. Je n'étais pas bien sans toi et je n'avais pas la tête au travail. Impossible de me concentrer. Ce n'était pas la peine de faire du mauvais boulot, alors je suis parti une semaine, à la recherche de mon passé. Je suis allé dans le village de ma grand-mère. J'ai retrouvé des traces de mon enfance, cela m'a fait du bien. Je n'étais pas sûr que tu me reviendrais, alors j'ai dû me raccrocher à quelque chose. J'ai retrouvé de vieux amis, j'ai fait une escale à Lisbonne. Bref, j'ai tenté de penser à autre chose plutôt qu'à toi, mais... je n'y suis pas arrivé !

Anna caressa la joue de Carl avec douceur. Il lui prit la main et l'embrassa tendrement.

— J'ai été égoïste, je le vois maintenant. Je t'ai fait souffrir et j'espère que tu sais que ce n'était pas intentionnel.

— Je sais, ne t'inquiète pas.

Ils arrivèrent devant la voiture de Carl. Il ouvrit les portières de son SUV flambant neuf et invita Anna à s'asseoir côté passager.

— C'est une nouvelle voiture ! Qu'as-tu fait de ton A3 ? demanda Anna.

— Elle est restée en France, à Paris, sur la même place de parking, en face de ta voiture, où je t'ai aperçue lors de notre deuxième rencontre. C'est très compliqué de faire immatriculer ici une voiture achetée en France. D'ailleurs, je conseille toujours à mes clients de vendre leur véhicule en France avant de venir s'installer au Portugal, c'est bien plus simple comme ça.

— Ah, d'accord.

Carl referma la portière, rangea la valise à roulettes à l'intérieur du coffre et vint s'installer derrière le volant de son nouveau véhicule, une Audi Q3, un SUV de la même marque que sa voiture restée en France.

— Toujours la même marque à ce que je vois ? dit Anna.

— Mademoiselle Wells, apprenez que je suis un homme fidèle ! répondit Carl. Quand quelque chose me plaît, pourquoi en changer ?

Anna esquissa un sourire espiègle tout en bouclant sa ceinture de sécurité.

— J'espère que c'est vrai aussi pour autre chose que les voitures ?

— C'est le cas. Même si j'ai hésité à m'offrir une Porsche Macan, l'espace d'un instant, parce que j'avais cru qu'Audi ne voulait plus de moi... je suis vite revenu à la raison.

Anna abattit son poing contre l'épaule de Carl.

— Hey ! Tu vas me faire un bleu ! se plaignit Carl.

— Ce serait amplement mérité !

— Pourquoi ça ? On parle bien de voitures, là, non ?

— Mouais... c'est ça ! Allez, roule, avant que je ne te boxe à nouveau.

Carl déposa un baiser sur la joue d'Anna. Cela eut pour effet de redonner le sourire à la jeune femme. Il sortit une paire de lunettes de soleil de la boite à gants et démarra. La circulation en cette période de vacances estivales n'était pas très fluide. Carl dut prendre son mal en patience pour arriver à la « Taverne Zé-Zé » où l'on pouvait déguster de succulents plats de poissons frais et fruits de mer. Il lui fallut encore une bonne dizaine de minutes pour dégoter une place de stationnement.

— Tu as faim ? demanda-t-il.

Anna répondit par l'affirmative.

— Bien. Alors, suis-moi, tu vas pouvoir assouvir tes besoins primaires en produits de la mer.

Ils marchèrent un peu sur la *travessa do Alportel* avant d'arriver à destination. La devanture ne payait pas de mine, mais la réputation des plats de fruits de mer n'avait pas besoin d'apparat. Le bouche-à-oreille avait fait son œuvre et il devenait de plus en plus difficile de ne pas faire la une des applications spécialisées quand les patrons servaient des mets de qualité. C'était le cas à la *Taberna Zé Zé* où Carl invita Anna à entrer. Les fruits de mer étaient cuisinés dans une sauce à tomber par terre.

Anna fut d'abord surprise par la devanture quelque peu tape-à-l'œil avec son pare-soleil rouge et le néon flashy de la même couleur qui illuminait la façade. Elle trouva que cela ressemblait davantage à un bar plutôt qu'à un restaurant, mais se garda bien d'en faire la remarque à Carl, tout à son bonheur de lui proposer un lieu atypique. En entrant, Anna découvrit une petite salle à l'aspect presque confidentiel. Il y avait du carrelage disparate jusque sous le bar. Un melting-pot de verres, de bouteilles, d'écriteaux en tout genre envahissait le zinc. Sur le mur, une multitude de casiers remplis de bouteilles de vin, pour la plupart d'origine locale ! C'était inattendu et original.

Un homme souriant, probablement le propriétaire des lieux, demanda s'il y avait eu une réservation. Carl répondit par l'affirmative en donnant son nom. Il n'était pas venu assez souvent pour faire déjà partie des « gens connus » du patron. Ce dernier indiqua de la main une table pour deux qui était collée à la façade vitrée de l'établissement, puis laissa Anna et Carl s'installer tranquillement avant de leur proposer la carte des menus, des plats et des vins.

Anna aurait préféré un peu plus d'intimité, les tables étaient collées les unes aux autres, pas vraiment l'idéal pour une conversation en tête-à-tête. Qui plus est, la salle était pleine, Carl avait bien fait de réserver. Pour les confidences et les déclarations enflammées, il allait falloir attendre encore un peu.

— Je sais que ça ne paye pas de mine, dit Carl, mais je te promets que tu vas apprécier !

Carl avait dit vrai. Le repas fut un délice, une explosion de saveurs. Anna se régala de gambas grillées, de coques et de couteaux de mer, le tout accompagné de riz revenu dans une sauce à l'huile d'olive et à l'ail. Un pur délice. Carl opta pour un poulpe *a lagareiro*, mais revu par le patron, il y avait du pain grillé arrosé d'huile d'olive et d'une sauce spéciale dont le chef cuisinier détenait le secret. Pour faire passer tout cela, Carl opta pour un petit vin rouge « tinto » de la région du Douro, dont était originaire sa famille Anna termina le repas avec un fondant au chocolat, tandis que Carl se contenta d'un café.

Ils poursuivirent la soirée en se promenant le long de la Marina. Comme l'agence de Carl se trouvait à deux pas, il proposa de faire visiter les lieux à Anna, qui accepta avec enthousiasme. Les locaux n'étaient pas très grands, mais l'endroit était agréable et très bien placé.

Une fois le tour du propriétaire terminé, Anna donna son avis :

— C'est une jolie agence, tu l'as bien décorée. C'est moderne et les photos accrochées au mur sont jolies. Ce sont des propriétés que tu as vendues à tes clients ?

Carl tourna la clé dans la serrure extérieure pour fermer le rideau de fer. Il prit ensuite la main d'Anna et l'entraîna vers le port.

— Viens, discutons un peu en longeant la Marina, dit Carl. Ce sont des biens dont je me suis occupé, oui. Tu sais, je viens à peine de démarrer, mais je suis plutôt satisfait des premiers résultats.

Anna accepta la promenade sans discuter. Il était encore tôt et elle avait envie de marcher un peu.

— Un pas à la fois, c'est déjà un bon début, ne trouves-tu pas ?

— Si. Et puis, je suis mon propre patron. Cela me change de quand je travaillais à Paris. J'aime être celui qui prend les décisions, pas seulement un exécuteur. Cela me plaît vraiment, tu sais !

— Je veux bien te croire. Je vis un peu la même chose… enfin, c'est différent, mais je crois comprendre ce que tu veux dire.

— Tu parles de ton travail ? demanda Carl.

— Oui. Quand j'écris un article ou quand je fais un reportage, comme celui sur le GR 20 en Corse que je suis en train de finir d'écrire… Eh bien, je dois soumettre mon travail à Claire Marchal, tu sais c'est ma rédac'chef ! Bref, je propose, mais je ne dispose pas. Tu vois ce que je veux dire ?

— Tout à fait.

— C'est différent avec le bouquin que je suis en train d'écrire.

— Ton livre sur la recherche du bonheur ?

— Il n'a pas encore de titre, mais c'est ça, oui. Là, je décide vraiment de tout. C'est différent, même si l'éditeur a son mot à dire avant la publication. C'est tout de même moi qui écris chaque ligne.

— Ce n'est pas pareil pour tes articles ? demanda Carl.

— Non. Claire a le dernier mot pour *PsychoMag*. Elle change toujours quelque chose dans chaque papier que les journalistes peuvent écrire. C'est très frustrant… même si l'on finit par s'y habituer.

— Tu signes tes articles pourtant !

— Oui. Et j'ai un droit de regard sur ses corrections, mais c'est tout de même parfois quelque peu… irritant. Je me suis sentie, dans bien des cas, comme une enfant à qui l'on corrige sa copie et… je déteste ça !

— Je vois.

— C'est un peu comme pour toi, donc. Tu ne trouves pas ?

— Un peu, c'est vrai. Disons que j'ai le dernier mot. Cela dit, j'ai deux collaboratrices qui travaillent d'arrache-pied pour préparer les dossiers. Ensuite, je consulte et je décide. Alors, oui, c'est très agréable, je ne vais pas dire le contraire.

Ils ralentirent en longeant le port de plaisance. Carl admirait les bateaux amarrés.

— Regarde Anna ! Tu ne trouves pas ces voiliers magnifiques ?

— Si, c'est joli.

— Un jour, je m'offrirai un bateau comme ça !

— Tu es sérieux ?

— Tout ce qu'il y a de plus sérieux. Et je t'emmènerai naviguer avec moi. Tu voudras ?

— C'est que… ça me fait un peu peur, le large, tout ça ! avoua Anna.

— Dans ce cas, on longera les côtes.

— Oui, je préfère.

La nuit commençait à tomber. L'air était doux. Une petite brise finissait de rendre le moment agréable. Carl se posta face à Anna, l'attira contre lui en posant ses mains sur le bas du dos de la jeune femme. Anna verrouilla son regard dans le sien. Elle s'aperçut que Carl avait les yeux humides.

— Tu m'as manqué !

Pour toute réponse, Anna se hissa à la hauteur de Carl en se soulevant sur la pointe des pieds, puis elle joignit ses lèvres aux siennes. Ils s'embrassèrent longuement, passionnément, rattrapant en une seule étreinte le dernier mois passé l'un sans l'autre.

Anna approcha sa bouche de l'oreille de Carl.

— Tu m'as manqué, toi aussi ! murmura-t-elle en caressant délicatement la joue de Carl.

40

— Venez, Catherine ! C'est le moment de vérité ! hurla Jacques Vaillant alors qu'il s'apprêtait à transvaser une vingtaine de poissons rouges d'un bac fourni par la jardinerie dans le bassin tout juste achevé.

Catherine sortit de la maison. Hors de question de manquer ça. Le projet qui les avait occupés ces derniers jours : les retrouvailles des *amoureux du débarquement de Normandie*, comme ils les avaient baptisés, avait monopolisé chaque journée depuis que Jacques avait mis Catherine dans la confidence. Cela avait retardé l'achèvement de l'aquarium façon « puits du moyen-âge », un nom que Catherine avait trouvé et qui lui était resté finalement, puisque même Jacques avait fini par le nommer ainsi en riant.

L'eau était à la bonne température, Jacques avait vérifié. Il y avait des plantes spécialement prévues pour alimenter suffisamment l'eau du bassin en oxygène. Par souci d'esthétisme, Jacques avait même acheté quelques nénuphars.

— Vous avez acheté des grenouilles aussi ? demanda Catherine en pouffant.

— Et pourquoi pas ? Sachez, ma chère, que quelques batraciens pourraient parfaitement se plaire chez moi !

— Je ne vais pas vous contredire sur ce sujet. On est très bien accueilli chez vous, Jacques.

— Ah ! La première parole sympathique de la journée. Voulez-vous aller chercher mon petit carnet pour que je puisse la noter ! plaisanta le Normand.

Catherine aida Jacques à hisser le bac sur le muret, puis transvasa les poissons dans le bassin.

— Bienvenue chez vous ! déclara solennellement Jacques.

Les poissons firent le tour du propriétaire dans une nage frénétique. Petit à petit, ils se calmèrent et glissèrent plus lentement sous l'eau.

— Où allez-vous ? demanda Catherine alors que Jacques se dirigeait vers une aile de la maison qui servait de débarras.

— Je ne vais pas les laisser le ventre vide ! Le gîte et le couvert ! clama le Normand.

Il sortit avec un énorme sac qu'il déposa devant lui. Armé d'une petite pelle, il l'emplit de granulés et revint auprès de Catherine.

— Catherine, je vous laisse le soin de nourrir nos nouveaux pensionnaires, dit-il.

La Parisienne s'empara de la pellette et saupoudra la surface de l'eau du bassin de granulés malodorants.

— Pouah ! Dis donc, ça ne sent pas très bon !

— C'est pour les poissons ! Pas pour vous ! répondit-il.

— Une chance pour moi !

— Certes oui ! Nous avons maintenant deux autres gros poissons dont il faut nous occuper ! dit Jacques.

— Oui, nos amoureux de la guerre ! continua Catherine. J'avoue que je meurs d'impatience d'avoir de plus amples informations de la part de l'association des vétérans américains. Vous savez, Jacques, je me dis que s'ils ne peuvent pas prendre en charge le voyage de Robert Reyes, et bien… moi, je le ferai ! J'ai des économies, alors…

Catherine Wells n'allait pas abandonner le projet comme ça. Si Julia Harper, la présidente de l'association, ne pouvait prendre en charge un voyage anticipé, ce serait à elle de le faire. Peu importe le coût, ça en valait la peine.

— Catherine, ne nous emballons pas. D'abord, vos économies sont très bien là où elles sont. Et puis, vous avez une fille ! Autant ne pas dilapider son futur héritage, ironisa Jacques. Quand cette Julia Harper doit-elle vous contacter pour vous donner sa réponse ?

— Demain matin. Elle a convoqué une réunion d'urgence ce matin même, et doit ensuite…

Elle s'interrompit brusquement. Les yeux fixes, elle venait d'avoir une idée.

— Jacques. Je peux téléphoner aux États-Unis avec votre téléphone fixe ?

Jacques ouvrit de grands yeux.

— Euh… oui, pas de soucis. Que voulez-vous faire ?

Elle attrapa le bras de Jacques et le tira vers la maison.

— Venez !

Le vieux Normand ne protesta pas et lui emboîta le pas. Ils se retrouvèrent dans le salon, devant le téléphone.

— Je vais appeler directement Robert Reyes, déclara-t-elle. Julia Harper m'a transmis son numéro personnel. Elle m'a laissé l'opportunité de le contacter moi-même, étant donné que c'est votre idée de réunir ces deux amoureux de la guerre, autant nous en occuper ! Comme vous n'êtes pas très à l'aise avec l'anglais, et, si vous le voulez bien, je… je vais le faire ! Qu'en pensez-vous ?

Jacques se gratta le crâne. En vérité, il était plus intrigué qu'inquiet.

— J'en dis que vous devez suivre votre instinct. Si vous le sentez ainsi, alors foncez !

Catherine ouvrit le petit carnet où elle avait noté les coordonnées du vétéran et composa le numéro à destination du continent nord-américain.

Il fallut attendre plus longtemps qu'à l'accoutumée pour obtenir la tonalité, puis la sonnerie caractéristique retentit dans le combiné, preuve que l'appel avait abouti. Au bout de quatre tonalités aiguës, une voix masculine éraillée par les années finit par répondre.

— Hello !

À l'autre bout du fil, son interlocuteur avait une voix trop jeune pour appartenir à Robert Reyes, il s'agissait en fait de son fils : John Reyes.

Après s'être présenté, l'homme s'excusa et demanda à Catherine de bien vouloir patienter un moment. Catherine en profita pour expliquer à Jacques qu'elle avait eu le fils du vétéran américain et qu'il allait le chercher. Au bout d'une ou deux minutes, une voix se fit entendre dans le combiné, c'était celle de Robert Reyes en personne. Le vieil américain perçut immédiatement un accent étranger à l'autre bout du fil. Catherine se présenta sans omettre d'énoncer le projet de Jacques Vaillant, et le fait qu'elle faisait office d'interprète.

Robert Reyes en fut abasourdi, mais très heureux qu'on puisse l'appeler depuis la France. Catherine fut d'ailleurs fort surprise par la vivacité d'esprit et d'élocution du vétéran âgé de 97 ans. Elle lui détailla aussi sa discussion avec Julia Harper qui l'avait menée jusqu'à lui grâce à l'association « *Veterans Seniors for Ever Young* ».

Jacques Vaillant se tenait légèrement en retrait. Au ton de la voix de Catherine Wells, il pouvait sentir qu'une grande émotion s'était emparée d'elle. Il devait en être de même pour le vétéran américain. Comment allait-il réagir ? Jacques espérait vraiment que tout pourrait se mettre en place pour permettre les retrouvailles des deux amoureux de la guerre. Comme quoi, même des moments les plus sombres de l'histoire humaine, il pouvait parfois fleurir quelque chose de beau.

Comme la conversation transatlantique se poursuivait, et que cela lui était pénible de n'y rien entendre, Jacques s'éclipsa à l'extérieur pour aller jeter un œil sur ses nouveaux invités, ceux du bassin, au milieu du jardin. Tout avait l'air d'aller pour le mieux, si ce n'est le chat qui était sorti en même temps que lui et s'était hissé sur le muret, faisant de petits mouvements saccadés avec sa patte pour tenter d'attraper un poisson. Jacques s'en amusa, puis s'éloigna pour finalement faire un petit tour dans le jardin et s'arrêter devant la roseraie, il prenait soin de cet endroit. Il cultivait plusieurs variétés de roses. Chacune symbolisait une personne chère à son cœur. Il passa la paume de sa main sur les pétales et se sentit privilégié.

— Jacques ! Je ne vous ai pas vu sortir. Que faites-vous dehors ? hurla Catherine.

Jacques se dirigea vers Catherine qui restait figée dans l'embrasure de la porte.

— Je ne voulais pas vous déranger.

— Et depuis quand vous me dérangez… dans votre propre maison ? ironisa la Parisienne.

C'était une réponse pertinente. Jacques avait soudain ressenti le besoin de s'éclipser, de laisser à Catherine plus de responsabilités. Elle avait eu la gentillesse d'accepter de l'aider dans la direction des opérations, mais Jacques savait intuitivement que réunir Robert Reyes et Jeanne Delange pouvait être l'œuvre de Catherine Wells. C'était son idée, mais la réalisation devait être commune. Il ressentait une frénésie chez Catherine dans l'aboutissement de ce projet. Elle n'avait pas quitté son travail, ainsi que sa vie parisienne, pour rien. Elle devait aller au bout, s'impliquer avec lui, parce que là, ici, maintenant, cela donnait un nouveau sens à sa vie.

— J'avais à faire dans le jardin. J'ai profité de ce que vous étiez occupée pour filer à l'anglaise.

— Mouais. En parlant d'anglais, j'ai mis à profit ma pratique de la langue pour faire avancer notre projet. J'ai une grande nouvelle à vous annoncer ! clama Catherine alors que Jacques arrivait à sa hauteur.

— Stop ! dit Jacques.

— Qu'y a-t-il ? s'enquit Catherine qui ne comprenait pas pourquoi Jacques l'arrêtait dans son élan.

— Prenez votre sac à main. On va en ville.

— Mais… je dois vous expliquer ce qui…

— Justement, vous allez me raconter tout ça dans un lieu spécial.

— Un lieu spécial ? Vous connaissant, c'est encore un endroit où l'on peut manger ? Ou boire ?

— Gagné, ma chère ! En l'occurrence, vous pourrez faire les deux. C'est un nouveau salon de thé, tout ce qu'il y a de plus vintage ! On a l'impression de se retrouver dans les années cinquante. Vous allez adorer ! Et là, vous me raconterez les avancées du projet « retrouvailles » de nos anciens amoureux. D'accord ?

Catherine fronça les sourcils et posa ses poings fermés sur ses hanches.

— Est-ce que vous me laissez le choix ?

— Bien sûr que non !

Ils prirent leurs affaires, montèrent dans la Renault, et roulèrent en direction de Honfleur. Pendant tout le trajet,

Catherine arborait un sourire de contentement. Jacques avait déjà compris que tout ce qui allait suivre serait de bon augure.

41

Le téléphone portable d'Anna reçut un message textuel. La jeune femme entendit la courte sonnerie indiquant l'arrivée d'un SMS et empoigna son smartphone. Quelle ne fut pas sa surprise en découvrant l'expéditeur du texto !

« Coucou Anna. J'avais promis de te donner des nouvelles, donc me voilà ! On est bien rentrés avec maman et ça n'a pas été facile de retrouver mon environnement habituel, ma routine quotidienne, surtout après cette semaine folle que nous avons passée dans la montagne corse. En vérité, plus que te raconter ma life, je tiens surtout à te remercier pour tout ce que tu as fait pour moi. Je n'étais pas ouverte à la discussion. J'étais en colère contre ma mère et tu as su, avec patience et persévérance, me montrer certaines choses que je n'avais même pas envisagées avant. Sans toi, je ne sais pas comment tout ça aurait fini. J'avais la haine contre ma mère, je croyais que mon père avait eu raison de partir. Pourtant, c'est ma mère qui était là, à s'occuper de moi, à subir ma colère... Maintenant, on discute avec maman. On a pris un nouveau départ, elle et moi. D'ailleurs, les vacances scolaires ne sont pas encore terminées et l'on va repartir une petite semaine en road-trip. On dormira dans des chambres d'hôtes, on va descendre sur la Côte. C'est chouette. Je suis contente. Et puis, je voulais aussi te dire que j'ai suivi ton conseil en acceptant de suivre mon instinct, alors... j'ai contacté mon père. Je lui ai dit que je voulais le voir, et, contre toute attente..., il a accepté. Je dois le rencontrer prochainement. Je ne sais pas où cela me mènera, mais je sais maintenant – grâce à toi, Anna – qu'alimenter colère, ressentiment, tout en restant immobile, sans rien faire pour y

remédier, ne peut que me nuire. Voilà. J'arrête là parce que je suis en train d'écrire un roman ! J'espère que de ton côté, ça va aller pour toi. Tu sais de quoi je parle. Allez, encore merci, Anna, et… j'espère qu'on se reverra un de ces jours. Tu peux me contacter quand tu veux. See You. Jenny. »

Voilà bien une chose à laquelle Anna ne s'attendait pas. Elle avait laissé son numéro à Jenny, un peu comme on lance une bouteille à la mer, sans vraiment y croire. Comme quoi, il vaut mieux éviter d'avoir des idées toutes faites. Les adolescents sont parfois étranges, mais ils peuvent aussi nous étonner. Jenny avait pris la peine de lui donner de ses nouvelles, de la remercier pour l'aide apportée. Elle pianota une réponse aussitôt.

« Hello Jenny ! Quelle surprise de recevoir des nouvelles de toi… si tôt ! Tu n'as pas perdu ton temps dis-donc. Renouer le dialogue avec ta mère, c'était déjà génial. Reprendre contact avec ton père, c'est encore un palier en plus. Parfois, on se fait des films concernant les autres. Tu vois, tu pensais que ton père ne voulait plus entendre parler de toi. Pourtant, il t'a répondu, et tu vas le revoir. Il faut laisser la vie avancer, et éviter de construire nos propres murs, nos barrières personnelles. Ensuite, advienne que pourra, comme on dit ! Quoi qu'il arrive par la suite, tu auras fait ce que tu pensais devoir faire. Tu n'auras donc rien à regretter. C'est tout ce qui importe. Je t'embrasse et te dis à très bientôt. Je serais très heureuse d'avoir de tes nouvelles de temps en temps, si ta vie d'ado te laisse le temps de penser à une vieille. Lol. Bises. Anna »

— Tout va bien ? demanda Carl.

— Oui. C'est une jeune fille avec qui j'étais en Corse. Je l'ai aidée à… aller de l'avant. Elle vient de me donner quelques nouvelles d'elle et de sa mère qui était aussi sur le GR 20.

— Ah, c'est bien. Tu lui as répondu ?

— Oui. Pourquoi ?

— Non, pour rien.

— Je vois bien que si. Dis-moi, allez !

— C'est stupide. J'aurais bien aimé que tu me répondes aussi rapidement quand je t'écrivais des textos. C'est complètement débile de penser ça, pardonne-moi, avoua Carl.

Anna dépassa Carl et se planta devant lui, lui bloquant le passage.

— Non, ce n'est pas stupide. Au contraire, je suis contente que tu me dises quand ça ne va pas. Que tu ne gardes pas au fond de toi tes rancœurs ou toutes autres choses à notre propos. Si nous voulons aller de l'avant, si nous désirons former un vrai couple, alors je dis qu'il faut instaurer un véritable dialogue entre nous, regarde ce que je t'ai déjà fait !

Carl écoutait Anna parler et avait l'impression de rêver. Elle parlait de couple, d'aller de l'avant, de dialogue. Il y avait seulement quelques jours, tout lui semblait perdu. Il en était même venu à envisager le pire : Anna le quittant, et lui, perdant la femme de sa vie. Ce n'était pas pour rien qu'il avait repoussé les avances de Livia, qui pourtant n'était pas n'importe qui, c'était son amour d'adolescence. Mais, Livia… c'était aujourd'hui le symbole d'un sentiment éteint, un passé révolu, alors qu'Anna… c'était le présent, un feu ardent, un soleil.

— Tu penses que toi et moi… on pourrait…

Anna vint à son aide.

— …S'installer ensemble, oui.

Carl avait une boule dans la gorge. Pas une qui fait mal, et qui vous étouffe. Non. Une qui vous transporte de joie et vous laisse à sec. Incapable d'articuler un mot. Inerte et sans réactions.

Anna déposa un baiser sur les lèvres de Carl.

Le chemin avait été long, semé d'obstacles, et il avait surtout été freiné par la peur. Mais, au bout du compte, c'est l'amour qui l'emportait. Anna avait conscience qu'elle s'était fermée à l'amour. Non pas qu'elle fut incapable d'aimer à nouveau après la disparition de Stéphane, mais parce que la peur de perdre l'être aimé s'était incrustée dans son esprit. La douleur avait été si grande, le chagrin si profond, que, dans un réflexe de préservation, elle avait refusé toute possibilité d'aimer à nouveau. C'est pourquoi elle avait fui tout contact avec les hommes pendant plus d'une année, qu'elle s'était retranchée dans son deux-pièces sans se donner une chance de réapprendre à vivre pendant si longtemps. Si son premier amour avait pu mourir et la laisser seule et inconsolable, cela lui avait fait prendre conscience de la fragilité d'une vie. Elle avait tant pleuré que ses larmes avaient fini par tarir un beau jour, tout comme son envie d'aimer à nouveau, parce que cela voulait dire risquer de souffrir encore. Alors, comme lui avait expliqué Jacques, elle s'était confectionnée une armure et ne l'avait plus quittée pendant très longtemps. Le problème était que l'armure en question l'avait surtout empêchée de vivre pendant tout ce temps.

Un temps qui n'avait que trop duré.

Ce temps était achevé.

Ici, maintenant, Anna décidait de renouer avec la vie.

Tant pis pour la peur.

Le courage c'était d'avancer malgré elle.

Alors elle décida d'avancer…

— Cela va être compliqué, dit Anna en posant sa tête sur la poitrine puissante de Carl.

— Qu'est-ce qui va être compliqué ?

Anna le gratifia d'un magnifique sourire.

— Toi et moi.

— Je ne veux pas jouer les rabat-joie, mais je dirais que cela a toujours été plus ou moins le cas, non ? rétorqua Carl.

— Si. Mais… cela va l'être encore plus ! poursuivit la jeune femme tout en relevant la tête. J'espère que tu aimes les femmes complexes ?

— J'aime UNE femme complexe.

Cela fit sourire à nouveau l'intéressée.

— Oh… c'est gentil.

— Et c'est vrai.

— Tu es sûr ? demanda Anna.

— Tu en doutes ? répondit Carl en fronçant les sourcils.

— Non. C'est juste pour te taquiner.

Anna fit un pas en arrière et releva ses cheveux. Elle prit une profonde inspiration et poursuivit :

— Carl… je n'ai plus peur. Alors je peux te le dire en te regardant dans les yeux. La vérité, c'est que j'avais peur de te perdre, j'avais peur que tu puisses mourir, comme Stéphane. J'étais persuadée de ne pas pouvoir aimer à nouveau, mais… je suis tombée amoureuse de toi. Alors, j'ai essayé de vivre presque normalement, pendant près d'une année, mais je refusais de m'installer avec toi, parce que cela aurait officialisé notre union, et j'avais peur que le destin ne vienne s'en mêler, à nouveau…

Carl ne bougeait pas. Ce n'était pas dans les habitudes d'Anna de se mettre à soliloquer de la sorte. Il ne fallait pas l'interrompre. Surtout pas.

— Quand tu m'as dit de venir habiter chez toi, j'ai paniqué et je me suis enfuie. J'ai dit que j'avais besoin de prendre du recul, mais c'était en réalité une fuite, un moyen de conjurer le sort. La peur était revenue et elle frappait à ma porte. Pourtant, je te jure que je n'avais aucune idée de ce qui se passerait pour nous à mon retour. Et puis, il y a eu cet incident. L'orage, les éclairs qui s'abattaient sur moi. Et là, j'ai vécu un moment unique. Quelque chose que je ne m'explique pas. J'ai senti au plus profond de moi que je devais arrêter d'être dominée par la peur. Que je devais l'accepter, pas l'ignorer, non, mais la transcender ! C'est ce que Jacques avait voulu dire en utilisant la métaphore de l'armure. Voilà, je suis prête maintenant à la retirer et me mettre à nu.

Carl risqua une phrase :

— Cela veut dire que tu veux bien t'installer avec moi ?

— Oui.

— Oh Anna ! s'exclama Carl en la soulevant de terre et la pressant contre son torse.

Une fois ses pieds posés à nouveau sur le sol, Anna attrapa la main de Carl.

— Je veux vivre avec toi, mais…

— Aïe ! C'était trop beau pour être vrai, dit Carl.

— Attends ! Je ne vais pas changer d'avis. C'est juste que… on va devoir trouver un compromis. Toi, tu travailles et tu vis maintenant ici, à Faro. Moi, je bosse à Paris. Comment pouvons-nous faire dans ces conditions ?

Carl avait pourtant entendu ce que venait d'évoquer Anna. Cela aurait dû être un gros nuage dans le ciel de leur vie commune. Alors pourquoi Carl affichait-il sur son visage une banane qui allait d'une oreille à l'autre ? Anna fit une moue dubitative.

— Cela n'a pas l'air de te poser problème, on dirait ?

Carl remua la tête de droite à gauche en signe de négation.

— Qui t'a dit que je devais vivre en permanence à Faro ? demanda-t-il.

Effectivement, Carl n'avait jamais évoqué ce point. Mais, il fallait bien qu'il soit sur place pour son nouveau job, non ?

— Tu sais que mon agence est d'un type très particulier, je t'ai déjà expliqué son principe de fonctionnement. C'est un package pour les Français voulant s'installer au Portugal, une sorte de « tout en un ». Je leur facilite toutes les démarches administratives, fiscales, légales et je m'occupe de la recherche de leur lieu de vie : maison ou appartement. En gros, la boîte s'occupe de tout.

— Oui, je me souviens de ça, dit Anna.

— Alors tu sais que je dois aussi passer du temps en France pour mener à bien le dossier des clients. Il y a une partie sur place, au Portugal où l'agence se situe ici, à Faro. Et il y a une autre partie qui se passe en France. Donc, j'aurais besoin d'avoir un point de chute à Paris. Jusqu'ici, je faisais tout de chez moi, dans un coin de mon appartement. Mais, à la vitesse où ça évolue, je vais devoir me prendre un petit bureau avec un assistant ou une assistante.

Anna tentait de faire le point. Ce n'était pas facile pour elle parce qu'elle n'avait jamais pris la peine de vraiment s'immiscer dans le travail de Carl, tout cela lui semblait parfois bien opaque.

— Donc, tu devras travailler à la fois à Paris et ici, à Faro ? s'enquit-elle.

— Voilà, oui. C'est exactement ça. Tu crois vraiment que j'aurais pris le risque de m'éloigner de toi ?

— Je ne sais pas… je…

— Non, en effet, tu ne sais pas.

— Alors tu as encore un pied à terre à Paris ? demanda timidement Anna.

— Bien entendu. Qu'est-ce que tu crois, j'ai même gardé ma place de parking en face de la tienne pour ma voiture, alors que je ne travaille même plus dans cet arrondissement.

Pourquoi Anna s'était-elle ancrée cette idée dans la tête ? C'était pourtant vrai, à aucun moment Carl n'avait évoqué son installation permanente au Portugal. Voilà une conclusion qui s'était incrustée puis amplifiée dans son esprit tourmenté. Mais tout cela n'était plus. Tout avait changé. Dorénavant, pas question de se torturer avec des chimères. Carl n'avait jamais envisagé de quitter la France de façon permanente. Des allées et venues entre Faro et Paris, voilà qui changeait tout.

— Pardon. Tu as raison, je me suis montée la tête. Je réalise qu'effectivement tu n'as jamais parlé de rester ici à plein temps. Je ne sais pas pourquoi j'ai imaginé cela.

— Anna, c'est toi qui as souhaité notre séparation. Pas moi. Pourquoi aurais-je voulu m'en aller pour toujours ?

Ces derniers mois, Anna s'était repliée sur elle-même, et ce avant même que Carl ne lui demande de s'installer avec lui. Elle n'avait pas vraiment suivi tous les préparatifs qui s'étaient multipliés du côté de Carl pour son grand virage professionnel. Il avait d'abord démissionné de l'agence de voyages dans laquelle il travaillait, puis avait suivi une formation spécifique pour valider un diplôme franco-portugais multidisciplinaire : immobilier, administratif, droit européen, et enfin fiscal. Au lieu de cela, Anna s'était éloignée en se concentrant sur ses propres projets. Elle réalisait à présent qu'elle avait fait preuve d'égoïsme. Une tentative d'autodestruction, en se montrant sous son plus mauvais jour ? Peut-être bien. Cela aurait pu même finir par une rupture. Anna s'était isolée. Elle s'était interdite d'être heureuse. D'ailleurs, durant cette période, elle s'était détournée de sa mère aussi, et même de Jacques. Preuve que la guérison n'était encore qu'une lumière au bout du chemin, et qu'à cette époque le chemin était encore long.

La foudre ne l'avait pas atteinte directement pendant sa

randonnée corse, mais c'était tout comme. Cela l'avait frappée en plein cœur. Et tout s'en était trouvé totalement bouleversé. Les murs avaient explosé. Anna avait l'impression de respirer à pleins poumons pour la première fois depuis l'attentat de Nice.

En un éclair… elle avait atteint son but : ne plus vivre dans la peur, mais la dépasser. S'autoriser à souffrir, si cela devait arriver à nouveau un jour, parce que sinon, sa vie n'en serait jamais une.

Une pensée traversa l'esprit d'Anna alors qu'ils poursuivaient leur marche le long de la Marina de Faro. Beaucoup d'êtres humains se demandaient s'il y avait une vie après la mort. La jeune femme avait fini par comprendre qu'il était peut-être plus judicieux de savoir s'il y avait une vie AVANT la mort…

À présent, après tout ce qu'elle avait vécu et qui l'avait mis sur le bord du chemin, il était temps de répondre à cette interrogation fondamentale, et elle décida que la réponse était un grand « OUI ».

— Anna ! Tu m'as entendu ? demanda Carl.

— Oui. Excuse-moi, j'étais perdue dans mes pensées. C'est que… ce que tu as dit me fait prendre conscience de la mauvaise direction que j'avais empruntée. Je me suis égarée en route. Et tu as parfaitement raison. J'étais en plein délire, il faut croire. Ces derniers temps, je n'étais pas vraiment moi-même, tu sais. Ou alors, une version très négative.

Carl n'allait pas la contredire. L'année passée avait été compliquée, et le dernier mois… inutile d'en parler. Tout avait déjà été dit.

— Je ne peux qu'aller dans ton sens, admit Carl.

— Je sais. Mais je dois te dire quelque chose d'important à présent.

— Aïe ! Tu me fais peur.

— Il n'y a plus de raisons pour ça. Tu m'as supportée pendant plus d'un an, moi et mes casseroles. Pourtant, tu ne m'as jamais laissée tomber. Et je sais qu'à ta place beaucoup d'hommes l'auraient fait sans hésiter, mais pas toi.

— Je n'ai pas de mérite, on ne laisse pas tomber la femme que l'on aime, c'est tout. Et puis, je te l'ai déjà dit, je savais dès le début ce qui m'attendait. Tu m'avais prévenu !

Anna regarda Carl dans les yeux, elle eut l'impression qu'elle pouvait toucher son âme.

— Je sais, mais même moi je n'aurais pas cru que cela serait si difficile. Avec l'aide de ma mère et de Jacques, je pensais que le plus dur était fait. Je me trompais. J'ai accepté que l'on sorte ensemble, que notre histoire devienne de plus en plus… sérieuse, mais j'ignorais que cela serait si compliqué à gérer et à assumer.

— C'est du passé tout ça ! coupa Carl, qui baissa les yeux, ayant du mal à soutenir le regard d'Anna.

— Oui. C'est du passé. Cela fait plus d'un an que nous sommes ensemble. Et je peux maintenant affirmer que, même si je ne pensais pas pouvoir un jour être à nouveau heureuse, parce qu'on ne se remet pas toujours d'un deuil comme celui que j'ai vécu,…

Carl avait la gorge qui se serrait en entendant Anna évoquer Stéphane, son premier amour disparu.

— Je…

— Chut… murmura Anna en plaçant son index sur les lèvres de Carl. Laisse-moi finir, s'il te plaît ! Tout ce qui compte c'est… maintenant, là, aujourd'hui. Tu es là, toi. Depuis que tu m'as rencontrée dans ce bar où je pleurais mon malheur. Tu ne m'as plus quittée. Ma peine m'empêchait de voir ! Tu es mon étoile qui brille et qui me guide dans les ténèbres, et moi j'avais un bandeau qui m'empêchait de voir. C'est fini. Je te vois. Je nous vois. Et je ne veux plus gâcher une seule seconde. Je veux vivre avec toi. Tout le temps.

Carl enserra Anna de toutes ses forces. Ils s'embrassèrent comme si c'était la première fois. Et en un certain sens, ça l'était.

Après la pluie… vient le beau temps ; et en cet instant, pour le jeune couple, le soleil apparaissait enfin…

42

— Catherine, ça ne va pas ? s'enquit Jacques alors qu'il garait sa voiture sur le parking de Honfleur, près de l'estuaire de la Seine.

La Parisienne avait en ligne de mire la façade d'un hôtel droit devant elle, il s'agissait de l'hôtel du *Cheval Blanc*, celui-là même où Anna avait résidé lors de sa première venue à Honfleur lors de sa rencontre avec Jacques.

— Tout va bien. J'étais en train d'observer la façade de cet hôtel, juste là ! expliqua-t-elle en pointant du doigt l'établissement au mur teinté de blanc et de cerclages rouges. C'est bien celui où Anna a logé lorsqu'elle était venue vous voir, il y a un an ?

Jacques coupa le moteur et observa l'hôtel à son tour.

— En effet. Anna n'avait pas voulu loger chez moi, alors que je l'avais cordialement invitée à résider dans mon humble demeure. Je ne m'en suis pas formalisé, à cette époque-là, nous ne nous connaissions pas encore, son refus était donc justifié. Venez ma chère, cessons de remuer le passé ! On a mille choses à faire ! On aura tout le temps pour évoquer les souvenirs plus tard. Allez zou ! dit-il en s'extirpant du Scénic et en invitant Catherine à lui emboîter le pas.

Il ne leur fallut pas longtemps pour arriver jusqu'au

salon de thé, situé sur le côté de l'église, place Sainte-Catherine.

— Oh, c'est charmant ! s'exclama Catherine en découvrant la devanture de l'établissement d'aspect vintage, mais dont les peintures n'étaient probablement pas encore toutes sèches. Le salon de thé se nommait : « *Maison Blondel : cakes et gourmandises* », tout un programme !

— Et cela n'est rien ! Attendez de voir l'intérieur…

Jacques n'avait pas menti. En entrant, Catherine eut l'impression d'avoir voyagé dans le temps. Une incursion dans les années cinquante, pour le moins. Tout était décoré à l'ancienne. Jusqu'à la vitrine à l'intérieur de laquelle trônaient de succulents gâteaux, cupcakes, tartes variées ; une véritable farandole de couleurs, de textures et de saveurs différentes. La décoration des murs, les moulures, les tables, les chaises, tout était fait pour faire voyager les clients dans un temps reculé, raffiné, une ambiance d'une époque révolue. Un délice pour les yeux et une bourrasque de nostalgie pour le cœur.

La gérante accueillit Catherine et Jacques avec le sourire et les invita à la suivre. Ils furent installés tout au fond du salon, ce qui ne manqua pas de plaire au vieux Normand parce que c'était plus calme, un peu à l'écart du buffet central où l'on pouvait admirer les pâtisseries toutes plus attrayantes les unes que les autres.

— Je vous en prie ! dit la patronne en tirant la chaise où Catherine s'installa.

Jacques s'assit à son tour tout en balayant la salle d'un regard circulaire.

— Alors ? demanda-t-il à l'intention de Catherine.

— C'est magnifique. Vous aviez raison.

— Ah ! Vous voyez ! Il fallait un lieu à l'image de nos deux amoureux de la guerre. Quelque chose qui pourrait nous ramener à l'époque de leur première rencontre. Ce salon de thé vient tout juste d'ouvrir et je n'y suis venu qu'une seule fois, c'était il y a quinze jours. J'ai tout de suite eu l'impression de remonter le temps ! C'est inouï, vous ne trouvez pas ?

Catherine admirait l'endroit. C'était un véritable tour de force d'avoir pu faire renaître un salon de thé digne des années quarante ou cinquante. La décoration était d'un raffinement, et d'un goût exquis. La Parisienne était sous le charme.

— En plus, tout est fait maison ! Ce n'est pas comme dans certains établissements qui osent se donner le nom de « salon de thé » alors qu'ils achètent leur thé au supermarché et vous fourguent des tartes surgelées ! Ici, vous avez un choix impressionnant de boissons chaudes, thés, cafés, chocolats chauds. Et puis les tartes… Miam ! La dernière fois, j'ai goûté une tarte aux poires et chocolat, à tomber par terre.

La gérante revint avec la carte et s'éclipsa aussitôt, laissant à Jacques et Catherine le temps de consulter le vaste choix à disposition.

— Ils font des menus salés ?

— Oui, seulement entre 12h et 14h. Je n'ai pas encore eu le loisir d'y venir pour déjeuner, mais cela ne saurait tarder.

— Vous prenez quoi, Jacques ? demanda Catherine.

— Un thé vert à la menthe.

— Je vais prendre un thé aussi. Un Earl Grey, je pense.

— Bien. Et comme pâtisserie ?

— Ce n'est pas très raisonnable ! répondit la Parisienne.

— Qui a dit que nous l'étions ? rétorqua le Normand.

— Dans ce cas…

— Voilà, je préfère ça ! Donc, moi, je reste sur une tarte que je connais déjà et que j'ai fortement appréciée la dernière fois que je suis venu : poires et chocolat.

— Elle est si bonne que ça ?

— Elle est à tomber !

La gérante revint prendre la commande. Catherine s'aligna sur le choix de Jacques pour la pâtisserie. En matière de gastronomie, elle avait vite compris qu'on pouvait lui faire confiance.

Ils furent servis rapidement et la dégustation fut un véritable délice.

Quand ils eurent terminé, Jacques revint à leur sujet de prédilection. Il était temps de savoir ce que Catherine avait de nouveau à dire concernant le projet.

— Cela vous a plu ? demanda Jacques.

— Oui. C'était excellent. Et puis cet endroit est vraiment splendide.

— N'est-ce pas ! Bon, revenons à nos moutons maintenant. Alors, Catherine, qu'avez-vous à m'apprendre de nouveau concernant nos deux tourtereaux ?

La Parisienne but une dernière gorgée de thé, puis s'essuya la bouche avant de répondre. Les bonnes manières étaient de mise dans ce lieu plus qu'ailleurs. Ses yeux se mirent à briller intensément. Elle fixa Jacques, et s'approcha pour être sûre qu'il entende bien ce qu'elle avait à lui annoncer.

— Robert Reyes va venir ici, en France !

— Non ? fit Jacques en feignant l'étonnement.

— Si. Je vous assure.

— Quand ça ?

— Sans délai ! L'association va régler tous les détails,

mais cela se fera dès que possible. Monsieur Reyes était prêt à partir dès demain, s'il avait pu. Il a rêvé ces retrouvailles avec Jeanne Delange depuis si longtemps.

— Je peux le comprendre. Il doit être très impatient.

— Et c'est peu de le dire. Son fils a contacté Julia Harper, la présidente de l'association des vétérans américains, et elle a dit qu'elle avait promis à Robert Reyes qu'elle ferait de son mieux pour que cela puisse se dérouler avant la fin de l'été et… savez-vous ce qui s'est passé ensuite ?

Jacques prit un air malicieux, il était d'humeur badine.

— Il a menacé de la tuer si elle ne lui trouvait pas un avion pour la France dès demain !

Catherine pouffa.

— C'est presque ça. Il veut être là avant la fin du mois, vous vous rendez compte. Il a dit qu'à son âge, il n'était pas sûr de se réveiller le lendemain matin à chaque fois qu'il partait se coucher. Alors, vous comprenez que tous les problèmes logistiques… ce ne sont que des broutilles pour lui. Il a toujours répondu présent à l'association chaque fois qu'elle l'a sollicité. Alors, c'est à eux de lui renvoyer l'ascenseur à présent. En plus – et là, j'estime qu'il a parfaitement raison – c'est une histoire qui va plaire aux médias. Aussi bien de leur côté, que du notre. D'ailleurs, dès que nous serons rentrés, vous devrez contacter *France Télévision* pour les informer des résultats de notre enquête.

— Aucun problème.

Catherine eut du mal à réprimer l'envie de quitter le salon de thé sur le champ, mais elle parvint à n'en laisser rien paraître. Elle ressentait un besoin viscéral de faire au plus vite. Elle devait mener à bien ce projet, c'était vital. C'était le projet de Jacques, mais c'était devenu addictif pour elle aussi, à présent. Quelque chose s'était emparé d'elle et ne la lâchait plus, cela l'avait envahi jusqu'au plus profond de son être. Un signe qui ne trompait pas : elle s'inquiétait moins pour sa fille. Anna était partie rejoindre Carl au Portugal. Tout allait bien. Cela faisait des lustres qu'elle n'avait pas eu autre chose en tête que sa fille. Une marche de franchie ? C'était une première.

— Bien ! dit Jacques. Je voulais qu'on prenne un peu l'air, qu'on puisse se poser un moment dans un bel endroit comme celui-ci, mais… j'ai l'impression que vous ne tenez pas en place, je me trompe ?

Catherine n'était pas parvenue à cacher ses états d'âme. Jacques était-il comme ces mentalistes à la télévision ? Ceux qui savaient décortiquer le moindre des signes corporels de la personne qui leur faisait face, des maîtres dans l'art de percer à jour n'importe qui ! Des types à qui l'on ne pouvait rien cacher. Oui, Jacques devait avoir un talent similaire. En tout cas, elle était démasquée.

— Je suis désolée, Jacques. Je sais que vous vouliez me faire découvrir cet endroit, qui est charmant au demeurant. Seulement… j'ai la tête ailleurs avec cette histoire. C'est comme si je ne pouvais plus penser à autre chose. Cela ne m'était jamais arrivé… enfin, sauf avec ma fille, vous voyez ce que je veux dire ?

— Bien entendu, dit Jacques.

— Il faut que vous appeliez le journaliste de France TV, c'est important, nous ne devons pas perdre de temps.

Jacques fit signe à la gérante et lui demanda l'addition.

En moins de deux, ils avaient regagné la voiture et faisaient route vers Gonneville.

43

Le temps est élastique, a-t-on coutume de dire. Carl et Anna n'avaient pas vu la journée passer. Vers la fin de l'après-midi, ils s'étaient installés sur la terrasse d'un bar, et avaient parlé, rattrapant le temps perdu. Il n'y avait plus de rancœur, plus de tristesse ; et pour Anna, il n'y avait plus de peur. Juste la joie de vivre l'instant et de le savourer.

Carl voulut en savoir plus sur l'élément clé qui avait tout changé pour Anna. Elle accepta et lui raconta tout depuis le début : son arrivée en Corse, les préparatifs pour le GR 20, la montée du mont *Cinto*, sa rencontre avec Jennifer et sa mère, et l'aide qu'elle avait pu leur apporter, alors qu'elle s'en croyait bien incapable.

Puis, ce fut le moment d'évoquer plus en détail l'orage et surtout la foudre qui avait manqué de s'abattre sur eux. C'est là qu'Anna avait envisagé sa propre finitude. En une fraction de temps, elle avait vu défiler ces deux dernières années : l'attentat de Nice, la mort de Stéphane, sa convalescence, sa sortie de l'hôpital, sa dépression pendant près d'une année. Et puis... ses progrès grâce à sa mère et à Jacques, sa résilience qui commençait doucement. La jeune femme évoqua aussi sa rechute quand son histoire avec Carl s'était transformée en quelque chose de beaucoup plus « sérieux ». En fait, il s'agissait du chemin de résilience. Il fallait juste savoir qu'il n'était pas forcément linéaire. Il y avait des hauts et des bas.

Enfin vint le moment de raconter, à défaut de le comprendre pleinement, son instant magique. Celui qu'elle n'avait pas vu venir. Pour Anna, à cet instant précis, son horizon s'était éclairci, un sursaut de lumière et de chaleur dans son cœur, dans son esprit ; alors qu'à l'extérieur, le ciel était noir et vomissait des éclairs comme s'il avait été en colère. En colère contre qui ? Contre elle, Anna ? Comme si le destin voulait lui mettre un coup de pied au derrière, lui intimer l'ordre de faire le dernier pas. Celui de l'oiseau qui, au pied de la falaise, doit prendre son premier envol, mais reste bloqué, tremblant, paralysé par la peur. Un saut dans le vide : pour qu'il ne soit pas mortel, il faut oser déployer ses ailes. Sinon, c'est la mort assurée. En un éclair, c'était le cas de le dire, Anna avait sauté et… elle avait déployé ses ailes. Et elle s'était mise à voler. Il ne restait plus qu'à faire confiance et se laisser porter par le courant, comme l'oiseau qui s'engouffre dans un flux d'air chaud pour s'élever encore et encore, sans effort.

Cela faisait plus d'un an que Jacques Vaillant lui avait conté une métaphore d'une clarté sans pareil : celle de l'armure qui, en fait de protection, nous maintient à l'écart de toute émotion. Il lui avait fallu du temps pour l'assimiler et parvenir à la mettre en application.

Vivre l'instant présent, et ne pas se retourner vers le passé.

Vivre l'instant présent, et ne pas s'inquiéter du futur.

Tel était le chemin qu'Anna suivrait dorénavant.

Et cette décision ouvrait d'incroyables perspectives. C'était comme si, tout à coup, Anna avait abaissé le frein à main. Tout s'était alors accéléré. Comme si le fait de ne plus craindre les obstacles, la souffrance, suffisait à mettre en avant la machine. Quand on court, on peut tomber certes, on risque aussi de voir surgir un obstacle face à nous, oui. Mais au moins, on avance. La peur l'avait contrainte à rester figée, clouée sur place.

Du passé, il fallait faire table rase.

Cela ne voulait pas dire l'oublier.

Mais, le surmonter.

Et avancer.

*

Carl avait écouté attentivement.

Comme Anna s'était tue, le jeune homme aurait voulu dire quelque chose... d'important. Une phrase qui aurait pu conclure cette magnifique explication de la part de sa compagne, malheureusement tout lui semblait insignifiant en rapport avec la force des mots qu'Anna venait de prononcer. Alors, il préféra se taire et se contenta de caresser la joue d'Anna, délicatement, tendrement. Bien lui en prit. Anna ferma les yeux et se laissa transporter par cette main délicate qui se promenait sur son visage. Ce simple geste valait autant que des mots.

Les amoureux quittèrent le bar alors qu'il faisait nuit.

Anna était impatiente de découvrir l'antre de Carl. L'endroit où il résidait depuis son arrivée à Faro. Le jeune homme avait loué un logement meublé, un petit deux-pièces agréable et lumineux. C'était provisoire, une solution de facilité en attendant de trouver une maison, avec un jardin. Carl avait toujours rêvé de posséder une villa à lui, avec des arbres, une terrasse, son petit coin de paradis, comme il l'imaginait. Maintenant, il bénissait le ciel d'avoir à chercher quelque chose qui leur plairait, à tous les deux.

Carl proposa à Anna de poursuivre la visite en se promenant dans la vieille ville. Contre toute attente, elle lui souffla à l'oreille un autre programme qui n'avait rien à voir. Aussi, Carl ne se fit pas prier plus longtemps. Ils prirent la voiture et, en quelques minutes, arrivèrent à destination.

Il fallait prendre l'ascenseur pour arriver au cinquième étage de la résidence. Carl avait une préférence pour le dernier étage, il avait aimé tout de suite cet appartement qui disposait d'une terrasse avec vue sur la mer. Quand les portes de l'ascenseur se refermèrent, Anna se jeta sur Carl avec passion. Quand la sonnerie de l'ascenseur indiqua l'ultime niveau, et que la porte à battants s'ouvrit doucement, les deux amoureux étaient déjà à moitié dévêtus. Carl eut du mal à trouver ses clés, pressé par Anna qui redoublait d'ardeur.

— Anna, laisse-moi une minute, tu veux bien ?

— J'ai envie de toi ! souffla-t-elle.

— Moi aussi. Mais on ne va pas fêter nos retrouvailles dans le couloir ! Juste une seconde, d'accord ?

Anna céda. Carl ouvrit sa porte. Ils déboulèrent dans la chambre à coucher en trébuchant, renversant quelques bibelots qui rebondirent sur le sol.

Pendant une grande partie de la nuit, les deux amants retrouvés unirent leurs corps en une danse frénétique et passionnée. Carl n'avait jamais osé rêver d'une telle union, parce qu'au-delà de l'acte charnel, elle était devenue une parfaite symbiose de leurs corps, de leurs cœurs et de leurs âmes.

Au milieu de la nuit, Anna s'endormit.

La tête posée sur le torse de Carl, elle plongea dans un rêve douillet : il y avait un goéland au bord d'une falaise, et tout à coup le soleil se mit à briller, des reflets d'or illuminèrent son plumage et il prit la forme d'un phénix. C'est alors qu'il décolla en direction de l'astre solaire.

Carl caressa tendrement la chevelure d'Anna. Il était sûr à présent qu'elle était la femme de sa vie. Il l'avait su dès le premier regard. Si elle n'avait pas voulu de lui, il n'y en aurait pas eu d'autres. Son cœur se serait alors fermé à l'amour. En s'armant de patience et en gardant toujours confiance, il avait réussi à faire basculer le destin.

Cette nuit était douce.

Pour la première fois de sa vie, il savait ce que le verbe « aimer » voulait dire. Il aurait donné sa vie pour celle qui dormait là, blottie tout contre lui.

Il s'endormit quelques minutes plus tard, alors que son cœur battait tout contre celui d'Anna.

Le bonheur d'Anna – Tome 2

44

Pour une raison obscure, Jacques n'était pas parvenu à joindre le journaliste de France Télévision. Il fallait avouer que l'heure tardive ne s'y prêtait guère.

La fin de journée fut difficile pour Catherine qui dut ronger son frein. Cela lui coupa même l'appétit et, malgré l'insistance de Jacques, elle ne put rien avaler de la soirée.

Au matin, Catherine s'éveilla plus tard que d'ordinaire, n'étant parvenue à fermer l'oeil qu'au milieu de la nuit. Quand elle descendit l'escalier, Jacques l'attendait avec le petit déjeuner prêt. Il fut satisfait de constater qu'elle avait retrouvé son appétit.

Le petit déjeuner terminé, ayant repris des forces, Catherine monta prendre une douche express pour réapparaître quelques minutes plus tard, aussi déterminée que la veille, prête à renverser des montagnes.

— Vous voulez vous en charger ? demanda Jacques.

— Pardon ?

— Vous voulez appeler la télévision ? Moi, ça m'ennuie.

Jacques mentait. Bien entendu. Il avait perçu que son projet était devenu la quête de Catherine. Alors, il décida de changer la donne.

— Non. C'est gentil Jacques, mais c'est à vous de le faire. C'est *votre* projet !

— Vous n'allez pas recommencer avec ça. C'est important pour eux, voilà tout. Peu importe qui se charge de ceci ou cela, pourvu que l'on mène le bateau à bon port !

— Vous êtes sûr ?

— Si je vous le dis. En plus, vous connaissez les détails du côté des Américains. C'est donc mieux que vous communiquiez tout ça vous-même avec la télé française.

— Oui, mais le journaliste ne me connaît pas !

— Vous n'avez qu'à dire que vous êtes mon assistante. Au besoin, je confirmerai. Voilà tout !

— Bon.

Jacques avait laissé le salon à son invitée. Catherine n'avait pas perdu de temps, elle parvint à joindre le journaliste de *France Télévision*. La conversation s'avéra fructueuse, pourtant Catherine fit la moue à plusieurs reprises. Quelque chose semblait l'ennuyer, mais Jacques ne parvint pas à deviner de quoi il s'agissait. Ce n'était pas forcément évident de tout coordonner entre la France et les États-Unis, d'autant qu'elle ne disposait pas encore d'une date établie. Tout dépendait à présent de l'association des vétérans américains. Catherine expliqua que la venue de monsieur Reyes pouvait avoir lieu entre fin juillet et mi-août, histoire de se donner une petite marge. Pour sa part, le journaliste avec qui elle conversait semblait ravi de pouvoir mettre une suite au reportage qu'il avait réalisé en amont. Il demanda une confirmation par e-mail de la part de Jacques Vaillant. Catherine répondit que cela ne posait pas de problème. Il expliqua à Catherine qu'il allait discuter avec la chaîne pour, peut-être, aller plus loin qu'un simple reportage qui serait diffusé au journal télévisé. Pourquoi ne pas faire un reportage plus long, dans le cadre d'un magazine hebdomadaire ? L'idée ne manqua pas de plaire à Catherine et la discussion se poursuivit encore un moment.

Jacques s'était connecté sur le site Internet de son association *La main tendue*. Il écrivit un petit article expliquant l'avancée de son projet. Il était ravi de partager la réalisation de ces retrouvailles entre Robert Reyes et Jeanne Delange avec Catherine. Sa venue s'était avérée providentielle. Sans elle, cela aurait pu ne rester qu'un doux rêve.. Leur association était bénéfique. Le vieux Normand n'eut pas le loisir de poursuivre ses plans pour l'avenir, Catherine déboula dans la pièce. Même le chat sursauta puis fila sans demander son reste.

— Jacques ! Oh pardon ! Vous étiez en train de travailler ?

— Pas vraiment. Je consultais les commentaires laissés par les lecteurs du site de mon association. Vous savez que c'est la première fois que je viens en aide à des gens qui ne m'ont rien demandé ! D'habitude, je ne fais que répondre à une requête. Là, c'est une idée qui vient de moi. Une innovation !

— Ce ne sera peut-être pas la dernière. Votre association peut évoluer, elle aussi ! Non ? Mais, je vous demande pardon. Je reviendrai plus tard.

— Mais non. C'est une excellente idée. Il faudrait étendre le domaine d'implication de *La main tendue*. Après tout, on peut aider pour tout un tas de choses ! Jusqu'ici, il ne s'agissait que d'aider les familles en deuil. Mais, il y a plus à faire ! Simplement, retenez dans un coin de votre tête qu'il faudra que nous en parlions plus tard, dit Jacques.

— De l'association ? De *La main tendue* ? demanda Catherine.

— Oui. Mais, comme je le disais, nous verrons plus tard. Vous vouliez me dire quelque chose ?

— Oui. C'est que j'ai quelque chose qui me mine par

rapport à… enfin, votre projet.

— *Notre* projet, corrigea le Normand.

Catherine fit la grimace.

— Vous n'allez pas recommencer, dites !

— Pardon. Venez, allons faire un tour dans le jardin ! proposa-t-il.

À l'extérieur, le chant mélodieux des oiseaux nichés sur la cime des arbres avait un effet apaisant. Une aubaine, étant donné les circonstances. Jacques fit quelques pas en prenant le bras de Catherine, il l'attira à l'autre bout du jardin, à l'ombre du chêne où le Normand avait installé un petit banc. Quelques merles poussaient la chansonnette.

— Asseyons-nous là, voulez-vous ? demanda Jacques.

Catherine s'installa, charmée par l'endroit bucolique autant que par la musique douce des oiseaux haut perchés.

— Alors, qu'est-ce qui vous chagrine ?

Catherine avait retrouvé un calme suffisant pour pouvoir évoquer ce qui n'allait pas.

— C'est à cause de la télévision ! déclara-t-elle. Ils n'ont rien voulu savoir.

— Comment ça ?

— Je ne suis pas naïve, donc je savais bien qu'ils allaient filmer, faire un reportage. Mais…, je pensais qu'ils laisseraient Robert et Jeanne se revoir d'abord dans l'intimité. Au lieu de ça, ils veulent les filmer dès leurs retrouvailles. Vous vous rendez compte, Jacques, ces deux-là ne se sont pas vus depuis 75 ans, et l'on ne va pas leur laisser une minute rien que pour eux. Ils vont être là, avec leur fichue caméra, à tourner dès les premières secondes. C'est une violation de leur intimité ! Ce doit être *leur* moment !

Jacques Vaillant se gratta la tête. Bien sûr, on ne pouvait

pas donner tort à Catherine. Dans un monde idéal, on leur aurait laissé un moment, rien qu'à eux.

— Catherine, vous avez raison. Cependant, il faut que vous compreniez que nous sommes tributaires du bon vouloir de ceux qui tirent les ficelles. C'est comme ça et cela a toujours été comme ça. Qui peut financer un tel voyage ? C'est tout de même un budget, non ?

Catherine baissa la tête.

— Oui. Cela représente une jolie somme, en effet.

— Donc, à moins que monsieur Reyes ait les moyens de financer son voyage…

— Mouais.

— D'autant qu'il y aura un second voyage pour les 75 ans du débarquement en juin de l'année prochaine, non ? continua Jacques.

Catherine enfouit son visage entre ses mains. Jacques avait raison. L'association profitait de l'intérêt des médias américains et français pour financer une partie du voyage du vétéran Robert Reyes, ainsi que son séjour en France pendant quelques jours. Il n'y avait rien à faire, juste à admettre que c'était comme ça, et pas autrement.

— Catherine, écoutez-moi ! dit Jacques. Je suis pratiquement certain que Robert et Jeanne ne verront même pas les caméras ! Ils seront tout à leur joie de se revoir… après si longtemps, alors qu'ils n'y croyaient plus. Robert Reyes pensait que Jeanne Delange était décédée, vrai ?

Catherine refit surface, elle leva la tête et fixa le Normand, comme s'il s'agissait d'un extra-terrestre.

— Comment faites-vous ça ? demanda-t-elle.

— Quoi donc ?

— Vous arrivez toujours à mettre de la lumière en tout ! C'est fascinant. Je suis admirative. En plus, vous ne vous en rendez même pas compte. En trente secondes, vous venez de m'envoyer en pleine figure une évidence… que pourtant je n'avais pas vue !

— Vraiment ?

— Mais oui. Je vous adore, vous savez ? Je comprends pourquoi Anna ne jurait que par vous. C'est tout de même formidable, un don pareil.

Jacques se garda bien de répondre. Ce n'était pas un don, plutôt un choix de focalisation. Un don ne s'apprenait pas, une façon de voir la vie, si. Cela rendait possible une certaine forme de progrès : tout le monde pouvait s'améliorer et cultiver son bien-être. Il avait lu un jour que le secret du bonheur consistait à éviter de se tracasser pour des choses qui ne dépendent pas de notre volonté. Et puis, comme il le disait toujours, mieux valait voir le verre à moitié plein, plutôt qu'à moitié vide. Finalement, peu importait ce que la Parisienne pouvait bien penser de lui. Il était parvenu à changer le climat dans la tête de Catherine Wells, c'était déjà énorme. Jusqu'à la fin de la journée, l'humeur resta au beau fixe.

Puis, le téléphone sonna…

45

Quand Anna s'éveilla, Carl était déjà debout dans la pièce d'à côté. Il avait préparé du café noir et pianotait sur le clavier de son ordinateur portable posé sur la table haute de la cuisine. Il avait l'air soucieux, le visage fermé et la mine défaite.

Quand il perçut les bâillements d'Anna, enfouie sous les couvertures, qui s'étirait comme un chat s'extirpant d'une sieste, il ferma prestement l'écran amovible de son ordinateur et se dirigea dans la chambre.

— Bien dormi ? s'enquit-il.

— Merveilleusement bien ! répondit la jeune femme.

— Café ?

— Oh oui !

Anna disparut dans la salle de bain, pendant que Carl s'affairait avec la machine à capsules.

— Tu as faim ? hurla le jeune homme.

Anna regagna le lit avant de répondre.

— Non, merci. Juste un café... s'il te plaît !

Carl entra dans la chambre avec un plateau modèle miniature sur lequel reposait un mug de café fumant.

— Madame est servie ! dit-il en lui tenant le plateau.

Anna s'en empara, un sourire accroché aux lèvres.

— Merci monsieur.

Elle souffla sur la boisson et prit une petite gorgée.

— C'est chaud ! affirma-t-elle.

— Oui. C'est l'idée, se moqua Carl avant de déposer un baiser léger sur les lèvres d'Anna.

— Je te laisse finir ton café. Ensuite, il faut que je te dise quelque chose.

Anna fronça les sourcils. Visiblement, ce n'était pas une bonne nouvelle, dans le cas contraire, Carl aurait annoncé la couleur immédiatement. Et puis, il avait une mine soucieuse. Quelque chose le contrariait, c'était certain.

— Il y a un problème ? demanda Anna en posant le plateau sur la table de chevet.

Carl fit la moue.

— Ce n'est rien de grave. Juste un contretemps.

— Quel genre de contretemps ?

— Il n'y a pas de place sur le même vol que toi pour ton retour sur Paris. Je t'ai promis que je t'accompagnerai, mais le premier vol disponible n'a lieu que... lundi prochain. Ton vol est samedi. Ce qui veut dire que j'arriverai deux jours après toi.

Anna passa la main dans ses cheveux, comme si le fait de remonter sa mèche rebelle pouvait l'aider à décrypter les propos de Carl.

— Pas de problème. J'annule mon vol et je prends le même que toi, lundi ! annonça la jeune femme.

Carl l'embrassa sur le front, se leva du lit, s'approcha de la fenêtre, et regarda à l'extérieur. Sans se tourner vers Anna, il poursuivit :

— Ce n'est pas une bonne idée, Anna. De plus, cela me laisse le samedi pour régler quelques dossiers, ici, à l'agence. Je te retrouve lundi. Arrivé à Paris, j'irai chercher ma voiture au parking, et je te rejoindrai immédiatement chez Jacques.

Anna s'extirpa du lit en jetant les draps et couvertures. Elle rejoignit Carl près de la fenêtre, le fit se retourner en lui empoignant le bras.

— Non. Je veux être avec toi.

Carl observa Anna et ne put s'empêcher de sourire.

— Anna !

— Quoi ?

— Tu es toute nue ! constata le jeune homme.

— Et alors ?

— Non rien, c'est juste que...

— C'est juste que tu m'as promis que tu viendrais avec moi. Tu comprends le terme *avec*, ce n'est pas la même chose qu'*après*.

Carl enlaça Anna, l'habillant de ses bras et de son corps. Elle avait un fichu caractère, mais c'était aussi pour ça qu'il l'aimait.

— Ce n'est que deux jours, Anna. Et puis, ça te permettra de voir ta mère, et Jacques, pendant deux jours, rien que pour toi. Cela va te faire du bien, j'en suis persuadé. Tu as des tas de choses à leur raconter et moi, j'arrive deux jours plus tard. Ce n'est vraiment rien. Une paille.

Anna pesa le pour et le contre, méditant sur les paroles que Carl venait de prononcer. On ne pouvait pas lui donner tort. Cela faisait un moment qu'elle n'avait pas vu sa mère. Cela faisait encore plus longtemps qu'elle n'avait pas vu Jacques.

Pendant qu'elle réfléchissait, Carl entra dans la salle de bain et revint avec un peignoir à la main. Il en revêtit Anna avec délicatesse.

— Tu n'aimes pas me regarder ? demanda la jeune femme.

— Si. Mais, est-ce bien le moment de me donner des idées ? On doit prendre une décision, et si tu restes en tenue d'Eve, je n'arriverai pas à me concentrer.

La décision était prise. Carl avait raison et Anna le savait.

— Tu as raison. Je ne vais pas dire que je suis ravie, mais c'était à prévoir. C'est déjà une chance d'avoir un billet pour lundi. Vas-y ! Passe commande avant qu'il ne soit trop tard, je sais par expérience que ça peut aller vite.

— Tu es sûre ?

— Oui. On a été séparés pendant plus d'un mois. Qu'est-ce que deux jours de plus ?

— Sauf que… pendant ce mois, on ne savait plus vraiment où on en était ! Ce qui, je l'espère, n'est plus le cas maintenant, répliqua Carl.

— Tu es bête ! Je n'ai pas été assez claire ? Peut-être faut-il que je te rafraîchisse la mémoire ? demanda Anna tout en dénouant la ceinture de son peignoir. Le vêtement tomba à ses pieds. Elle attrapa Carl par la main et le poussa sur le lit. Il allait devoir attendre un peu pour réserver son vol pour Paris…

46

Catherine était aux anges.

Pas parce que c'était le week-end, même si l'on était samedi, mais parce qu'Anna devait arriver en fin d'après-midi.

Sa fille avait atterri à Paris en fin de matinée. Elle faisait une petite escale dans son appartement, prendre de nouveaux vêtements, et devait être, à l'heure qu'il était, en train de monter dans sa voiture pour prendre la route.

Dans quelques heures, elle serait là.

Jacques aussi était heureux.

Il n'avait pas vu Anna depuis un bout de temps et il se réjouissait à l'idée de pouvoir à nouveau lui parler de vive voix. Il voulait savoir comment s'était déroulé son périple sur le GR 20, avait-elle trouvé ce qu'elle y espérait ?

D'un autre côté, il avait aussi très envie de lui narrer la grande aventure du moment : le projet des « amoureux du débarquement ».

La veille, Catherine et Jacques avaient reçu un coup de fil inespéré. Tout s'était goupillé à merveille. La bonne volonté des personnes impliquées dans ce merveilleux projet s'était mise en route. Résultat : Robert Reyes, accompagné de son fils, et d'une délégation de journalistes américains, ainsi que de Julia Harper, présidente de l'association « *Veterans Seniors for Ever Young* », bref, toute cette petite troupe allait débarquer en Normandie dès le week-end suivant. Une surprise de taille pour Jacques et Catherine qui n'espéraient pas la venue de monsieur Reyes avant le mois d'août.

Dans la foulée, le Normand et la Parisienne s'étaient aussitôt rendus auprès de Jeanne Delange, dont le cœur avait fait un bond à l'annonce de la nouvelle. Imaginez un peu, revoir son amour perdu après 75 ans ! Ensuite, tout s'était mis en place. La rencontre se ferait au sein même de l'. Catherine eut beau protester pour la forme, il n'y eut rien à faire. L'équipe américaine en fut informée et prit la nouvelle avec philosophie. Quand les protagonistes sont aussi âgés que l'étaient les amoureux du débarquement, on faisait contre mauvaise fortune bon cœur, et l'on s'adaptait. Jeanne Delange avait pris froid et il était hors de question de la faire quitter la résidence, au grand regret du maire de la commune qui aurait bien aimé organiser cela au sein de l'hôtel de ville.

Toujours est-il qu'entre les préparatifs de dernière minute et la venue d'Anna en fin de journée, Catherine et Jacques s'affairaient comme des fourmis. Même le chat semblait gêné par cette agitation soudaine.

Julia Harper et Catherine Wells finirent par s'entendre sur un point : elles pouvaient communiquer par e-mail. C'était plus simple en définitive. Ainsi, Jacques et Catherine s'occupèrent de trouver un hôtel confortable dans la ville de Caen, à deux pas de la maison de retraite où séjournait Jeanne Delange. Quand ce fut fait, elle transmit, au moyen d'une application dédiée, l'établissement qui lui semblait le plus pertinent.

Jacques Vaillant laissa cette besogne à Catherine de bonne grâce. Il préféra s'affairer à une tout autre activité. La roseraie avait besoin d'un petit « rafraîchissement ». Le fait qu'Anna venait lui rendre visite était, bien entendu, pour quelque chose dans cette envie soudaine. La jeune femme avait été charmée dès le premier regard posé sur la roseraie du vieux Normand. Jacques devait remettre le parterre en état. Il ne s'était occupé que du bassin à poissons ces dernières semaines et il avait du pain sur la planche. Pourtant, c'était un vrai plaisir. Jardiner, plonger ses mains dans la terre, couper, tailler, redresser, arroser... puis profiter du spectacle pour les yeux, et les parfums subtils et enivrants, c'était un ravissement pour les sens. Jacques se disait souvent que les pauvres gens vivant entourés de béton, coupés de la nature, dans les grandes villes ou banlieues, se trouvaient forcément en état de manque, de façon consciente ou pas.

Alors qu'il était agenouillé, les mains dans la terre, il leva les yeux et balaya l'horizon. Quelle chance d'avoir comme cadre de vie une telle nature luxuriante ! Son jardin privé s'étendait là, tout autour, et les arbres dont les branches s'agitaient sous la poussée d'une légère brise, le chant mélodieux des oiseaux juchés sur les plus hautes branches, tout cela lui apportait un certain équilibre. Cet environnement lui faisait du bien. Il eut une pensée pour Jeanne Delange qui, même au sein de sa maison de retraite, avait la chance de disposer d'un jardin boisé et fleuri. Cela lui donna le sourire. Quand on est jeune, on ne se rend pas forcément compte de toutes ces choses, pourtant essentielles. Quand on arrive au crépuscule de sa vie, on a parfois la chance d'en mesurer toute la portée, et de temps en temps, de ressentir une certaine plénitude.

Jacques ferma les yeux, huma le parfum de ses rosiers pastels, se concentra sur les rayons du soleil qui illuminaient son visage, puis sur le petit souffle de vent qui le rafraîchissait dans le même temps. Tandis qu'il s'affairait, les pieds et les mains dans la terre, le visage pointé vers le ciel, il songea à Catherine qui était en train de finaliser un projet qu'il n'aurait peut-être pas mené à bien seul, à Anna qui devait arriver dans quelques heures, et il eut soudain une envie étrange, parce qu'il éprouvait un sentiment de gratitude. Alors il ouvrit les yeux et murmura un *merci* à peine perceptible.

*

En fin d'après-midi, Jacques lisait son nouveau roman policier – celui offert par Catherine - sur la terrasse, à l'ombre du pare-soleil, pendant que la Parisienne tapait frénétiquement sur le clavier de l'ordinateur portable.

Soudain, la Peugeot 108 d'Anna franchit le portail que Jacques avait laissé ouvert. Le crissement des pneus sur l'allée de graviers fit sursauter Catherine.

— Jacques, c'est Anna ! hurla Catherine en se levant d'un bond pour disparaître dans le jardin.

Le moteur tournait encore que Catherine était déjà figée devant le véhicule, un sourire affiché d'une oreille à l'autre.

Anna s'extirpa de l'habitacle avant d'être compressée aussitôt dans les bras de sa mère.

— Oh, ma chérie, je suis si contente de te voir ! dit-elle.

Une multitude de baisers s'abattirent sur les joues de la jeune femme avant qu'elle ne puisse prononcer le moindre mot.

— Bonjour maman. On dirait que tu ne m'as pas vue depuis au moins un an !

— Oui, c'est bien mon impression !

— Cela fait seulement un mois et demi, maman !

— Ah bon ? répondit Catherine dans un éclat de rire. Tu es sûre ?

— Oui.

— Peu importe. Je suis si contente de te voir et... dis donc, tu as maigri, toi, non ?

— Maman !

— Tu n'as pas dû manger à ta faim tous les jours, on dirait ! En plus, ce devait être des trucs lyophilisés avec des tas d'additifs chimiques !

— Maman ! Je viens tout juste d'arriver ! Quand vas-tu te rendre compte que je ne suis plus une gamine ?

Catherine inspira un grand coup.

— Pardonne-moi. Je vais faire des efforts, promit-elle.

— Elle y travaille, je t'assure ! dit Jacques qui s'était approché discrètement.

Anna embrassa sa mère à son tour, puis fit un pas en direction de Jacques qui ouvrit ses bras en gras.

— Moi, cela fait plus d'un mois et demi que je ne t'ai pas vue ! dit-il.

Ils s'étreignirent et Anna goûta un instant à l'étreinte protectrice du vieux Normand.

— C'est vrai. Je suis désolée. Mais, je suis là pour quelques jours, alors...

— Alors tout va bien ! coupa Jacques.

Anna passa ses bras autour des épaules de Jacques d'un côté, et de sa mère de l'autre. Ils avancèrent d'un même pas en direction de la terrasse.

— Comment ça va, vous deux ? demanda Anna.

— Très bien. On a une foule de choses à te raconter, répondit Catherine. C'est le branle-bas de combat par ici !

— Tu veux que je prenne ta valise ? demanda Jacques se tournant vers la petite Peugeot.

— Ah oui, je veux bien.

Une fois les bagages montés à l'étage. Jacques proposa un rafraîchissement.

— J'ai du cidre au frais ! Est-ce que ça vous dit ?

Anna accepta.

Ils se retrouvèrent tous les trois à discuter autour d'un verre et de quelques biscuits normands. Avec Jacques, tout était prétexte à prendre du bon temps. Anna savait à présent que ces moments étaient autant de petits bonheurs qu'il ne fallait pas négliger.

Catherine pressa sa fille de questions concernant son périple corse, et surtout sur son escapade en Algarve, auprès de Carl. Anna répondit franchement, sans occulter les moments de doute qu'elle avait vécu auparavant. Maintenant que la situation s'était arrangée, que les choses étaient claires, que la peur avait été vaincue, il n'y avait plus rien à craindre. Aussi Anna parla franchement, parce qu'avec sa mère, mais aussi avec Jacques, c'était une chose qu'on pouvait se permettre. Et cela valait tout l'or du monde.

Catherine but les paroles de sa fille. Jacques écouta avec attention. Le passage de l'orage et les répercussions sur l'état psychologique d'Anna lui parurent des plus intéressants. Il rangea ses questions dans un coin de son esprit, pour plus tard.

Pour Catherine, même si le revirement de situation relevait du miracle, les liens renoués entre sa fille et Carl la mettaient en joie. Elle n'avait pas oublié son rêve, quand sa fille était au plus mal, cela faisait pourtant plus d'un an déjà. Elle avait vu Carl sauver Anna de la noyade. Pourtant, à cette époque, elle ne l'avait encore jamais vu réellement. C'est plus tard, quand un jeune homme l'avait contacté pour lui parler d'Anna et de l'histoire absurde du mouchoir brodé de sa grand-mère, puis qu'ils s'étaient rencontrés dans une brasserie, près de son lieu de travail, qu'elle l'avait reconnu. C'était lui, qu'elle avait vu en songe. Ce ne pouvait être que lui qui aiderait sa fille à sortir de sa dépression, ce serait par lui qu'Anna pourrait à nouveau vivre un nouvel amour.

— Et maintenant, que vas-tu faire ? demanda Catherine.

— Tu veux dire avec Carl ?

— Oui.

— On va s'installer ensemble.

Catherine tenta de résister, mais ses yeux se mirent à briller, puis les glandes lacrymales jouèrent leur rôle, poussées par l'émotion, et quelques larmes perlèrent le long des joues d'une maman qui entendait des paroles qu'elle n'osait plus espérer.

Jacques posa une main sur l'épaule de Catherine, puis se leva brusquement avant de disparaître à l'intérieur de la maison. Catherine l'aurait juré, le vieux Normand était ému, lui aussi, mais par pudeur, il avait préféré ne rien montrer.

Soudain, le visage de Catherine se figea.

— Mais, Carl vit au Portugal à présent. Ne me dis pas que tu vas aller t'installer là-bas ?

Anna posa son verre de cidre avant de répondre.

— Le nouveau travail de Carl nécessite une double présence au Portugal, mais aussi en France, maman. Du coup, il fera de perpétuelles allées et venues entre Paris et Faro.

L'information mit un peu de temps à arriver jusqu'au cerveau de Catherine, ou du moins l'analyse de cette nouvelle. C'est précisément à cet instant que Jacques sortit de la maison avec un plateau apéritif à la main.

— Vous allez être saoules si vous ne mangez rien ! J'ai fait quelques petites tartines ! déclara-t-il.

— Jacques, vous avez entendu ?

— Non, qu'est-ce que j'aurais dû entendre ? demanda-t-il en posant le pain, le pâté et les cornichons sur la table.

— Anna va peut-être s'installer avec Carl au Portugal…

— Maman !

— Ce n'est pas ça ? s'enquit Catherine.

— Non. Je t'ai juste dit que Carl allait bouger entre Paris et Faro. D'ailleurs, c'est déjà le cas. Il a son appartement à Faro, mais il veut acheter une maison rapidement. Et puis, il garde son appartement parisien.

— Oui, mais et toi dans tout ça ? demanda Catherine.

— Moi, je resterai à Paris… la plupart du temps.

Catherine s'agitait sur sa chaise.

— La plupart du temps ? Qu'est-ce que ça veut dire ?

Jacques prit la parole.

— Cela veut dire qu'Anna va peut-être vivre sa vie entre ici et là-bas. Que de temps en temps, elle résidera avec son compagnon, à Faro. Mais aussi, qu'elle sera ici, près de vous, la plupart du temps.

Catherine fixait Jacques, elle avait compris que, sans le vouloir, elle était retombée dans les travers qu'elle tentait maladroitement de corriger. Anna allait bientôt avoir trente ans. Elle reprenait goût à la vie, peu importait où elle décidait de vivre, tant qu'elle vivait à nouveau une vie… normale.

Elle prit une grande bouffée d'oxygène et expira lentement, une façon bien simple de reprendre ses esprits.

— C'est vrai. Je suis désolée ma chérie. Merci, Jacques, dit-elle en finissant d'un trait son verre de cidre.

— Et puis, tu sais maman, si je passe un peu de temps au Portugal, ce n'est jamais qu'à deux heures trente de vol.

— C'est vrai. Elle aurait pu partir vivre au Canada… ou en Australie ! plaisanta Jacques tout en déposant quelques tartines nappées de pâté de campagne devant Anna et sa mère.

Catherine allait répondre à Jacques que ce n'était pas

drôle, mais elle n'en eut pas le temps parce que la sonnerie du téléphone fixe logé dans le salon retentit soudain.

Jacques s'excusa et fila à l'intérieur. Quelques secondes passèrent avant qu'il ne réapparaisse, l'air contrarié.

— Catherine ! Ce sont les Amerloques ! J'ai essayé, mais je n'ai pas compris la moitié de ce qu'ils m'ont dit. Si vous voulez bien les prendre...

Elle n'eut pas besoin de se faire prier. En moins de deux, elle était dans le salon, le combiné collé à l'oreille.

Jacques aurait pu l'accompagner, mais il préféra rester auprès d'Anna. Il ne l'avait pas vue depuis longtemps, et l'opportunité d'une petite conversation entre quatre yeux lui plaisait bien.

— Waouh ! Maman est en forme ! Elle m'a dit pour votre projet, on dirait bien que ça avance !

Jacques se servit un verre de cidre tout en faisant signe que oui de la tête.

— Et comment ! Si j'ai bien compris tout ce que ta mère m'a dit ! Oui, parce que, tu l'auras compris, c'est elle qui fait l'interprète avec l'association des vétérans. Bref, monsieur Reyes devrait arriver d'ici quelques jours. Ta mère m'a énormément aidé, tu sais.

— J'ai cru comprendre. Mais... elle a vraiment lâché son travail ?

— Tu n'auras qu'à le lui demander. Mais, à ce qu'elle m'a dit, elle reste propriétaire de son commerce. Elle a juste transmis la gérance à son employée, si je ne me trompe pas.

— D'accord. Du coup, elle est venue ici pour quelle raison exactement ?

Jacques but une gorgée de cidre fermier, posa le verre et fixa Anna.

— Pour faire le point, j'imagine. Elle m'a appelé en me

demandant si elle pouvait venir passer quelques jours ici. Après quelques explications sur ce qu'elle était en train de vivre professionnellement, je l'ai invitée de bon cœur. De plus, j'avais mon projet qui n'avançait plus et je me suis dit qu'elle serait tout à fait susceptible de m'aider à le faire avancer. Je ne m'étais pas trompé !

Anna croqua dans une tartine au pâté. C'était un délice.

— Jacques, c'est meilleur que la terrine que vous m'aviez fait goûter lors de notre première rencontre, dit-elle en souriant.

Jacques fit semblant d'être vexé, puis empoigna une tartine à son et y ajouta un cornichon avant d'y goûter, à son tour.

— Mouais, ce n'est pas mauvais ce petit pâté de campagne. Bon, d'accord, celui-là c'est mon charcutier qui l'a fait !

Ils rirent de bon cœur, puis, soudain, Jacques redevint sérieux.

— Alors... et toi ? Comment vas-tu, Anna ?

La jeune femme s'adossa contre la chaise de jardin, bien calée contre le dossier. Elle balaya du regard le jardin et aperçu le bassin.

— Je vais très bien. Mais... euh, c'est nouveau ça ! dit-elle en montrant le bassin.

— Viens voir !

Ils s'avancèrent jusqu'au bord du bassin. Anna se pencha légèrement par-dessus le muret pour apercevoir la ribambelle de poissons qui glissaient sous l'eau, telle une main délicate sur un foulard de soie.

— Qu'en penses-tu ? demanda le Normand.

— C'est... étrange, mais ça donne de la vie au jardin. La faune en plus de la flore, déjà présente en abondance.

— Voilà.

— Mais pourquoi en fait ?

— Pourquoi quoi ?

— Ben... le bassin, les poissons !

— Faut-il une bonne raison à tout ? demanda Jacques.

Anna se gratta la tête.

— Je suppose que non.

— Et tu supposes bien. J'en ai eu envie, voilà tout. Il faut parfois faire taire son mental et agir d'instinct. Un jour, tu te lèves et tu as envie d'un bassin avec des poissons au milieu de ton jardin. Y a-t-il quelque chose qui s'y oppose ? Non. Bon, alors il n'y a plus qu'à...

— Je comprends.

— Vraiment ?

— Oui.

— Alors c'est bien ainsi.

Sans vraiment s'en rendre compte, ils poursuivirent leur marche vers la roseraie. Une petite brise caressait leurs joues, et les derniers rayons de soleil de la journée touchant à sa fin les obligeaient à plisser les yeux.

Anna s'arrêta devant un parterre de roses.

— Oh, c'est mon *Pierre de Ronsard* ! s'exclama Anna. Comme il a poussé ! Il est magnifique.

— Encore heureux ! J'en prends grand soin, alors... ils me le rendent bien.

— Le rosier blanc de Louise est superbe aussi ! poursuivit Anna.

— Oui.

Anna prit le bras du vieux Normand, comme pour lui

apporter un peu de réconfort.

— Jacques, il m'est arrivé quelque chose de... spécial pendant ma randonnée corse. J'aimerais beaucoup avoir votre avis.

— Je t'écoute.

— Je n'en ai pas parlé à maman, elle aurait fait une attaque. Pendant notre descente, nous avons essuyé un orage très violent. La foudre s'abattait partout autour de nous et à un moment, ça tombait tellement près de nous que... nous avons dû nous recroqueviller, nous asseoir sur nos sacs à dos, faire le dos rond, en priant pour ne pas être touchés par un éclair. Il y en a eu un qui a fracassé la roche à quelques mètres de notre position. Là, j'ai vraiment cru que ma dernière heure était arrivée, et...

Jacques proposa de se rendre sur le banc qu'il avait installé sous le grand chêne, tout au fond du jardin. Quand ils furent installés, il invita Anna à poursuivre son récit.

— Alors, que s'est-il passé ensuite ? demanda-t-il.

— Je ne sais pas vraiment. C'est difficile de mettre des mots sur ce que j'ai ressenti.

— Essaye toujours, on verra bien.

— Bon. C'est comme si, tout à coup, quelqu'un avait allumé un énorme projecteur, mais au lieu de lumière, c'était... de l'amour. Et cet amour a balayé toutes mes peurs. Je me souviens que j'étais là, recroquevillée au sol, juchée sur mon sac, les mains sur les oreilles pour ne plus entendre le tonnerre et le fracas des éclairs qui frappaient la roche alentour. C'est là, qu'à un moment, alors que je tremblais et que mes dents claquaient, c'est là que...

— Que ?

— C'est complètement dingue. Vous n'allez jamais me croire, dit Anna.

— Je t'écoute, rétorqua Jacques.

— Il y a eu un moment où je me suis sentie... comme aspirée dans une sorte de tourbillon d'énergie ou de je ne sais quoi. C'était comme, vous savez, les tornades que l'on voit à la télé dans des reportages ! Au début, j'avais l'impression de monter, de m'élever, d'abord lentement, puis tout s'est accéléré d'un coup. Et je me suis retrouvée... ailleurs !

— Ailleurs ?

— Oui.

— Où ça ?

— Je n'en sais rien. Je n'étais plus assise sur le sac à dos, trempée jusqu'aux os avec la foudre qui s'abattait près de moi. J'étais... quelque part. Et là... j'ai entendu quelqu'un. Une voix. Et cette voix douce, aimante, pleine de chaleur m'a dit : *N'aie pas peur. Ne résiste pas. Lâche prise.*

Les yeux de la jeune femme se mirent à vaciller. Ils s'embuèrent de larmes prêtes à glisser le long de son visage, mais Anna s'essuya d'un revers de main avant que cela ne se produise.

La jeune femme attendait que Jacques réponde quelque chose, mais il n'en fit rien. Au lieu de cela, il se mit à sourire. Un sourire franc et sincère.

— Vous ne dites rien ? demanda-t-elle.

— Tu voudrais que l'on mette des mots sur quelque chose qui n'en a pas besoin.

— Mais c'est que je voudrais comprendre.

— Et tu as tort.

Anna ne put cacher sa surprise. Elle ouvrit de grands yeux ronds, elle ressemblait aux poissons qu'elle avait observés quelques minutes auparavant, dans le bassin.

— Pardon ?

— Tu tentes d'analyser avec ton mental une expérience spirituelle. C'est tout bonnement incompatible.

— Mais, que dois-je faire alors ?

— Rien.

— Je ne comprends pas.

— Justement, il n'y a rien à comprendre et rien à faire.

— Rien ?

— Rien.

Heureusement qu'elle était assise, parce que ce que lui disait Jacques était bien éloigné de ce qu'elle attendait de sa part. Elle n'allait pas se contenter de cela. C'était un peu facile. *Rien à faire, rien à comprendre.* Il n'allait pas s'en tirer comme ça.

— Bon Jacques, là, je suis perdue. Il va falloir que vous me guidiez un peu.

— Soit. Alors, je n'ai pas vécu *ton* expérience. Mais, je présume que cela a changé quelque chose en toi, n'est-ce pas ?

— Oh, ça oui alors !

— Quoi exactement ?

— Euh... c'est difficile à expliquer, mais... quand j'ai repris mes esprits, tout était différent. J'entendais la pluie qui tombait, le crépitement de l'orage qui s'éloignait. Et puis, j'avais conscience de l'air qui entrait et sortait de mes poumons à intervalle régulier. Mais, le plus fascinant était que... que je n'avais plus peur ! Toute peur avait disparu. En un éclair, si j'ose dire.

— Hum... Je vois. Cela t'a permis de prendre conscience de l'état dans lequel tu te trouvais, avant.

— Exactement. En fait, avec le calme qui m'avait envahi, j'ai pris conscience du fait que, jusque-là, je vivais dans la peur, je veux dire depuis l'accident. Et que cette peur me paralysait totalement, elle m'empêchait de vivre ma vie. Je suis désolée, Jacques.

— Et pourquoi ça, grand Dieu ?

— Parce que, en dépit de tout ce que vous avez fait pour moi dans l'année écoulée, je n'étais pas encore... guérie.

— Non, mais tu avais amorcé ton voyage.

— Mon voyage ?

— Oui. Tu commençais à réapprendre à vivre. Et non pas seulement à te contenter d'exister. Il y a une différence notable entre exister et vivre, tu le sais à présent.

— Oui. J'avais toujours mon armure, celle dont vous m'aviez parlé.

Jacques fronça les sourcils.

— Tu ne veux toujours pas me tutoyer, depuis le temps que l'on se connaît ?

Anna baissa la tête.

— Je suis désolée, Jacques. Je n'y arrive pas... enfin pas encore.

— Bon. J'aimerais seulement que tu y parviennes un jour... si possible avant que je ne rende l'âme, plaisanta-t-il.

Anna fit la moue. Puis Jacques l'attrapa par l'épaule et la secoua joyeusement.

— Allez, ce n'est pas grave. Donc, nous en étions à cette fameuse armure.

— Oui. Je suis désolée, mais je dois bien reconnaître que je la portais toujours, même si vous m'aviez mise en garde.

— Il y a une différence aussi entre la connaissance et la sagesse !

— Oui, je me souviens : la sagesse est la connaissance mise en application ! déclara fièrement la jeune femme.

— Voilà ! Tu y es. Mais vois-tu, il ne suffit pas de savoir quelque chose pour le vivre. Il faut d'abord y être.

— Y être ?

— Exactement. Tu fais quelque chose à partir de ton état d'être. Je suis triste, alors je pleure. Je suis heureux, alors je souris. Tu agis en fonction de ce que tu es.

— Waouh ! fit Anna.

— Oui, c'est du costaud hein ?

— Où avez-vous appris tout ça ?

— Dans un livre.

— Ah oui ! Lequel ?

— Le livre de la vie.

Anna aurait dû s'en douter, Jacques le malicieux avait encore sévi.

— Bien joué ! dit-elle.

— Merci. Tu sais, j'en ai lu des livres, et c'est en effet un mine d'informations et d'expériences diverses que l'on peut vivre à travers nos lectures. Pendant un temps, hors du temps, nous vivons la vie d'un personnage et, les plus sensibles, peuvent ressentir des émotions qu'ils n'auraient jamais pu vivre par eux-mêmes, en entrant dans la peau d'un autre, un être fictif qui plus est !

— Oh oui ! C'est tout à fait mon cas. Quand j'aime un roman, j'entre complètement dans une autre vie.

— Voilà, c'est exactement ça. Par conséquent, cela permet de prendre de l'expérience à travers des histoires de vie. Du reste, on peut vivre ça aussi avec le cinéma. Mais, rien ne peut atteindre le niveau d'intensité émotionnelle de sa propre vie. Le cinéma, les romans, c'est du virtuel. Quand tu vis quelque chose, tu en fais *vraiment* l'expérience. Et c'est quelque chose de totalement unique.

— Je suis bien placée pour en parler, dit Anna.

— Je ne te le fais pas dire. Cependant, on peut aussi expérimenter à travers les autres, encore faut-il avoir un certain degré d'empathie. Donc, tu fais le mélange de tout ça : ta propre vie, celles des gens qui te sont proches, tes lectures aussi, enfin tout ce qui va te faire ressentir des émotions, et... quand tu arrives à un certain âge, comme moi, tu es censé avoir accumulé une certaine expérience de vie, ce qui t'amène à pouvoir aider les autres, s'ils sont demandeurs bien entendu...

Anna prit un air grave, elle entra en elle-même pour y puiser sa propre expérience, entrevoir le chemin qu'elle avait parcouru. D'où elle était partie, et où elle était arrivée.

— J'étais prête à le quitter, vous savez Jacques.

— Carl ?

— Oui.

Jacques se redressa et prit la main d'Anna dans la sienne.

— Tu veux m'en dire un peu plus ? demanda-t-il.

— Je pensais être incapable d'approfondir ma relation avec Carl. J'ai passé une année en attendant que quelque chose se passe, mais rien ne changeait. Toutes mes pensées étaient tournées vers Stéphane. Et Carl, lui, cet homme si gentil, charmant, attentionné, méritait mieux, à mon sens, que ce que j'étais capable de lui offrir. Lui me disait qu'il m'aimait. Moi, je ne savais pas où j'en étais. J'étais en plein doute.

— Et tu sais ce qui alimentait ce doute ? demanda Jacques.

— C'est difficile à exprimer. Mais, j'ai eu le temps de faire la part des choses. Je crois qu'il ne me semblait pas possible d'aimer un autre homme après Stéphane.

— Voilà quelque chose de bien naturel ! dit Jacques en remuant la tête de haut en bas. Crois-moi, je suis bien placé pour le savoir.

Anna allait exprimer son étonnement lorsque le chat, qui était arrivé sans faire de bruit, se frotta contre ses chevilles.

— Hey ! Mais qui c'est celui-là ? demanda la jeune femme.

Jacques attrapa le félin en prenant garde de ne pas lui faire mal et le déposa sur ses cuisses.

— Celle-là, rectifia Jacques. Anna, je te présente Ombre, une femelle Sacré de Birmanie aux yeux magnifiques, comme tu peux le voir.

Ombre passa des jambes de Jacques à celles d'Anna, venant se blottir contre la jeune femme. Elle s'installa ainsi et se mit à ronronner sous les caresses délicates.

— Vous l'avez adoptée depuis quand ? demanda-t-elle.

— Oh, c'est elle qui m'a adopté en vérité. Elle est apparue dans le jardin il y a quelque temps. J'ai d'abord cru qu'elle appartenait à un voisin. J'ai fait le tour du voisinage, rien. Je suis allé jusqu'en ville, mais là non plus, aucune mère Michel n'avait perdu son chat, dit Jacques en riant. Je suis même allé visiter la SPA qui m'a confirmé qu'elle n'était pas pucée non plus. Moi qui ne savais même pas que les tatouages n'étaient plus au goût du jour ! Finalement, j'ai obtenu le droit de la garder. Du coup, je crois bien qu'elle a élu domicile ici.

Anna grattouilla la tête d'Ombre qui ronronnait de plus belle. Jacques avait dit quelque chose qui résonnait dans l'esprit d'Anna. Il fallait en découvrir davantage.

— Pourquoi est-ce naturel de croire qu'il est impossible d'aimer une autre personne après la mort de son premier amour, Jacques ? Vous avez dit que vous étiez bien placé pour le savoir. Vous voulez bien m'expliquer ?

Jacques leva les yeux vers le ciel déclinant. Pour satisfaire Anna, il fallait ouvrir un livre aux pages usées. Sa mémoire ne lui faisait pas encore défaut, pourtant cela remontait à bien longtemps.

— On peut aimer plus d'une fois au cours d'une vie, Anna.

La jeune femme ouvrit de grands yeux ébahis, comme si Jacques venait de lui avouer qu'il se mettait au régime végan.

— C'est du vécu ? demanda-t-elle.

— Oui. J'ai eu une grande histoire d'amour avant de connaître Monique. J'étais un tout jeune homme à l'époque.

— Vous ne m'en avez jamais parlé !

— On n'en a pas vraiment eu l'occasion. Il y a pléthore de choses que tu ignores sur moi, jeune fille !

Jacques livra un rire discret, ce qui n'était pas vraiment dans ses habitudes.

— Mouais, vous avez raison. On parle toujours de moi, rarement de vous.

— Cela me convient parfaitement. J'aime mieux que tu me racontes tes histoires, les miennes… je les connais déjà.

Cette fois, Anna le suivit dans un éclat de rire.

— Allez, soyez sérieux deux minutes. Racontez-moi votre premier amour !

— Je n'ai pas dit que c'était le premier !

Il parvint à garder un air grave l'espace d'une dizaine de secondes, puis pouffa.

— Si tu voyais ta tête ! ajouta-t-il.

Il est parfois difficile d'entrevoir la jeunesse d'une

personne que l'on a connue à un âge avancé. Jacques avait le profil d'un homme, pas encore vieux, mais d'âge mûr. C'était ainsi qu'il était ancré dans l'esprit d'Anna. Il avait déjà presque 70 ans quand elle l'avait rencontré pour la première fois. Même quand il lui avait narré son passé, elle avait eu du mal à l'imaginer trentenaire, l'âge où il avait perdu sa fille, Louise. Alors, l'imaginer en jeune adulte, ce n'était vraiment pas une mince affaire.

— Pardon Jacques, c'est que j'essaie me projeter quand vous étiez jeune homme, mais c'est compliqué.

— Je veux bien te croire, même moi j'ai du mal à me souvenir comment j'étais à cette époque ancestrale ! Le mieux serait que je t'ouvre mes albums de photos, ce serait plus facile alors.

— Oh oui, j'aimerais beaucoup ! dit-elle.

— D'accord. Il faudra que je les sorte des tiroirs poussiéreux, mais c'est entendu.

Ombre, fidèle à sa réputation de félin toujours en alerte, aperçut un oiseau virevolter à quelques mètres. Elle bondit au sol et partit à la chasse.

— Tu peux toujours courir pour l'attraper celui-là ! dit Jacques. Alors, où en étais-je ?

— Vous disiez que vous aviez déjà été amoureux avant Monique.

— Ah oui. Merci... Elle s'appelait Élisabeth. Je vois encore son visage comme si c'était hier. C'est étrange comme la mémoire peut se jouer de certaines choses lointaines, et puis nous laisser en plan pour d'autres, datant de quelques jours à peine. Mais bon, ce n'est pas le sujet, n'est-ce pas ?

Anna répondit par un sourire.

— Je l'ai connue à mon entrée au lycée. Elle devait avoir 16 ou 17 ans. Je suis aussitôt tombé amoureux. Je n'avais jamais connu ça, avant. J'ai même failli partir, m'enfuir avec elle.

— Comment ça ? demanda Anna, intriguée par ces confidences inédites.

— Elle était en première année de lycée, et moi je venais de quitter les études pour un apprentissage en menuiserie quand on s'est rencontrés. Notre histoire a duré… près de deux ans. C'était compliqué, car il fallait nous cacher… à cause de ses parents qui ne m'appréciaient guère. Ils avaient une autre idée pour ce qui était du jeune homme digne de fréquenter leur fille. Moi, j'étais un « manuel », tu comprends ?

Anna fit signe que oui.

— Alors, on a vécu notre histoire en cachette. Seule ma mère était au courant. Mon père… je crois qu'il n'en a jamais rien su. Non.

— Et que s'est-il passé ?

— La vie nous a séparés, voilà tout. Sauf si…

— Quoi ?

— J'ai toujours pensé qu'une fois son bac en poche, ses parents ont organisé son départ en Amérique pour ses études. Mon Dieu… je ne sais même plus ce qu'elle était partie étudier outre-Atlantique. Comme si l'on ne pouvait pas tout apprendre ici, en France ! pesta Jacques.

— C'était peut-être pour parfaire son anglais ? proposa Anna, l'air désolé.

— Mouais. Elle aurait pu aller en Angleterre alors !

Malgré le temps qui était passé, Jacques semblait toujours en colère. Le destin nous joue parfois de drôles de tours, et Anna était bien placée pour en parler.

— Et après ? demanda-t-elle.

— Après… rien. Notre histoire s'est arrêtée là. Il se

peut même qu'elle n'ait jamais vraiment commencé... sauf pour moi. Élisabeth aurait pu me donner des nouvelles. Elle connaissait mon adresse. Elle ne l'a pas fait. Et ce n'était pas du côté de ses parents que j'aurais pu obtenir une quelconque information. Voilà. Et puis, le temps est passé, les semaines, les mois, les années. J'ai cru que plus jamais je ne laisserai les sentiments guider ma vie. J'avais tort. Un jour, j'ai rencontré Monique. Et j'ai aimé à nouveau. Et encore plus fort, je peux te le dire. Voilà. Fais-moi confiance, on peut aimer plusieurs fois au cours d'une vie, ma petite Anna.

Une petite larme perlait lentement sur la joue d'Anna.

Jacques l'essuya d'un geste délicat avec son index, puis il inclina la tête de la jeune femme et déposa un baiser sur son front.

— Tu as le droit d'aimer à nouveau, Anna, dit-il gravement.

— Oui, murmura-t-elle.

— Et je pense que Carl est fou de toi, alors ouvre en grand la fenêtre du bonheur. D'abord parce que tu y as droit. Et puis aussi parce que, comme je te l'ai déjà dit : Après la pluie…

— … vient le beau temps !

Jacques posa ses mains sur ses hanches.

— Tu as bien appris ta leçon, dis donc !

— J'ai eu un bon professeur.

On entendit soudain un cri rauque, venant de la porte d'entrée. C'était Catherine qui en avait enfin fini avec la diplomatie américaine, et qui devait se demander ce qu'ils fabriquaient au fond du jardin, assis sur un banc, à l'ombre d'un grand chêne.

Anna observa la silhouette de sa mère qui s'agitait. C'était bon de la voir ainsi.

Anna n'avait pas encore tous les détails concernant le fameux projet, mais quoi qu'il en soit, cela avait le mérite d'occuper Catherine Wells comme autrefois, à l'époque où Anna n'était encore qu'une gamine et que son père était encore de ce monde. Anna la trouvait pleine de vie. Au début, elle s'était inquiétée en apprenant qu'elle allait laisser les rênes de la boutique à son adjointe. Mais, à présent, en la voyant redynamisée et gorgée d'un enthousiasme à renverser des montagnes, Anna comprit que tout était parfait.

Elle inspira l'air frais du jardin où tous les parfums s'entremêlaient, ravissant son odorat et lui rappelant que, cela aussi, c'était le bonheur, aussi simple soit-il.

— Je crois que ta mère nous appelle ! dit Jacques, extirpant Anna de ses réflexions.

— Vous croyez qu'il faut y aller ? demanda Anna en souriant.

— Elle serait capable de venir nous chercher avec un balai, je le crains, répondit Jacques.

Ils se levèrent de concert en éclatant de rire, puis se dirigèrent d'un même pas vers la maison.

47

C'était une agréable soirée. Bien sûr, Jacques avait tenu à préparer un repas « *dont vous me direz des nouvelles* », et le fait qu'Anna avait indiqué ne pas avoir très faim n'avait pas fait fléchir le vieux Normand. Anna avait imploré de l'aide auprès de sa mère, mais cette dernière lui avait indiqué qu'elle était désormais résignée. Après une semaine passée en compagnie de Jacques, elle avait vite compris qu'en matière de cuisine, il aurait toujours le dernier mot.

Alors que Jacques s'affairait derrière ses fourneaux, Anna et Catherine s'étaient installées dans le salon et chacune avait pu narrer à l'autre le mois qui s'était écoulé. Catherine écoutait religieusement les paroles de sa fille, s'abstenant de l'interrompre quand Anna évoquait certains périls rencontrés au cours de la randonnée corse, même si elle en mourait d'envie. Elle observait sa fille et s'aperçut que quelque chose avait changé chez elle. Elle n'aurait pas su dire ce que c'était exactement, d'ailleurs était-ce seulement visible pour quelqu'un d'autre qu'elle, sa mère. Pour autant, Anna semblait être une nouvelle femme. Sa façon de se tenir, comme celle de parler. Il y avait quelque chose de neuf, en elle. Catherine chassa son désir stupide de vouloir mettre le doigt sur quelque chose d'impalpable. Et puis soudain, elle réalisa. Ce fut comme une déflagration en plein cœur : Anna était guérie. Voilà ce qui avait changé.

— Maman, tout va bien ? demanda Anna qui s'était aperçue que sa mère ne l'écoutait plus et semblait perdue dans ses pensées.

Catherine procéda à un atterrissage en douceur, cachant du mieux qu'elle le put l'émotion qui avait soudain envahi chacune des cellules de son corps.

— Euh… oui, ça va.

— Tu es sûre ?

— Oui.

— Bon. J'avais l'impression que tu ne m'écoutais plus.

Catherine s'approcha au plus près de sa fille, lui effleura la nuque de la paume de ses mains et déposa un baiser sur sa joue.

— Je t'aime, ma fille !

Anna ouvrit de grands yeux. Qu'avait pensé sa mère, à l'instant ? Un tel élan de tendresse n'était pas inhabituel de sa part, non, mais la conversation ne s'y prêtait pas vraiment. Alors ? Elle devait en avoir le cœur net.

— Que se passe-t-il, maman ? Pourquoi cet élan d'affection tout à coup ?

Catherine tenta de se justifier.

— Parce que j'ai besoin d'une raison précise, à un moment précis, pour te dire que je t'aime ?

— Maman !

— Quoi ?

— Dis-moi ce qui se passe.

Catherine observa la porte qui donnait sur la cuisine. Jacques jouait toujours à *Top Chef*, pas la moindre chance qu'il montre le bout de son nez avant un moment. Elle pouvait se confier à sa fille sans crainte d'être interrompue.

— C'est que… j'ai bien écouté tout ce que tu as raconté, et je te crois.

— Tu me crois ?

— Oui. Je ne sais pas ce qui s'est passé là-haut, mais cela t'a transformée, c'est une certitude. Je le sens dans mon cœur, dans mon âme.

Anna prit le temps de bien assimiler les paroles de sa mère avant de répondre. Catherine Wells avait toujours eu un côté… mystique, pour ne pas dire un peu *en marge*. Cela lui avait joué des tours autrefois. Pourtant, il y avait parfois des instants où elle visait juste, où elle percevait les choses sans vraiment savoir comment. Comme si son mental s'éteignait l'espace d'un instant pour ne plus penser, mais seulement ressentir. Et là, en cet instant, Anna sentait que c'était précisément ce qui venait de se passer.

— Si par *là-haut*, tu veux dire sur le *Monte Cinto*, alors, oui,, j'ai eu une sorte de… révélation. Tout à coup, j'ai pris conscience que je devais faire un choix. C'était soit la peur, soit l'amour. Et j'ai choisi.

— Anna… je crois que tu es arrivée au bout… au bout de ton chemin de croix. Je pense que tu vas à nouveau être heureuse et que Carl saura t'aimer comme tu le mérites. J'ai l'impression que tu… que tu… n'as plus peur… d'avancer.

— Oui. Ton intuition a vu juste, maman. C'est tout à fait ça. Je crois que j'y suis arrivée. Si j'osais une métaphore, comme Jacques, je dirais que la nuit s'achève enfin et que l'aube pointe ses premiers rayons lumineux.

Catherine étreignit sa fille. Un jour nouveau était sur le point de se lever, enfin. Elle l'embrassa avec tout l'amour d'une mère et remercia le ciel d'avoir exaucé son vœu le plus cher : retrouver sa fille, telle qu'elle était, avant.

Anna demanda encore de plus amples détails

concernant *le projet*. Elle voulait tout savoir, comment Jacques l'avait embarquée dans cette histoire ? Comment lui avait-elle insufflé un nouvel élan, alors que Jacques n'avançait plus ? Les contacts avec les Américains, la venue du vétéran et les futures retrouvailles avec son amour perdu, Jeanne.

Une petite demi-heure s'était écoulée quand Jacques sortit sur la terrasse. Il avait mis un beau tablier qui devait être au moins aussi âgé que lui, à en juger par ses motifs d'un autre temps et son piteux état. Anna réprima une soudaine envie de rire. Catherine s'en rendit compte et se focalisa à son tour sur le vêtement de cuisine. Elle, par contre, ne réprima rien. Elle éclata. Un rire énorme, puissant, sonore. Comme si, enfin, à l'image du printemps après l'hiver, les rires chassaient soudain les pleurs. Anna imita sa mère. Et Jacques, qui s'était aperçu qu'on se moquait de lui, pris par la vague joyeuse, les rejoignit dans ce fou rire régénérateur.

Le trio mit bien deux bonnes minutes avant de se calmer, mais quand Jacques s'essuya les mains sur le fameux tablier, il y eut un deuxième tour. Fou rire général. Jacques n'eut pas d'autre choix que de se débarrasser de son tablier pour endiguer ces rires, avant que quelqu'un ne finisse par s'étouffer.

Le calme revenu, il demanda :

— Il fait peut-être un peu frais pour dîner dehors ? Cela dit, je peux aller chercher le chauffe-terrasse dans ma remise.

La température était descendue plus que d'habitude, peut-être allait-il pleuvoir cette nuit ? Le soleil couchant descendait sur le toit de la propriété, les premières étoiles s'allumaient sur la voûte céleste. Catherine trouva qu'il fallait en profiter et, si Anna n'avait pas trop froid, demanda à Jacques d'aller chercher le chauffage d'extérieur.

La table fut dressée en un clin d'œil. Catherine savait où chercher, cela impressionna Anna.

Jacques apporta son plat : des noix de Saint-Jacques

poêlées et flambées au Calvados, accompagnées d'une fondue de poireaux.

— Mesdames, croyez-moi, vous allez…

— … m'en dire des nouvelles ! s'exclamèrent en cœur Anna et Catherine, en terminant leur phrase par un nouvel éclat de rire.

Le repas se déroula dans la joie et la bonne humeur. Anna n'avait qu'un seul regret, l'absence de Carl. Elle aurait tant voulu qu'il soit là, avec eux.

Jacques sentit le trouble qui habitait Anna. Il ne lui laissa pas le temps de gagner de l'ampleur.

— Quand Carl doit-il arriver déjà ? demanda-t-il, l'air de rien.

Cela eut l'effet escompté. Anna sortit de sa rêverie mélancolique.

— Après-demain. Il décollera tôt le matin de Faro.

— Bien. Il arrivera à Paris ? s'enquit Jacques.

— Oui. Il ira récupérer sa voiture et quelques vêtements dans son appartement parisien. Comme ça, pas besoin de trimbaler un gros bagage en avion. Il ne voyagera qu'avec une valise cabine et prendra des affaires, une fois arrivé chez lui, à Paris.

— Et après ?

— Il prendra sa voiture et viendra nous rejoindre dans la foulée.

Jacques s'essuya la bouche avant de poursuivre.

— Parfait. Tu sais pour combien de temps il compte rester.

— Ici ?

— Oui.

— En fait, non. Je peux l'appeler pour lui demander si vous voulez ? dit Anna.

— Non. Il peut rester ici autant qu'il le veut. Ce n'est pas moi qui m'en plaindrais ! Bien au contraire. Vous avoir tous ici, avec moi…

Ombre passa sous la table en miaulant, se frottant contre les chevilles du vieux Normand.

— … et le chat – j'allais l'oublier et elle est très caractérielle ! -, enfin, je veux dire que… vous avoir tous ici, me comble de joie !

Catherine posa sa main sur celle de Jacques.

— Nous aussi, Jacques. Merci de nous accueillir comme vous le faites, dit-elle, en posant son autre main sur celle d'Anna.

Jacques eut soudain l'œil humide. Par pudeur, il se leva d'un bond pour éviter de montrer qu'il n'était pas maître de ses émotions. Peine perdue, ses deux réfugiées parisiennes avaient bien vu la petite larme qu'il essuya le plus discrètement possible en leur tournant le dos.

— Bon, ce n'est pas tout ça, mais… je vais chercher le dessert. Une tarte normande dont vous…

Il s'arrêta en plein milieu de sa phrase.

Anna et Catherine sourirent de concert. Jacques fit de même et entra dans la maison.

— Ma chérie, tu dis que tu ne sais pas combien de temps Carl va rester. J'espère qu'il sera là pour l'arrivée de monsieur Reyes. Je veux qu'il soit avec nous pour ces retrouvailles uniques. Il fait partie de la famille à présent. Tu devrais l'appeler et lui expliquer la situation.

Anna n'y avait pas pensé, mais sa mère avait raison. Il n'était pas question que Carl ne soit pas au rendez-vous, avec eux.

— Dès le repas terminé, je l'appelle, dit-elle.

— Parfait.

Jacques déboula avec sa tarte aux pommes.

— Sentez-moi ça comme ça sent bon ! déclara-t-il. Vous allez… oh et puis zut ! Vous allez m'en dire des nouvelles !

Tout le monde se mit à rire. C'est vrai qu'elle sentait divinement bon cette tarte normande.

48

— Et il y aura la télévision, le maire, et toute une délégation d'Américains, pour immortaliser l'événement ! dit Anna à travers son téléphone portable. Tu seras là, dis-moi ?

Carl se gratta la tête. Il n'avait pas prévu de rester une semaine entière. En une fraction de seconde, son cerveau fit la part des choses. Il n'y avait rien de plus important qu'elle, Anna. Il n'était pas envisageable de manquer ça, de ne pas être là, avec elle ; et puis aussi avec Catherine, et Jacques, pour assister à ces retrouvailles historiques.

— Pas de problème, dit-il.

— C'est vrai ? Tu n'avais pas prévu de repartir plus tôt ?

— Si, mais c'est sans importance. Je m'adapterai. Il faut aussi que je m'occupe d'un certain nombre de tâches que j'ai négligées du côté de l'administration française, alors… un peu plus tôt ou un peu plus tard, cela ne changera pas grand-chose. Je veux surtout être là, avec toi, et ta famille, pour vivre un moment important.

Anna sentait son cœur qui accélérait. Sa respiration se faisait plus rapide, elle aussi. Si Carl avait été là, elle lui aurait sauté au cou, l'embrassant jusqu'à ne plus pouvoir respirer.

— Je t'aime, tu sais, murmura-t-elle.

Carl prit son temps avant de répondre.

— … J'ai encore du mal à le croire.

— Comment ça ?

— J'ai tellement rêvé de cela. Je n'y croyais plus. Alors… c'est encore un peu difficile… je… j'ai l'impression que je suis en train de rêver et que je vais me réveiller pour… m'apercevoir que tout cela n'existe pas.

Anna se gratta l'oreille avec son iPhone, puis ferma les yeux.

— Écoute-moi attentivement, Carl. Je sais que je t'en ai fait voir de toutes les couleurs ces derniers mois. Je te demande encore une fois pardon. Mais, ce temps était… nécessaire. Maintenant, c'est fini. Je t'assure que j'ai fait du chemin depuis et… je… t'interdis, tu m'entends ? Oui, je t'interdis de douter de mon amour pour toi. Je t'aime. Voilà, c'est dit. Et non, tu ne rêves pas !

Carl eut l'impression que son cœur allait s'arrêter. Mais non, juste un peu de tachycardie à cause de l'émotion qui le submergeait.

— Je suis désolé, dit-il.

— Non, c'est moi. Je te promets que je vais rattraper le temps perdu.

— J'ai hâte !

— Et moi donc ! Alors, à partir de maintenant, tu arrêtes de psychoter, d'accord ? Jacques et maman t'embrassent. Moi aussi… mais pas de la même façon. Bonne nuit ! Va te coucher, il est tard.

— Je t'aime.

— Moi aussi.

Ils raccrochèrent après avoir compté : un, deux, trois ! C'était leur truc à eux.

Anna posa le téléphone à l'autre bout de la chambre. Sa mère disait qu'il ne fallait pas poser un smartphone près de sa tête pour dormir, à cause des ondes électromagnétiques et que ça pouvait donner le cancer du cerveau. La jeune femme n'était pas vraiment certaine de la véracité des propos de Catherine, mais mieux valait prévenir que guérir.

Elle regagna son lit. Il était près de minuit. Dans la chambre qui jouxtait la sienne, elle entendait la respiration lente et régulière de sa mère. Ce n'était pas vraiment un ronflement, mais ça n'en était pas très loin non plus. Cela la fit sourire.

Elle ressentit soudain une intention toute particulière. Il n'y avait pas si longtemps, elle aurait rangé cela dans la liste des enfantillages. Des choses que l'on ressent, mais qu'on ne fait plus. Sauf que depuis l'orage corse, elle n'était plus la même. Alors elle se leva et avança à pas feutrés jusqu'à la porte commune aux deux chambres de l'étage.

Elle tourna délicatement la clé qui maintenait la porte close. Cela grinça, mais pas trop. Elle ouvrit la porte et passa la tête dans la chambre plongée dans une obscurité toute relative. Catherine n'avait pas fermé le volet et la clarté immaculée de la lune éclairait la pièce endormie.

Catherine dormait profondément. Anna, parvenue au bord du lit, s'assit le plus discrètement possible. Sa vue s'accommoda à la nuit. En quelques secondes, elle put observer le visage paisible de sa mère endormie. De sa main droite, elle caressa la joue de Catherine, tout en douceur. Puis, après quelques secondes, Anna se pencha tout contre son oreille.

— Merci maman. Je t'aime, chuchota-t-elle.

Anna allait se lever et retourner dans sa chambre, mais Catherine ouvrit doucement les yeux. En apercevant sa fille, elle sortit aussitôt du sommeil, sans transition.

— Anna ! dit-elle en s'asseyant. Qu'est-ce qu'il y a ?

Tout va bien ?

Anna passa sa main sur le front de sa mère, remontant une mèche de cheveux qui lui cachait les yeux.

— Oui maman. Tout va bien. Ne t'inquiète pas. J'avais juste envie de… me blottir contre toi. Comme quand j'étais petite. Mais tu dormais si bien que… j'allais repartir.

Catherine, ne sachant pas vraiment si elle rêvait ou si elle était bien éveillée, prit sa fille dans ses bras et la berça avec tendresse, l'embrassant sur le front.

Anna ne disait rien.

Catherine ne disait rien.

Seul l'amour d'une mère pour son enfant et sa réciproque emplissait les lieux.

Anna n'était plus une petite fille, certes.

Mais peu importait son âge.

Seul importait le bonheur présent.

49

Près d'une semaine s'était écoulée depuis que Carl avait rejoint Anna, Catherine et Jacques en Normandie.

De mémoire d'invités, l'ambiance n'avait jamais été aussi joyeuse et survoltée dans la maison de Jacques.

Anna et Carl étaient réunis, heureux, amoureux.

Catherine était en mode stress « niveau 10 » sur une échelle de…10 ! Pourquoi ? Parce que c'était aujourd'hui que toute l'armada venue d'Amérique débarquait en Normandie. Le rendez-vous était prévu pour 15h, et tout le monde était encore là à prendre son petit déjeuner.

Jacques servait le café, distribuait le pain, la confiture et… la bonne humeur.

— Du calme, Catherine. On y sera largement à temps, dit-il avec son flegme légendaire.

Bizarrement, la sérénité de Jacques avait le don d'énerver Catherine.

Il faut dire que déjà la veille, Catherine était montée en pression. Avec Jacques, ils avaient fait un aller-retour, histoire de tout superviser : l'hôtel où la vingtaine de personnes accompagnant Robert Reyes s'étaient installées. Et le vétéran lui-même, accompagné par son fils. Ensuite, il avait fallu se rendre dans la résidence où attendait patiemment Jeanne

Delange, tellement heureuse à l'idée de revoir, le lendemain, son amour d'autrefois.

Bref, Catherine ressemblait à une lionne en cage. Jacques se servit un café et déposa le récipient au milieu de la table.

— J'en veux bien un aussi ! dit Catherine.

— Non. Je vous trouve suffisamment excitée comme ça. Inutile d'en rajouter.

Anna et Carl échangèrent un regard amusé. On allait peut-être assister à un échange verbal de haute volée.

— Je ne suis pas excitée ! déclara Catherine.

— Vraiment ? Je n'ose pas imaginer ce que cela doit être quand vous l'êtes, ironisa le vieux Normand.

— Maman, je suis d'accord avec Jacques. Et puis, c'est son projet, je te rappelle ! On dirait que c'est le tien. Laisse Jacques gérer, il est bien plus zen que toi, et ce sera mieux pour tout le monde.

Catherine fronça les sourcils. Elle paraissait contrariée. En réalité, elle analysait les paroles d'Anna, ainsi que celles de Jacques. Ils avaient raison. Il ne fallait plus céder de la sorte au stress, à l'anxiété. Non seulement ce n'était pas bon pour elle. Mais c'était aussi toxique pour tous ceux qui l'entouraient. Elle prit sur elle, inspira profondément, comme si l'air inhalé était porteur d'un calmant rapide. Son visage se détendit petit à petit. Elle finit même par sourire.

— Je suis désolée. Vous avez cent fois raison, tous les deux. Merci d'être là et de me remettre sur le bon chemin quand… quand mes anciennes mauvaises habitudes ont tendance à pointer le bout de leur nez.

— Eh bien ! Quel plaisir d'accueillir à ma table une Catherine Wells 2.0 ! Pour la peine, vous avez le droit à votre café, dit Jacques en joignant le geste à la parole.

Carl fit un clin d'œil à Anna qui le lui rendit.

Anna et Jacques étaient parvenus à désamorcer Catherine, mais il ne fallait pas exagérer non plus, ils ne traînèrent pas trop longtemps à table et s'affairèrent de tous côtés.

L'idée était d'arriver en avance et d'aller manger un morceau sur place. On faisait confiance à Jacques pour dénicher une cantine où le service serait rapide. Catherine, qui voulut se faire pardonner, indiqua que c'était elle qui invitait. Jacques voulut mettre son grain de sel. Il fut obligé de capituler. Une fois n'était pas coutume. Catherine l'avait devancé, c'était elle qui remportait cette manche.

Catherine monta avec Jacques à bord de son Scénic, tandis qu'Anna s'installa avec Carl dans l'Audi.

Jacques ouvrit la route en direction de Caen, et les cinquante kilomètres par l'A13 furent avalés en moins d'une demi-heure.

En ville, tout ce petit monde déjeuna sur le pouce, avant de se rendre auprès de Jeanne Delange.

Ils arrivèrent avant 14h. Il y avait une bonne marge avant l'arrivée de la délégation américaine. Le temps, pour Jacques et Catherine, de présenter Anna et Carl à Jeanne qui s'était apprêtée pour l'occasion. Pas question de revoir son amour d'antan dans des habits du quotidien.

— Ma chère Jeanne, permettez-moi de vous dire que vous êtes d'une grande beauté, dit Jacques.

Catherine, Anna, Carl ainsi que les membres du personnel de l'Ehpad confirmèrent aussitôt l'affirmation de Jacques.

C'est vrai qu'elle était rayonnante, Jeanne. Et quel dynamisme ! Pour l'occasion, elle avait laissé sa canne dans sa chambre. Elle arborait un chignon du plus bel effet, un pantalon uni blanc et un chemisier noir avec des petites fleurs.

Le temps s'était un peu détérioré en fin de matinée.

Le lieu de la rencontre, initialement prévu dans le fond du jardin, avait dû être revu et corrigé dans un très court laps de temps. Les jolis fauteuils de cuir rouge furent rapatriés dans un élargissement du couloir de la résidence, celui qui menait au jardin et qui était constitué de grandes vitres. Le cadre des retrouvailles fut fixé, ce serait sous la rotonde vitrée, qui débouchait juste avant les portes du parc fleuri. C'était aéré, à cause des grandes vitres partout, mais surtout l'endroit était entouré d'arbres centenaires. Jeanne avait plaisanté en disant que cela n'avait aucune importance. Que quelques nuages n'allaient pas altérer la joie de ses retrouvailles avec son Robert !

Tout était prêt. Les journalistes étaient déjà là. Ce qui était loin de réjouir Catherine Wells. D'un côté, l'équipe de France Télévision, de l'autre un journaliste américain, flanqué de son cameraman, une casquette de baseball vissée sur le crâne.

— Vous espériez qu'ils ne viendraient pas ? plaisanta Jacques.

Catherine haussa les épaules. Il fallait faire contre mauvaise fortune bon cœur, comme on dit. Et puis, la télévision américaine avait un fonctionnement différent de chez nous. Ils avaient participé financièrement. Sans cela, l'association des vétérans n'aurait pas eu assez de fonds pour organiser ce voyage imprévu.

Il était 14h45 quand Jeanne Delange prit place dans son fauteuil de cuir rouge.

Jacques, Anna et Carl avaient l'air joyeux. Catherine redoutait un imprévu de dernière minute.

Heureusement, à 15h02 très précisément, une délégation entra dans la maison de retraite.

Julia Harper, la présidente de l'association des vétérans américains, leva la main à l'entrée du couloir vitré.

Tout le monde stoppa, à l'exception de Robert Reyes qui, s'aidant de sa canne, pénétra dans le corridor qui menait à la rotonde.

Sa démarche était lente et chaloupée. L'ancien combattant, qui pourtant en avait vu d'autres, tremblait un peu.peu. Il était rattrapé par l'émotion. Là, à quelques mètres au fond d'un couloir lumineux, il y avait celle qu'il avait laissée, soixante-quinze ans auparavant.

— *JANE !* dit-il avec la voix tremblante.

Jeanne le vit. Tout son corps s'enveloppa d'une vibration électrique. L'amour n'a pas d'âge, dit-on. Toutes les personnes présentes, ce jour-là, en furent les témoins privilégiés.

Seuls quelques pas les séparaient encore. Quelques mètres pour réunir deux êtres qui ne s'étaient jamais oubliés, un amour qui était né dans la guerre, et qui s'était éteint à cause de…   à cause de quoi ? Robert Reyes n'aurait pas sur le dire.dire. Jeanne Delange, quant à elle, brûlait de savoir. Elle attendait la réponse depuis soixante-quinze ans.

Que s'était-il passé ? Pourquoi après deux mois de ce qui ressemblait à un véritable amour, Robert Reyes avait-il soudain disparu ?

Un appel soudain de son régiment sur le front de l'Est. Voilà. Pourtant, Robert Reyes avait dit : « *Peut-être que je reviendrai pour... t'emmener avec moi ?* », mais les choses ne s'étaient en définitive pas passées comme ça. Une fois la guerre achevée, l'américain était rentré chez lui. Puis, il s'était marié, et avait eu un fils. Le vétéran avait vécu sa vie. Une belle vie, avec une femme et un fils. Mais, après la mort de son épouse, Robert s'était à nouveau autorisé à raviver ses souvenirs enfouis. Et puis, quand l'association de vétérans l'avait sollicité pour un voyage commémoratif en France, tout s'était accéléré. Dans ses vieux albums de photos jaunies par les années, il y en avait une qu'il chérissait plus que les autres. Celle d'une jeune fille de dix-huit ans, Française, un vieux cliché qu'il avait emporté avec lui, et qui se trouvait dans la poche gauche de sa veste treillis de l'armée américaine, une poche qui se situait au niveau de son cœur.

— *JANE !* répéta-t-il.

Il l'aperçut, là, toute proche. Jeanne. Elle était assise sur un fauteuil rouge. Elle se leva et lui attrapa le visage et couvrit la joue du vétéran de dizaines de baisers.

Robert Reyes s'adressa à elle dans sa langue maternelle. Jeanne Delange, dans l'espoir d'un retour futur, avait autrefois appris la langue de Shakespeare. Et puis, avec les années, elle avait fini par se résigner, et au fil du temps avait oublié. Catherine s'approcha pour traduire, voyant que Jeanne se tournait vers quelqu'un qui pourrait faire office de traducteur.

— Il dit que c'est tellement bon de vous revoir, traduisit Catherine.

— Tu vas bien ? demanda Jeanne en regardant son ancien amour droit dans les yeux.

— Oui. J'en ai les larmes aux yeux ! répondit le vétéran.

Catherine traduisit aussitôt.

Anna sentit alors une onde d'émotion l'envahir. Elle eut d'abord les yeux qui se mirent à piquer, puis elle ne parvint pas à réprimer un sanglot.

Carl l'entoura de ses bras protecteurs et lui massa tendrement l'épaule.

— Ça va aller ?

Anna dut attendre quelques secondes pour recouvrer un peu de calme, puis elle répondit :

— Oui. C'est tellement beau ! Tu te rends compte, à cet

âge, je suis sûr qu'ils s'aiment encore.

Robert s'installa près de Jeanne. Veufs tous les deux, après une pause de soixante-quinze ans, ils parlèrent encore d'amour.

— Je n'ai jamais cessé de t'aimer. Tu n'as jamais quitté mon cœur, dit Robert avec les yeux embués de larmes.

— Il dit… qu'il m'aime ? C'est bien ça ? demanda Jeanne à Catherine qui opina de la tête en guise de réponse, un nœud lui serrait la gorge, tant l'émotion emplissait les lieux.

— Moi aussi, j'ai pensé à toi, lui répondit-elle. (Elle se tourna vers Catherine et les caméras qui n'en perdaient pas une miette.) J'ai toujours gardé espoir : *peut-être qu'il est là, peut-être qu'il va venir… un jour ?* Et puis, vous savez, quand il est parti dans le camion, j'étais si triste. Mais j'ai longtemps espéré qu'il reviendrait me chercher… après la guerre. J'aurais tellement aimé qu'il ne… retourne pas en Amérique.

Comme pour s'éviter une réponse embarrassante, le vétéran sortit de sa poche la fameuse photo.

— Regarde, c'est toi ! dit-il, en montrant le cliché à Jeanne.

— Oh ! Mon Dieu.

Ils se mirent à rire, puis s'étreignirent.

Jeanne regarda Catherine et déclara :

— J'ai du mal à me reconnaître. J'étais très moderne pour l'époque, vous ne trouvez pas ? Dans le temps, les femmes ne s'habillaient pas comme ça. On dirait une jeune fille d'aujourd'hui. Je n'avais pas froid aux yeux !

Comme convenu, le tournage prit fin au bout d'un quart d'heure. L'ambiance se détendit quelque peu. Mais Robert Reyes ne perdait rien pour attendre. Jeanne Delange n'allait pas le laisser s'en tirer comme ça. Alors que les caméras avaient cessé de tourner, que tout le monde s'éparpillait au-delà de la rotonde et du couloir vitré, elle attrapa Catherine par la manche.

— Je veux savoir quelque chose, pouvez-vous lui traduire ce que je dis ?

— Bien sûr, répondit Catherine.

— Demandez-lui pourquoi il est resté si longtemps… sans me donner de ses nouvelles. Pourquoi n'est-il pas revenu ? Il faut que je sache.

Catherine transmit la question au vétéran qui prit un instant avant de répondre. On pouvait sentir tout le poids du regret sur ses épaules. Il n'osa pas regarder directement Jeanne qui, pourtant, ne lui lâchait pas la main. Il préféra répondre à Catherine.

— Eh bien… vous savez… la vie… je me suis marié… après, c'était trop tard ! Je te demande pardon, finit-il par dire en embrassant les mains de Jeanne et les mouillant de ses larmes.

Ceux qui étaient restés, dont Anna, Carl, Jacques et Catherine durent sortir leur mouchoir. Carl extirpa de sa poche LE mouchoir brodé de sa grand-mère et essuya délicatement le visage d'Anna. Jacques s'approcha de Catherine et fit exactement le même geste, la seule différence provenait du mouchoir, qui était fait de papier doux.

Tout le monde quitta les lieux.

Catherine avait exigé que les deux anciens amoureux puissent rester un moment seuls.

Ils discutèrent ainsi pendant une demi-heure. Personne n'aurait pu dire ce qu'ils furent capables de comprendre, lui, parlant en américain, elle, répondant en français. Les séparations de la langue étaient de toute façon complètement dépassées par le langage de l'amour, qui lui n'avait aucune barrière, aucune limite, même pas celle de l'âge et des regrets.

Puis vint l'heure du départ.

Jeanne Delange accompagna Robert Reyes jusqu'à son véhicule.

Les caméras s'étaient de nouveau mises en route, mais à bonne distance. Seul le chauffeur de la délégation américaine était proche des deux anciens amoureux.

Ce furent de longues minutes de tendresse. Des baisers chargés de larmes.

Une petite histoire dans la grande Histoire.

Tout à leur bonheur de se revoir, ils se promirent à demi-mots de se retrouver, encore, l'été prochain.

Jeanne Delange regarda le véhicule s'éloigner en agitant la main.

Derrière elle, le cameraman filmait le dernier plan de son reportage.

Derrière la caméra, il y avait tout le personnel de l'Ehpad.

Au bout de la file se tenaient Jacques, Catherine, Anna et Carl, formant une chaîne en se donnant la main, leurs visages humides, ils souriaient.

Ils venaient d'assister à la preuve que, soixante-quinze ans après, l'amour pouvait rester intact…

50

Cela n'avait pas été facile de quitter Jeanne Delange.

La vieille dame avait chaleureusement remercié Jacques Vaillant et Catherine Wells, affirmant que leurs noms resteraient gravés dans sa mémoire jusqu'à son dernier souffle.

Le chemin du retour se fit dans un silence de recueillement. Catherine avait la gorge serrée. Jacques savourait l'instant, heureux d'avoir pu renouer le lien entre le vétéran américain et son amoureuse française.

Dans l'autre véhicule, Carl, les mains sur son volant, suivait le Scénic.

Le ruban d'asphalte déroulait son paysage monotone, propice à la rêverie éveillée.

Carl aurait bien allumé l'autoradio, mais comme Anna n'avait pas dit un mot depuis le départ de l'Ehpad, il réprima son désir. Seul le bruit du quatre cylindres turbocompressé troublait quelque peu l'ambiance monacale qui régnait dans l'habitacle de l'Audi.

C'est Anna qui, la première, rompit le silence.

— C'est quand même une belle histoire, tu ne trouves pas ? demanda-t-elle.

— Oui. C'est vrai. Je me demande juste ce qu'aurait été leur vie si Reyes n'était pas retourné en Amérique, une fois la guerre achevée.

Anna imagina à la vitesse de l'éclair la proposition de Carl. Robert Reyes aurait pu venir la chercher, ils seraient partis tous les deux. Jeanne aurait appris l'anglais. Elle serait devenue l'épouse française d'un héros du débarquement de Normandie. Ils auraient sûrement eu une belle vie, des enfants, une maison, et même un chien pour finaliser le tableau.

Ou alors… Robert ne serait jamais rentré chez lui. Il serait resté en Normandie. Avec Jeanne. Un héros de guerre qui aurait décidé, par amour, de rester avec celle dont il était tombé amoureux.

Anna balaya ses spéculations d'une secousse de la tête. Cela ne servait à rien. On ne pouvait pas refaire le passé, alors à quoi bon ?

— Peut-être que cela n'aurait pas duré ! dit Anna.

— Tu crois ? demanda Carl.

— Comment savoir ? Le fait pour l'un ou pour l'autre de quitter son pays… qui sait si, à la longue, cela n'aurait pas entraîné des tensions dans le couple.

Carl lâcha le volant de la main droite pour se gratter le menton.

— Tu as peut-être raison. Qui sait ?

— Et puis, quelle importance à présent ? Les choses se sont déroulées ainsi. Cela me rappelle, à part le contexte, le film avec Clint Eastwood et Meryl Streep, tu sais…

— *Sur la route de Madison.*

— Oui ! s'exclama Anna tout en tapant dans ses mains. C'est ça. Tu te souviens, quand lui l'attend dans son Pick-Up. Elle est là, dans la voiture, avec son mari. Elle a vécu plusieurs jours d'une folle passion amoureuse avec cet homme, et lui l'attend, alors que la pluie tombe à flots. Elle peut sortir de son véhicule pour le rejoindre, les deux voitures sont l'une derrière l'autre, arrêtées à un feu rouge. Elle hésite. Elle hésite encore…

— Et le feu passe au vert et Clint Eastwood s'en va, dit Carl en haussant les épaules.

— Oui. Tu te rends compte que c'est toute sa vie qui en aurait été changée si…

— … elle était descendue de sa voiture.

— C'est ça.

— Mais elle avait des enfants, si j'ai bonne mémoire. Et elle a choisi la raison plutôt que la passion.

— Exactement. C'est dingue que tu connaisses ce film ! C'est plutôt une romance pour les filles !

— En vérité, j'ai lu le roman.

— Ah bon ?

— Oui. J'ai toujours préféré lire plutôt que regarder un film. Mais bon, c'est la même histoire.

Anna acquiesça d'un geste de la tête.

— C'est vrai. Mais ce que je trouve superbe dans cette histoire, c'est qu'à la fin de sa vie, Meryl Streep livre ce secret à ses enfants et qu'on s'aperçoit qu'elle n'a cessé d'aimer Clint Eastwood durant toute sa vie… et réciproquement !

— Mouais ! On pourrait penser que c'est un beau gâchis si l'on n'y prenait garde.

— Tout à fait. Sauf qu'on ne peut pas savoir ce qui serait advenu si elle l'avait rejoint dans son Pick-Up. Peut-être que cela n'aurait pas duré non plus !

— Surtout à cause des enfants qu'elle aurait laissés derrière elle !

— Tu m'étonnes ! Cela l'aurait détruite, à coup sûr !

— Comme quoi… on ne peut jurer de rien.

— Tu as raison. On ne peut que vivre l'instant présent. Faire des choix en son âme et conscience. Et puis advienne que pourra.

— Ainsi soit-il ! s'exclama Carl.

Anna le gratifia d'un petit coup de poing sur l'épaule.

— Aïe !

— Je t'interdis de te moquer de moi ! plaisanta Anna.

— Vos désirs sont des ordres mademoiselle !

Ils parcoururent encore quelques kilomètres sur l'Autoroute avant qu'Anna n'éprouve le désir de terminer cette discussion.

— Je pense qu'on a le droit à l'erreur. Peut-être que Robert Reyes en a fait une, en 1944. Ou peut-être que non. Ce que je retiens seulement dans cette histoire, c'est que plus de 75 ans plus tard… ils s'aiment toujours.

Carl détourna un instant les yeux de la route pour regarder Anna, un sourire illumina son visage.

— J'espère la même chose pour nous ! Sauf que je préfère passer les 75 prochaines années avec toi, si tu le veux bien.

Anna déposa un baiser sur sa joue.

— Cela demande réflexion ! Ce n'est pas une décision à prendre à la légère tout de même.

Comme Carl fit une moue digne d'un petit garçon qu'on aurait grondé très fort, Anna poursuivit :

— Je plaisante, gros bêta ! Je suis prête à te suivre pour les 75 ans à venir !

Carl retrouva le sourire.

— En plus, cela voudrait dire que je vais vivre jusqu'à 105 ans ! Waouh ! poursuivit Anna.

Carl trouva la plaisanterie amusante. Et puis, cela signifiait que, dans ce cas, lui aussi finirait plus que centenaire.

— Dans ce cas, je signe aussi ! déclara-t-il.

Le silence n'était plus qu'un souvenir dans l'Audi qui filait en direction de Honfleur. Il avait laissé la place à des rires qui résonnaient maintenant dans l'habitacle de la voiture. Un instant de bien-être, de joie, une petite parcelle du bonheur d'Anna.

ÉPILOGUE

En ce soir fêtant la naissance du Christ, ils étaient tous à nouveau réunis.

La maison de Jacques était devenue le lieu incontestable du réveillon de Noël.

Dans la grande cheminée du salon, une bonne flambée réchauffait l'atmosphère.

Dehors, une couche de neige de dix centimètres donnait un charme presque magique au jardin.

Dans le four de la cuisine, un chapon monstrueux cuisait lentement, sous la surveillance acérée de Jacques qui venait régulièrement arroser la volaille.

Anna et Catherine dressaient la table de la salle à manger. Jacques leur avait donné carte blanche, elles en avaient profité pour sortir la vaisselle prévue pour les grandes occasions, parce que c'en était une.

Pendant que les femmes s'affairaient dans la grande salle, Carl, retranché dans la cuisine, aidait Jacques à mettre au point les entrées : des huîtres, du saumon fumé. Il y avait aussi le foie gras avec sa compotée d'oignons confits. Le champagne remplissait le frigidaire. Quelques bouteilles d'entre-deux-mer pour accompagner les coquillages. Le vin rouge, lui, attendait dans le cellier l'heure du fromage.

Carl se tourna vers le four.

— Dis-moi, Jacques… j'espère que ce n'est pas le héron qui a décimé ton bassin, celui qui a gobé tes poissons !

Jacques trouva la remarque amusante. Il renvoya la balle à Carl.

— Bien sûr que si ! Je l'avais congelé pour l'occasion. Ce salopiau avait avalé presque la moitié de mes poissons, tu te rends compte ! Il a bien mérité son triste sort.

Cela remontait à l'automne dernier, un matin Jacques avait aperçu une cigogne qui, tranquillement perchée sur le muret, gobait son petit déjeuner. Le Normand était sorti en courant, hurlant tout ce qu'il pouvait, avec Ombre, qui le suivait de près, mais préférait laisser son maître en première ligne.

L'oiseau avait filé sans demander son reste. Laissant derrière lui un bassin vidé de la moitié de ses occupants.

— Il m'a obligé à mettre un grillage, cet oiseau de malheur ! C'est moche, mais au moins, les poissons ne risquent plus rien ! dit Jacques.

Les deux hommes poursuivirent leurs tâches respectives, en souriant.

— Et toi, ton travail ? Comment ça va ? demanda Jacques.

— Très bien, merci. C'est même mieux que ce que j'avais espéré. Et puis, j'aime bien faire la navette entre la France et le Portugal.

— Je suis content pour toi… pour vous deux.

— Merci Jacques. J'avoue que le fait de n'être pas tout le temps ensemble rend notre relation, disons… spéciale. Il n'y a pas de routine. Quand il nous arrive d'être séparés pendant trois semaines, on est tellement heureux de se retrouver !

— Cela retarde l'effet de routine en somme.

— J'imagine que oui. Avec Anna, je veux bien vivre dans la routine pour toute la vie.

Jacques frotta la tête du jeune homme, lui ébouriffant les cheveux.

— Tu es un bon gars, Carl.

— Merci.

— Je t'en prie. Et dis-moi, comment se porte ma petite Anna ? Est-elle heureuse ?

Carl stoppa son geste. Il valait mieux être concentré pour ouvrir les huîtres.

— Je pense que oui. Professionnellement, elle ne manque pas d'activités. Elle poursuit ses rencontres pour ses articles et son bouquin. Pour ce qui est de sa vie personnelle… faire son bonheur est ma priorité. Je m'y emploie tous les jours… Et vous, comment allez-vous ?

Voilà bien une question à laquelle Jacques ne s'attendait pas.

— Comme un vieux, plaisanta le Normand.

— Et avec Catherine ? demanda Carl.

— Comment ça ?

— Je ne sais pas. Je veux dire, elle vient régulièrement passer du temps ici, non ?

— Oui, et alors ?

— Alors rien. C'était juste histoire de parler. On change de sujet si tu veux.

— Mais non. Il n'y a aucun souci, je te fais marcher. Notre relation est basée sur l'entraide. Catherine m'a rejoint et elle m'assiste pour faire tourner notre association *La main tendue*. Nous avons une foule de projets à mettre en place. Du coup, il lui arrive de venir me rejoindre quand c'est nécessaire, voilà tout.

Carl baissa la tête pour dissimuler une envie de rire.

— Quand c'est nécessaire, je vois !

— Mouais… tu ne vois rien du tout, et tu ferais mieux de regarder tes huîtres avec tes yeux grands ouverts si tu ne veux pas t'ouvrir la main en deux ! Ah, ces jeunes !

*

Le repas fut un délice.

Jacques avait concocté un menu mémorable.

Les verres tintèrent, entrecoupés de blagues, de chants, d'éclats de rire.

Un Noël en famille.

Un éclat de bonheur.

Quand minuit sonna, ils en étaient au café. Anna déclara qu'il était temps d'ouvrir les cadeaux.

Un monticule de paquets de toutes les couleurs et de tailles diverses s'étalait sur le sol, au pied du sapin géant que Jacques avait acheté et que Catherine avait décoré. Les guirlandes à LED clignotaient de façon sporadique.

Tout le monde distribua ses cadeaux.

Le papier déchiré envahit bientôt tout l'espace autour du sapin.

Tout le monde avait l'air ravi.

Derrière le pied de l'arbre de Noël, deux petits paquets avaient survécu à l'avalanche de mains qui attrapaient, ouvraient, déchiraient.

Sur le premier, un tout petit cube enveloppé d'un papier blanc immaculé, était écrit *Pour Anna, de la part de Carl.*

Sur le deuxième, de l'autre côté du sapin, un autre paquet au couvercle bleu-turquoise et à la base rose fuchsia. Là aussi, une inscription écrite dessus : *pour Carl, de la part d'Anna.*

Les deux amoureux pointèrent du doigt les paquets restés au sol, alors que Jacques et Catherine s'étaient éloignés, les bras chargés de leurs cadeaux, nombreux et variés.

— C'est pour moi ? demanda Anna avec un regard langoureux en direction de Carl.

— Il y a ton prénom marqué dessus. Alors, ce doit être pour toi. Et ça ? C'est pour moi ?

— Il y a ton prénom…

Ils gloussèrent comme des adolescents.

— Ouvre le tien en premier ! dit Carl.

Anna ramassa le minuscule paquet blanc et le secoua contre son oreille.

— Hé ! Doucement, c'est peut-être fragile, dit Carl.

Anna déchira le papier blanc tout en douceur, laissant apparaître un écrin nacré.

— Carl !

— Chut… Vas-y, ouvre-le.

Anna s'exécuta.

Un solitaire de bonne taille apparut sous ses yeux ébahis. Les facettes du diamant illuminaient son visage de mille feux. Anna en eut le souffle coupé.

— Oh mon Dieu, Carl, mais tu es fou !

— Oui, de toi.

Elle l'embrassa avec fougue. Il la repoussa en douceur.

— Attends, ce n'est pas tout ! dit-il tout en lui passant la bague au doigt. Voilà, ce solitaire porte bien mal son nom, en vérité ! Parce qu'en fait… c'est… une sorte d'officialisation !

Anna sentit une douce chaleur envahir son buste, puis monter jusqu'à ses joues. Elle se sentait euphorique, et cela n'avait rien à voir avec ce qu'elle avait bu au cours de la soirée.

— Elle est magnifique !

— …

— Mais, ce n'est pas une bague de…

— De fiançailles ?

— Oui.

— C'est ce que tu veux que ce soit, dit Carl. Tu connais mes sentiments et tu sais que je veux être toujours à tes côtés, alors…

Anna se leva sur la pointe des pieds jusqu'à ce que ses lèvres soient au même niveau que celles de Carl.

Ils échangèrent un baiser passionné.

— On doit en parler sérieusement, dans ce cas ! dit Anna.

Carl secoua énergiquement la tête de haut en bas.

— Je pense que c'est une bonne idée, dit-il.

Anna ramassa le second paquet.

— Moi aussi, j'ai un cadeau important ! déclara-t-elle.

Anna le déposa dans la main de Carl qui regarda son paquet avec un air dubitatif.

— Je… je l'ouvre ?

— Oui.

Le jeune homme s'exécuta. Il retira le nœud, puis laissa glisser le ruban et ôta le couvercle.

Quand il découvrit ce que contenait le paquet, il crut défaillir.

— Mais… comment ? Anna ! C'est impossible !

Anna ne répondit pas tout de suite, se contentant d'abord d'analyser le visage de Carl.

Il attrapa le contenu du paquet et le porta devant ses yeux. Deux minuscules chaussons blancs. Des chaussons en laine, pour bébé.

— Est-ce que ça veut dire ce que je crois ? Tu es…

— Oui.

Carl attrapa Anna une nouvelle fois. Cette fois-ci, il la fit tournoyer dans les airs en criant sa joie, l'embrassant encore et encore.

Catherine et Jacques s'approchèrent pour s'informer, attirés par les éclats de voix.

— Anna ! Tout va bien ? Qu'est-ce qu'il y a ? demanda Catherine.

Anna, tenant la main de Carl, montra sa bague.

Carl présenta les petits chaussons.

Jacques et Catherine échangèrent un regard interrogateur, et comprirent en même temps.

Lui se contenta d'afficher un large sourire, elle hurla sa joie.

— Oh, mon Dieu, Anna, tu es enceinte ? Et la bague c'est…

Catherine, prise par l'émotion, ne put aller au bout de sa question.

Pour toute réponse, Anna vint l'embrasser.

La maison normande fut remplie de rires. De pleurs.

De l'amour.

Du bonheur…

Anna allait avoir la vie dont elle rêvait.

Une vie qui serait la meilleure possible, c'était ce qu'elle choisissait là, maintenant.

Une nouvelle chance.

Un nouveau départ.

FIN

REMERCIEMENTS

Écrire, c'est être seul devant son clavier pendant des mois.

Pourtant, cette aventure n'aurait pu être possible sans le soutien de certaines personnes qui m'ont aidé à mener à bien ce projet.

- Edite, ma femme, qui a supporté la période « porte fermée », où je restais seul dans une pièce de mon appartement, face à mon ordinateur, parfois pendant de longues heures. Elle qui a su écouter mes doutes et mes angoisses, et qui a su si bien les dissiper en me donnant son avis une fois le 1er jet de ce roman achevé.

- Sarah, ma fille, qui est une source d'inspiration constante pour moi. Son audace et son indépendance m'impressionnent. Forcément, il y a un peu d'elle en Anna. On dit qu'un auteur écrit avant tout un roman pour quelqu'un de particulier, le prochain sera pour elle...

- Claudia, ma première bêta-lectrice en dehors de mon cercle familial. Elle ne réalise sans doute pas son importance. Elle sait tellement bien me donner cette impulsion nécessaire à la finalisation de ce roman. Elle est impartiale, franche, et n'hésite pas à me dire quand elle n'aime pas certains passages.

Vous êtes toutes les trois, de patientes lectrices qui ont lu les premières versions de ce roman et ont su me donner des avis objectifs, précieux et constructifs.

- Epaminondas et Véronique, votre maison est devenue celle de Jacques Vaillant.

- Ségolène qui m'a bien aidé pour les corrections, et il y avait du boulot !

- Merci aussi aux blogueuses qui ont lu en « bêta-lecture » la préversion de ce roman, et qui ont su m'encourager. Votre soutien est précieux !

MERCI !

- Merci aussi à Bernard Werber qui, à travers ses romans, mais aussi ses interviews, m'a insufflé l'envie d'écrire. Ses réflexions sur le travail d'écriture sont inestimables, le nom de famille d'Anna *Wells* est un clin d'œil. Ses Master-Class m'a donné d'excellents conseils à suivre sans modération.

- Merci encore à Stephen King, qui à travers son ouvrage « Ecriture, mémoires d'un métier », qui est mon livre de chevet, me fait profiter de son expérience inestimable d'auteur.

- Merci à vous, lectrices et lecteurs, sans vous cette aventure n'aurait pas pu être possible. Vos commentaires élogieux sur Amazon, vos e-mails d'encouragements, votre soutien sur les réseaux sociaux, tout cela est un bonheur pour l'auteur en devenir que je suis. Cela m'encourage à poursuivre l'aventure. Je n'ai qu'un souhait : vous retrouver à nouveau à travers les pages d'un autre roman…

- Merci aussi à mes collègues auteur(e)s, principalement tous les auto-édités qui sont d'une bienveillance remarquable. Il y a encore de l'empathie, de l'entraide, des tonnes d'encouragement parmi les auteurs indépendants. Vous êtes des ami(e)s précieux !

- Enfin, je ne peux conclure sans rendre un hommage à toutes les victimes de l'attentat du 14 juillet 2016, ainsi qu'une pensée émue pour leurs familles.

En écrivant *Le bonheur d'Anna – tome 2 : vient le beau temps* ; j'ai écouté :

- Relaxation Nature : album 1,2 et 3 *Enchanting Everglades ; Mystical Call of the Loon ; Moutain Paradise.*

- Ludovico Einaudi *: Seven days walking*

- Ludovico Einaudi *: Divenire*

- Albinoni : *Adagio*

- Hans Zimmer : *The classics*

- *Hans Zimmer : Interstellar*

- Moby : album *Play*

- Christian Löffler *: album Lys*

- *Salif keita : tomorrow*

- Tom Tykwer *: Cloud Atlas End title*

- ZZ Top : *rough Boy*

Un dernier mot...

Merci d'avoir lu ce roman.

En tant qu'auteur indépendant, je vous laisse imaginer l'importance des commentaires positifs sur Amazon.

Si vous avez aimé cette histoire, merci de le faire savoir en publiant un petit commentaire étoilé sur la page **Amazon** de ce roman.

Sans vous, ce livre ne pourrait exister.

MERCI.

Si vous voulez m'écrire, consulter mon blog ou me suivre sur Facebook, je vous laisse les contacts ci-dessous :

Contact : william.alcyon@hotmail.com

Blog : https://williamalcyon.blogspot.com/

Facebook : https://m.facebook.com/william.alcyon

À PROPOS DE L'AUTEUR

Je suis un auteur français, né à Calais en 1969.

Je réside aujourd'hui à Enghien-les-Bains (95) et travaille à Paris, dans le secteur de l'Éducation.

L'écriture a toujours énormément compté pour moi, mais comme une sorte de rêve inaccessible.

J'ai écrit d'abord un petit nombre d'ébauches de romans, des thrillers/polars essentiellement, mais les manuscrits finissaient chaque fois à la poubelle. Quelque chose me manquait, je ne parvenais pas à aller jusqu'au bout.

Au fil du temps, j'ai réalisé que je devais écrire pour transmettre quelque chose, un message peut-être ? Pas seulement pour peindre un instantané de vie.

Et puis, un jour, en me promenant autour d'un lac, Anna est apparue et ne m'a plus quitté...

Le récit de "*Le bonheur d'Anna - tome 1 : Après la pluie* » et de sa suite « *Le bonheur d'Anna - tome 2 : Vient le beau temps* » raconte une histoire de résilience. À travers ces deux romans, je veux montrer qu'il existe en chacun des ressources insoupçonnées.

Le bonheur est souvent là où on ne le voit pas. Alors, s'il vous plaît, ouvrez grand vos yeux !

J'espère que vous prendrez autant de plaisir à lire ce premier roman que j'en ai eu à l'écrire.

Vous pouvez me contacter sur :

Mon adresse mail : william.alcyon@hotmail.com

Ma page Facebook : https://m.facebook.com/william.alcyon

Mon blog : https://williamalcyon.blogspot.com/

william.alcyon@hotmail.com

93800 Epinay-Sur-Seine

Dépôt légal : juin 2020

Imprimé par Kindle Direct Publishing

« Impression à la demande »

ISBN : 978-2-9507103-3-8